ENCYCLOPÉD
DES CONNAISSANCES

E. CHANCRIN

Viticulture
Moderne

• HACHETTE & Cᴵᴱ •

3 fr.

LIBRAIRIE HACHETTE & Cie, PARIS

Ad. WURTZ

DEUXIÈME SUPPLÉMENT

au

DICTIONNAIRE DE CHIMIE
PURE ET APPLIQUÉE

PUBLIÉ SOUS LA DIRECTION DE

CH. FRIEDEL	C. CHABRIÉ
Membre de l'Institut	Chargé de cours à la Faculté
Académie des Sciences	des Sciences de l'Université de Paris.
(Lettres A à H)	(Lettres H à Z)

AVEC LA COLLABORATION DE MM.

V. Auger — E. Baud — G. Baume — M. Billy — A. Binet du Jassonneix
G. Blanc — A. Bouchonnet — L. Bourgeois — A. Bouzat — R. Cambier
P. Carré — Mme C. Chabrié — L. P. Clerc — G. Darier — E. Defacqz
M. Delacre — M. Delépine — A. Ditte (de l'Institut) — H. Duval
A. Fernbach — H. Fonzes-Diacon — R. de Forcrand — P. Freundler
G. Friedel — J. Friedel — A. Gautier (de l'institut) — H. Giran — A. de
Gramont — A. Granger — M. Guichard — Ph. A. Guye — A. Haller
(de l'Institut) — J. Hamonet — A. Hébert — E Lambling — Ch. Lauth
J. Lavaux — P. Lebeau — G. Lemoine (de l'Institut) — P. Lemoult
L. Lindet — A. et F. Lumière — A. Mailhe — F. March — Ch. Marie
R. Marquis — C. Martine — C. Matignon — R. Metzner — H. Moissan (de l'Institut) — M. Moniotte — Ch. Moureu — A. Müntz (de l'Institut) — A. Rigaut — P. Sabatier — J.-B. Senderens — A. Seyewetz — V. Thomas — M. Tiffeneau — L. Troost (de l'Institut) — G. Urbain — A. Valeur — L. Vigouroux — A. Wahl — R. Wurtz.

E. RENGADE, Secrétaire de la Rédaction

En cours de publication par fascicules grand in-8 à 2 francs

En vente. (Janvier 1907)

Tome Ier (A-B) 1 vol. broché 20 fr.	Tome IV (F-G) 1 vol. broché 24 fr.
— II (C) — — 20 fr.	— V (H) — — 16 fr.
— III (D-E) — — 20 fr.	— VI (I-PH) — — 26 fr.

La demi-reliure en veau, plats papier, se paye en sus 3 fr. 50 par vol.

Le Deuxième Supplément au Dictionnaire de Chimie sera terminé très rapidement.

Il comprendra environ 70 fascicules, soit 7 volumes in-8 ; 60 fascicules sont en vente : la publication complète sera terminée avant le 1er Octobre 1908.

LIBRAIRIE HACHETTE & Cⁱᵉ, PARIS

J.-A. BARRAL

ANCIEN SECRÉTAIRE PERPÉTUEL DE LA SOCIÉTÉ NATIONALE D'AGRICULTURE DE FRANCE
ANCIEN DIRECTEUR DU *Journal de l'Agriculture*

DICTIONNAIRE

D'AGRICULTURE

ENCYCLOPÉDIE AGRICOLE COMPLÈTE

Ouvrage renfermant la culture des terres, l'élevage et l'entretien des animaux domestiques, la viticulture, la culture maraîchère et fruitière, l'horticulture, la sylviculture, la sériciculture, la pisciculture, la chasse, la pêche, l'apiculture, l'entomologie agricole, les industries annexées aux exploitations rurales, la mécanique agricole, l'architecture rurale, l'art vétérinaire, l'économie et la législation rurales, les irrigations et le drainage, la géographie et la biographie agricoles, la comptabilité, l'hygiène rurale, etc.

CONTINUÉ SOUS LA DIRECTION DE

HENRY SAGNIER

RÉDACTEUR EN CHEF DU *Journal de l'Agriculture*

AVEC LA COLLABORATION DE

Plusieurs Professeurs et Membres de Sociétés Savantes

Contenant plus de 3000 figures

4 volumes grand in-8, brochés . . . . 91 fr.

On vend séparément :

Tome I (A.-B.), fascicules I à VI. 1 vol. . . . . 24 fr.
Tome II (C.-F.), fascicules VII à XIII. 1 vol. . . . . 24 fr. 50
Tome III (G.-O.), fascicules XIV à XIX. 1 vol. . . . . . 24 fr.
Tome IV (P.-Z), fascicules de XX à XXVI. 1 vol. . . . . 24 fr. 50

La reliure en demi-veau, tranches rouges, se paye en sus par volume, 3 fr. 50

ENCYCLOPÉDIE DES CONNAISSANCES AGRICOLES

Viticulture Moderne

ENCYCLOPÉDIE
DES CONNAISSANCES AGRICOLES

PUBLIÉE PAR UNE RÉUNION DE MEMBRES DE L'ENSEIGNEMENT AGRICOLE

SOUS LE PATRONAGE DE MM.

ADOLPHE CARNOT   **ED. MAMELLE**
Membre de l'Institut.   Sous-Directeur de l'Agriculture.

ET SOUS LA DIRECTION DE

E. CHANCRIN
Ingénieur agronome, Directeur d'École d'Agriculture.

FORMAT IN-16, CARTONNÉ

Les volumes parus ou sous presse sont indiqués par un astérisque ✶

ENCYCLOPÉDIE
DES CONNAISSANCES AGRICOLES
(Suite)

ENCYCLOPÉDIE DES CONNAISSANCES AGRICOLES

Publiée sous le Patronage de MM. ADOLPHE CARNOT, Membre de l'Institut,
et Ed. MAMELLE, Sous-Directeur de l'Agriculture
et sous la Direction de M. E. CHANCRIN, Directeur d'École d'Agriculture.

Viticulture Moderne

PAR

E. CHANCRIN

Ingénieur-agronome
Directeur de l'École de Viticulture et d'Agriculture de Beaune

FEUILLE DE SOLONIS.

PARIS

LIBRAIRIE |HACHETTE ET Cie

79, BOULEVARD SAINT-GERMAIN, 79

1908

NOTE DE L'ÉDITEUR

La collection complète de l'Encyclopédie des Connaissances agricoles sera accompagnée d'un petit volume classant par ordre alphabétique toutes les matières qu'elle contient et permettant au lecteur de se servir de l'Encyclopédie comme d'un dictionnaire.

PRÉFACE GÉNÉRALE

PAR

ADOLPHE CARNOT

Membre de l'Institut.

Un Romain qui savait faire valoir ses terres et qui a écrit, il y a deux mille ans environ, un remarquable traité d'agriculture, Columelle, s'étonnait que l'on n'enseignât pas les travaux des champs, les soins à donner aux animaux domestiques, aux arbres fruitiers, aux vignobles, aux abeilles, etc., pendant que d'autres arts, moins utiles à ses yeux, étaient en grande faveur à Rome.

« Je vois partout, disait-il, des écoles ouvertes aux rhéteurs,
« aux danseurs, aux musiciens; les cuisiniers et les barbiers
« sont en vogue; mais, pour l'art qui fertilise la terre, il n'y a
« rien, ni maîtres, ni élèves.... Et pourtant, quand même nous
« viendrions à perdre ceux qui professent toutes ces choses, la
« République pourrait encore avoir de beaux jours, car nos
« ancêtres, qui ne connaissaient point ces études et n'avaient
« même pas d'avocats, n'en furent pas plus malheureux; tandis
« que la Société humaine ne saurait se passer d'agriculture. »

Certes, depuis cette époque, il a été fait de grands progrès, surtout pendant les derniers siècles. La science, qui a révolutionné l'industrie, a de même rénové l'agriculture; elle a secoué la routine et porté la lumière dans les vieilles formules empiriques.

Nous ne pouvons plus dire, avec Columelle, qu'on n'enseigne pas l'agriculture; car, depuis 3o ans, en une foule de points de notre territoire, il a été créé des écoles où peuvent s'instruire un grand nombre de nos futurs agriculteurs. L'enseignement agricole supérieur, fondé chez nous avec l'*Institut agronomique* de Versailles en 1848, tout au début de la 2ᵉ République, a été, il est vrai, brusquement supprimé par l'Empire en 1852; mais il a été heureusement rétabli à Paris, en 1876, par la 3ᵉ République. Il a rendu depuis lors de signalés services, en même temps que les Écoles nationales d'agriculture de Grignon, de Rennes, de Montpellier, les Écoles pratiques d'agriculture, les Fermes-Écoles et les Écoles spéciales de laiterie, de viticulture, d'aviculture, etc., préparaient chaque année plusieurs centaines de jeunes gens à la pratique des bonnes méthodes agricoles.

C'est assurément beaucoup, et pourtant ce n'est pas assez; car l'instruction par des écoles spéciales ne peut atteindre qu'une infime minorité de cultivateurs. Songeons, en effet, que ceux-ci sont au nombre de 22 millions; et il n'y a que 82 établissements d'enseignement supérieur ou professionnel agricole! Aussi peut-on dire encore aujourd'hui, au vingtième siècle, que l'agriculture française souffre toujours d'une ignorance trop générale.

Il est urgent d'y porter remède. Pour le présent, il faut, le mieux possible, répandre l'instruction pratique dans le monde des cultivateurs. Pour l'avenir, il faudra que les enfants de la campagne trouvent à l'école primaire les éléments d'une instruction professionnelle, qui développe en eux le goût des occupations rurales et qui les prépare à les exercer fructueusement. Il le faut dans leur propre intérêt. Il le faut aussi dans l'intérêt de la France; car notre pays a besoin de pouvoir compter sur un personnel instruit et vaillant pour ne pas succomber dans les luttes économiques, qui ne peuvent que devenir de plus en plus ardentes.

Pour les cultivateurs praticiens, comme pour les élèves et pour leurs maîtres de l'école primaire ou de l'école normale, le meilleur outil à mettre entre leurs mains, c'est le livre, écrit pour eux, simple, clair et à bon marché, qui puisse leur servir d'appui ou de guide, où soient exposées les opérations de culture ou d'industrie agricole, avec la précision de détail nécessaire pour en assurer le succès.

Tel est le but que s'est proposé le distingué sous-Directeur de l'Agriculture, M. Mamelle, et qu'il s'est efforcé d'atteindre avec l'aide de son dévoué collaborateur, M. Chancrin, en créant une Encyclopédie des Connaissances agricoles.

Il existe déjà plusieurs encyclopédies d'agriculture, mais d'un caractère sensiblement différent. La plupart, à raison de leur étendue et de leur prix relativement élevé, s'adressent à un public plus instruit et plus fortuné; d'autres, en se maintenant dans des considérations trop générales, ne donnent pas satisfaction aux praticiens et vont plutôt à des amateurs, plus curieux de connaître les principes que les détails d'exécution des diverses opérations agricoles.

L'*Encyclopédie des Connaissances agricoles* s'attache, au contraire, à justifier son titre en fournissant aux cultivateurs et industriels, qui ont une instruction moyenne ou même élémentaire, les connaissances nécessaires à la pratique raisonnée de leur métier.

Elle comprend une série de petits volumes qui ont été écrits par des Membres de l'Enseignement agricole, spécialistes distingués, s'étant adonnés à la culture, à l'élevage du bétail, aux soins de la basse-cour, ou aux différentes industries agricoles. Non seulement les auteurs ont étudié de près les opérations qu'ils décrivent; mais leur habitude de l'enseignement a développé chez eux la faculté de vulgariser la science et d'en exposer méthodiquement les matières pour les faire bien comprendre du lecteur.

Les auteurs de l'*Encyclopédie des Connaissances agricoles* ont jugé utile de consacrer quelques-uns des petits volumes à l'exposé de notions scientifiques générales, que beaucoup de cultivateurs peuvent ignorer et qui sont cependant indispensables pour comprendre les explications techniques d'autres volumes. C'est ainsi que, pour rendre accessible à tous un volume de *Chimie agricole,* il a paru nécessaire de rédiger aussi un petit abrégé de *Chimie générale,* où se trouvent plus particulièrement expliqués les termes et les faits qui sont invoqués dans la chimie agricole. Il en est de même pour la physique et pour l'histoire naturelle appliquées à l'agriculture.

Les petits volumes de l'Encyclopédie seront particulièrement utiles aux élèves des Écoles pratiques d'Agriculture, qui ne peuvent pas toujours prendre des notes suffisantes en écoutant les leçons de leurs professeurs et qui y trouveront une source précieuse d'informations.

On peut croire qu'ils seront aussi fort appréciés des jeunes gens qui, après les études des lycées, des collèges ou des écoles primaires supérieures, voudront s'adonner aux occupations agricoles. Car, à côté de l'exposé précis de la pratique usuelle, ces petits livres leur présenteront la théorie qui l'explique et qui parfois leur permettra de l'améliorer.

ADOLPHE CARNOT,

Membre de l'Institut,
Ancien professeur à l'Institut agronomique,
Membre de la Société nationale d'Agriculture de France,
Ancien directeur de l'École supérieure des Mines.

INTRODUCTION

La Viticulture moderne est née de l'invasion phylloxérique et des attaques des maladies cryptogamiques qui l'ont accompagnée. Il a fallu, pour éviter la ruine totale que le phylloxéra menaçait de causer, greffer nos vignes françaises sur les vignes américaines plus résistantes. Mais l'emploi de ces dernières a nécessité la connaissance d'une foule de notions nouvelles telles que la résistance des cépages au phylloxéra, l'adaptation au sol des cépages américains, le greffage de la vigne, l'affinité des cépages français pour les vignes américaines servant de porte-greffes, etc., etc.

Le greffage rendant les vignes plus productives, il a fallu modifier plus ou moins la taille.

Les maladies cryptogamiques (mildiou, oïdium, etc.) ont poussé les viticulteurs à créer par l'hybridation des cépages nouveaux donnant des vins acceptables et résistant à la fois à ces maladies et au phylloxéra.

Enfin, pour augmenter les bénéfices le viticulteur a été obligé de réduire autant que possible les frais culturaux en employant la charrue dans le travail du sol, en substituant les fils de fer aux échalas, etc.; il a été obligé aussi d'utiliser les engrais chimiques dans de sages proportions afin d'avoir des rendements élevés tout en obtenant des produits de qualité la meilleure possible.

La culture de la vigne, de routinière qu'elle était autrefois, est devenue aujourd'hui scientifique. Le viticulteur ne peut plus se contenter des règles empiriques qui l'avaient guidé jusqu'alors; une instruction spécialement viticole lui est devenue indispensable.

Nous avons essayé de réunir dans ce modeste ouvrage toutes les notions nécessaires à cette instruction :

La première partie comprend une étude pratique de la vigne. Pour bien comprendre, en effet, toutes les opérations raisonnées de la culture, il est indispensable de connaître tout d'abord comment vit la vigne et par conséquent les différents organes de cette plante ainsi que leurs fonctions.

Dans la deuxième partie, nous avons décrit les principaux cépages en les plaçant dans les différentes régions où on les

cultive, sans faire en même temps une description géologique
de ces dernières afin de rester dans les limites que ne doit pas
dépasser un ouvrage simple.

Dans la troisième partie *sont exposés les* procédés de multiplication de la vigne : *semis, bouturage, marcottage, provignage et plus particulièrement le greffage.*

Nous avons apporté tous nos soins à l'étude importante des
porte-greffes *et donné des conseils sur leur emploi non seulement dans les terrains calcaires, mais aussi dans les terrains
compacts, humides ou secs, grâce aux travaux récents si bien
mis au point par M. Prosper Gervais.*

*Toutes les questions pratiques concernant l'*établissement
d'un vignoble *ont été passées en revue dans la quatrième partie.*

Au lieu de décrire successivement les tailles *des différentes
régions, nous les avons groupées au contraire par catégories
dans une* cinquième partie, *de façon à montrer les relations
qu'elles ont entre elles.*

A propos des travaux manuels du sol, *compris dans la* sixième
partie, *nous avons cru devoir parler de la question intéressante
de la culture superficielle des vignes.*

La septième partie, Fumure des vignes, *nous a semblé particulièrement importante pour le cultivateur, lequel éprouve fréquemment des difficultés dans l'emploi raisonné des engrais
chimiques. Le fumier de ferme dans les régions viticoles est
souvent rare et coûteux; nous avons voulu, par des formules
que l'on trouvera peut-être trop nombreuses, guider le plus possible les praticiens.*

Les ennemis et les maladies de la vigne *menacent si souvent
les récoltes et préoccupent tellement les viticulteurs que l'on
nous excusera d'avoir donné de nombreux détails sur les
moyens de lutte à employer contre eux.*

*Nous espérons que notre travail de vulgarisation rendra des
services aux futurs viticulteurs, aux praticiens et en général
à tous ceux que les questions viticoles intéressent.*

E. CHANCRIN.

VITICULTURE MODERNE

La viticulture a pour but la culture de la vigne de façon à en obtenir, le plus économiquement possible, la plus grande valeur des produits.

Pour bien comprendre toutes les opérations raisonnées de cette culture, il est indispensable de connaître tout d'abord comment vit la vigne et, par conséquent, les différents organes de cette plante, ainsi que leurs fonctions.

PREMIÈRE PARTIE

LA VIGNE

CHAPITRE I

LES DIFFÉRENTS ORGANES DE LA VIGNE ET LEURS FONCTIONS

I. Racine. — La racine s'enfonce dans le sol pour y puiser les aliments nécessaires à la nourriture de la vigne.

Lorsqu'on examine de jeunes racines, on voit que chacune d'elles est constituée par un cordon cylindrique, dont l'extrémité (fig. 1), un peu arrondie, plus dure que la région voisine, forme une espèce de capuchon appelé *coiffe* qui la protège et lui permet de s'enfoncer dans le sol sans être déchirée par les pierres qu'elle rencontre. A peu de distance du sommet et sur une faible longueur variant de 3 à 4 millimètres jusqu'à 4 centimètres, les racines sont revêtues d'un duvet formé par des poils très fins, appelés *poils absorbants*, atteignant une longueur de plus d'un centimètre vers la partie la plus éloignée de la coiffe.

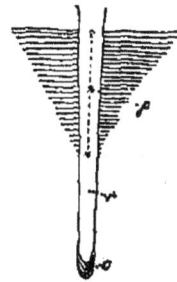

FIG. 1.
EXTRÉMITÉ D'UNE RACINE.

p, *région des poils absorbants;* r, *racine;* c, *coiffe.*

C'est par les poils absorbants que se fait l'absorption des

1

aliments; la coiffe et le corps de la racine n'absorbent rien.

Direction des racines. — Les vignes que l'on multiplie par greffage ou bouturage présentent toutes plusieurs *racines principales* de même importance qui divergent plus ou moins. Ces racines principales ou primaires donnent naissance à des racines moins importantes ou secondaires qui portent à leur tour de fines *radicelles* formant le *chevelu*. Nous verrons que ce sont surtout les radicelles qui sont chargées de puiser la nourriture de la vigne dans le sol.

Les vignes obtenues par *semis* (c'est-à-dire en semant les graines ou pépins) présentent une seule racine principale ou *pivot* sur laquelle prennent naissance les racines secondaires.

Chez presque toutes les espèces de vignes (fig. 2)[1] :

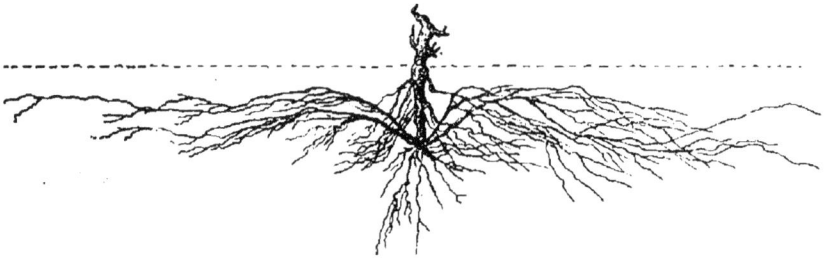

FIG. 2. — DIRECTION DES RACINES.
Souche de Rupestris du Lot franc de pied (d'après MM. Degrully et Ravaz).

1° Les racines nées près de la surface font d'abord, avec la verticale, un angle aigu : elles tendent à plonger ;

2° Les racines nées plus profondément, à un niveau variable avec la culture du sol, font avec la verticale un angle droit : elles s'étalent horizontalement ;

3° Les racines nées encore plus profondément font avec la verticale un angle obtus : elles tendent à remonter en décrivant une courbe inverse de celle que décrivent les racines nées près de la surface ;

4° Toutes les racines s'établissent, avec le temps, à un même niveau, qui est sans doute variable, mais qui est assez rapproché de la surface ;

5° De ces racines principales, plutôt *traçantes*, partent de loin en loin d'autres racines qui plongent (*racines plongeantes*) dans les parties plus profondes du sol.

1. Toutes les notions que nous donnons au sujet de la direction des racines ont été données par MM. Degrully et Ravaz à la suite de leurs remarquables recherches sur la *culture superficielle de la Vigne.*

Nous verrons (page 215) que toutes ces notions sur la direction des racines ont une assez grande importance au point de vue des *labours à effectuer*.

Les racines de la vigne mesurent assez fréquemment 10 mètres, 15 mètres, 20 mètres de longueur. Elles sont loin d'atteindre toujours de telles profondeurs : elles tendent, au contraire, ainsi que nous venons de le dire plus haut, à s'établir à un niveau constant, plutôt très rapproché de la surface du sol. C'est que des obstacles s'opposent à leur pénétration dans le sol : l'eau en excès, un milieu non aéré, une terre trop maigre s'opposent à leur allongement; un obstacle mécanique, tel que la compacité du sol, par exemple, modifie également leur cheminement. Par contre, l'eau en quantité suffisante, un milieu aéré, une terre riche, etc., poussent à l'allongement des racines.

Nous verrons (p. 215) que les *labours profonds* amènent, dans la plupart des cas, la disparition d'un grand nombre de racines et justement de celles qui se trouvent ordinairement dans la terre la plus riche, la plus aérée, c'est-à-dire dans les meilleures conditions de développement, puisque c'est vers cette couche superficielle que toutes se dirigent plus ou moins. Aussi, dans bien des cas, doit-on préférer les *labours superficiels*. La culture superficielle, quand elle augmente la vigueur de la plante, lui donne aussi des racines qui pénètrent plus profondément. En respectant les racines superficielles, on fait pénétrer plus profondément les racines plongeantes.

REMARQUE. — I. En général les vignes élevées en pépinière ont des racines plutôt plongeantes. Certains cépages, notamment les Rupestris (le Rupestris du Lot) ont en *pépinières* des racines nettement plongeantes : lorsque le terrain est favorable, elles pénètrent à plus d'un mètre de profondeur l'année même de la plantation.

La direction plongeante des racines chez les vignes en pépinière est probablement due à ce que les vignes serrées absorbent à proportion beaucoup plus d'eau, dessèchent beaucoup plus le sol et obligent ainsi les racines à aller plus profondément chercher l'eau nécessaire ; elle est due sans doute aussi à ce que, en plantation serrée, le développement latéral des racines se fait difficilement.

II. Même chez les vignes réputées comme ayant les racines plongeantes (Rupestris du Lot), les racines suivent les directions générales indiquées plus haut : les racines plongeantes du Rupestris du Lot naissent près de la surface ou au talon. Celles de la surface, après être descendues presque verticalement, se recourbent vers le haut et deviennent ensuite traçantes; celles du talon restent plongeantes, mais elles se développent peu.

Structure des racines. — Si l'on observe au microscope une racine coupée transversalement, on aperçoit à première vue une foule de petits éléments, placés les uns à côté des autres et qu'on nomme des *cellules*[1]. On distingue dans cette coupe (fig. 3) deux régions : 1° une région externe assez épaisse appelée *écorce*, qui porte au dehors les poils absorbants; 2° une région interne appelée cylindre *central*, entourée par l'écorce.

Dans le cylindre central on distingue, en allant du centre jusqu'à l'écorce : la moelle, *le bois*, *le liber*. Dans le *bois*, on remarque de petits canaux (vaisseaux du bois) où circule, comme nous le verrons, la *sève brute* et dans le liber il existe également des vaisseaux où circule la *sève élaborée*. Entre le bois et le liber se trouve la *zone génératrice* ou *cambium* qui crée chaque année à l'intérieur une couche de bois s'appliquant sur celui de l'année précédente et vers l'extérieur une *couche de liber*.

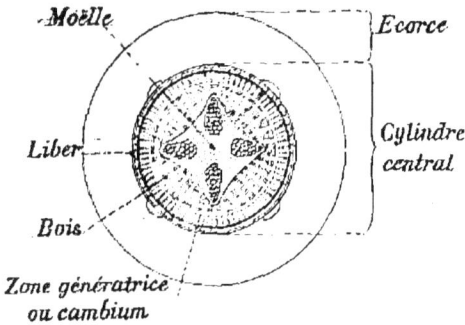

Fig. 3. — Coupe transversale théorique dans une racine âgée de deux ans.

La racine s'accroît donc en épaisseur chaque année. Lorsque la couche externe de l'écorce devient trop étroite pour contenir le cylindre central, elle se déchire et tombe. Mais auparavant, une *assise génératrice* particulière, située à l'intérieur de l'écorce, a produit une couche de liège sur sa face externe et de l'écorce sur sa face interne. De sorte qu'au moment où la couche externe de l'écorce tombe, le liège produit protège la nouvelle écorce qui vient de se former.

Dans les vignes résistantes au phylloxéra, comme le sont beaucoup de vignes américaines, lorsque l'insecte a piqué la racine, la plante crée une ou plusieurs couches de liège immédiatement au-dessous de la plaie, formant ainsi une sorte de barrière isolante.

Dans les vignes non résistantes au phylloxéra, comme le sont les vignes françaises et européennes, les formations de liège sont plus lentes, moins nombreuses, de sorte qu'avant que la cicatrisation soit faite, le tissu de la racine est envahi par les bactéries du sol, lesquelles provoquent la pourriture et la destruction de la racine jusqu'au cylindre central (voir comment le *phylloxéra agit sur les racines des vignes françaises et des vignes américaines*, p. 72).

Rôle des racines. — 1° *Les racines fixent la plante dans le sol.*

2° Les *racines respirent* : elles absorbent l'oxygène de l'air qui circule dans le sol et rejettent du gaz carbonique. On com-

---

1. Une cellule n'est jamais visible à l'œil nu. Pour en distinguer les détails, on est obligé d'avoir recours à un microscope. Le diamètre d'une cellule ne dépasse pas quelques millièmes de millimètres.

prend dès lors l'utilité du drainage pour l'écoulement des eaux stagnantes dans les terrains compacts, en plaine : les racines absorbent peu à peu l'oxygène de ces eaux stagnantes, puis, faute de ce gaz, périssent asphyxiées.

3° *Les racines absorbent les matières nutritives contenues dans le sol*. Nous avons vu que cette absorption se fait par les poils absorbants que possède la racine.

Lorsque les racines absorbent peu d'aliments fertilisants et que, par conséquent, la vigne se nourrit mal (soit parce que les racines plongent dans l'eau stagnante qui les asphyxie, soit par suite de la pauvreté du sol en azote, soit encore, comme nous le verrons, par suite d'un excès de calcaire), les feuilles de la vigne prennent une couleur jaune pâle, la vigne dépérit, on dit qu'elle est atteinte de *chlorose*.

4° *Les racines transportent la sève* : toutes les matières nutritives puisées par les racines dans le sol, en dissolution dans l'eau, forment la *sève brute*. Cette sève, une fois absorbée par les *poils absorbants*, traverse l'écorce et arrive dans les vaisseaux du bois pour monter ensuite dans la tige et arriver jusqu'aux feuilles.

Dans les feuilles, véritables laboratoires de la plante, la sève brute subit, comme nous le verrons, certaines transformations et se change en *sève élaborée*; cette dernière, destinée à nourrir tous les organes de la plante, circule dans les vaisseaux du liber.

Expérience de Hales. — *Pour montrer avec quelle force la sève brute est poussée de bas en haut*, on peut faire l'expérience suivante : on coupe un jeune pied de vigne au printemps, à la base de la tige ; on fixe solidement sur la racine un tube en verre (fig. 4) : la sève s'écoule goutte à goutte dans le tube et s'élève à une assez grande hauteur.

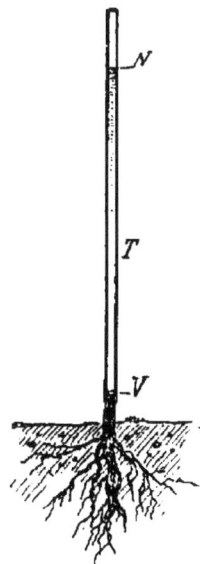

Fig. 4.
EXPÉRIENCE DE HALES.

Le tube en verre T a été fixé sur le pied de vigne coupé en N. La sève brute s'est élevée jusqu'en N.

2. La tige et les rameaux.
— La vigne est une plante sarmenteuse dont la tige et les rameaux, plus ou moins grêles, s'enlacent autour des supports qu'ils rencontrent[1].

---

[1]. La tige relativement mince peut prendre quelquefois des développements énormes chez des vignes américaines sauvages : c'est ainsi que dans l'île de Roanok on a mesuré un pied de Scupernong ayant 1 m. 50 de diamètre et dont les rameaux couvrent 1 hectare de superficie.

Les rameaux ou *sarments* annuels de la vigne sont grêles, cylindriques ou aplatis; ils ont généralement de 8 à 30 millimètres de diamètre et une longueur de 1 à 2 mètres; ils peuvent atteindre annuellement une longueur de 8 à 10 mètres. De distance en distance, ils présentent des parties renflées ou *nœuds* (fig. 5) sur lesquelles prennent naissance des feuilles portant à leur aisselle les *bourgeons*; en face de ces feuilles, toujours sur les nœuds, mais au côté opposé, on distingue les vrilles et les grappes de fleurs.

Les parties du sarment situées entre les nœuds s'appellent *entre-nœuds* ou *mérithalles*.

Structure de la tige et des rameaux (fig. 6). — Si l'on observe au microscope une tige ou un rameau coupé transversalement (fig. 6), on distingue deux régions : 1° une région externe assez épaisse appelée *écorce* ; 2° une région interne appelée *cylindre central*.

Dans le cylindre central, on remarque, en allant du centre jusqu'à l'écorce : la *moelle*, le *bois*, le *liber*. Comme pour la racine, on distingue dans le bois de petits vaisseaux (vaisseaux du bois) où circule la *sève brute*, et dans le liber on voit également des vaisseaux où circule la *sève élaborée*.

Fig. 5.

VUE EXTÉRIEURE ET
COUPE D'UNE PORTION
DE SARMENT.

Entre le bois et le liber se trouve la *zone génératrice* ou *cambium*, qui crée chaque année vers l'intérieur une couche de bois s'appliquant sur celui de l'année précédente et vers l'extérieur une couche de liber. La tige et les rameaux s'accroissent donc en épaisseur.

Chaque année, lorsque la couche externe de l'écorce devient trop étroite pour contenir le cylindre central, elle se déchire et tombe. Mais auparavant, une *assise génératrice* particulière située à l'intérieur de l'écorce a produit une couche de liège sur sa face externe et de l'écorce sur sa face interne. De sorte qu'au moment où la couche externe de l'écorce tombe, le liège produit protège la nouvelle écorce qui vient de se former[1].

---

1. La zone génératrice située dans l'écorce et chargée de créer cette couche de liège est la zone génératrice *subéro-phellodermique*, comme l'appellent les physiologistes; il ne faut pas la confondre avec la zone génératrice proprement dite, ou *cambium*.

Ce que le viticulteur appelle *écorce* est tout ce qui est à l'extérieur de la *zone génératrice*, ou *cambium*; elle comprend en réalité, en allant de l'intérieur à l'extérieur : le liber, la nouvelle écorce, l'assise génératrice particulière (qu'il ne faut pas confondre avec le cambium) le liège et l'ancienne écorce. Le viticulteur ne distingue donc que trois parties : l'*écorce*, le *bois*, la *moelle* (fig. 5).

A l'automne, dans les vaisseaux du liber, ainsi que dans les cellules de la nouvelle écorce s'accumulent des *matières nutritives*, *véritables provisions ou réserves destinées à nourrir les jeunes bourgeons au printemps lorsqu'ils se développent*. A cette époque, en effet, il n'existe pas de feuilles, sortes de laboratoires où la vigne prépare ses aliments, il faut donc nécessaire

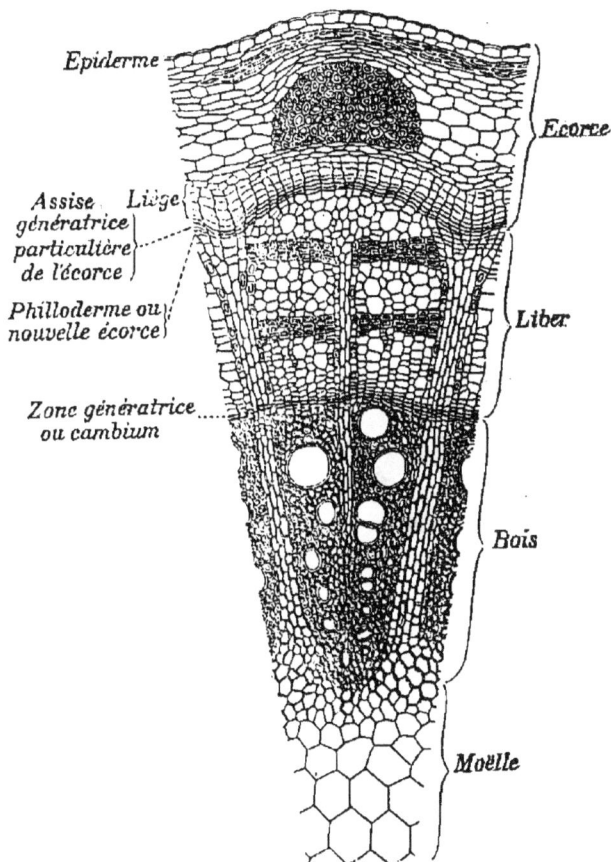

Epiderme

Ecorce

Assise génératrice particulière de l'écorce

Liège

Phylloderme ou nouvelle écorce

Liber

Zone génératrice ou cambium

Bois

Moëlle

FIG. 6. — COUPE DANS UNE TIGE DE VIGNE AGÉE D'UN AN (vue au microscope).

ment des aliments tout préparés mis en réserve pour la construction des premières feuilles si nécessaires à la plante.

Conséquences pratiques. — Le viticulteur qui utilise les sarments comme bouture ou comme greffon doit avoir soin de choisir ces sarments dans les vignes où les feuilles n'ont pas disparu prématurément par suite de maladies, afin qu'ils contiennent bien les réserves dont nous venons de parler. Ces réserves sont extrêmement utiles, car elles permettent de nourrir la jeune bouture en attendant qu'elle ait émis des racines et que les premières feuilles se soient développées.

3. Feuille (fig. 7). — On distingue dans la feuille de vigne deux parties : le *limbe*, ou lame verte étalée, et le *pétiole* (appelé vulgairement *queue* de la feuille), cordon grêle qui rattache le limbe à la tige et à la base duquel il y a toujours deux stipules.

Le pétiole, ou queue, se prolonge dans le limbe par un certain nombre de petits filets appelés *nervures* de la feuille. En regardant une feuille par transparence, on voit les nervures se ramifier un grand nombre de fois, devenir de plus en plus petites et former un réseau très serré.

Les nervures contribuent à donner à la feuille une certaine rigidité, mais leur rôle important, grâce aux vaisseaux ou petits canaux qu'elles contiennent, est d'amener dans la feuille la sève brute absorbée par les racines et de distribuer la sève élaborée que la feuille vient de former.

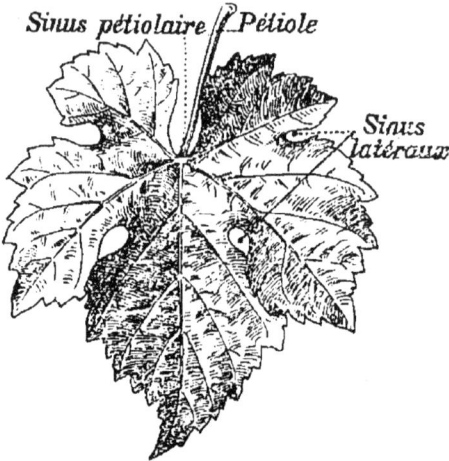

FIG. 7. — FEUILLE DE VIGNE A 5 LOBES.

Le tissu qui remplit les intervalles laissés entre les nervures doit sa couleur verte à une matière spéciale appelée *chlorophylle*.

Le limbe de la feuille de vigne est plus ou moins découpé : il présente cinq parties ou lobes plus ou moins marqués et correspondant aux cinq nervures principales. Les échancrures entre les lobes portent le nom de *sinus*; le sinus correspondant au pétiole s'appelle sinus pétiolaire.

La forme de la feuille varie suivant les cépages, elle varie même sur chaque cep : il n'est pas rare de voir, en effet, sur un cep, des feuilles presque entières à côté d'autres profondément découpées. En général, pour un cépage déterminé, les feuilles très découpées indiquent l'infertilité (les vignes sauvages ont des feuilles très découpées.) *Aussi est-il bon, lorsqu'on veut utiliser des sarments comme boutures, de choisir ceux qui portent les feuilles les plus entières.*

Les feuilles portent souvent, surtout à la face inférieure, des poils plus ou moins longs ; on dit que la feuille est tomenteuse. Ces poils affectent quelquefois la forme de fils d'araignée (tomentum aranéeux) ou de flocons (tomentum floconneux). *Si l'on coupe transversalement une feuille et qu'on examine cette coupe au microscope,* on distingue, en allant de la partie supérieure à la partie inférieure (fig. 8) : 1° une assise de cellules formant l'*épiderme* supérieur ; 2° une couche de cellules allongées (cellules en palissade) remplies de grains colorés en vert par de la chlorophylle ; 3° une couche de cellules plus ou moins irrégulières et courbes laissant entre elles des espaces ou *lacunes* remplies de gaz formant comme une atmosphère intérieure de la feuille ; 4° une assise de cellules formant l'épiderme inférieur et dans laquelle se trouvent de petites ouvertures, *stomates*, en communication avec les lacunes. C'est surtout par les stomates que la vapeur d'eau sort de la feuille.

Rôle de la feuille. — *La feuille joue un rôle très important :* 1° *elle sert à la plante de laboratoire où se préparent les aliments nécessaires à la nourriture de tous ses organes.*

Les racines, en effet, absorbent dans le sol de l'eau contenant en dissolution des matières minérales. Cette eau, chargée de matières et constituant la *sève brute*, ne peut servir directement à nourrir la plante ; elle monte dans la tige et se rend dans les feuilles où elle se transforme en *sève élaborée* capable de nourrir tous les organes du végétal.

Les transformations qui se produisent aussi dans les feuilles, ne se font qu'à la lumière : à l'obscurité, la plante vit aux

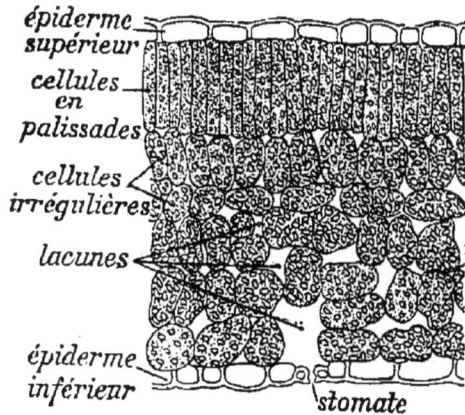

Fig. 8. — Coupe transversale d'une feuille de vigne (vue au microscope).

dépens des réserves qu'elle a accumulées pendant le jour. On comprend dès lors l'importance de la lumière pour la plante : sans la lumière du soleil, il ne se fait plus aucun travail dans le laboratoire (feuille), la préparation des aliments ne s'effectue plus.

C'est dans la feuille que se préparent tous les produits du grain de raisin : sucre, acides, matière colorante, etc.

Les aliments fabriqués dans les feuilles, et constituant avec l'eau la *sève élaborée*, quittent ces feuilles par d'autres vaisseaux qui l'ont amenée et se distribuent dans toutes les parties de la plante.

2° *Les feuilles rejettent sans cesse dans l'atmosphère, à l'état de vapeur, l'eau introduite en excès par les racines pour véhiculer les matières nutritives :* on dit que la *plante transpire.*

Sans les feuilles, la plante ne transpirerait presque pas, peu d'eau circulerait dans la plante et, par conséquent, très peu de matières nutritives seraient apportées.

3° Les plantes, grâce à leurs feuilles[1], respirent comme les

1. Les feuilles, comme toutes les autres parties de la plante, respirent ; néanmoins, grâce à leur grande surface relative, les feuilles respirent avec plus d'énergie que les autres membres de la plante.

animaux : elles absorbent l'oxygène de l'air et dégagent du gaz carbonique.

Conséquences pratiques. — Le rôle de la feuille étant très important, on comprend que le viticulteur ait intérêt à lutter contre toutes les maladies et tous les parasites susceptibles de détruire les feuilles. *Toute atteinte portée à la feuille est une atteinte portée au fruit.*

4. Les vrilles. — Les vrilles sont des organes de soutien qui permettent aux rameaux de la vigne de s'accrocher aux supports situés à proximité.

Les vrilles sont opposées à chaque feuille; sur chaque rameau on les observe, en général, à partir de la quatrième ou cinquième feuille. Chez certaines vignes américaines (V. Labrusca), elles existent à l'opposé de toutes les feuilles, elles sont alors dites *continues*. Chez les vignes européennes, elles sont au contraire *discontinues* : une feuille sans vrille sépare deux feuilles ayant à l'opposé des vrilles.

Les vrilles sont rarement simples, elles sont plutôt bi ou trifurquées. A l'aisselle d'une bifurcation de vrille naît parfois un jeune bourgeon qui donne naissance à un rameau, à des feuilles rudimentaires et à des grappes.

Au point de vue de la structure, les vrilles sont des sarments modifiés.

5. Les bourgeons. — A l'aisselle de chaque feuille (fig. 9) on remarque un *bourgeon* ou *œil* (bourgeon principal) accompagné de un ou deux bourgeons plus petits ou *bourgeons stipulaires*. Souvent, un seul de ces deux bourgeons stipulaires se développe dans l'année même de sa formation, en même temps que la feuille, pour donner une ramification appelée *entre-cœur* ou *faux bourgeon*; on l'appelle *prompt bourgeon* ou *bourgeon anticipé*.

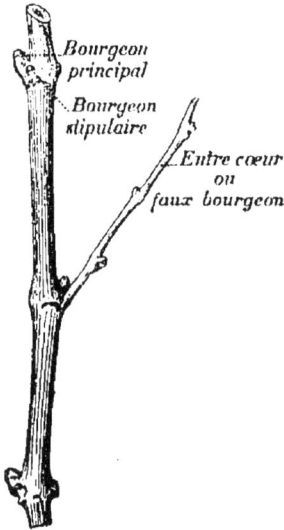

FIG. 9.
POSITION DES BOURGEONS.

Les yeux stipulaires de la *base du sarment* ne se développent cependant pas, en général, pendant la première année; ils se développent plutôt l'année suivante après la taille, soit en même temps que le bourgeon principal, soit le plus souvent après lui. Ils passent ainsi l'hiver; aussi les appelle-t-on parfois, avec le bourgeon principal, *bourgeons dormants, hibernants* ou *de réserve.*

Le *bourgeon principal*, au printemps, donne en se développant les rameaux normaux de la vigne. Des yeux stipulaires voisins ayant également passé l'hiver, un seul, appelé *bour-*

geon de remplacement ou *contre-bouton,* se développe et remplace le bourgeon principal en cas de gelée. L'autre ne se développe pas, ou donne des rameaux chétifs généralement stériles[1].

Les pampres issus du faux bourgeon ou entre-cœur ne portent généralement pas de fruits, excepté cependant chez certains cépages très fertiles comme le *Gamay*. Dans ce dernier cas, cette fertilité est très appréciée, car si la jeune pousse née du bourgeon principal est détruite par la gelée, l'entre-cœur se développant plus tardivement peut éviter la gelée et donner du fruit. Sur le vieux bois on distingue des *bourgeons latents* qui se développent principalement à la suite de tailles très courtes et donnent naissance à des sarments appelés *gourmands* généralement infertiles.

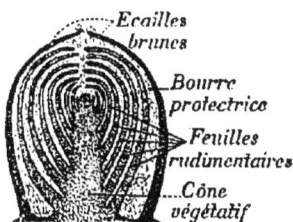

FIG. 10. — COUPE THÉORIQUE D'UN BOURGEON POUR MONTRER SES DIFFÉRENTES PARTIES.

FIG. 11. — INFLORESCENCE DE LA VIGNE.

A la base des sarments d'un an, sur l'*empattement* se trouve un ou deux petits bourgeons qui ne se développent que rarement et ne donnent pas de fruit. Immédiatement au dessus se trouve le *bourrillon* formé d'un groupe de deux ou trois bourgeons dont un seul bien constitué. Le bourrillon n'est utile que dans quelques cépages comme le Gamay, l'Aramon.

Structure des bourgeons (fig. 10). — Coupons en long un des bourgeons hibernants et examinons les différentes parties mises à découvert : au centre, on aperçoit une espèce de cône (cône végétatif) à tissu très tendre craignant les gelées : sur ce cône s'insèrent des écailles, sortes de feuilles rudimentaires, séparées entre elles par une bourre cotonneuse ; à l'extérieur, on voit enfin deux lames ou écailles brunes avec une bourre très abondante enfermant

---

1. En réalité, à l'aisselle des feuilles il y a en tout un groupe de six bourgeons, y compris le *prompt bourgeon* ; mais parmi ces bourgeons, dont quelques-uns ne se développent pas, le praticien ne distingue que le *bourgeon principal,* le *bourgeon de remplacement* et le *prompt bourgeon,* c'est-à-dire ceux qui sont apparents.

toutes les feuilles rudimentaires et les protégeant contre le froid et l'humidité.

Quand la température s'élève, au printemps, on voit ces deux écailles brunes s'écarter, puis les feuilles rudimentaires s'épanouir.

6. La fleur. — Les fleurs de la vigne sont réunies en grappes (fig. 12). Chaque grappe se développe, comme les vrilles, à l'opposé des feuilles, généralement à partir du qua-

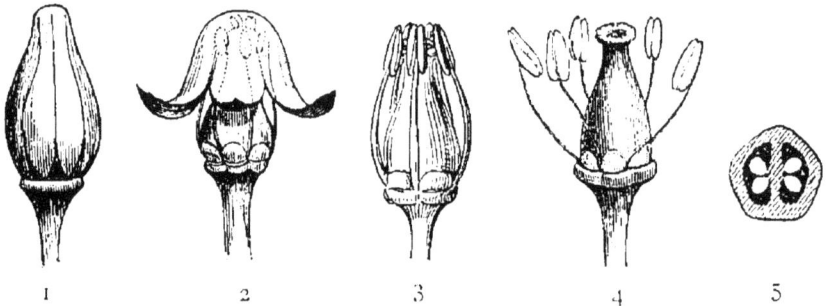

FIG. 12. — FLEUR DE VIGNE.

1. *Fleur de vigne non encore ouverte (à l'état de bouton). — 2. Fleur de vigne au moment où elle commence à s'épanouir, la corolle est détachée de sa base et soulevée par les étamines. — 3. Fleur débarrassée de sa corolle au moment de l'épanouissement, les anthères sont tournées vers le centre de la fleur. — 4. Fleur épanouie lorsque les anthères sont tournées en dehors de la fleur. — 5. Coupe transversale de l'ovaire.*

trième ou cinquième nœud. On rencontre jusqu'à trois ou quatre grappes sur le même sarment dans les variétés fertiles. On remarque également assez souvent des vrilles portant de petites grappes.

La fleur de vigne (fig. 12) est petite, verte : le calice est formé de cinq sépales rudimentaires : la corolle vert clair est formée de cinq pétales soudés au sommet et formant un capuchon qui recouvre les cinq étamines et l'ovaire. Assez souvent la fleur présente six pièces au lieu de cinq. Entre les étamines et les pétales, on remarque une couronne de petits mamelons appelés *nectaires* qui renferment un liquide sucré odorant répandant un parfum spécial au moment de la floraison.

L'épanouissement de la fleur se fait par la base (fig. 12) : le capuchon, formé par les cinq pétales soudés à leur sommet, se détache à sa base, puis est soulevé et rejeté de côté par les étamines qui se redressent.

Les *organes mâles* de la fleur sont constitués par les cinq étamines renfermant dans leurs *anthères* (ou sacs) des grains très fins (grains de *pollen*).

L'*organe femelle* comprend un *ovaire* surmonté par un *style* très court supportant un *stigmate*. Ce stigmate sécrète un liquide sirupeux destiné à retenir les grains de pollen et à les faire germer.

Si on coupe l'ovaire, on y remarque *deux loges* contenant chacune deux ovules qui deviendront des graines ou pépins après la fécondation.

Il est à remarquer que, dans la vigne, avant l'épanouissement, l'ouverture des anthères laissant échapper le pollen regarde l'intérieur de la fleur; mais après l'épanouissement elle regarde l'extérieur de la fleur, de sorte que le grain de pollen tombe difficilement sur le stigmate de la même fleur (voir *fleurs mâles, fleurs femelles, fécondation*, p. 18).

7. Le fruit. — Le fruit, comme nous l'avons vu ci-dessus, est l'ovaire qui a été fécondé, qui a grossi et mûri; c'est le grain de raisin. Il présente différentes formes suivant les cépages : il peut être globuleux, aplati, elliptique, ovoïde, allongé, etc.

Structure du grain de raisin. — Si on coupe longitudinalement un grain de raisin, comme l'indique la figure 13, on voit que le grain repose sur une espèce de bourrelet: de ce bourrelet part le *pinceau* formé par des vaisseaux venant de la râfle et amenant les matières préparées dans

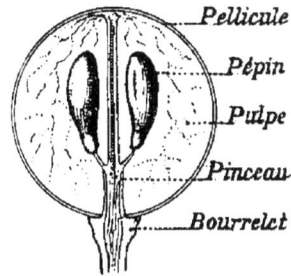

FIG. 13.
COUPE LONGITUDINALE D'UN GRAIN DE RAISIN.

les feuilles: ce pinceau, à son sommet, se ramifie et s'épanouit afin d'envoyer ses minces filaments dans tout le grain pour l'alimenter et constituer en quelque sorte sa charpente.

La cloison qui sépare l'ovaire en deux loges disparaît lorsque le raisin mûrit et les ovules, transformés en graines ou *pépins*, sont entourés par la *pulpe* qui remplit le grain.

Examen des différentes parties du grain de raisin. — Le grain, lorsqu'il est développé, comprend, comme nous venons de le voir, trois parties : la *pellicule*, la *pulpe* et les *pépins*.

La pellicule, ou peau, qui entoure le grain de raisin, est recouverte, à la maturité, de poussières blanchâtres cireuses qui constituent la *fleur* ou *pruine*. Ces poussières (quelquefois jaunâtres, grises) proviennent de la desquamation de la partie extérieure de la pellicule: l'eau ne les mouille pas: elles retiennent sur le grain les levures et les germes de maladie.

Les cellules intérieures de la pellicule renferment la *matière colorante* du vin. Cette matière colorante est peu soluble dans le jus de raisin ou moût, elle est également peu soluble dans l'eau, sauf dans l'eau chaude à partir de 5o degrés. Elle est soluble dans l'eau alcoolisée et dans l'alcool qui se produit pendant la fermentation.

Quand on veut faire des vins blancs avec des raisins rouges, il faut donc avoir le soin de séparer les pellicules d'avec le jus immédiatement après le foulage, avant le commencement de la fermentation qui produit l'alcool. Certains cépages, dits *teinturiers*, possèdent une *seconde matière colorante* qui a la propriété d'être soluble dans l'eau pure : c'est pourquoi le jus de leurs raisins est coloré dès sa formation.

Certains cépages rouges ont des variétés présentant toute la gamme de coloration, depuis le noir jusqu'au blanc : c'est ainsi que, pour le Pinot, on a le Pinot teinturier, le Pinot moure ou tête de nègre (pas de pruine bleue), le Pinot noir ordinaire (avec pruine bleue), le Pinot violet, le Pinot gris, le Pinot rose et le Pinot blanc. On peut remarquer quelquefois sur un cep de Pinot noir un sarment portant des raisins noirs et un sarment portant des raisins blancs[1].

Pour certains cépages, il existe plusieurs variétés à jus rouge : pour le Gamay, par exemple. Il est possible qu'avec un peu d'attention on puisse obtenir la variété teinturier de chaque cépage.

La pellicule de chaque cépage contient aussi une *matière odorante* spéciale qui donne au vin un *parfum* qu'il ne faut pas confondre avec le *bouquet*. Le bouquet ne

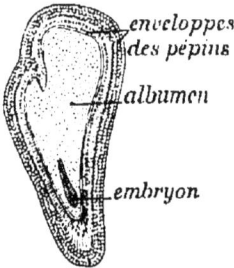

enveloppes des pépins

albumen

embryon

FIG. 14.
COUPE LONGITUDINALE
D'UNE GRAINE
DE VIGNE OU PÉPIN.

se forme qu'à la longue par le vieillissement du vin. Au contraire, le parfum, très prononcé au début, devient moindre avec l'âge du vin ; c'est lui qui donne aux vins de quelques cépages américains un goût peu apprécié : avec le Noah, un goût de framboise ; avec l'Othello, un goût de renard (fox) ; avec le Delaware, un goût de fraise des bois, etc. Ce parfum devient très délicat chez les vins de certains cépages européens tels que les Muscats, le Sauvignon, le Cabernet, etc.

Les pépins, ou graines de la vigne, sont généralement au nombre de un ou deux, quelquefois trois et exceptionnellement quatre et cinq chez les vignes très fertiles. Les vignes sauvages de l'Amérique ont ordinairement quatre ou trois pépins.

La forme des pépins est assez variable ; ses variations peu-

---

1. On peut, avec le sarment portant des raisins blancs, faire des boutures et fixer ce caractère ; on obtient ainsi un Pinot blanc.

vent permettre la détermination des diverses espèces. La partie inférieure du pépin, ou bec, est reliée au pédoncule du grain par les vaisseaux qui viennent du pinceau et qui sont chargés d'alimenter tout le pépin.

Si nous faisons une coupe longitudinale de la graine (fig. 14), nous voyons au centre l'*embryon* noyé dans l'*albumen* ou *amande* (réserves de matières nutritives nécessaires au développement de la jeune plante). L'albumen est entouré par trois enveloppes, dont l'externe surtout est très riche en tanin. Aussi les pépins fournissent-ils au vin une quantité assez grande de tanin, lequel joue un rôle important dans la dissolution et la stabilité de la matière colorante.

L'albumen, ou amande du pépin, est riche en huile essentielle pouvant communiquer au vin un goût désagréable si le pépin est écrasé au moment du foulage.

La pulpe est généralement incolore, sauf chez les *cépages dits teinturiers* (Gamays teinturiers, Hybrides Bouschet, etc.). Sa composition est très complexe et extrêmement variable selon les cépages : de tous les éléments qu'elle contient, les plus importants sont le *sucre* et les *acides*.

A la maturité, la pulpe prend la saveur de la pellicule.

Sélection des raisins d'après leur saveur. — « Les goûts spéciaux du raisin sont modifiés par la chaleur, le climat, le terrain. La saveur musquée du Muscat d'Alexandrie est excessive en Espagne, tandis que le goût du Noah et de l'Othello s'atténue au nord jusqu'à permettre l'emploi de ces raisins en vinification.

« Le Pinot a une saveur spéciale, qui, suffisante et fine en Bourgogne, devient exagérée et grossière dans les vignobles méridionaux; en Bourgogne même, pour que le bouquet soit parfait, il faut une maturation lente par une température peu élevée. Les terrains argilo-siliceux atténuent ces bouquets, tandis que les terrains calcaires les exagèrent.

« Mais sous un climat et dans un sol donné, les différentes souches d'un vignoble possèdent des goûts divers et différemment accusés. Les Allemands ont sélectionné dans ce sens le Savagnin et le Riesling. Ils ont créé une variété de Savagnin rose parfumé (Gewürztraminer) de saveur très différente du Savagnin rose ordinaire. Tous les cépages doivent subir cette sélection, malheureusement oubliée pendant la reconstitution, et si nécessaire pour tous les cépages à grands vins. » (Pacottet.)

CHAPITRE II

VIE DE LA VIGNE

8. Vie latente et vie active de la vigne. — *Dans les pays tempérés*, pendant l'hiver, la vie de la vigne paraît comme suspendue (*vie latente*); pendant l'été, au contraire, la vie se manifeste par la pousse des feuilles, des fleurs et des fruits (*vie active*).

Dans les pays chauds, la vigne vit constamment d'une vie active, aussi porte-t-elle à la fois des fruits mûrs, des grappes vertes et des fleurs. Un repos dans la végétation (repos qui a lieu en hiver dans les pays tempérés) est nécessaire pour avoir une maturation égale et permettre la culture industrielle. Ce repos peut être obtenu par le froid ou par une sécheresse du sol. Les forceurs de vigne en serre, dit M. Pacottet, ont remarqué que le repos de la vigne devait durer au moins 4 mois : pour mettre la vigne en végétation au mois de novembre, par exemple, on provoque l'arrêt de la végétation fin mai par la sécheresse progressive du sol.

9. Entrée de la vigne en végétation. — **Débourrement.** — On dit que la vigne *débourre* lorsqu'elle entre en végétation, lorsque les bourgeons s'ouvrent, s'épanouissent, que la *bourre* dont étaient entourées les feuilles rudimentaires disparaît, rejetée au dehors.

Le débourrement ne se produit que si la température ainsi que l'humidité du sol et de l'atmosphère sont suffisantes.

C'est ainsi que, dans les serres, l'entrée en végétation ne se produit que si l'on chauffe l'atmosphère et si on la rend humide par des dégagements de vapeur d'eau en même temps qu'on arrose le sol avec de l'eau tiède.

Pour les vignes européennes (*vitis vinifera*), le débourrement se produit entre 9 et 12 degrés suivant les cépages[1], aussi divise-t-on les cépages en *cépages hâtifs* et en *cépages tardifs*[2].

Dans les régions où l'on craint les gelées printanières, les

---

1. Le *Vitis Romaneti*, originaire de la Chine, débourre à une température très basse ; quand il pousse dans nos climats, on le voit quelquefois débourrer en plein hiver.

2. Nous les indiquerons en étudiant les différents cépages cultivés en France, p. 34.

viticulteurs recherchent de préférence les cépages à débourrement tardif.

Il ne faut pas donner à ce choix une trop grande importance, car les différences dans les époques de débourrement ne sont sensibles que lorsque l'hiver a une durée ordinaire ; lorsque l'hiver au contraire se prolonge et que l'on passe subitement au printemps, les cépages à débourrement hâtif et ceux à débourrement tardif débourrent presque en même temps et redoutent également les gelées qui peuvent ensuite survenir.

Pendant que la vigne entre en végétation et que les bourgeons épanouissent leurs feuilles rudimentaires, la vigne utilise les réserves qu'elle a accumulées dans sa souche et ses rameaux à la fin de l'été : elle ne peut, en effet, fabriquer elle-même ses aliments avec la sève brute que ses racines lui fournissent, car elle n'a pas encore des feuilles, c'est-à-dire pas de laboratoires pour préparer ces aliments.

Pleurs de la vigne. — Lorsque la vigne va entrer en végétation, à la fin de l'hiver, les racines absorbent de grandes quantités d'eau. Cette absorption se traduit par l'écoulement aux sections des sarments d'un liquide désigné sous le nom de *pleurs*.

Les pleurs coulent environ pendant 15 jours, quelquefois un mois ; elles se produisent beaucoup moins chez les vignes taillées tôt en automne, elles peuvent cesser momentanément à la suite d'un abaissement important de la température ; elles cessent lorsque les bourgeons se développent. La quantité de liquide écoulé peut atteindre 1 litre par jour.

Les pleurs en mouillant les jeunes bourgeons peuvent augmenter les mauvais effets des gelées de printemps.

Les matières fertilisantes entraînées par les pleurs sont en faible quantité ; la perte occasionnée est peu importante, il est donc inutile de tailler très tôt pour empêcher l'écoulement des pleurs et éviter cette perte. *Il vaut mieux tailler aussi tard que possible pour retarder le débourrement et éviter autant que possible les mauvais effets des gelées printanières.*

10. Feuillaison. — Après le débourrement, les feuilles rudimentaires que contiennent les bourgeons se développent ; les jeunes pousses ont un développement d'autant plus grand que la température s'élève davantage.

Au début, pendant la nuit, la température s'abaissant au-dessous de 9 à 12 degrés (température à laquelle la vigne débourre), l'accroissement des pousses s'arrête pour reprendre pendant le jour.

Lorsque la température s'élève à 20 ou 25 degrés, l'accroissement des pampres peut atteindre en moyenne de 3 à 5 centimètres par jour.

Les pousses se développent rapidement jusqu'au moment où la fécondation s'opère et où les pépins se forment ; la végétation diminue alors, l'activité de la vigne étant utilisée en grande partie à la formation du fruit.

A la maturation la vigne cesse à peu près d'émettre des feuilles. En août, les pluies amènent une nouvelle poussée de végétation: on supprime les nouvelles feuilles par un rognage (voir p. 203), afin que les matières nutritives, sucre, etc.. fabriquées par les feuilles adultes, ne soient pas utilisées par elles et puissent être employées par les raisins.

11. Floraison et fécondation. — La *floraison est l'épanouissement de la fleur.* Elle se fait à une température comprise entre 15 et 25 degrés, le plus généralement le matin dans une atmosphère chaude et plutôt sèche.

La *fécondation est l'ensemble des phénomènes qui ont pour but de rendre l'ovaire de la fleur capable de se transformer en fruit.*

Comment se fait la fécondation. — Après la floraison, les anthères des étamines s'ouvrent et laissent échapper une poussière jaunâtre composée d'un très grand nombre de petits grains appelés grains de *pollen.*

Lorsqu'un grain de pollen tombe sur le stigmate du pistil de la fleur (fig. 15) il y est retenu, fixé par le liquide gluant dont nous avons parlé page 12. Il se nourrit alors aux dépens de la matière sucrée de ce liquide et germe en donnant un long *tube.* Ce tube s'enfonce dans le stigmate, entre dans l'ovaire, glisse sur les parois de celui-ci et pénètre dans l'ovule qu'il féconde enfin. C'est alors seulement que l'ovule pourra se transformer en grain ou pépin, et que tout l'ovaire se transformera en fruit ou grain de raisin.

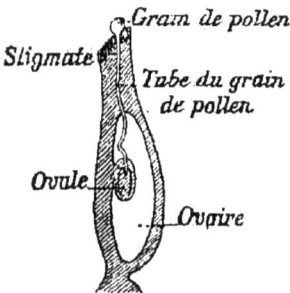

FIG. 15. — COMMENT SE FAIT LA FÉCONDATION.

(coupe longitudinale de la moitié du pistil).

Grain de pollen germant sur le stigmate; tube du grain de pollen allant jusqu'à l'ovule.

Quand la fécondation est opérée, la fleur se fane : le calice, la corolle, les étamines se flétrissent et tombent : seul l'ovaire persiste pour donner le *fruit* ou *grain de raisin,* tandis que les ovules vont donner les *graines* ou *pépins.*

En dehors de ces fleurs normales ayant les étamines plus longues que l'ovaire, il existe chez certains cépages des fleurs à *étamines courtes,* trop courtes pour que le pollen puisse tomber sur le stigmate et féconder les ovules (exemple chez le muscat d'Alexandrie cultivé en Espagne); on est obligé de les cultiver avec d'autres cépages fournissant un pollen abondant et fécond.

Fécondation artificielle. — Lorsque la fécondation naturelle se fait mal, par suite de la mauvaise constitution de la fleur, comme cela a lieu chez certains cépages (Madeleine angevine, chasselas coulard, etc.), on peut pratiquer la fécondation artificielle. Elle consiste à répandre, sur les fleurs, du pollen d'autres fleurs à l'aide de petits soufflets. Pour obtenir le pollen on secoue des grappes fleuries au-dessus d'un papier blanc glacé et on tamise la poudre obtenue pour retenir les débris de fleur.

La fécondation artificielle n'est pratique que sur les treilles ou dans les serres.

Fleurs mâles et fleurs femelles. — Chez un certain nombre de vignes américaines qui ne donnent pas de fruits (chez le Rupestris et l'Aramon × Rupestris Ganzin n° 1), l'ovaire est avorté, tandis que les étamines, bien développées, donnent un pollen abondant et fécond, les fleurs sont dites *mâles.*

Au contraire, chez quelques autres cépages, l'ovaire est bien constitué, mais les étamines sont avortées, les fleurs sont dites *femelles.*

Nous avons vu (p. 12) que, dans la vigne, l'ouverture des anthères laissant échapper le pollen regarde l'extérieur de la fleur, de sorte que le grain de pollen tombe difficilement sur le stigmate de la même fleur. On remarque également que le pollen est souvent mis en liberté lorsque le stigmate se dessèche.

Il s'ensuit que généralement l'ovaire d'une fleur est fécondé par le pollen d'une autre fleur; la fleur d'une vigne ne se féconde généralement pas elle-même, ou en d'autres termes il n'y a pas *autofécondation.*

« On a longtemps cru à l'autofécondation de la fleur de la vigne se produisant sous le capuchon. La création journalière d'hybrides artificiels[1] et le nombre des hybrides naturels qui se trouvent dans les forêts de l'Amérique prouvent, comme l'ont démontré Darwin et Millardet, la non-valeur de cette opinion. L'autofécondation de la vigne est exceptionnelle[2]. »

Dans quelques cépages, le Malbec, par exemple, le capuchon tombe tardivement; la fécondation ou plutôt l'autofécondation se fait alors sous lui, mais elle est presque toujours incomplète.

Conditions de la fécondation. — Pour que la fécondation se fasse bien, il faut une température assez élevée, 20 à 25 degrés, une atmosphère plutôt humide, afin que le stigmate se dessèche moins vite et que le grain de pollen puisse germer facilement;

---

1. Voir ce que l'on appelle *hybrides*, p. 21.
2. Pacottet, *Viticulture.*

un peu de vent facilite le transport des grains de pollen de chaque fleur sur les fleurs voisines[1].

Un abaissement brusque de température, des pluies froides nuisent à la fécondation.

Les pluies surtout lavent la fleur, entraînent une grande partie du pollen, empêchant ainsi la fécondation ; la fleur avorte, se dessèche et tombe sans avoir noué son fruit ; cet accident s'appelle **coulure**.

Lorsque l'ovaire est mal fécondé, le grain reste petit ou n'atteint pas la grosseur normale des autres grains. Cet arrêt de développement se produit de la nouaison à la maturation. Les grains ainsi avortés partiellement sont dits **millerands**. Les grappes *millerandées* (fig. 16) sont généralement lâches et formées de grains d'inégale grosseur, les uns verts, les autres rouges et d'autres noirs. Le *millerandage*, comme nous le verrons (p. 287), est un accident du même ordre que la coulure et dépend des mêmes causes.

Fig. 16.
GRAPPE MILLERANDÉE.

Effet du soufrage sur la fécondation. — On a remarqué qu'en pratiquant un soufrage au moment de la floraison la fécondation se fait mieux et le millerandage ne se produit presque plus. « Pour expliquer cette action réelle et bienfaisante, dit M. Pacottet, on a pensé que le soufre agissait sur la fleur en la maintenant dans une atmosphère sèche ou que l'acide sulfureux ou autre gaz, dégagés par ce corps, provoquaient la fécondation. Il n'en est rien. Le soufrage agit par le courant d'air violent du soufflet, qui aide au décapuchonnage des fleurs (départ de la corolle) et projette sur celles-ci, et dans l'atmosphère, le pollen des étamines. Le pollen ainsi mis en mouvement s'attache au stigmate et assure la fécondation. Le soufrage des variétés coulardes au moment de leur floraison est donc à recommander. »

Hybridation. — Le viticulteur peut, avec le pollen d'une variété ou d'une espèce de vigne, pratiquer la fécondation de la fleur

---

[1]. Les insectes aident aussi au transport du pollen.

d'une autre espèce ou d'une autre variété, afin d'obtenir un nouveau cépage ayant quelques-uns des caractères des cépages employés. Cette opération s'appelle *hybridation* et le résultat du croisement, c'est-à-dire le cépage obtenu, est un *hybride*[1].

Pratique de l'hybridation. — On choisit tout d'abord, fin mai, les pieds des cépages que l'on veut hybrider ; le pied qui doit fournir le pollen est le *pied mâle*, celui dont l'ovaire doit être fécondé par ce pollen est le *pied femelle*.

Sur le pied femelle, avant l'épanouissement des fleurs, on choisit les plus belles grappes de fleurs et sur chacune de ces grappes on ne laisse que 20 ou 30 fleurs, on supprime les autres avec des ciseaux. Toujours avant l'épanouissement, on enlève, à l'aide d'une pince ou de petits ciseaux, le capuchon et les étamines de chacune des fleurs restant. On examine soigneusement avec une loupe, si des grains de pollen des étamines supprimées ne sont pas tombés sur le stigmate. Les fleurs, ainsi préparées, n'ont plus qu'un ovaire surmonté d'un stigmate, ce sont des *fleurs femelles*.

Sur le pied mâle choisi, on prend des fleurs pleinement épanouies et on les secoue au-dessus des fleurs femelles pour y faire tomber du pollen. Pour plus de sûreté on peut appliquer le pollen du pied mâle avec un pinceau sur le stigmate de la fleur femelle.

Aussitôt après, les grappes de fleurs femelles sont enfermées pendant une huitaine de jours dans un sac en gaze gommée afin que le pollen des autres fleurs ne puisse les féconder. Au bout de ces 8 jours, la fécondation étant terminée, on enlève les sacs en gaze. Lorsque les grappes sont parfaitement mûres on enlève les grains de raisins et on en extrait les graines ou pépins que l'on sème au printemps suivant (voir semis p. 79). On obtient ainsi de jeunes plants qu'il faut sélectionner, c'est-à-dire parmi lesquels il faut faire un choix.

Dénomination des hybrides. — Un hybride est *binaire* lorsque, pour l'obtenir, on n'a employé que deux cépages. Pour le nommer on inscrit le cépage femelle le premier en le séparant du nom du pied mâle par le signe ×, Exemple : Solonis × Riparia, si le Solonis a servi de pied femelle.

On ajoute souvent à la suite de ces noms le nom du viticulteur qui a obtenu les hybrides. Exemple : Riparia × Rupestris de Millardet et Grasset.

Parmi les nombreux hybrides obtenus par les mêmes expérimentateurs à l'aide des pépins d'une même grappe possédant un numéro, le numéro 101 par exemple, il peut se faire que l'hybride choisi soit le quatorzième, son nom sera Riparia × Rupestris 101[14].

Le numéro 14 peut être remplacé par une lettre : Exemple. Berlandieri × Riparia 420 [B].

---

1. L'hybridation est dite artificielle lorsqu'elle est faite par le viticulteur ; elle est *naturelle* ou *accidentelle* lorsqu'elle a lieu naturellement par le vent, les insectes, etc.

Un hybride est *ternaire* lorsqu'il a été obtenu à l'aide d'un autre hybride et d'un cépage servant de pied mâle ou de pied femelle : Exemple : (Riparia × Rupestris) × Cordifolia si le Riparia × Rupestris a servi de pied femelle.

Lorsque dans un hybride naturel binaire on ne connaît pas le cépage qui a servi de pied mâle ou de pied femelle, on inscrit les noms des deux cépages dans un ordre quelconque et on les sépare par le signe — ; exemple : Solonis — Riparia.

Nous verrons (page 72) le rôle important que joue l'hybridation dans la viticulture moderne.

But de l'hybridation. — L'hybridation artificielle cherche à résoudre les problèmes suivants :

1° *Améliorer nos vieux cépages français*, en réunissant, par exemple sur une seule plante, les caractères de deux cépages méritants.

2° *Trouver de nouveaux porte-greffes, en particulier pour les sols difficiles, compacts et crayeux :*

La vigne française, en effet, ne résistant pas au phylloxéra, on a voulu lui substituer les vignes américaines plus ou moins résistantes, mais on s'aperçut que ces vignes américaines pour la plupart ne vivent que difficilement dans les sols crayeux riches en calcaire, où elles prennent la chlorose (voir p. 99). De là la création d'hybrides résistants à la fois au phylloxéra et à la chlorose sur lesquels on greffe les vieux cépages français.

3° *Obtenir de nouveaux producteurs directs :*

Ainsi que nous le verrons page 74, on eut l'idée de remplacer nos vieux cépages français non résistants au phylloxéra par des cépages américains susceptibles de donner des vins acceptables et que l'on a appelés *producteurs directs*. Ces cépages américains producteurs directs ne donnant qu'un vin médiocre, on cherche par l'hybridation à créer de nouveaux producteurs directs.

4° *Obtenir des hybrides nouveaux, très résistants au Black-Rot et en général aux maladies cryptogamiques :*

Les vignes françaises greffées (sur porte-greffes américains), en effet, sont plus ou moins éprouvées par les différentes maladies cryptogamiques qui ont accompagné l'entrée en Europe des vignes américaines ; elles demandent de nombreux traitements coûteux. Aussi a-t-on cherché par l'hybridation à obtenir des producteurs directs non seulement résistant au phylloxéra, à la chlorose, et donnant un bon vin, mais aussi d'une bonne résistance aux diverses maladies cryptogamiques (voir page 75).

Par l'hybridation on a obtenu deux sortes d'hybrides :

1° Les hybrides *américo-américains* résultant du croisement d'espèces américaines.

2° Les hybrides *franco-américains* résultant du croisement d'espèces américaines avec les vignes européennes (*Vitis Vinifera*).

Lois générales de l'hybridation. — 1° Les hybrides présentent, en général, des caractères intermédiaires à ceux de leurs parents ; il ne faut pas en conclure que chaque caractère des hybrides peut être représenté par une moyenne entre les caractères correspondants de leurs parents. D'après Munson, les hybrides, en général, ressemblent à leur mère par leur souche, et à leur père par leur fruit.

2° Quand on croise deux vignes appartenant à deux espèces différentes, c'est l'espèce qui se rapproche le plus de l'état sauvage qui imprime ses caractères avec le plus d'intensité.

3° Quand on croise deux plants appartenant à deux espèces différentes, les hybrides qui en proviennent sont, en général, plus vigoureux, plus rustiques et plus fertiles que le parent le plus vigoureux, le plus rustique et le plus fertile.

4° *Au point de vue de la résistance au phylloxéra*, quand on hybride deux plants résistants, l'hybride obtenu est très résistant. Lorsque dans l'hybride on fait entrer une vigne européenne, c'est-à-dire un *vitis vinifera*, la résistance est diminuée.

5° Au point de vue de l'adaptation au sol (résistance à la chlorose, etc.), on accroît l'adaptation au sol d'un hybride en faisant entrer dans cet hybride un cépage français (*vitis vinifera*), mais alors on diminue sa résistance au phylloxéra.

6° Pour augmenter la résistance d'un hybride aux maladies cryptogamiques, on emploie généralement comme cépage mâle les vignes américaines les plus résistantes.

Toutes les lois que nous venons d'indiquer ne sont pas absolument rigoureuses, elles subissent des exceptions.

12. Développement du grain et maturation. — Après la

fécondation, l'ovaire se développe, on dit que le grain est *noué* (*nouaison*). Le grain à la nouaison est vert ; il renferme de la chlorophylle (comme les feuilles), et assimile, c'est-à-dire décompose le gaz carbonique de l'air, absorbe le carbone et rejette de l'oxygène : comme les feuilles il respire. A ce moment, si on goûte le grain, on constate une saveur acide très prononcée, *le grain est en effet pauvre en sucre et très riche en acides.*

Après la nouaison, le grain s'accroît rapidement en poids et en volume : la pulpe se constitue, elle s'enrichit de matériaux divers et spécialement de matériaux acides, le sucre n'y apparaît qu'en petite quantité : le grain est toujours très acide.

C'est surtout pendant cette période que le jeune grain redoute les maladies cryptogamiques, lesquelles se développent sous l'action de la chaleur et de l'humidité[1].

Au bout de quelque temps, l'accroissement du grain reste stationnaire : à ce moment les pépins se forment, le grain se constitue. Cet arrêt dure jusqu'au moment où le grain change

---

1. Les arrosages des vignes, quand on peut les pratiquer, sont excellents pour l'accroissement des grains ; mais ils sont dangereux s'il y a excès d'humidité, parce qu'ils peuvent faciliter le développement des maladies cryptogamiques.

de couleur, *vère*[1]. Pendant tout ce temps, *la proportion de sucre augmente tandis que celle des acides commence à diminuer.*

Quand les grains des cépages blancs *vèrent*, ils prennent une teinte plus claire, plus transparente, jaunâtre, et chez les cépages rouges ils se colorent en rouge vif, puis en violet. Ces modifications constituent la *véraison*. A ce moment l'accroissement du grain reprend ; la proportion de sucre augmente encore pendant que la proportion des acides diminue. *Lorsque la richesse du raisin en sucre est stationnaire, le fruit est mûr*[2], la *maturation* est terminée.

On distingue dans certaines régions, après la maturation, une dernière période dite période de *surmaturation*, pendant laquelle commence la dessiccation du grain. Sur ce dernier se développe un champignon, le *Botrytis cinerea* (voir fig. 208, page 316) qui produit une concentration du moût par évaporation d'une partie de l'eau, qui diminue l'acidité et développe un parfum spécial très recherché. C'est ce champignon qui détermine la *pourriture noble* des raisins à peau épaisse (Sauvignon, Sémillon) et la *pourriture vulgaire* ou pourriture grise des raisins ordinaires dans les années chaudes et humides.

Lorsque le raisin est mûr, la pulpe du grain a la composition moyenne suivante[3] :

Eau	75 à 80	pour 100 .
Sucre fermentescible[4].	18 à 25	—
Acides libres (tartrique, malique, etc.).	0,30 à 0,45	—
Bitartrate de potasse.	0,5 à 0,7	—

Matières azotées . . . . } servant à l'alimentation des levures
Matières minérales. . . } pendant la fermentation.
Huiles essentielles et matières grasses.

De tous ces éléments, les plus importants sont le *sucre* (dont la quantité moyenne est de 20 pour 100 dans la plupart de nos bons cépages) et les *acides*. C'est le sucre qui, par la fermentation, donnera l'alcool.

Comme nous l'avons vu page 15, les matières qui constituent la pulpe sont préparées dans les feuilles. Aussi, tout ce qui influe sur l'existence des feuilles agit également sur la composition de la pulpe. Exemple : 1° quand les grains mûrissent, si

---

1. Les pépins à ce moment sont parfaitement en état de reproduire la plante ; on dit que la *maturité physiologique* est atteinte.

2. C'est la maturation industrielle, nécessaire pour fabriquer du vin.

3. Il est bon de remarquer que la composition de la pulpe est très complexe et extrêmement variable suivant les cépages.

4. Le sucre de raisin est du glucose (plus exactement un mélange de glucose et de lévulose) qu'il ne faut pas confondre avec le sucre ordinaire ou saccharose.

on rogne les jeunes feuilles qui poussent encore, ils s'enrichissent en matières sucrées, car ils utilisent les matières fabriquées par les feuilles adultes et que les jeunes feuilles auraient prises : de là l'utilité du rognage dans certaines conditions (voir p. 203) : 2° lorsque les feuilles ont été détruites par le mildiou (maladie cryptogamique, voir p. 295), les raisins grossissent, perdent même de leur acidité, mais ne s'enrichissent pas en sucre.

13. Aoûtement et défoliation. — A mesure que les raisins mûrissent on voit les sarments perdre leur teinte nettement verte, devenir peu à peu ligneux, leurs tissus s'imprégnant de matières minérales apportées par la sève. Cette transformation graduelle commence par la base sans aller jusqu'à la pointe qui reste généralement verte et se détache aux premières gelées : elle porte le nom d'*aoûtement*. L'aoûtement est en quelque sorte la maturation des sarments.

Lorsque les feuilles ont achevé de fournir aux raisins les matériaux nécessaires à leur maturation, elles envoient en réserve dans la tige et les sarments tous les produits qui seront utiles au cep pour lui permettre au printemps suivant de nourrir ses bourgeons.

Nous avons vu, en effet, que le cep au moment de son entrée en végétation ne peut fabriquer des matières nutritives (sève élaborée) faute de laboratoire, c'est-à-dire faute de feuilles. Ces premières feuilles qui lui sont si nécessaires, et que lui donneront les bourgeons, peuvent se développer grâce aux réserves faites par le cep à la fin de l'année précédente.

A mesure que l'aoûtement des sarments se produit, on voit l'aspect des feuilles changer : chez les cépages blancs les feuilles deviennent jaune pâle, puis jaune paille ; chez les cépages rouges, elles deviennent également jaunes, mais présentent souvent des taches rouges : chez les cépages teinturiers toute la feuille se colore même en rouge. C'est à ce moment que les feuilles ou laboratoires se vident pour ne rien laisser perdre, parce qu'elles vont tomber : en un point du pétiole de la feuille il se forme une couche de liège protectrice et la feuille inerte tombe. La vigne entre alors dans la période de vie latente.

Conséquence pratique. — Tout ce qui précède montre *qu'il est important de ne choisir, pour faire des boutures ou des greffons, que des sarments récoltés sur des ceps n'ayant pas perdu leurs feuilles prématurément à la suite de maladies cryptogamiques* (le mildiou, par exemple) : les bourgeons de ces boutures ne pourraient pousser, car ils n'auraient pas de réserves à leur disposition, les feuilles des sarments dont ils proviennent n'ayant pu les constituer par suite de leur disparition prématurée.

14. Durée de la vie active de la vigne. — La durée de la vie active annuelle de la vigne, depuis son entrée en végétation jusqu'à la maturité du raisin, varie avec les cépages et avec le climat.

D'après Pulliat on peut ranger les cépages en cinq groupes :

1er groupe : *cépages précoces* qui mûrissent au moins dix jours avant le *chasselas* ;

2e groupe : *cépage de 1re époque* qui mûrissent à peu près en même temps que le chasselas :

3e groupe : *cépages de 2e époque* qui mûrissent 10 ou 12 jours après le chasselas ;

4e groupe : *cépages de 3e époque* qui mûrissent 12 jours après ceux de 2e époque ;

5e groupe : *cépages de 4e époque* qui mûrissent 12 jours après ceux de 3e époque.

Tous ces cépages entrent en végétation à des époques différentes.

Pour les *cépages précoces*, la durée de la vie active est en moyenne de 150 à 175 jours selon leur précocité : chez ces cépages, c'est surtout la durée du développement du grain et de la maturation qui est relativement abrégée.

Pour les *cépages de 1re époque*, d'après M. Durand, il peut s'écouler de 180 à 190 jours depuis l'entrée en végétation jusqu'à la maturité, soit

Pour la feuillaison	72 à	75 jours
— la floraison	20	—
— le développement du grain	40 à	45 —
— la maturation	48 à	50 —
	180 à	190 jours

La quantité de chaleur nécessaire à la vigne depuis son entrée en végétation jusqu'à la maturité du raisin est variable : elle va en augmentant des cépages précoces aux cépages de 3e et 4e époque. C'est surtout depuis la fin de la floraison jusqu'à la maturité, c'est-à-dire pour le développement du grain et la maturation que la vigne a besoin de la plus grande quantité de chaleur. Cela nous explique l'importance du choix des cépages suivant les régions (voir p. 28).

CHAPITRE III

FACTEURS QUI INFLUENT SUR LA PRODUCTION ET LA QUALITÉ DES VINS

Les facteurs qui influent sur la production et la qualité des vins sont : le *climat*, le *sol* et le *cépage*.

15. Le climat. — Les raisins exigent pour mûrir une certaine quantité de chaleur, mais cette chaleur nécessaire dépend de la latitude, de l'altitude, de la situation, de la pluie, des vents, du voisinage des forêts, des montagnes, etc., en un mot du climat.

Latitude. — La limite *culturale* de la vigne en France peut être indiquée par une ligne allant de Saint-Nazaire à Laval, Alençon, Évreux, Beauvais, Laon, Mézières.

En réalité on peut cultiver la vigne plus au nord ; il existait autrefois, en effet, des vignes en Normandie et même sur les côtes sud de l'Angleterre ; elles ont disparu parce qu'elles donnaient des vins très peu alcooliques, très acides et parce que les récoltes étaient beaucoup trop incertaines.

Altitude. — En France, généralement, les vignobles sont situés à une altitude inférieure à 300 mètres, excepté dans les expositions chaudes du Plateau central et des Alpes où l'altitude de quelques vignobles atteint de 600 à 800 mètres.

Des différences très faibles d'altitude influent beaucoup sur la qualité des vins. Ainsi en Bourgogne, par exemple, toutes les vignes à vins fins sont situées sur les coteaux qui bordent la plaine de la Saône et à une altitude moyenne de 220 mètres ; à une altitude inférieure ou à une altitude supérieure les vignes fournissent des vins de qualité moindre.

Situation. — Tous les vignobles les plus réputés sont sur des coteaux. La vigne semble, en effet, préférer les coteaux aux plaines : elle y est moins exposée aux gelées printanières, moins exposée à la rosée, à l'humidité, causes de maladies cryptogamiques ; elle y est plus ensoleillée, plus aérée.

De plus, les sols de coteaux s'égouttent mieux, sont plus sains. Dans toutes les régions les *vins de côtes* sont plus estimés que les *vins de plaine*.

Exposition. — Dans un *climat tempéré* la meilleure exposition est celle de l'est et du sud-est, comme dans les vignobles bourguignons où les rayons du soleil levant font disparaître rapidement la rosée ou l'humidité du sol. Dans les régions plus au nord, où la maturité se fait généralement moins bien, l'exposition au midi est préférable. Dans les régions chaudes du midi l'exposition nord est à rechercher afin de garantir les raisins contre le grillage.

L'exposition ouest est souvent bonne (exemple pour certains grands crus du Bordelais), mais elle est moins recherchée à cause des pluies d'août plus fréquentes.

Pluies. — Les pluies fréquentes dans les régions du nord, au moment de la maturité, sont à redouter, car les raisins absorbent beaucoup d'eau, éclatent plus facilement et pourrissent.

Vents. — La vigne redoute les vents au début de la végétation, lorsque les jeunes pousses sont encore trop faibles et risquent d'être cassées.

Les vents d'ouest, souvent très humides, sont à redouter à la maturation dans certaines régions.

Voisinage des fleuves, des nappes d'eau, des forêts. — Les fleuves, les nappes d'eau, situés au voisinage des vignobles, régularisent la température, empêchent les refroidissements nocturnes trop brusques.

Les forêts, les massifs boisés couvrant la crête des coteaux, entretiennent des réserves d'eau qui assurent au sol des vignobles situés au-dessous une certaine fraîcheur. C'est ainsi que les coteaux crayeux de Verzenay, Verzy, Milly, donnant des grands crus de la Champagne, seraient incultes sans les forêts situées au-dessus.

Cependant dans les régions naturellement humides et froides le voisinage des forêts est plutôt défavorable, car une trop grande humidité amène la pourriture.

Choix des cépages suivant les climats. — Un cépage est situé dans un climat qui lui convient, lorsque le vin qu'il donne contient une quantité d'alcool convenable et une acidité correspondante suffisante.

S'il est placé dans un *climat trop chaud* il donnera un vin riche en alcool, mais manquant d'acidité, un vin mou, mal charpenté. Au contraire, s'il est placé dans un climat trop froid, il donnera un vin pauvre en alcool et trop riche en acide, un vin trop dur, trop astringent, peu agréable.

Dans les climats froids (au nord de la culture de la vigne ou dans les régions montagneuses, Jura, Plateau central, etc.), il faut des cépages précoces mûrissant rapidement, qui donnent des raisins pouvant être vendangés avant les froids. On devra choisir surtout des cépages blancs parce qu'on peut les laisser plus longtemps sur souche sans que la pourriture, amenée souvent par les pluies d'automne, leur fasse donner un vin de mauvaise qualité[1].

Dans les climats chauds du Midi de la France, de l'Algérie, il faut cultiver des cépages tardifs de 3ᵉ ou 4ᵉ époque pour obtenir des vins suffisamment pourvus d'alcool et d'acidité. On peut encore y cultiver des cépages donnant des raisins très riches en sucre pour la production des vins de liqueur, ou bien cultiver des cépages très précoces ou très tardifs destinés à fournir des raisins de table.

Dans les climats tempérés, on doit cultiver surtout des cépages de 1ʳᵉ et 2ᵉ époque. C'est dans les climats tempérés que se produisent les vins les plus renommés : les vins de Bourgogne, du Bordelais, de la Champagne, etc.

16. Le sol. — Les *vignes européennes (Vitis vinifera)* viennent dans tous les sols, sauf dans les sols trop humides ou salés. Les *vignes américaines*, au contraire, ne poussent pas ou viennent mal dans certains sols : certaines d'entre-elles craignent les sols calcaires, elles demandent des sols déterminés, ainsi que nous le verrons p. 99.

Dans les terrains où la vigne a une bonne végétation, la constitution des sols influe beaucoup sur la qualité des vins.

Influence de la constitution physique du sol. — La vigne se plaît dans les sols caillouteux ; on remarque, en effet, que les vignobles à vins fins sont établis dans des terrains renfermant une grande proportion de graviers, de cailloux, de fragments de roche. C'est ainsi que dans les grands crus du Bordelais (Château-Yquem, Château-Laffitte) les sols renferment de 55 à 70 pour 100 de cailloux ; dans ceux de la Champagne, les sols ont jusqu'à 55, 60 pour 100 de débris de silex et de craie ; dans ceux de Bourgogne, 30 à 50 pour 100 de débris rocheux.

Les cailloux, les galets, les débris rocheux ont une influence favorable parce qu'ils aèrent le sol, assurent l'écoulement des eaux, absorbent la chaleur qu'ils retiennent pour la céder peu à peu pendant la nuit, et enfin parce qu'ils empêchent, dans une

---

1. Dans la préparation des vins blancs, en effet, le moût ne fermente pas au contact des pellicules et des rafles, de sorte que les vins provenant de raisins atteints de pourriture ont beaucoup moins le goût de pourri. Il n'en est pas de même pour les vins rouges.

certaine mesure, les mauvaises herbes de pousser. Les viticulteurs ne doivent donc pas *epierrer* le sol des vignes. Il est bon
de remarquer que, dans certains pays (bords du Rhin, de la
Moselle), les sols sont même recouverts de pierre par des
apports annuels: dans le Valais on couvre la surface des sols
plantés en vignes avec des lames de schistes.

La couleur des terres exerce également une influence. On a reconnu que
les terres rouges conviennent aux cépages rouges et les terres blanches aux
cépages blancs : « les terrages des grands crus rouges en Bourgogne se
sont toujours faits avec des terres rouges brun foncé, très ferrugineuses
des sommets des côtes. En Champagne, on évite l'apport de sables ferrugineux rouges dans les grands crus blancs, tandis qu'on les emploie dans les
crus rouges. » Nous verrons d'ailleurs plus loin le rôle de l'oxyde de fer,
lequel donne au sol une teinte colorée.

Influence de la constitution chimique du sol. — 1º **Silice.** En général, les *sols siliceux donnent des vins légers, peu alcooliques* :
dans les sables fins et purs du littoral de la Méditerranée, les
vins sont très communs, très peu bouquetés, alors que dans les
graves siliceuses du Bordelais les vins sont fins, sinon très
bouquetés et très agréables.

Argile. — Les terrains argileux donnent des *vins plus colorés, plus alcooliques, riches en tanin, mieux constitués, ayant
plus de corps*, un peu durs au début, mais ensuite plus moelleux
après quelques années.

Calcaire. — Les *sols calcaires donnent des vins manquant de
corps, mais très bouquetés et légers quoique très alcooliques*[1] :
le bouquet des vins est d'autant plus prononcé que la teneur des
terres en calcaire est plus élevée.

« Les vins de Champagne doivent leur extrême distinction à
la craie dans laquelle ils viennent. Cette même craie assure aux
grandes eaux-de-vie de la Champagne de Cognac un parfum inimitable, et ce parfum est d'autant plus inimitable que la teneur
en calcaire est plus élevée. On pourrait classer les crus de ce
pays d'après la teneur en calcaire qui atteint 40 pour 100 dans
la Grande Champagne de Cognac. Cette action du calcaire est
d'autant plus accentuée qu'on s'élève vers le Nord » (Pacottet,
loc. cit.).

*Les vins les mieux constitués, les plus complets, sont ceux
donnés par les sols contenant à la fois de la silice, de l'argile
et du calcaire; ces vins sont alors riches en alcool, ils ont de la*

---

1. Les principes odorants des raisins sont très marqués dans les sols riches
en calcaires. .

finesse, du bouquet et de la couleur, ils se conservent facilement : Exemples :

	SILICE p. 100	ARGILE p. 100	CALCAIRE p. 100	OXYDE DE FER p. 100
Romanée-Conti.	10	30	45	9
Clos-Vougeot.	47	36,7	12	3
St-Georges, à Nuits . . .	63,4	19,2	12,2	4,16
Ermitage	54,6	2	35,7	3,5
Côte-Rotie (Blonde) . . .	86,5	7,03	3,2	2,1

Oxyde de fer. — Les terres riches en oxyde de fer donnent des vins généralement plus colorés que les terres pauvres en cet élément : exemple, les terres très ferrugineuses du Quercy donnant des vins très colorés.

Matières organiques (matières humiques). — Les sols riches en matières organiques donnent des vins colorés, mais communs, plutôt grossiers et se conservant difficilement.

17. Le cépage. — *Un cépage déterminé n'a toute sa valeur que s'il est cultivé dans le milieu (sol, climat, etc.), qui lui convient.* C'est ainsi que le *Gamay*, par exemple, donne des vins fins dans les coteaux porphyriques du Beaujolais, alors qu'il donne des vins ordinaires dans les terrains calcaires marneux de la Bourgogne.

En Bourgogne, le *Pinot*, qui donne des vins fins dans les terrains calcaires, ne donne plus que des vins presque communs dans les terrains argileux compacts. Le même Pinot planté dans des terres calcaires de la région chaude du Midi ne permet d'obtenir que des vins très ordinaires ; son goût spécial, si apprécié en Bourgogne, s'exagère dans le Midi et devient désagréable.

Les viticulteurs doivent donc n'importer des cépages étrangers dans leur région qu'avec beaucoup de prudence.

Chaque cépage, indépendamment des caractères généraux que lui fait acquérir le milieu dans lequel on le cultive, possède des caractères spéciaux qui lui sont propres. Certains cépages donnent des vins riches en alcool, plutôt faibles en acidité ; d'autres donnent des vins moins riches en alcool, durs, plus ou moins astringents ; d'autres enfin, des vins manquant de fermeté mais ayant un bouquet spécial, etc. Les vins obtenus de cépages différents ont ainsi des qualités qui peuvent se compléter quand on les mélange. Aussi, dans quelques vignobles, cultive-t-on deux ou plusieurs cépages complémentaires les uns des autres. Les cépages blancs complètent souvent les cépages rouges : à *Côte-Rotie*, par exemple, on associe le Viognier à la Syrah dont il diminue l'astringence et à laquelle il apporte de la finesse, du moelleux : à l'*Ermitage* on associe la Syrah et la Roussanne : en *Champagne*, dans les grands crus, on cultive en même temps le Pinot noir et le Chardonnay.

Dans certaines régions on associe les cépages blancs entre eux : les grands vins de Sauterne très fins, très bouquetés et très moelleux, sont obtenus par le mélange du *Sauvignon*, du *Semillon* et de la *Muscadelle*. Dans d'autres régions on mélange des cépages rouges : en Bourgogne on associe quelquefois le *Pinot* qui donne de la finesse au *Gamay*, pour obtenir de meilleurs vins ordinaires, autrefois on ajoutait régulièrement au Pinot, $1/10^e$ à $1/20^e$ de Chardonnay ; dans le Bordelais le *Merlot* apporte de la finesse et du moelleux au *Cabernet* et il donne du corps au *Malbec*.

En général les *grands vins* sont obtenus avec un seul cépage ou avec une association de deux ou trois cépages dont l'un est très dominant : c'est ainsi que dans la Bourgogne les grands vins rouges sont obtenus avec le Pinot seul et non pas avec l'association Pinot-Gamay ; dans le Bordelais on emploie pour les grands vins 85 pour 100 de Cabernet, 10 pour 100 de Merlot et 5 pour 100 de Malbec, c'est donc le Cabernet qui domine ; pour les grands vins de Sauternes on emploie 75 pour 100 de Sauvignon, 20 pour 100 de Sémillon et 5 pour 100 de Muscadelle.

18. Encépagement. — De ce qui précède, on peut en conclure qu'un excellent cépage dans une région peut être médiocre dans une autre, car le cépage n'est pas seul à intervenir dans la production et la qualité des vins ; il y a aussi, comme nous venons de le voir, le sol et le climat.

Il faut donc être très prudent lorsqu'on veut importer les plants des régions voisines et se livrer à des essais pendant de longues années. Nous avons indiqué p. 28 le choix à faire des cépages suivant les climats.

Il est inutile d'associer dans un même vignoble une foule de cépages très différents, comme on le fait quelquefois, sous prétexte d'avoir une récolte plus assurée. Un seul cépage suffit et, s'il est nécessaire de le compléter, *il faut dans tous les cas choisir des cepages complémentaires de même maturité que lui*. Les maturités étant différentes, à la vendange on aurait, par exemple, des raisins convenablement mûrs, alors que d'autres le seraient incomplètement ; il en résulterait un vin trop acide, insuffisamment alcoolique.

DEUXIÈME PARTIE

LES PRINCIPAUX CÉPAGES

(AMPÉLOGRAPHIE)

19. L'*ampélographie* a pour objet la description des cépages.

Les vignes que nous cultivons appartiennent toutes à un genre important de la famille des *Ampélidées*, le genre *Vitis*. Au point de vue pratique, nous classerons les vignes de la manière suivante :

1° **Les vignes européennes** comprennent une seule espèce, le *Vitis vinifera*, de laquelle on a tiré toutes les variétés que l'on cultivait en Europe avant l'invasion phylloxérique et par conséquent avant l'introduction des vignes américaines ;

2° **Les vignes américaines** comprennent 18 espèces dont les principales sont :

Le *Vitis Labrusca*	*Vitis Berlandieri*
— *Californica*	— *Cordifolia*
— *Caribœa*	— *Cinerea*
— *Coriacea*	— *Rupestris*
— *Cadicans*	— *Monticola*
— *Lincecumii*	— *Arizonica*
— *Bicolor*	— *Riparia*
— *Æstivalis*	— *Rubra*

Nous verrons que ces espèces ont fourni des cépages qui nous ont permis de lutter contre le phylloxéra ;

3° **Les vignes asiatiques** comprennent 19 espèces qui n'ont pas d'intérêt au point de vue pratique. L'une d'elles, le *Vitis Coignetiæ*, a été essayée en France par M. Caplat et n'a pas donné de bons résultats.

Les vignes japonaises sont utilisées comme vignes ornementales.

Nous étudierons tout d'abord les variétés du *Vitis vinifera*, c'est-à-dire les vignes européennes ou plutôt les vignes françaises, qui nous intéressent plus particulièrement. Nous les classerons par régions viticoles.

CHAPITRE IV

LES VIGNES FRANÇAISES

20. *Les vignobles de la France* peuvent être classés dans quatre grands groupes, chacun d'eux étant caractérisé par une certaine analogie du climat, par la composition particulière de l'encépagement, la similitude des pratiques culturales et les qualités générales de ses vins.

1° ***Les vignobles de l'Est*** comprennent ceux de : *Champagne, Lorraine* et *Alsace, Bourgogne (Basse* et *Haute-Bourgogne), Beaujolais, Jura, Côtes-du-Rhône, Savoie* et *Isère.* C'est le groupe dont les vignobles présentent le plus de variété au point de vue des climats, des sols et des expositions et, par conséquent, des vins obtenus. Ces régions fournissent à la fois des vins de grands crus et des vins ordinaires.

2° ***Les vignobles du Centre-Ouest*** comprennent ceux de tout le *bassin de la Loire.* Ces vignobles, à part quelques-uns donnant des vins renommés, fournissent des vins ordinaires.

3° ***Les vignobles du Sud-Ouest*** comprennent ceux des bassins de la *Charente,* de la *Dordogne* et de la *Garonne,* fournissant à la fois des grands vins (*vins du Bordelais*) et des vins ordinaires.

4° ***Les vignobles du Midi*** comprennent les vignobles du littoral de la Méditerranée, de la basse vallée du Rhône, de la Corse, du Tell algérien et de la Tunisie. Ces vignobles fournissent de gros rendements ainsi que des vins ordinaires riches en alcool et en couleur.

I. VIGNOBLES DE LA CHAMPAGNE

21. *La région viticole champenoise* comprend trois départements : la **Marne**, la *Haute-Marne*, l'*Aube* (fig. 17).

Les *vignobles de la Marne* peuvent seuls produire les excellents vins destinés à la préparation des meilleurs champagnes, lesquels sont presque exclusivement obtenus avec le raisin du **Pinot noir** et du **Pinot blanc** ou *Chardonnay*, que nous étudierons plus particulièrement à propos des vignobles de la Bourgogne.

Les raisins noirs du Pinot sont vinifiés en blanc, ils sont pressés avant la fermentation pour donner des moûts blancs. Le vin de Champagne est obtenu par coupages avec des vins de crus, de régions et d'âges différents.

Les vins de la Champagne, quoique provenant du Pinot cultivé en Bourgogne, n'ont pas le corps et l'ampleur des vins

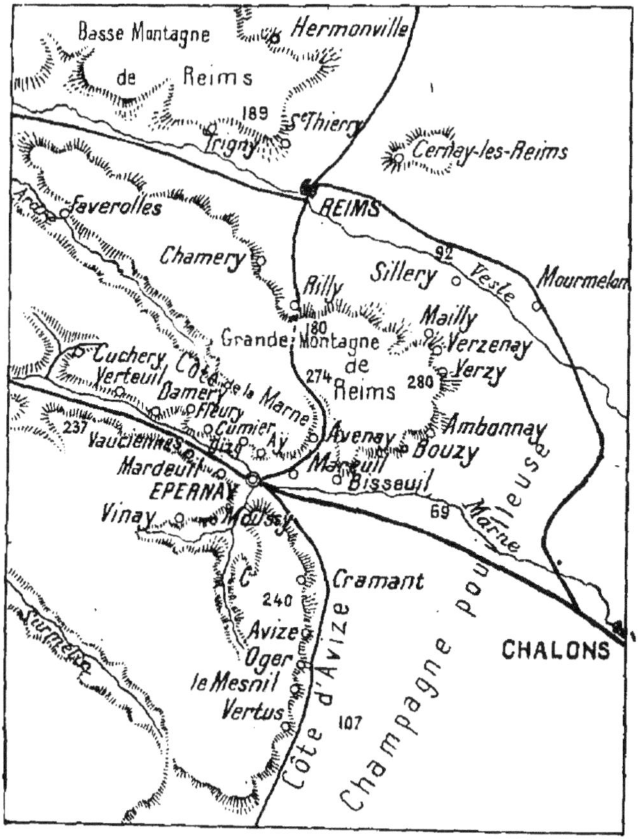

Fig. 17. — Carte des vignobles de la Champagne.

de Bourgogne, mais ils ont la légèreté, la finesse qui les rendent éminemment propres à la fabrication des mousseux.

Les sols de la Champagne sont plutôt crayeux ; mais, comme les viticulteurs emploient continuellement des composts (appelés *magasins* dans le pays) formés de sable, de fumier, etc., le tout recouvert parfois d'une couche de lignite, la terre arable a été profondément modifiée et la teneur en calcaire du sol ne dépasse pas 20 à 40 pour 100.

La production des meilleurs vins blancs est répartie en deux régions : la *région de Reims* et la *région d'Epernay* (fig. 17).

La région de Reims se divise en....

Grande montagne de Reims comprenant les crus célèbres de....
- Chamery.
- Rilly.
- Mailly.
- Verzenay.
- Verzy.

Basse montagne de Reims comprenant les régions renommées de.
- Saint-Thierry.
- Hermonville.
- Nogent.
- Cernay-les Reims.

La région d'Epernay se divise en....

Côte de la Marne comprenant les crus de.
- Ambonnay | vins rouges.
- Bouzy... |
- Ay.
- Mareuil.
- Dizy.
- Cumières.
- Damery.
- Verteuil.

Côte d'Epernay comprenant les crus de.
- Épernay.
- Mardeuil.
- Moussy.
- Pierry.
- Vinay.

Côte d'Avize comprenant les crus de.
- Cramant.
- Avize.
- Oger.
- Le Mesnil.
- Vertus.

Les vignobles de la grande montagne de Reims donnent des vins blancs de Pinot (les Pinots blancs dominent à Villers-Marmery, mais ailleurs c'est le **Pinot noir** ou **Vert doré** et le **Pinot Meunier** (voir p. 44) qui forme la majorité des plantations). Ils sont exposés au nord sur des coteaux dont l'altitude ne dépasse pas 230 mètres; la vigne ne commence à être cultivée qu'à 100 mètres. Les vins produits par cette région sont caractérisés par leur grande vinosité et leur acidité plus élevée; ils sont employés dans les coupages (surtout ceux de Verzenay) pour donner de la durée. Les sols sont argilo-calcaires avec sous-sol crayeux.

Les vignobles de la côte de la Marne sont exposés au midi : ils donnent des vins délicieux comme bouquet, plus riches en alcool et moins acides que les précédents qui complètent avec le Verzenay, le Cramant, etc., les grands vins de Champagne.

Les vignobles de la côte d'Épernay sont exposés au nord-est.

Les vignobles de la côte d'Avize sont exposés à l'est ; leur sol est argilo-calcaire avec sous-sol crayeux. Ils sont plantés surtout en **Pinot blanc** ou **Chardonnay**. Avize et Cramant sont les têtes de cuvée et les prix des raisins blancs dans ces régions atteignent ceux des raisins noirs de Verzenay. Les vins de ces crus donnent aux vins de Champagne leur finesse.

Les départements de l'Aube et de la Haute-Marne, compris dans la région de Champagne, ne produisent que des vins ordinaires peu alcooliques et assez acides. On y cultive le **Gamay** (vins rouges), dont nous parlerons à propos de la Bourgogne; le **Gouais noir** ou *Lombard* ou **Enfariné** (voir p. 48) donnant des vins rouges âpres et acides; le **Troyen** (vins rouges) (voir p. 37); le **Petit Meslier** (vins blancs), et quelquefois le *Pinot*, le *Savagnin*. Dans les bonnes années, les fabricants de vins de Champagne utilisent parfois quelques vins de ces pays.

Un seul cru produit encore aujourd'hui des vins fins, celui des *Riceys* (Aube), vins rosés obtenus en faisant cuver peu de temps les raisins de Pinot noir avec un peu de Savagnin et de Chardonnay.

Petit Meslier (syn. = *Meslier doré*, Meslier à queue rouge dans l'Aube, *Arbonne* dans la Haute-Marne). Cépage de première époque, peu vigoureux, à port buissonnant, fertile, grappes moyennes à grains ellipsoïdes blancs, piquetés de points roux, à saveur spéciale. Il donne des vins alcooliques, blanc doré, souvent trop acides.

Il existe un *Meslier rose* et un Meslier plus productif et plus tardif, le *Gros Meslier* cultivé dans le Centre (voir p. 54).

II. VIGNOBLES DE LORRAINE ET D'ALSACE

La région de Lorraine comprend trois départements : la Meuse, la Meurthe-et-Moselle et les Vosges.

Les vignobles sont répartis dans la vallée de la Moselle, dans le Toulois (de Charmes à Pont-à-Mousson avec le cru de Thiancourt), dans le Barrois (Bar-le-Duc) et dans la vallée de la Meuse.

On y cultivait autrefois le *Pinot noir* et le *Pinot gris*. Actuellement on cultive encore un peu le Pinot, mais c'est le **Gamay** et ses *variétés* qui *dominent*.

Le Gamay (voir p. 44) sera étudié à propos des cépages de Bourgogne. Parmi les variétés de Gamay que nous examinerons plus spécialement ici, nous pouvons citer : le *Gamay de Liverdun* ou *verdunois* qui n'est qu'une sélection du Gamay ordinaire, le *Gamay hâtif des Vosges*, cépages avec lesquels on fait les *vins gris de Lorraine*.

A Bar-le-Duc, on cultive plus particulièrement le **Troyen** ou **vert plant** qu'il ne faut pas confondre avec le Gamay noir. Le Troyen est un cépage à raisin noir très répandu dans tous les vignobles du Nord-Est (syn. = Framboise, Gamay, dans l'Aube; Gamay vert ou rouge ou petit Gamay dans l'Aube et la Haute-Marne; Jacquemart dans la Meuse et la Meurthe-et-Moselle). Il est de même maturité que le Gamay; excellent greffon, convient très bien aux terrains marneux, très fertile à taille courte, maturation rapide, mais il est très sensible à la pourriture aussi bien qu'à l'égrenage qui obligent à précipiter sa récolte. Il n'est à conseiller que dans les situations favorables.

Le Gamay hâtif des Vosges (syn = *Gamay Dormoy*) cépage précoce : c'est une variété de Gamay mûrissant environ quinze à vingt jours avant les autres variétés. « Très fertile à la taille courte, cette vigne donne, sur ses entre-cœurs, des raisins qui ont tout le temps de mûrir, de sorte qu'elle donne pour ainsi dire deux récoltes. » Le vin de ce Gamay est assez alcoolique, coloré et agréable. « C'est en somme une vigne fort recommandable pour les vignobles du Nord où les cépages de première époque mûrissent difficilement; il faut même éviter de descendre sa culture trop vers le Sud. » (Durand.)

Dans l'Alsace on produit surtout des vins blancs, alors que dans la

Lorraine les vins rouges dominent. Parmi les cépages qu'on y cultive, nous pouvons citer :

Le *Pinot noir* ou *Klevner* donnant des vins rouges (voir Pinot noir,.p. 43).

Le *Pinot rose de Ribeauvillé* donnant d'excellents vins blancs, lequel n'est pas un Pinot mais bien le Savagnin rose.

Le *Savagnin blanc* ou *Traminer*, notamment la variété *rose* ou *Gewürtz-traminer* cultivée dans les vignobles du Rhin (voir p. 48) tend à disparaître au profit du *Riesling* dont les vins sont de plus en plus appréciés en Allemagne.

Le Riesling (syn = *Gentil aromatique*, *Klingenberger*, etc.) cépage blanc ; maturité de deuxième époque. Il demande une taille longue ou mi-longue et de fortes fumures. Les récoltes sont plutôt moyennes. On le vendange à la période de surmaturation, lorsqu'il est envahi par la pourriture noble. Le vin obtenu est parfumé, alcoolique et se conserve très bien.

On cultive le Riesling surtout dans la vallée du Rhin où il donne ces fameux vins dn Rhin dont le cru le plus connu est le célèbre Johanisberg.

Les variétés du Riesling sont : Le Riesling rouge clair ; le Riesling rouge, pourpre ou noir ; le Riesling blanc dégénère ou gros Riesling.

III. **VIGNOBLES DE LA BASSE-BOURGOGNE**

22. **Les vignobles de la Basse-Bourgogne** sont presque en entier dans le *département de l'Yonne* (fig. 18). Ils occupent seulement les flancs des coteaux, tandis que les sommets sont couverts de *bois* ou livrés à la culture (céréales) et que les fonds des vallées sont des prairies.

FIG. 18.
VIGNOBLES DE LA BASSE-BOURGOGNE.

Les vignobles à vins rouges les plus estimés sont ceux d'*Auxerre* (avec les crus de Migraine, Chaînette, Boivin et Queulard), dont les terrains sont calcaires et marneux, d'*Epineuil* près de Tonnerre, de *Danne-moine* (avec son cru des Olivettes), de *Joigny* (avec son meilleur cru Côte-Saint-Jacques), d'*Avallon*, d'*Annay-la-Côte*, *Etaules* et *Girolles*.

Les régions que nous venons d'énumérer produisent également des vins rouges ordinaires très appréciés. Les *vins rouges grands ordinaires* se trouvent cependant plus particulièrement à *Irancy* (cru de la Palotte), à *Coulange-la-Vineuse* et aussi à Cravant, à Vermenton.

Les vignobles à vins blancs les plus réputés sont à *Chablis*, dans des terrains calcaires-argileux plutôt légers et caillouteux, quelquefois marneux. Ils donnent un vin blanc fameux, type des vins blancs *secs* (dépourvus de sucre) : vin sec, finement bouqueté, frais, d'une couleur blanche verdâtre, ne prenant que très tard une légère teinte ambrée. *Parmi les crus les plus cotés de Chablis*, on peut citer la Moutonne, Vaudésir, Valmur, Chaplot.

23. Cépages de la Basse-Bourgogne. — Les vins des meilleurs crus de l'Yonne sont produits : par le **Pinot noir** pour les vins rouges (voir p. 43) et par le **Pinot blanc** ou **Chardonnay** (que l'on appelle Beaunois dans le pays) pour les vins blancs (Chablis), cépage que nous étudierons p. 44. Pour les vins ordinaires rouges on emploie le *Gamay noir*, le *Franc noir de l'Yonne* et pour les vins ordinaires blancs, le *Sacy* et le *Melon* (voir p. 46), appelé improprement le Gamay blanc à feuille ronde.

Le Gamay (voir p. 44) autrefois assez répandu dans les vignobles communs a fait place au *Tressot* cépage local associé au *Malbec*, au *César* ou *Romain*.

Le Franc noir de l'Yonne (syn. = *Gascon* dans la vallée de la Loire, *Doyen noir* à Auxerre). Cépages de fin deuxième époque de maturité, aussi semble-t-il peu à sa place dans la région où il est cultivé. Il est apprécié parce qu'il débourre tard et qu'il échappe ainsi souvent aux gelées de printemps qui détruisent les Gamays, l'Enfariné, les Pinots. Son vin, excepté dans les années chaudes est généralement assez acide, peu riche en alcool, mais riche en couleur et de bonne conservation.

Le Tressot (syn. = *Tresseau, Verot, Verreau, Tressot à bon vin, Noirien des Riceys*) est un cépage rouge de deuxième époque, demandant une taille courte. Il est vigoureux, donne un vin alcoolique (10 à 11 degrés) lorsque le raisin mûrit bien, mais il est très sujet à l'oïdium.

Le César ou **Romain** (syn. = *Picarneau*) se rencontre surtout à Coulange-la-Vineuse (Yonne) c'est un cépage rouge de première époque tardive demandant un sol riche et profond. Il est vigoureux et productif, exige un grand développement. Son vin est de bonne qualité, il a du corps et de la finesse, un peu dur au début mais gagne en vieillissant.

Le Sacy (syn. = *Peut Blané, Plant d'Essert*). Cépage blanc de fin première époque de maturité, vigoureux, très résistant à la coulure, fertile. Son vin blanc, apprécié parce qu'il reste bien blanc, est commun, un peu acide il n'acquiert pas de qualité en vieillissant.

IV. **VIGNOBLES DE LA HAUTE-BOURGOGNE**

24. Les vignobles de la Haute-Bourgogne sont situés dans deux départements : la *Côte-d'Or* et la *Saône-et-Loire*.

La plus grande partie des vignes de cette région s'étend sur une longue bande de terrains dirigée du nord-nord-est au sud-sud-ouest et formée par les pentes des montagnes de la Côte-d'Or et du Mâconnais jusque dans la vallée de la Saône. Elle se divise, en réalité, en quatre parties :

La Haute-Côte, allant de Chalindrey à Dijon.

La Côte bourguignonne, allant de Dijon à Chagny.

La Côte châlonnaise, de Chagny à Tournus.

La Côte mâconnaise, de Tournus à la rivière la Mauvaise, un peu au sud de Mâcon.

Chacune de ces trois côtes peut se partager en trois régions correspondant à trois catégories de vins différents :

FIG. 19.

VIGNOBLES DE LA CÔTE BOURGUIGNONNE (CÔTE-D'OR).

1° *La Côte proprement dite*, comprenant le flanc des coteaux bordant la vallée de la Saône : elle produit les meilleurs vins ;

2° *L'Arrière-Côte*, comprend les pentes avoisinant les nombreuses petites vallées creusées dans les plateaux qui dominent la côte proprement dite ;

3° *La Plaine*, qui commence à partir des dernières pentes de la côte proprement dite et va jusqu'à la Saône où elle s'abaisse brusquement en formant de petits coteaux marneux : les vignes de ces pentes marneuses constituent le vignoble du Val-de-Saône. L'Arrière-Côte et la Plaine ne produisent que des vins ordinaires de consommation courante.

Haute-Côte. — Cette partie qui va de Chalindrey à Dijon ne comprend que des vignobles à vins communs où domine le *Gamay* parfois associé au Pinot mais souvent à des cépages médiocres. Nous ne citons que les principaux vignobles de *Selongey*, de *Gemeaux*, de Talant, de Fontaine-les-Dijon.

25. La Côte bourguignonne. — Cette partie comprend les vignobles les plus célèbres dont les vins ont une réputation universelle. Ses différentes parties, comme nous l'avons indiqué ci-dessus, sont :

I. **La Côte proprement dite** (fig. 10) limitée dans la plaine par la route de Dijon à Lyon (passant au bas des coteaux) et, sur le flanc des coteaux, par une ligne tracée à mi-côte au-dessus de laquelle se trouvent des friches incultes, pierreuses et sèches, formant les sommets des coteaux.

Elle se divise en trois parties :

1° LA CÔTE DE DIJON, qui s'étend de Dijon à Couchey : elle n'a pas de premier cru, mais d'excellents passe-tout-grains à *Chenove*, *Fixin*, Brochon.

2° LA CÔTE DE NUITS, qui s'étend de Couchey à Aloxe-Corton et dans laquelle la côte de Gevrey-Chambertin forme une sous-division. Elle comprend une série de communes possédant des clos plus ou moins célèbres :

Gevrey-Chambertin, avec ses crus célèbres de Chambertin et du Clos de Bèze (tête de cuvée).

Morey dont nous ne citerons que le Clos le plus connu le Clos du Tart (tête de cuvée).

Chambolle-Musigny possédant les *Grands-Musigny* (tête de cuvée) dont le vin pour certains dégustateurs est le plus fin de la Côte-d'Or.

Vougeot avec le clos Vougeot célèbre dans le monde entier (tête de cuvée).

Flageay-Echézeaux avec le clos des Echézeaux (tête de cuvée).

Vosne-Romanée possédant les têtes de cuvée : Romanée, Romanée-Conti, Romanée Saint-Vivant, la Tâche, les Richebourg.

Nuits-Saint-Georges possédant les Saint-Georges, les Cailles, les Vaucrains (têtes de cuvée) « dont les vins sont les plus fermes, les plus pleins, les plus bouquetés, mais longs à se faire ».

Premeaux avec le clos des Fourches, les Arlots, les Argillières, les Corvées.

3° LA CÔTE DE BEAUNE, qui commence à Aloxe-Corton pour finir à Santenay, près de Chagny. Elle comprend également une série de communes :

Aloxe-Corton possédant le *Corton*, le *Charlemagne* (tête de cuvée) dont les vins sont intermédiaires entre ceux de la côte de Nuits et ceux de la côte de Beaune.

Pernand avec les Charlemagnes (blanc et rouge), les Vergelesses (tête de cuvée).

Savigny-les-Beaune avec les Vergelesses (tête de cuvée).

Beaune avec les Grèves, les Marconnets, les Bressandes, les Theurons, etc.

Pommard possède les Rugiens, les Epenots, la Commaraine, les Fremiets, etc.

Volnay avec les Caillerets, les Fremiets, les Champans, les Chevrets etc.

Meursault possède des crus blancs fameux : Les Perrières, les Charmes, les Genevrières, les Gouttes-d'Or (tous de première cuvée), les Santenets (rouges).

Puligny-Montrachet possède également des vins blancs très renommés : le Grand-Montrachet, le Chevalier Montrachet, le Bâtard Montrachet.

Chassagne-Montrachet avec le Clos Saint-Jean (tête de cuvée).

Santenay : Les Gravières.

II. **L'Arrière-Côte**, qui domine la Côte proprement dite, est divisée, comme cette dernière, en *Arrière-Côte de Dijon*, *Arrière-Côte de Nuits*, *Arrière-Côte de Beaune*.

Toutes ces régions sont à une altitude variant entre 350 et 430 mètres, aussi la maturité des raisins s'y fait plus tardivement (la vendange se fait douze a vingt jours plus tard que dans la côte proprement dite) ; on y redoute les gelées de printemps. Dans les années chaudes on obtient un vin ordinaire de bonne qualité ; dans les années froides à automne pluvieux le vin obtenu est acide, peu coloré, peu alcoolique.

Le cépage rouge le plus cultivé est le Gamay ; dans les bonnes expositions le Gamay et le Pinot ; comme cépage blanc on trouve le Melon et l'Aligoté.

III. **La plaine et le Val-de-Saône** qui s'étend entre la côte proprement dite et la Saône sur une largeur de 15 à 20 kilomètres.

Les vignobles de la Plaine confinant à la côte sont plantés presque exclusivement en Gamay. A mesure que l'on s'éloigne de la côte proprement dite et que l'on se rapproche de la Saône, la culture du Gamay diminue et celle des cépages blancs (Melon) augmente.

Les vins rouges de la Plaine ont une grande vinosité, 9 à 12 degrés, ils sont assez rudes au début ; on s'en sert comme vins de coupage. Les vins blancs sont très ordinaires, peu alcooliques (8 degrés).

26. La Côte châlonnaise.

— Elle s'étend de Chagny à Tournus et se divise également en *Côte proprement dite, Arrière-côte* et *Plaine* (fig. 20).

La *Côte proprement dite*, dont les sols à vigne sont marneux et très calcaires, donne seule des grands vins.

L'*Arrière-côte*, mal exposée, fournit des vins acides, peu alcooliques (excepté dans les années chaudes).

La *Plaine*, mamelonnée, à sols argilo-siliceux, est plantée en Gamay ; les vignes sont très productrices, mais sujettes à la gelée.

La côte châlonnaise proprement dite cultive les mêmes cépages que la Bourgogne : le *Pinot* et le *Gamay*, comme cépages rouges ; le *Chardonnay*, l'*Aligoté* et le *Melon*, comme cépages blancs.

Le meilleur cru rouge obtenu avec le Pinot est le *Mercurey* ; après viennent les crus de Decize, Givry.

Le meilleur cru blanc obtenu avec le Chardonnay est à *Rully* ; après viennent les crus de Buxy, Mercurey, Bourgneuf.

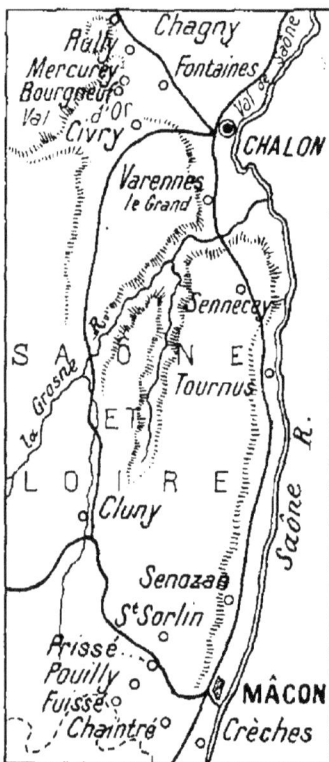

FIG. 20. — VIGNOBLES
DE LA CÔTE MACONNAISE.

Les meilleurs crus de la côte châlonnaise sont fins, délicats, parfumés, mais n'ont pas le corps de ceux de la côte bourgui-

gnonne. Le meilleur cru rouge de Mercurey égale les deuxièmes
crus de la côte bourguignonne, le premier cru blanc de Rully
vaut les deuxièmes crus de Meursault.

27. Côte mâconnaise (fig. 20). — Elle s'étend de Tournus
à la rivière la Mauvaise, un peu au sud de Mâcon, et ne comprend que des terrains plus ou moins calcaires, alors que le
Beaujolais qui fait suite à la côte mâconnaise est, au contraire,
en terrain granitique.

La côte mâconnaise est célèbre surtout par ses vins blancs
produits par le Chardonnay en sol calcaire, à sous-sol marneux.
Les premiers crus sont à *Pouilly, Fuissé, Solutré, Chaintré* :
tous ces vins sont vendus dans le commerce sous le nom de
vin de Pouilly. Le vin blanc de Pouilly rivalise avec les grands
vins de Meursault et se classe au-dessus des vins de Chablis.

Les vins blancs ordinaires sont obtenus avec un mélange de
Chardonnay et de *Melon*.

Les vins rouges sont de bons vins de table produits surtout
par le *Gamay*.

28. Cépages de la Haute-Bourgogne. — I. **Cépages rouges.**
— Les cépages rouges sont le *Pinot* (type pinot noir fin) et
ses variétés, le *Gamay* et ses variétés.

Le Pinot. — (syn. = *Noirien* de Bourgogne, *franc Pineau,
petit Vérot* dans l'Yonne ; *Auvernat noir, Plant noble* dans le
centre ; *Rouget* dans le Jura et la Haute-Saône ; *Pinot Bûr-
gunder* en Alsace ; *Vert doré, Plant doré, Plant médaillé*
en Champagne ; *Morillon noir* autour de Paris ; *petit Bourguignon* dans le Beaujolais.) *C'est le cépage fin de la Bourgogne,
celui qui donne les grands vins.* Sa maturité est de première
époque hâtive. Ses sarments sont un peu grêles. Les feuilles
sont assez épaisses, *gaufrées*, à cinq lobes d'autant plus divisés que la variété de Pinot est moins fertile. Les grappes sont
petites, cylindriques, à grains serrés, petits, presque sphé-
riques.

Le Pinot demande des sols calcaires, ferrugineux, riches en
acide phosphorique. Dans les sols de fertilité moyenne on lui
applique la taille courte et on adopte la forme basse. Dans les
sols fertiles on peut lui appliquer une taille à long bois. Bon
nombre de praticiens, dans la Côte-d'Or, utilisent pour le Pinot
la taille de Royat en cordon unilatéral.

Le Pinot noir a donné, par sélection ou par semis, dans les
pays où il est depuis longtemps cultivé, un certain nombre de
variétés se distinguant par leur production plus ou moins
grande et plus ou moins régulière :

Variété très peu fertile. — Le *Pinot aigret* ou *Pinot dru* ou *Pinot mauvais grains* à feuille très découpée.

Variétés à production régulière : *Pinot noir fin* (type qui a été décrit) ou Pinot bon grain : le *Pinot Liébault*. Ce sont les variétés qui donnent les meilleurs vins rouges de la Bourgogne.

Variétés à grosse production. — Le *Pinot de Pernand* plus tardif que le Pinot fin et qui produit couramment 40 hectolitres à l'hectare ; c'est un cépage qui n'a pas les qualités du Pinot ordinaire et même pas les qualités du Gamay. Le *Pinot Giboudot* produit en moyenne 35 hectolitres à l'hectare, il est supérieur au Pinot de Pernand. Le *Pinot Renevey*, le *Pinot Mathouillet*, le *Pinot Pansiot*, le *Pinot Carnot*, le *Pinot Liébault*. Toutes ces variétés sont plus productives que les précédentes mais donnent des vins de qualité moindre. Dans la famille des Pinots il existe, comme dans celle des Gamays, que nous allons étudier, toute une série de variétés se distinguant par la coloration du fruit (depuis le noir jusqu'au blanc) :

Le *Pinot teinturier* signalé par M. Guicherd.

Le *Pinot moure* ou *Pinot tête de nègre* dont les grains sont d'un beau noir de suie, comme les grains du Pinot fin auquels on aurait enlevé la pruine par frottement.

Le *Pinot violet* ou *Pinot rougin*.

Le *Pinot gris* aussi connu, mais moins cultivé que le Pinot noir fin. On l'appelle encore Pinot beurot, Beurot, Noirien gris, Pinot fin gris en Côte-d'Or, Fauvet dans la Haute-Saône, Auvernat gris et Malvoisie en Touraine.

Le *Pinot rose*.

Le *Pinot blanc vrai* qu'il ne faut pas confondre avec le Chardonnay, cépage blanc que l'on appelle souvent *Pinot blanc* [1].

A côté de ces variétés on peut citer la *Madeleine noire* ou *Plant de Juillet*, variété de Pinot *précoce*.

Citons encore comme variétés de Pinots :

Le *Pinot meunier* très répandu dans la région septentrionale (ou Gris meunier, en Champagne, Morillon taconé dans les environs de Paris); on ne le rencontre pas en Bourgogne. Il coule moins et mûrit plus facilement que le Pinot fin, mais donne un vin estimé.

Le *Pinot St-Laurent* : c'est une variété alsacienne du Pinot noir, productive et mûrissant plus facilement, mais donnant un vin moins fin [1].

Le Gamay (syn. = *Bourguignon noir*, dans la Meuse ; *Verdunois*, en Meurthe-et-Moselle ; *Grosse race*, dans les Vosges ; *Gros Gamay*, en Haute-Marne ; *Lyonnaise*, en Auvergne). — C'est un des cépages les plus répandus ; il est très employé en Côte-d'Or, dans l'Yonne, l'Aube, la Saône-et-Loire le Beaujolais et le centre. *Sa maturité* est de première époque hâtive.

Le *Gamay* (type) est un cépage de vigueur moyenne, à sarments dressés, à feuilles *planes, lisses, sensiblement moins larges que longues* ; il est très fertile et porte même des fruits sur les pampres issus de faux bourgeons ou entre-cœurs. Les grappes sont assez grandes, de formes variables, constituées par des grains moyens ellipsoïdes, d'un beau noir, bien pruinés, à chair très juteuse, fraîche.

---

1. Le Plant de Cumières, le Pinot de Fleury, le Vert doré, cépages que l'on cultive dans l'Yonne ne sont que des variétés de Pinot pourvues du nom de la localité où on les cultive.

Les variétés de Gamay peuvent se diviser en deux grandes catégories : *les Gamays à jus incolore : les Gamays à jus coloré.*

Les Gamays a jus incolore. — 1° *Le Gamay noir.* que nous avons décrit ci-dessus, et que l'on peut considérer comme type. Les variétés suivantes ne sont que des sélections de ce type :

2° *Le Gamay rond,* dont la grappe est courte et arrondie. c'est le meilleur des Gamays sous le rapport de la qualité du vin, ce qui justifie le nom de *Gamay des Gamays* donné quelquefois à cette variété. La production est faible, au plus 60 hectolitres à l'hectare (d'après Durand et Guichard).

3° *Le Gamay de Bévy.* — La grappe est cylindrique, à grains réguliers, mûrissant bien. Cette variété est peu sujette à la coulure et à la pourriture ; elle donne plus de vin que la variété précédente et de meilleure qualité.

Le Gamay d'Arcenant. — C'est la variété la plus productive ; elle donne de grosses grappes à grains serrés, mûrissant parfois irrégulièrement. Elle produit jusqu'à 100 hectolitres à l'hectare d'un vin d'assez bonne qualité, mais souvent peu alcoolique et acide.

Le Gamay d'Evelle. — Ressemble au Gamay d'Arcenant.

Le Gamay de Malain. — Cette variété est intermédiaire entre le Gamay de Bévy et le Gamay d'Arcenant, mûrit mieux que ce dernier.

Le Gamay Gris ou *Gamay Burot.* — Cette variété, peu répandue, correspond au Pinot gris.

Les Gamays hâtifs. — On les appelle encore *Gamays de juillet* ; parmi ces Gamays nous pouvons citer le Gamay hâtif des Vosges que nous avons décrit (p. 37).

Les Gamays a jus coloré. — On les appelle encore *Gamays teinturiers.* Nous pouvons citer :

Le Gamay teinturier de Bouze. — C'est le moins coloré et le moins estimé des Gamays teinturiers ; ses raisins restent verts jusqu'à la véraison comme le Gamay ordinaire ; ses feuilles ne rougissent qu'après la vendange.

Le Gamay teinturier de Chaudenay. — C'est le plus fertile des Gamays teinturiers (100 hectol. à l'hectare) ; c'est celui où les contre-bourgeons sont les plus fertiles ; il donne ainsi une récolte suffisante lorsque les gelées de printemps ont détruit les bourgeons principaux. Les grains, avant la véraison, sont gris sale. La coloration du vin est intense au début et diminue assez rapidement.

Gamay teinturier Mourot ou *plant de Couchey* (ou encore Petit Mourot dans le Beaujolais). Il se rapproche du Gamay de Bouze.

Gamay teinturier Fréau (ou Violet de Saint-Denis). — C'est le Gamay teinturier le plus répandu et le meilleur. Le bourgeonnement est rouge grenat, les feuilles ont une coloration vert bronzé jusqu'à la vendange où elles prennent une belle teinte violette. Les raisins, dès qu'ils sont formés, deviennent *gris violacé.* Le Fréaux est vigoureux, résiste bien à la coulure, à la pourriture.

Gamay teinturier Castille. — Il est voisin du Fréaux dont il se distingue par le bourgeonnement qui est plus rouge vif, toutes les feuilles deviennent rouges ; le jus est plus coloré. Ce cépage est moins productif que le Fréaux, il craint un peu la coulure.

II. **Cépages blancs. — *Le Chardonnay*** (syn. = *Noirien blanc* à Beaune ; *Pinot blanc, Pinot blanc Chardonnay* en Côte-d'Or ; le *Beaunois* à Chablis ; *Auxerrois blanc* en Lorraine ; *Plant doré blanc* ou *Pinot blanc* en Champagne ; *Gamay blanc et Refay* en Franche-Comté ; *Auvernat blanc* dans la vallée de la Loire). C'est le meilleur des cépages de la Bourgogne pour la production des vins blancs fins ; on le désigne à tort, dans beaucoup de pays, sous le nom de *Pinot blanc,* alors qu'il n'est pas, comme le Pinot blanc vrai, déjà cité p. 44, une variété blanche du Pinot noir. Sa maturité est de première époque tardive. C'est un cépage très vigoureux, à feuilles moyennes, planes, un peu gaufrées, caractérisées par leur sinus pétiolaire ouvert et bordé (auprès du pétiole), par les nervures. Les grappes, peu nombreuses, sont petites souvent millerandées, à grains ronds, petits, d'un jaune doré.

Ce cépage n'a toutes ses qualités de finesse que dans les terres argilo calcaires pierreuses, il demande une taille longue surtout dans les sols fertiles. Sa production atteint une moyenne de 25 hectolitres à l'hectare.

L'Aligoté (syn. = *Plant gris* ou *Griset blanc* à Beaune et à Meursault *Giboudot blanc* dans la côte châlonnaise). C'est un cépage très vigoureux. Sa maturité est de première époque tardive. On le reconnaît facilement a ce que les sarments herbacés sont rouge vineux ou violacé, son bourgeonnement est cotonneux, blanc verdâtre, faiblement acuminé. Les feuilles sont grandes planes, aussi larges que longues. Les grappes sont nombreuses (deux et même trois par pampre). A la maturité, les grains prennent une teinte cuivrée qu devient gris rosé sur la face exposée au soleil (d'où le nom de *Plant gris*). On le conduit généralement en souche basse et à la taille courte. Il se plaît surtout dans les terres argilo-calcaires. Il craint le mildiou et la pourriture. L'aligoté donne comme vin des grands ordinaires. Sa fertilité est irrégulière ; dans les bonnes années il peut donner jusqu'à 70 hectolitres à l'hectare ; mais, en année moyenne, son rendement est de 45 hectolitres.

Le Melon (syn. = *Bourguignon blanc* dans la Meuse ; *Bourgogne blanche* ou *Muscadet* dans l'Anjou et dans la Loire-Inférieure ; *Grosse Sainte-Marie* en Savoie ; *Lyonnaise blanche* dans l'Allier, *Gamay blanc à feuille ronde* nom impropre très répandu dans l'Yonne, l'Aube, la Haute-Marne, le Beaujolais et la Saône-et-Loire). C'est le cépage d'abondance de la Bourgogne ; sa maturité est de première époque tardive. Il est très vigoureux, il a des sarments gris cendré ; sa large feuille gaufrée rappelle celle du cucurbitacé du même nom. Ses grappes sont nombreuses, petites, très tassées, à grains petits, ronds. Il se plaît dans tous les sols, mais plus particulièrement dans les sols compacts marneux, humides.

La production du Melon peut atteindre 120 hectolitres à l'hectare en année favorable, elle est en moyenne de 60 hectolitres. Le vin est peu alcoolique (de 7 à 9°), léger, neutre, assez agréable ; il ne se conserve pas très longtemps.

V. — VIGNOBLES DU BEAUJOLAIS

29. La région du Beaujolais (fig. 21) continue les côtes bourguignonne, châlonnaise et mâconnaise, mais elle est plus étendue en largeur, plus mouvementée et la nature du sol n'est plus la même : les terres sont formées de débris de granit, de gneiss, de porphyre, et ne contiennent peu ou pas de calcaire. Dans ces terres granitiques le *Gamay acquiert de grandes qualités* et donne des vins très estimés, bien supérieurs à ceux qu'il donne dans les terres calcaires de la Bourgogne.

Le Beaujolais se divise en deux parties :

1° *Le Haut-Beaujolais* qui comprend les cantons de Belleville et de Beaujeu où les terres sont surtout granitiques ; il possède tous les meilleurs crus répartis sur le territoire des communes de Fleurie, Villié, Morgon, Chenas, Julienas, La Chapelle-de-Guinchay et Romanèche. Au-dessous de Romanèche se trouvent les deux crus célèbres de *Moulin-à-Vent* et *des Thorins* ;

2° *Le Bas-Beaujolais*, formé des cantons du Bois-d'Oingt, d'Anse et de Villefranche, où les terres sont moins siliceuses, un peu calcaires, plus fertiles. Il donne de bons vins de table, mais qui ne sauraient rivaliser avec ceux du Haut-Beaujolais.

Les vins du Beaujolais sont *excellents* comme vins de table, très légers, très frais et très fruités. moyennement alcooliques (9 à 10°); ils ont toutes leurs qualités au bout de trois à quatre ans et déclinent au bout de six à sept ans.

VI. — VIGNOBLES DU JURA

30. Les vignobles du Jura (fig. 22) sont situés en face des côtes bourguignonne et châlonnaise, à plus de 50 kilomètres de la Saône, sur des coteaux ayant une exposition générale de nord-ouest beaucoup moins favorable et un climat plus froid, plus humide. Aussi les vins obtenus sont-ils au début durs, acides. Les vignobles du Jura s'étendent sur le département du Jura, du Doubs; on peut y rattacher les vignobles de la Haute-Saône et de l'Ain. Leur encépagement est très varié.

Dans la Haute-Saône on cultive le *Pinot*, le *Gamay* étudiés p. 43, le *Meslier doré*, le *Melon* (p. 46).

Dans le Jura, dont les quatre principaux centres viticoles sont Salins, Poligny, Arbois et Lons-le-Saulnier, on cultive le *Poulsard* associé au *Trousseau* qui est

FIG. 21.

VIGNOBLES DU BEAUJOLAIS ET
DES CÔTES DU RHÔNE.

plus commun, le *Savagnin jaune* ou *naturé du Jura*, le *Pinot Chardonnay* (p. 45) et enfin l'*Enfariné* donne des vins très communs.

Dans le Doubs l'encépagement et la nature de production ressemblent à ceux du Jura.

Dans l'Ain, la région du *Revermont* cultive les mêmes cépages que ceux du Jura, la région du Bugey cultive la *Mondeuse*, cépage de la Savoie (p. 50); à Gex on utilise le *Fendant* qui est le chasselas doré des vignobles du canton de Vaud pour les vins rouges; à Seyssel on s'adresse plutôt à la *Roussanne* (p. 49).

31. Les principaux cépages du Jura. — I. Cépages rouges.

— **Le Poulsard** (syn. = *Plant d'Arbois* dans le Doubs; *Mescle* ou *Métis* dans l'Ain) est un cépage dont la maturité est de deuxième époque. Il donne les meilleurs vins du Jura et du Doubs; on l'associe au vin de Trousseau. Ces vins, un peu acides et durs au début, se décolorent en vieillissant et prennent un bouquet très fin. Les raisins de Poulsard servent à la fabrication des « vins de paille ».

Ce cépage se plaît surtout dans les terres un peu fortes (terres marneuses, argileuses). Il demande une taille longue et un grand développement.

Il existe plusieurs variétés de Poulsard différant entre elles surtout par la couleur du raisin : le Poulsard noir musqué, le Poulsard bronzé, le Poulsard rose, le Poulsard gris et le Poulsard blanc.

Le Trousseau est un cépage donnant des vins plus communs que le Poulsard auquel on l'associe souvent. Sa maturité est également de deuxième époque. Il a une grande vigueur et exige une taille longue. Il craint peu les gelées de printemps grâce à son débourrement tardif. Son vin est coloré, alcoolique et se conserve bien.

L'Enfariné (syn. = *Lombard noir*, *Gaillard* dans l'Yonne ; *Nerre noir* en Haute-Marne ; *Gouais noir* en Bourgogne et dans l'Aube). C'est un cépage de deuxième époque, vigoureux et fertile dans les terres fortes (marneuses, argileuses). Il mûrit très souvent incomplètement, aussi donne-t-il des vins peu alcooliques, acides, acerbes, très communs. Il demande une taille longue.

II. **Cépages blancs.** — **Le Savagnin** ou **Naturé blanc** (syn. = *Traminer* dans la vallée du Rhin ; *Viclair*, *bon Blanc* dans le Doubs ; *Fromenté* dans la Haute-Saône). C'est un cépage de deuxième époque donnant le meilleur vin blanc du Jura. Il est peu fertile (25 hectolitres à l'hectare en moyenne). La pellicule du raisin étant épaisse on peut laisser les raisins sur souche prendre la pourriture noble, on peut également les laisser passeriller et les faire servir à la préparation des vins de paille. On obtient des vins liquoreux qui sont célèbres sous le nom de *Vins jaunes* à Château-Châlons.

Le Savagnin se plaît plus particulièrement dans les terres argilo-calcaires ; on lui applique une taille longue (voir taille à courgée du Jura, p. 193).

Fig. 22.
VIGNOBLES DU JURA.

VII. — **VIGNOBLES DES CÔTES DU RHÔNE**

32. De Anse sur la Saône jusqu'à Givors-Canal les vignes fournissent un vin ordinairement très dur au début (à Sainte-Foy, Mont-d'Or, Millery).

À partir de Sainte-Colombe en face de Vienne, sur la rive droite du Rhône, on voit souvent des coteaux escarpés, dont les flancs sont couverts de vignes ; la terre est retenue par des terrassements ressemblant à distance à une série de murs de fortifications.

À partir d'Ampuis et en allant vers le sud le long des côtes du Rhône, les vignes donnent de meilleurs vins produits par la *Syrah*. C'est non loin d'Ampuis que se trouve le cru célèbre de *Côte-Rôtie* dont le vin est alcoolique, riche en couleur, parfumé, un peu dur au début et se conservant très bien. Pour rendre le vin plus moelleux, plus frais, on associe quelquefois à la Syrah un cépage blanc, le *Viognier*.

Toujours sur la rive droite, en face de Valence, dans des

terrains calcaires se trouve le vignoble de Saint-Péray où l'on produit un excellent mousseux (mousseux Saint-Péray), fabriqué avec des vins de deux cépages blancs différents : *la Marsanne et la Roussanne*. Plus au sud dans la Vaucluse (rive droite du Rhône), sur une série de coteaux calcaires, on obtient les vins renommés de *Château-Neuf-du-Pape*, de la Nerthe, de Sorgue, de Vaudieu produits par des cépages nouveaux : le Cinsaut complété par le Terret, le Grenache et encore la Syrah.

Sur la rive gauche du Rhône, à partir de Lyon, les coteaux sont moins escarpés que sur la rive droite et les vins sont de qualité moindre, excepté en face de Tournon près de Tain, au fameux *vignoble de l'Ermitage* lequel donne un vin célèbre obtenu avec la Syrah.

Dans cette région on cultive aussi la Roussanne et la Marsanne, cépages donnant, lorsqu'ils sont associés, d'excellents vins blancs et des vins de paille.

On peut classer dans les vignobles des Côtes du Rhône ceux du *département de la Drôme* dans lesquels on cultive la Roussanne, la Marsanne et le Viognier. A Die on produit avec la *Clairette* un vin mousseux très estimé.

Cépages des Côtes du Rhône. — I. Cépage rouge. — *La Syrah* (syn. = *Schiras, Sirac, petite Sirah, Serine* sur les côtes du Rhône ; *Marsanne noire, Condive, Entournerin, Serène* dans l'Isère). — C'est un cépage de 2ᵉ époque, le plus estimé dans la région. Très vigoureux, mais peu fertile si l'on n'a pas le soin de sélectionner les boutures au moment de la plantation. Il produit des vins fermes, se conservant très bien, alcooliques, riches en couleur, parfumés, un peu durs au début. Aussi à Côte-Rôtie complète-t-on la Syrah par un peu de Viognier, cépage blanc donnant du moelleux et de la fraîcheur : à l'Hermitage on lui ajoute parfois de la Roussanne et de la Marsanne. La Syrah se prête à la taille longue.

II. **Cépages blancs. — *Le Viognier*.** — Cépage de 2ᵉ époque produisant les vins blancs de Condrieu très estimés. On l'associe quelquefois, comme nous venons de le voir, à la Syrah. Il se plaît dans les coteaux secs et pierreux où il donne d'excellents produits ; on le soumet habituellement à la taille longue.

Le Viognier est non seulement cultivé dans les Côtes du Rhône, mais aussi dans la Drôme, dans l'Isère.

La Roussanne (syn. = *Rousselte, Fromenteau* dans l'Isère ; *Bergeron* en Savoie). — Cépage de 2ᵉ époque, il donne d'excellent vin blanc dans les coteaux secs et chauds. Comme il est moyennement fertile, on l'associe assez souvent à la Marsanne, plus productif mais donnant un vin de qualité moindre. Il est habituellement soumis à la taille courte.

A l'Hermitage, la Roussanne accompagne la Syrah dans une faible proportion (1/20 environ).

La Marsanne (syn. = *Rousselte* à Saint-Péray ; — Cépage de 3ᵉ époque, très vigoureux, à grosses grappes, beaucoup plus fertile que la Roussanne mais donnant un vin n'ayant pas la qualité du vin de ce dernier. Sa maturité étant tardive, on ne peut le cultiver que dans les coteaux chauds, bien exposés. On le soumet à la taille courte, mais on peut lui appliquer la taille longue dans les terrains fertiles. On l'associe souvent à la Roussanne qui lui donn du moelleux, de la finesse.

C'est avec la Marsanne (et un peu de Roussanne) qu'on fait le mousseux très apprécié de Saint-Péray.

VIII. — VIGNOBLES DE LA DRÔME, DE LA SAVOIE ET DE L'ISÈRE

L'Isère et la Savoie appartiennent à la partie la plus froide en hiver et la plus humide du climat rhodanien. La culture de la vigne basse n'y est possible qu'en coteau, et ce n'est que grâce à la remarquable rusticité de certains cépages, tels que la *Mondeuse*, conduite en vigne moyenne ou en hautain, que l'on peut avoir des vignobles dans les plaines et les vallées.

« Le sol se partage entre de profondes vallées, des coteaux et des montagnes élevées. Les vallées sont généralement formées par des alluvions fertiles et fraîches. Par suite de leur situation, la vigne y est exposée aux gelées, à la coulure, aux diverses maladies cryptogamiques et à la pourriture du raisin en automne. Malgré ces inconvénients, les vignobles occupent une place relativement importante dans l'Isère, par suite de l'abondance des produits qu'on y récolte dans les bonnes années. Mais la plus grande partie des vignes est plantée dans des terrains situés au bas des montagnes, sur des pentes placées au-dessous des bois, ou sur des coteaux rocailleux qui ne peuvent être utilisés pour d'autres cultures » (Foëx).

Les meilleurs vins sont :

1° *Dans l'Isère*, ceux des côtes voisines de Vienne, de Revantin, ressemblant un peu à ceux de Côte-Rôtie. On pourrait d'ailleurs classer les vignobles qui les fournissent parmi ceux des *Côtes du Rhône* que nous avons déjà examinés. Viennent ensuite les vins des Roches, de Murinais, de Bessin, etc.

2° *Dans la Savoie*, les vins rouges de *Montmélian*, de *Saint Alban* que l'on classe en deux catégories : les vins *clairets* assez légers provenant d'une cuvaison incomplète, et des vins plus corsés, plus colorés, provenant d'une cuvaison plus longue. Les vins blancs de Seyssel produits par la Roussette et le vin blanc produit par le Fendant au chasselas sur les rives du Léman ont également de la réputation.

33. Cépages des vignobles de la Savoie et de l'Isère.

En Savoie, comme *cépages rouges*, le plus cultivé est la *Mondeuse* ; après viennent le *Persan*, le *Corbeau*, le *Hibou* et, sur quelques points voisins de la Drôme, la *Syrah* (p. 49). Comme cépages blancs, les plus cultivés sont la *Jacquère*, l'*Altesse* ou *Roussette*, la *Verdesse*, le *Gringet* voisin du *Savagnin* du Jura, le *chasselas* ou *Fendant*.

D'après M. Foëx, on peut reprocher à ce choix de cépages, remarquable d'ailleurs à certains points de vue, l'ép que généralement trop tardive de leur maturité eu égard au climat.

I. **Cépages rouges.** — *La Mondeuse* (syn. = *Persagne, Gros Plant, Savoyanne, Maldoux*, etc.). — Maturité entre la 2ᵉ et 3ᵉ époque. Cépage débourrant tardivement et par suite peu exposé aux gelées ; très vigoureux, très rustique, se prêtant également à la culture en souches basses à taille courte sur les coteaux et en treilles à taille longue dans les vallées. Très fertile, il fournit dans les bons terrains jusqu'à 100 à 120 hectolitres à l'hectare ; le vin est acide, dur, astringent au début, peu alcoolique, mais suffisamment coloré et prenant de la qualité en vieillissant. La Mondeuse résiste bien aux maladies cryptogamiques et à la pourriture.

Le Persan (syn. = *Beceu, Etraire, Aguzelle* dans la Savoie ; *Pressan, Etraire, Bâtarde* dans l'Isère). — Cépage de 2ᵉ époque, vigoureux, rustique, fertile. Il occupe après la Mondeuse une place importante dans les vignobles de la Savoie. Il donne, comme la Mondeuse, des vins durs, astringents au début mais s'améliorant en vieillissant. On le cultive en souche basse et à taille courte sur les coteaux secs et arides, en treilles à long bois et à grand développement dans les vallées fertiles. Il n'est pas aussi résistant que la Mondeuse aux maladies cryptogamiques.

Etraire de la Dui. — Cépage de 2ᵉ époque cultivé un peu dans l'Isère et confondu souvent à tort avec le Persan. Il est vigoureux, fertile comme ce dernier ; il donne également un vin dur et astringent au début. Il mûrit un peu plus tard et résiste mieux que le Persan aux maladies cryptogamiques.

Le Hibou noir (syn. = *Hivernais, Polofrais* dans la Savoie). — Cépage de 3ᵉ époque cultivé seulement dans la Savoie. Très vigoureux ; on le cultive principalement en taille à long bois. Il donne une bonne récolte ; son vin est assez agréable mais souvent acide, peu alcoolique, car le raisin n'est jamais assez mûr, le cépage étant trop tardif.

Durif (syn. = *Plant fourchu ; Pinot de Romans*). — Cépage de 2ᵉ époque, cultivé plus spécialement dans l'Isère et aussi dans la Drôme. Il est vigoureux, très fertile, à grains très serrés. Donne un vin très commun, difficile à conserver. Craint la pourriture.

Le Corbeau (syn. = *Douce noire, Plant de Montmeillan, Plant de Savoie*).— Cépage de 2ᵉ époque, vigoureux, fertile, donne un vin peu alcoolique très ordinaire. Demande un grand développement.

Le Peloursin (syn. = *Mal noir, Salet, Dureza, Duret, Corsin*, etc.). — Cépage de 2ᵉ époque à grande production mais donnant un vin très commun.

II. — Cépages blancs. — La Roussette ou Altesse (syn. = *Roussette haute, Roussette de Montagnieu*). — Cépage de 2ᵉ époque produisant en Savoie le vin des Altesses ; il est vigoureux et fertile à taille courte. Dans les coteaux bien exposés il donne un vin alcoolique ayant du bouquet. On le soutire à la cuve avant cuvaison complète de manière qu'il contienne encore un peu de sucre et que, mis en bouteille, il devienne mousseux, pétillant.

Verdesse (syn. = *Verdesse muscade, verdesse musquée, Etraire blanche* dans l'Isère). — Cépage de 2ᵉ époque cultivé particulièrement dans l'Isère ou il donne un vin très apprécié, alcoolique. Il demande la taille longue.

Le Jacquère (syn. = *Cugnette, Cherché, Buisserate, Plant des Abîmes*). — Cépage de 2ᵉ époque tardive, très vigoureux, rustique, très fertile, donnant un grand rendement mais un vin très commun, difficile à conserver.

IX. — VIGNOBLES DU BASSIN DE LA LOIRE

Les vignobles du bassin de la Loire (fig. 23) peuvent se diviser en quatre groupes :

Vignobles des vallées de la Haute-Loire et de l'Allier ;
Vignobles du Berri et de l'Orléanais ;
Vignobles de la Touraine et de l'Anjou ;
Vignoble du Poitou.

Vignobles des vallées de la Haute-Loire et de l'Allier. — La Loire et l'Allier offrent des vallées dont les flancs bien exposés sont propices à la culture de la vigne dès que l'altitude n'est pas trop élevée.

Les vignobles des vallées de la Haute-Loire et de l'Allier comprennent les départements de l'Allier, du Puy-de-Dôme, de la Loire et de la Haute-Loire. Dans toute cette région c'est le *Gamay* qui domine, donnant un vin se rapprochant de ceux du Beaujolais lorsque les terrains sont granitiques et de ceux des arrière-côtes de la Bourgogne lorsque les terrains sont argilo-calcaires.

A Saint-Pourçain dans l'Allier et aux environs de Montluçon on cultive un cépage, le **Tressalier** (syn. *Sacy* dans l'Yonne, *Gauche* dans le Doubs, associé au Sauvignon du Bordelais; le vin blanc obtenu est renommé.

Vignobles du Berri et de l'Orléanais. — La région du Berri et de l'Orléanais comprend les départements de l'Indre, du Cher, du Loir-et-Cher, du Loiret et de la Nièvre. On y rencontre encore les cépages de la Bourgogne, et à mesure que l'on se rapproche de l'Ouest apparaissent les cépages du Bordelais.

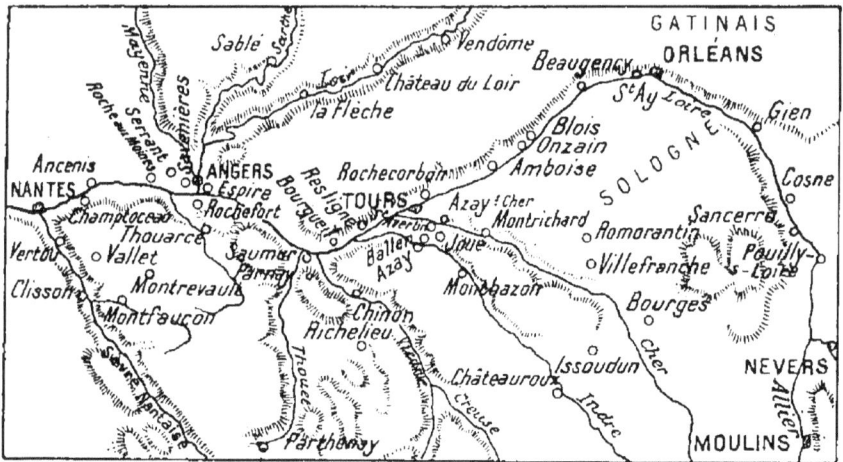

Fig. 23. — Vignobles du bassin de la Loire.

C'est ainsi qu'à *Pouilly-sur-Loire* dont les crus sont célèbres, ainsi que sur les coteaux de Sancerre et du pays de Gien, on obtient des vins blancs délicieux (à parfum spécial de pierre à fusil) produits par le Pinot blanc (Chardonnay de la Bourgogne), associé au Sauvignon du Bordelais. A Bourges et à Issoudun on obtient des vins rouges corsés, colorés, mais durs au début, à l'aide du *Genoulleti* associé aux cépages rouges du Bordelais ou de la Bourgogne.

Les vins blancs de la Sologne sont assez fins entre Villefranche et Romorantin: les vins rouges les moins alcooliques de cette région sont envoyés aux vinaigreries d'Orléans.

Vignobles de la Touraine et de l'Anjou. — La région de la Touraine et de l'Anjou comprend les départements d'*Indre-et-Loire*, de *Maine-et-Loire* et de la *Sarthe*. C'est la seule qui fournisse des grands ordinaires et même des vins fins.

Dans le pays de Tours, sur la rive gauche de la Loire, on cultive le *Cot* (ou Malbec) associé au *Cabernet* (connu sous le nom de *Breton*) et au Gamay. Sur la rive droite, plus spéciale aux vins blancs, on cultive particulièrement le grand cépage de l'Anjou le *Chenin blanc* ou Pinot de la Loire, lequel produit, sur les célèbres coteaux de *Vouvray* et de Rochecorbon, dans les vals silico-argileux, des vins blancs légers, fins, que l'on transforme en mousseux très estimés (mousseux de Vouvray).

On cultive également dans ces régions le *Gros-Lot-de-Cinq-Mars*, donnant des vins plus ordinaires.

Dans le Chinonais (en aval de Tours, à Restigné, Bourgueil, Chinon) on cultive beaucoup le *Cabernet* donnant des vins qui, par leur délicat parfum, rappellent les vins du Médoc : ces vins sont durs au début et demandent plusieurs années de bouteilles pour se « faire ».

Dans le Saumurois on cultive plus particulièrement le Chenin blanc ou Pineau blanc de la Loire pour les vins fins, et le *Gros-Lot* vinifié en blanc pour les vins ordinaires : on obtient des vins blancs secs ou mousseux très estimés. Saumur est le centre de la champagnisation de ces vins blancs. On trouve également aux environs de Saumur des vins rouges assez estimés produit par le *Breton* ou *Cabernet*.

Dans le pays du Muscadet, ainsi désigné parce qu'on y cultive surtout le *Muscadet* ou *Melon de Bourgogne* (voir p. 146), on comprend la partie ouest de Maine-et-Loire, et la partie sud du Morbihan. Ce cépage, très ordinaire en Bourgogne, donne dans les sols argileux compacts de cette région d'excellents vins blancs (à Vallet, Clisson, Vestin, à Montfaucon, Montrevault, Champtoceaux).

Vignobles du Poitou. — La région du Poitou comprend les départements de la *Vendée*, des *Deux-Sèvres* et de la *Vienne*. Elle produit des vins communs colorés et durs : on y cultive : la Folle blanche qui dans les pays de plaine donne des vins communs que l'on distille dans les Charentes ; la Folle noire (appelé dans le pays *Dégoutant*) associé au Cot et au Cabernet.

34. Cépages du bassin de la Loire. — Nous venons de voir que, dans le bassin de la Loire, on cultive des cépages de la Bourgogne, du Bordelais et de la Charente. Outre ces cépages que nous étudierons dans leurs régions respectives, on cultive les cépages suivants :

1. Cépages rouges. — **Le Chenin noir** ou *Pinot d'Aunis* (du village d'Aunis près Saumur (Maine-et-Loire). — Cépage de 2ᵉ époque qui, malgré son nom, n'est pas une variété de Pinot de Bourgogne. Il est très fertile, rustique et donne un vin de bonne qualité, le meilleur vin rouge des vignobles des bords de la Loire, quoique un peu tardif. Il se plait dans les sols riches et profonds des plaines et demande dans ces terrains une taille longue

Le Gros-lot-de-Cinq-Mars (syn. = *Valère*). — Cépage de 2ᵉ époque cultivé sur les bords de la Loire ; c'est un plant d'abondance, mais donnant un vin léger peu alcoolique (8 à 9 degrés) ne se conservant pas longtemps.

Le Teinturier du Cher (syn. = *Teinturier femelle*). — Cépage de 1re époque peu vigoureux, peu fertile donnant un jus très coloré et un vin médiocre.

A côté du Teinturier du Cher ou Teinturier femelle, on peut classer le *Teinturier mâle* ou teinturier à bois rouge dont tous les organes, même le bois, sont colorés. Ces deux teinturiers ont peu de valeur ; ils ont été presque abandonnés ; on préfère employer d'autres teinturiers comme le Gamay Fréau, etc.

II. **Cépages blancs.** — **Le Chenin blanc** (syn. = *Pinot blanc de la Loire, Plant de Maillé, Plant d'Anjou*). — Cépage de 2e époque, très rustique, vigoureux et fertile surtout dans les sols argileux et profonds où il se plaît le mieux. Il résiste bien à la coulure. Il donne les vins blancs d'Anjou bien connus, les vins de Vouvray (mousseux de Vouvray) dont nous avons parlé.

Les raisins de Chenin blanc sont cueillis lorsque la pellicule est couverte de pourriture noble.

Le Meslier Saint-François (syn. = *Gros Meslier, Meslier du Gâtinais*). — Cépage de 2e époque cultivé surtout dans l'Orléanais : fertile, mais donnant des vins blancs durs, communs, peu alcooliques (8 à 9°) et acides.

X. — VIGNOBLES DES CHARENTES

35. La région des Charentes (fig. 24), surtout dans ce que l'on appelle la *Champagne* dont nous allons parler, comprend des terres peu profondes, sèches, caillouteuses à sous-sol de craie tuffeau répartie sur des mamelons de 50 à 150 mètres d'altitude.

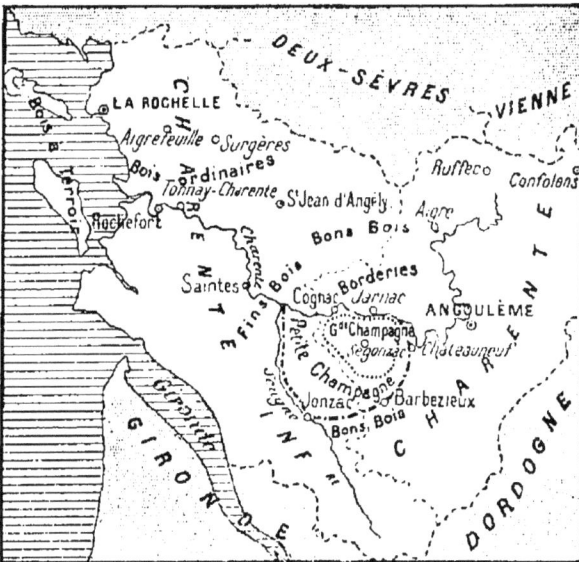

FIG. 24. — VIGNOBLES DES CHARENTES.

Le cépage dominant que l'on cultive dans ces terres, sous le climat maritime tempéré régnant dans ces régions, est la *Folle blanche*. Ce cépage donne un vin peu alcoolique (7 à 8°) très acide, très commun, plutôt grossier, mais ce vin donne des eaux-de-vie merveilleuses, connues sous le nom de cognac, les plus finement parfumées que l'on connaisse, d'autant plus parfaites que les terrains qui nourrissent la vigne sont plus calcaires et plus pauvres.

Après la Folle blanche viennent plusieurs cépages, tels que le *Colombard* ou *Sémillon* (voir p. 60), le *Saint-Émilion* ou *Ugni blanc* (voir p. 67), le *Blanc ramé* ou *Meslier-Saint-François* (voir p. 54), permettant d'obtenir des vins plus alcooliques, moins acides, servant comme vins de table.

Les crus de la Charente pour la production des eaux-de-vie se classent généralement de la manière suivante :

En première ligne, la *Grande Champagne* ou *Fine Champagne* dans une région assez peu étendue sur la rive gauche de la Charente avec Segonzac au centre (arrondissement de Cognac) ;

La Petite Champagne qui entoure la grande Champagne, limitée au nord par la Charente et à l'ouest par la Seugne ;

Les Borderies, produites sur un territoire très restreint sur la rive droite de la Charente, près de Cognac. Le cépage dominant est le *Colombard*.

Viennent ensuite les *Bois*, qui se divisent en :

Fins Bois, région environnant les deux Champagnes et où l'on cultive surtout le *Colombard*, le *Jurançon blanc* et le *Saint-Émilion* ;

Les Bons Bois, entourant la première et s'étendant plus au nord et à l'est ;

Les Bois Ordinaires, région située au nord des Bons Bois et dans lesquels se produisent les eaux-de-vie d'Aigrefeuille et de Surgères ;

Les Bois à Terroir, aux environs de la Rochelle, aux îles de Ré et d'Oléron.

36. Cépages des Charentes. — *La Folle blanche* (syn. = *Enrageat, Plant Madame, Grosse Chalosse, Picpoul* dans l'Armagnac, *Gros plant* dans le sud-ouest). — Cépage de 2ᵉ époque composant la plus grande partie du vignoble de la Charente. Il est très fertile : on le conduit en souche basse et à taille courte. Il vient bien dans tous les sols, même les plus calcaires et les plus pauvres. Il est assez sensible aux gelées de printemps e craint la pourriture : son rendement moyen est d'environ 30 hectolitres à l'hectare. Le vin qu'il donne est en général peu alcoolique (7 à 3°), très acide, commun et peu apprécié, mais il donne à la distillation, comme nous l'avons dit plus haut, des eaux-de-vie universellement réputées.

Le Saint-Émilion des Charentes (que l'on connaît encore sous le nom de *Ugni blanc*, très cultivé en Provence). — Vient bien dans les sols profonds, frais, mais il craint l'oïdium et la pourriture. On obtient avec ce cépage un vin plus alcoolique (10 à 11°) et moins acide que celui de la Folle blanche, il peut servir comme vin de table.

À côté de ces cépages plus particulièrement employés dans les Charentes, on cultive également, comme nous l'avons dit plus haut, le *Colombard ou Sémillon blanc* (p. 60), le *Blanc ramé* ou *Meslier-Saint-François* (p. 54).

XI. — VIGNOBLES DU BORDELAIS

37. *La région viticole du Bordelais* (fig. 25) comprend le département de la Gironde et une partie de l'arrondissement de Bergerac (Dordogne). Ses vignobles peuvent être divisés en trois catégories, d'après la nature des terrains :

1° **Les Côtes,** dont les terrains sont en général très argileux, souvent calcaires et marneux, à sols compacts et assez fertiles. Ils produisent des vins rouges, mais surtout des vins blancs.

2° **Les Graves,** dont les terrains sont formés de graviers et de cailloux généralement siliceux. Les sous-sols sont variables

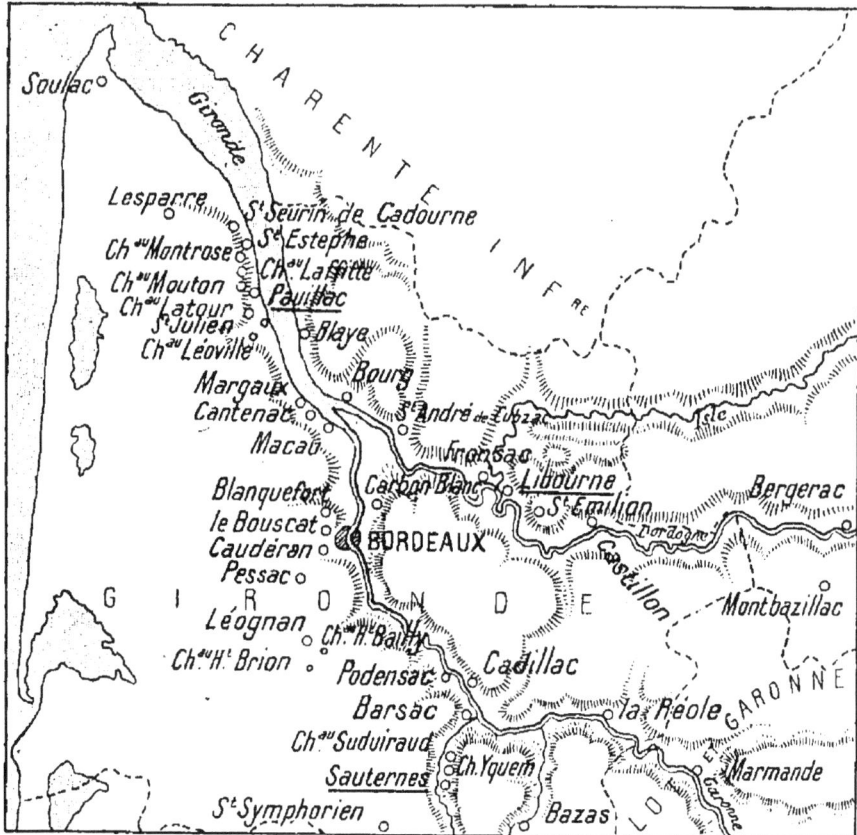

FIG. 25. — VIGNOBLES DU BORDELAIS.

suivant que ces graves reposent sur un banc marneux ou argileux, mais souvent le sous-sol est *l'alios*, banc compact situé à une profondeur variable de o m. 3o à 1 mètre et plus ; cet alios est formé par des graviers siliceux et ferrugineux, agglomérés par un ciment organique.

3° **Les Palus,** dont les terrains sont formés par les alluvions profondes des vallées de la Dordogne et de la Garonne. Contrairement aux *Graves* et aux *Côtes*, les *Palus* donnent seulement des vins communs, blancs ou rouges, employés principalement dans les coupages.

Classement des vignobles et des vins du Bordelais. — Au point de vue géographique, les vignobles et les vins du Bordelais sont généralement classés en cinq contrées particulières : 1° *le Médoc*; 2° *les Graves*: 3° *le pays de Sauternes*; 4° *les Côtes*; 5° *le Bergeracois*; 6° *l'Entre-deux-Mers*; 7° *les Palus*.

I. **Médoc**. — C'est la région viticole bordant la rive gauche de la Gironde sur une longueur de 80 kilomètres et une largeur de 12 kilomètres, depuis *Soulac* jusqu'à *Blanquefort*.

C'est elle qui donne les vins rouges les plus célèbres du Bordelais. Les grands vins du Médoc ont en général de 9° à 12° d'alcool; ils sont corsés, fermes, très fruités, bouquetés, très colorés et surtout très riches en tanin malgré l'égrappage que l'on fait généralement subir à la vendange.

Médoc.

Haut-Médoc, de Blanquefort à Saint-Seurin-de-Cadourne, comprend 28 communes, dont les principales pour la valeur des produits sont :

Cantenac : 2° cru Château-Brane-Cantenac.

Margaux.
- 1er cru *Château-Margaux* (80 hect.).
- 2° — Rauzan-Ségla.
- 2° — Rauzan-Gassies.
- 2° — Durfort-Vivens.
- 2° — Lascombes.

Saint-Julien.
- 2° cru Château-Léoville-Lascases.
- 2° — Léoville-Poyferré.
- 2° — Léoville-Barton.
- 2° — Gruaud-Larose-Sarget.
- 2° — Gruaud-Larose-Faure.
- 2° — Ducru-Beaucaillou.

Pauliac[1].
- 1er cru *Château-Laffitte*.
- 1er — *Château-Latour*.
- 2° — Mouton-Rothschild.
- 2° — Pichon-Lalande.

Saint-Estèphe
- 2° cru Château-les-d'Estournel.
- 2° — Château-Montrose.

Bas-Médoc de Saint-Seurin de Cadourne à Soulac . . . . . Les vins du Bas-Médoc sont inférieurs à ceux du Haut-Médoc.

II. **Les Graves**. — C'est la région viticole qui s'étend au sud de Bordeaux sur 28 kilomètres de longueur et 8 kilomètres de largeur jusqu'à Langon, fournissant des vins rouges ayant plus de corps et de durée, mais moins de moelleux et de bouquet que ceux du Médoc.

---

1. Pauillac est le centre de production à la fois le plus remarquable et le plus abondant.

Graves.
- Pessac. . . .
  - 1ᵉʳ cru *Château-Haut Brion.*
  - 2ᵉ — Château-la-Mission.
  - 2ᵉ — Pape-Clément.
  - 2ᵉ — Établissements-Duval.
- Léognan. . . .
  - 2ᵉ cru Château-Haut-Bailly.
  - 2ᵉ — Haut-Brion-Larrivet.
  - Carbonnieux.
- Cérons.

III. Pays de Sauternes. — C'est la région viticole qui s'étend sur la rive droite du Ciron. Elle produit surtout des vins blancs très onctueux et très veloutés :

Pays de Sauternes, comprend 4 communes.
- Sauternes. . .
  - 2ᵉ cru Le *Château-Yquem.*
  - 2ᵉ — Le Château-Guiraud.
- Bommes . . . .
  - 1ᵉʳ cru Château-La-Tour-Blanche.
  - 1ᵉʳ — Peyraguet.
  - 1ᵉʳ — Haut-Peyraguet.
  - 1ᵉʳ — Château-Vigneau.
  - 1ᵉʳ — Château-Rabaud.
- Preignac. . . | 1ᵉʳ cru Château-Suduiraut.
- Barsac. . . . .
  - 1ᵉʳ cru Châteaux-Coutet.
  - 1ᵉʳ — Château-Climens.

IV. Les Côtes. — C'est la région viticole comprenant tous les côteaux argilo ou silico-calcaires qui bordent la Dordogne et la Gironde à droite. « Les vins des Côtes ont pour caractéristique une générosité plus grande qui les rapproche des vins de Bourgogne, beaucoup de corps et un bouquet particulier surtout développé dans les Saint-Émilion, parfois avec un léger cachet d'amertume » (Berget).

Cette grande région viticole se divise en plusieurs sections :

Le Libournais.
- Sainte-Foy-la-Grande.
- Le *Saint-Émilionnais* comprend 6 communes.. . . .
  - *Saint-Émilion* dont les vins les plus réputés sont. . .
    - Ausone.
    - Bel-Air.
    - Pavie.
    - Magdelaine.
    - Cheval-Blanc.
    - Saint-Georges.
    - Château-Figeac.
  - Saint-Martin de Mazerat.
  - Saint-Christophe-des-Bardes.
  - Saint-Laurent-des-Combes.
  - Saint-Hippolyte.
  - Saint-Étienne de Lisse.
- Pomerol. . . .
  - Dont les vins rivalisent avec ceux de Saint-Émilion. Les meilleurs crus sont. . . . .
    - *Pomerol,*
    - Lalande-Pomerol.
    - Château-Pétrus.
    - Château-Certan.
    - Château-de-Sieurac, etc.

Fronsadais (Fronsac). } Dont les vins les plus réputés sont les *Canon-Fronsac*.

Cubzadais et **Bourgeais** dont les vins les plus réputés sont. .	à *Bourg*. . . .	Château du Bousquet.
		— Croûte-Charlus.
	à *Bayon*. . . .	— Tayac.
		— Falfax.
	à *Samonac*. . .	— Rousset.
	à *Villeneuve*. .	— Barbe.

V. Le Bergeracois. — Cette région fait suite aux côtes de la Gironde sur les deux rives de la Dordogne. On y obtient des vins rouges se rapprochant du Saint-Emilion et dont les meilleurs crus sont les Pécharments à *Creysse* et *Bergerac*, etc.

Les vins blancs du Bergeracois sont plus estimés que les vins rouges ; les meilleurs crus sont obtenus dans les communes de *Saint-Laurent-des-Vignes*, Pomport, Rouffignac et Montbazillac, ils servent en partie à faire le vin de liqueur très connu de Montbazillac, obtenu avec 2/3 de Sémillon et 1/3 de Muscadelle.

VI. L'Entre-Deux-Mers. — L'Entre-Deux-Mers est la grande région viticole comprise entre la Garonne et la Dordogne :

1° Sur la rive droite de la Garonne en face de Bordeaux les cantons de Carbon-Blanc et de Créon où l'on obtient des vins rouges de Côtes et de Palus estimés ;

2° Les coteaux de la rive droite de la Garonne (qui viennent à la suite jusqu'à Saint-Macaire) où l'on produit beaucoup de vins blancs intermédiaires très appréciés : vins de *Loupiac*, de *Sainte-Croix-du-Mont* ;

3° Les coteaux de la rive gauche de la Dordogne où l'on obtient de bons ordinaires ;

4° Le centre de l'Entre-Deux-Mers jusqu'à la Réole où l'on cultive la Folle blanche ou Enrageat produisant des vins très communs.

VII. Les Palus. — Cette région est formée par les alluvions grasses et fertiles du fond des vallées de la Garonne, de la Dordogne et de la Gironde. Elle fournit des vins communs, très colorés que l'on coupe avec des Graves et des Côtes pour faire des vins ordinaires de consommation courante.

38. Cépages du Bordelais. — I. **Cépages rouges**. — *Le Cabernet Sauvignon*, cépage de 2° époque un peu tardive, constitue généralement le fond des meilleurs vignobles du Bordelais. Les feuilles sont vert foncé, à lobes bien marqués. Il est assez productif ; donne des vins fins colorés, corsés, devenant très bouquetés avec l'âge. Il craint assez l'oïdium.

Le Cabernet franc. — Cépage d'une maturité un peu plus tardive que celle du Carbernet-Sauvignon ; les feuilles sont moins découpées et les grains plus gros. Il est moins productif et moins résistant aux maladies que le Cabernet-Sauvignon mais donne un vin un peu plus fin.

Aux Cabernets que nous venons de citer on associe en proportions variables du 1/3 au 1/6 les cépages suivants :

Le *Merlot* (2ᵉ époque). — Cépage plus précoce que le Cabernet ; on l'emploie surtout comme cépage d'assortiment : associé au Cabernet-Sauvignon il lui donne du moelleux ; au Malbec, il lui donne du corps. Il est très productif, mais il redoute surtout la pourriture et craint également l'oïdium.

Le *Verdot* (3ᵉ époque). — C'est le cépage par excellence des *Palus*, demandant des terres profondes et riches, ne redoutant ni la coulure, ni la pourriture, très robuste, donnant un vin solide, de bonne conservation, riche en couleur. Il demande la taille longue.

On distingue plusieurs variétés de Verdot : 1º le *Petit Verdot* à petite grappe ; 2º le *Verdot blanc* ou *Verdot des Palus* à grappe plus longue ; 3º le *Verdot Colon* à grosse grappe.

Le *Malbec* ou **Côt** (1ᵉʳ époque tardive). — Le Malbec est un des cépages les plus répandus en France ; il est cultivé dans presque toutes les régions viticoles, aussi a-t-il des noms très différents (*Plant du Roi*, près Auxerre ; *gros Auxerrois* dans le Lot, etc. etc.). Il est très vigoureux, fertile, surtout dans les sols argilo-calcaires, forts, riches, qui lui conviennent particulièrement. Il craint un peu la coulure que l'on peut corriger par une taille longue, ainsi que la pourriture. Il redoute assez les gelées de printemps, mais il présente l'avantage, lorsqu'il a perdu sa première pousse, de donner du fruit sur les rameaux issus du vieux bois.

Le Malbec, s'il ne donne pas un vin fin, fournit un vin apprécié, riche en couleur, très propre au coupage.

Le *Grappu de la Dordogne* (syn. = *Picardan noir*, *Prolongeau*). — Cépage de 3ᵉ époque donnant, d'après Foëx, un vin mou, de peu de couleur, commun, mais il est très productif : Pulliat l'appelle l'*Aramon* du sud-ouest. Il doit être conduit à taille courte.

II. Cépages blancs. — Le *Semillon* (2ᵉ époque ; syn. = *Chevrier*, *Goulu blanc*, etc.). — Le Sémillon est le cépage qui constitue le fond des vignes des grands Sauternes. Mélangé au *Sauvignon* (moins fertile que lui) et à la *Muscadelle* auxquels il fournit l'alcool et de la finesse, il donne les grands vins blancs de Sauterne.

Le Sémillon prospère surtout en coteaux, dans les sols argilo-calcaires, forts ou graveleux, à sous-sol argileux, marneux et rocheux. On lui applique la taille courte dans les terrains peu fertiles ou demi-longue dans les sols fertiles. On ne le vendange qu'à maturité maximum, à la période de surmaturation pendant laquelle commence la dessiccation du grain. Sur ce dernier se développe un champignon le *Botrytis cinerea*, qui produit une concentration du moût par évaporation d'une partie de l'eau, qui diminue l'acidité et développe un parfum spécial très recherché. C'est ce champignon qui détermine la *pourriture noble* si appréciée des raisins blancs à peau épaisse tels que le Sémillon, le Sauvignon, et la *pourriture vulgaire* si redoutée des raisins ordinaires dans les années chaudes et humides.

Le *Sauvignon* (2ᵉ époque ; syn. = *Blanc fumé*, *Surin*, *Fié*, etc.). — Le Sauvignon est un cépage que l'on associe pour 1/3 au *Sémillon* et à la *Muscadelle*. Il a une vigueur moyenne et prospère surtout dans les sols caillouteux, légers ou argileux, à sous-sols calcaires. On lui applique la taille courte dans les sols peu fertiles, ou demi-longue lorsque le sol fertile lui donne de la vigueur. On le vendange, comme le Sémillon, lorsque le grain est atteint de la pourriture noble. Le vin qu'il donne est très fin, d'une belle couleur dorée et possédant la saveur spéciale et un peu musquée de son raisin.

La *Muscadelle* (2ᵉ époque). — La muscadelle est un cépage qui s'emploie surtout associé au Sauvignon et au Sémillon, car seul il donne un vin très parfumé, ayant un arome un peu trop prononcé. Il est fertile et se plaît surtout dans les sols argileux et caillouteux. Il se contente de la taille courte.

XII. — VIGNOBLES DU LOT, DU LOT-ET-GARONNE ET DU HAUT-LANGUEDOC

La région du Lot et Lot-et-Garonne produit des vins dits des Côtes-du-Lot, neutres de goût, très alcooliques (12 à 13°), très colorés et ayant beaucoup de corps. Le commerce de Bordeaux se sert de ces vins pour relever les vins des Graves et des Palus destinés à l'exportation. Les meilleurs sont dits de *Cahors* et sont produits par le *Malbec ou Cot* (voir p. 60). Les vins de Buzet et de l'arrondissement de Nérac sont également réputés. Dans cette dernière région on produit également des vins blancs façon Sauternes avec des raisins de *Muscadelle* (p. 60) ou Guilant extra-murs.

Nous comprenons dans la **région du Haut-Languedoc,** les *départements de la Haute-Garonne, du Tarn, du Tarn-et-Garonne* et de *l'Aveyron.* Toute cette région fournit des vins d'abondance, intermédiaires entre ceux du Midi et du Bordelais. On y cultive le Malbec ou Cot (p. 60), le Morastel (p. 60), le Gamay (p. 44) ; le coteau célèbre de *Marcillac* dans l'Aveyron est planté de Pinot de Bourgogne. Les vins blancs sont obtenus avec la Clairette (p. 67).

XIII. — VIGNOBLES DE L'ARMAGNAC ET DES PYRÉNÉES

Dans l'**Armagnac** on cultive, comme dans les Charentes, la *Folle blanche* appelée dans le pays *Picpoul blanc* (p. 67).

Ce cépage donne des vins blancs que l'on distille ; on obtient des eaux-de-vie qui, sans avoir la même valeur marchande que celles des Charentes, n'en sont pas moins très estimées. Les sols de l'Armagnac ne sont pas calcaires comme ceux des

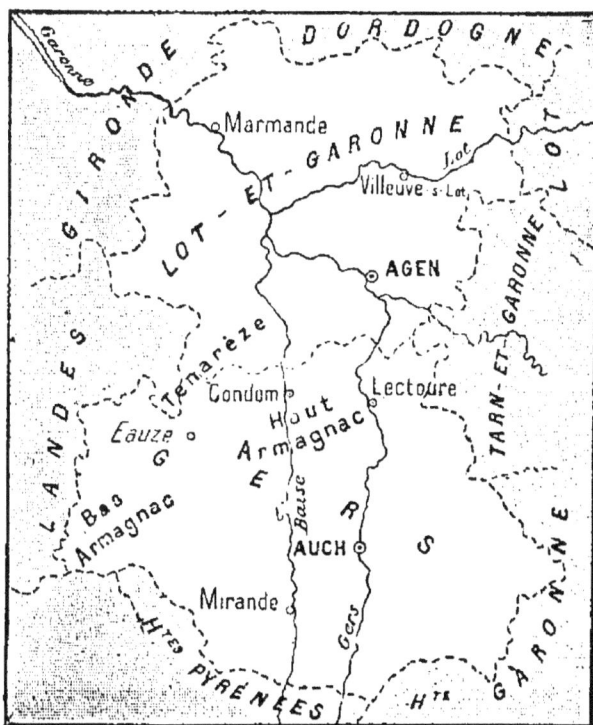

FIG. 26. — VIGNOBLES DE L'ARMAGNAC ET DES PYRÉNÉES.

Charentes et les eaux-de-vie ont une saveur particulière et un arome peu persistant.

On produit les eaux-de-vie d'Armagnac dans trois régions (fig. 26) :

Le *Haut-Armagnac* (dans le département du Gers) comprenant les cantons de Condom, Valence, Vic-Fezensac, Jegun et Montesquiou ;

Le *Bas-Armagnac* comprenant les cantons de Cazaubon et Nogaro dans le Gers, et de Gabarret dans les Landes ;

Le *Ténarèze* (cantons d'Eauze et de Montréal dans le Gers et de la partie sud du Lot-et-Garonne).

Les Pyrénées (Hautes et Basses-Pyrénées) comprennent quelques centres viticoles importants :

Le vignoble du *Madiranais* dans le canton de Castelnau (dont Madiran) produisant des vins âpres et corsés, agréables à boire au bout de quelques années ; le vignoble de *Jurançon* près de Pau produisant des vins alcooliques ; le vignoble des *sables landais* (région de *Maransin*).

Dans tous ces vignobles domine le **Tannat**, cépage rouge donnant dans les coteaux argilo-calcaires (de Maditan par exemple) des vins alcooliques ; (de 10 à 11°), colorés, corsés, se conservant bien.

XIV. — VIGNOBLES DU MIDI

On classe généralement les vignobles du Midi (fig. 27), dans quatre régions viticoles :

1° La région du *Roussillon* formée par le département des Pyrénées-Orientales ;

2° La région du *Bas-Languedoc* comprenant les départements de l'Aude, de l'Hérault et du Gard ;

3° La *région provençale* et *corse* ;

4° L'Algérie et la Tunisie.

39. Vignobles du Roussillon. — Les vignobles du Roussillon occupent environ 65 000 hectares formés surtout d'une grande plaine d'alluvions qui entoure Perpignan et d'une région assez accidentée composée par des coteaux siliceux et granitiques.

Les vignobles du Roussillon produisent plusieurs types de vins :

1° *Les vins rouges de liqueur* obtenus principalement dans la région de Collioures, de Banyuls, de Port-Vendre avec le *Grenache* et la *Carignane*. Ils sont très alcooliques (13 à 14°) et sont le plus souvent vinés jusqu'à 16 ou 18°. En vieillissant ils perdent leur couleur rouge, tournent au rose puis au jaune et prennent un goût dit de *rancio* ;

2° *Les vins blancs de liqueur* sont obtenus principalement à *Rivesalles* par l'association de trois cépages : le *Muscat d'Alexandrie*, le *Maccabeo* et la *Malvoisie blanche* ;

3° *Les vins de Côtes* produits sur les contreforts des Pyrénées et sur les flancs calcaires des Corbières. On les obtient avec la *Carignane*, le *Mataro* et le *Grenache* dont on laisse passeriller les raisins pour obtenir un moût très

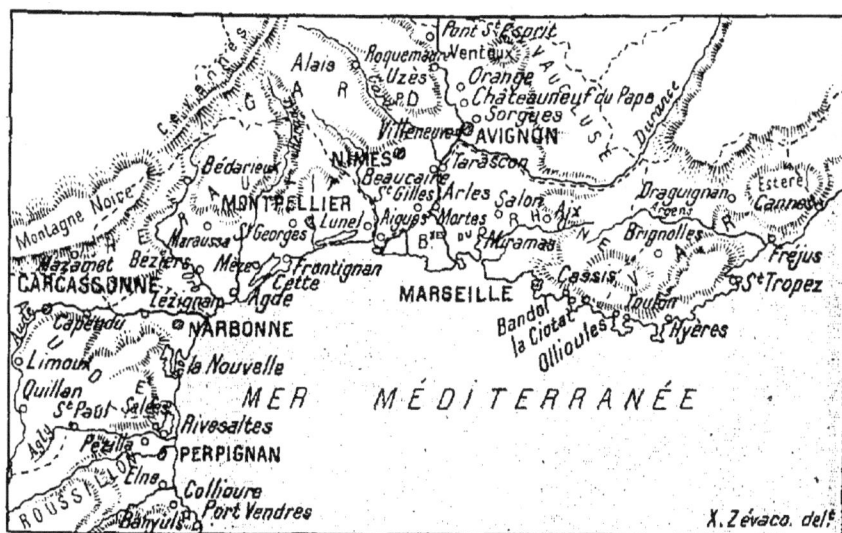

Fig. 27. — Vignobles du Midi.

sucré. Ils sont très alcooliques (13 à 15°), riches en couleur et très recherchés comme vins de coupage ;

4° *Les vins de plaines* obtenus avec les mêmes cépages, également alcooliques mais plus rudes, moins agréables ; ils sont très employés comme vins d coupage.

40. Vignobles du Bas-Languedoc (*Aude, Hérault et Gard*). — Les vignobles du Bas-Languedoc produisent en abondance des vins de consommation courante.

Les vins obtenus peuvent être classés de la manière suivante :

1. Vins rouges. — Ils comprennent :

1° *Les vins de la région de Narbonne*, produits en terrains argilo-calcaires secs et imperméables, qui sont colorés, riches en alcool (10 à 14°) et sont très appréciés pour le coupage des vins de Bordeaux. Ils sont obtenus avec le *Grenache*, le *Carignan*, le *Terret*, l'*Aspiran* et le *Moras el* ;

2° *Les vins du Minervois* (du nom du canton de Minerve au nord-ouest de Carcassonne), qui sont frais, très fruités, riches en alcool (11 à 12°). Ils sont obtenus avec les cépages indiqués ci-dessus ;

3° *Les vins dits de Montagne* produits dans un pays plus accidenté, plus rapproché des Cévennes, comme les Costières du Gard, Lusignan ;

4° *Les vins de coteaux*, dont quelques-uns se distinguent par leur goût spécial ou leur qualité : le Cinsaut, par exemple, donne près de Montpellier, dans des coteaux caillouteux et calcaires, les vins de *Saint-Georges* assez renommés, à côté desquels on peut presque classer les vins de Murviel-le-Montpellier, Laverune, Cournonterral ;

5° *Les vins de Plaine* sont pour la plupart produits dans les plaines basses ou dans les dunes bordant le littoral : plaines de Vidourle (Massillargues, Saint-Laurent-d'Aigouze), du Lez (Montpellier), de l'Hérault, sables d'Aigue-mortes, etc. Ce sont des vins très communs, obtenus avec le grand cépage d'abondance l'*Aramon*, le plus productif de tous les cépages méridionaux pouvant produire jusqu'à 250 et même 300 hectolitres à l'hectare), les *hybrides Bouschet* (Petit Bouschet, Alicante Bouschet), le *Carignan*, le *Grand noir de la Calmette*, le *Mourvèdre*, l'*Espar*.

II. **Vins blancs.** — Les vins blancs les meilleurs sont préparés avec la *Clairette* ; on les produit principalement dans les régions de Paulian, Clermont, Fontès, etc. Après la Clairette vient le *Picquepoul blanc* et enfin le *Bourret*.

A Limoux, on prépare avec le *Mauzac blanc* des vins mousseux connus sous le nom de *Blanquette de Limoux*.

III. **Vins de liqueur.** — Nous avons vu qu'il existait dans le Roussillon, à Rivesaltes, des vins blancs de liqueur très appréciés. Il en existe du même genre à *Frontignan* fait également avec plusieurs cépages, principalement le Muscat d'Alexandrie. Actuellement on ne fait presque plus de ces vins de liqueur, aussi bien à Rivesaltes qu'à Lunel et Frontignan, la vente n'étant pas assez rémunératrice.

41. Vignoble provençal. — La région provençale se fait remarquer par le grand nombre des cépages cultivés et la diversité des vins obtenus. Ces vins peuvent être classés de la manière suivante :

I. **Vins rouges.** — 1° *Les vins fins*[1]. — Ces vins sont produits particulièrement dans le sud de Vaucluse (rive droite du Rhône) sur une série de coteaux calcaires ; nous pouvons citer les crus de *Châteauneuf-du-Pape*, de la Nerthe, de Sorgues, de Vaudieu, produits par le *Cinsaut* mélangé au *Terret*, au *Grenache* et quelquefois à la *Syrah* ;

2° Les *grands ordinaires* parmi lesquels on peut citer les vins de *Bandol* (Var), alcooliques, secs, nerveux ; les vins de la Garde (Alpes-Maritimes), de Séon, etc. ;

3° Les *vins communs* produits surtout dans la Camargue, avec l'*Aramon*, les hybrides Bouschet, dans quelques régions du Var où l'on cultive le Jacquez ;

4° Les *vins de liqueur*, parmi lesquels nous pouvons citer les vins de *Roquevaire*, de la Ciotat, de *Cassis* produits par le *Muscat d'Alexandrie* auquel on ajoute l'*Ugni blanc* et la *Clairette*.

Les vignobles de la Corse donnent à peu près les mêmes produits que ceux de la Provence, les sols et le climat étant presque analogues.

42. Vignobles d'Algérie et de Tunisie. — L'Algérie et la Tunisie possèdent encore 125 000 hectares cultivés en vigne avec une production moyenne de 4 millions d'hectolitres.

---

1. Ces vins, que nous avons cités à propos des Vignobles des Côtes-du-Rhône, peuvent être classés plus spécialement dans la région du Midi.

Au moment de la période phylloxérique, l'Algérie et la Tunisie ont surtout cultivé des cépages à grand rendement donnant des vins très communs. Actuellement, on tend à remplacer ces cépages par d'autres permettant d'obtenir des vins plus colorés, plus alcooliques. On a reconnu que l'Algérie et la Tunisie ont tout intérêt à produire des vins de choix, particulièrement des vins de liqueur analogues aux vins de Malaga, de Xérès, de Porto que l'on importe en France.

On peut classer les vins de ces régions comme il suit :

1° *Vins de montagne et de coteaux*. Ils sont obtenus principalement avec le *Carignan*, le *Mourvèdre*, le *Morastel*, le *Cinsaut*. Ces cépages, d'après J. Dugast, sont cultivés dans les régions suivantes : dans le département d'Alger, zone des *coteaux* du Sahel, d'Alger, de Ténès, Cherchell; zone des *montagnes* de Médéah, Aïn-Bessem, Tizi-Ouzou; dans le département d'Oran, zone des coteaux d'Oran, de Saint-Cloud, Arzew, Mostaganem, Nemours; dans le département de Constantine, zone des coteaux de Philippeville, Akbon, Aïn-Mokra, zone des montagnes de Sétif, Constantine, Guelma, Souk-Ahras.

2° *Vins de plaine* : Ils sont obtenus principalement avec l'*Aramon*, le Carignan et les Hybrides Bouschet. Ces cépages sont cultivés dans les plaines de la Mitidja (Boufarik et Marengo) et de Chéliff (Orléansville) du département d'Alger; dans les plaines de Perrégaux, de Relizane (département d'Oran); dans les plaines de Bougie, Djidjelli, Philippeville, Bône, La Calle (département de Constantine).

3° *Les vins de liqueur* que l'on a commencé à essayer. On peut citer le Malvoisie de *Staouëli* et le Muscat de *Carthage*.

43. Cépages de la région du Midi. — *L'Aramon* (syn. = *Pissevin*, *Uni noir* en Provence; *Gros Bouteillan* dans le Var, *Plant riche* dans l'Hérault). — Cépage de 3° époque à gros grains sphériques très juteux, *le plus productif des cépages méridionaux*, ayant donné dans certaines circonstances jusqu'à 400 hectolitres à l'hectare. Ses faux bourgeons et ses rejets sur le vieux bois sont fertiles, ce qui lui permet, même après une forte gelée de printemps, de donner encore une petite récolte.

L'Aramon vient à peu près dans tous les terrains ; naturellement sa vigueur et sa fertilité sont proportionnelles à la richesse du sol. Dans les *plaines* d'alluvions il donne des rendements très élevés mais un vin un peu faible, peu coloré et peu riche en alcool. Dans les *coteaux*, au contraire, où le rendement ne s'élève pas à plus de 100 hectolitres à l'hectare, il donne un vin agréable, ferme, d'une belle couleur, assez riche en alcool (9 à 10 degrés).

On le conduit à taille courte. Il craint les gelées printanières, car il débourre de bonne heure ; son fruit à peau peu épaisse craint la pourriture dans les années humides. Il redoute l'oïdium et le mildiou.

Le Carignagne (syn. = *Carignan*, *Grignane*, *Bois-dur*, *Plant d'Espagne*, *Catalan*, *Languedoc*, *Monastère*, *Plan de Lédenon* en Provence) Cépage de 3° époque, un des meilleurs du Midi, moins productif que l'Aramon mais donnant des vins beaucoup plus appréciés du commerce. Son rendement maximum peut atteindre 200 hectolitres : le vin qu'il produit est coloré, alcoolique. Le Carignan débourre tard, ce qui met ses récoltes à l'abri des gelées. Ce cépage est très vigoureux et fertile ; il se plaît sur tous les sols argileux et caillouteux, dans les terrains en pente. Il redoute beaucoup les maladies cryptogamiques (anthracnose, oïdium, mildiou).

Les Terrets. — On connaît trois variétés de Terrets : le *Terret noir*, le Terret gris et le *Terret blanc*.

Le Terret noir était autrefois beaucoup plus répandu. On peut le considérer (avec l'Aspiran, le Cinsaut et l'Œillade) comme un des cépages fins du Midi. Il est productif, peu accessible aux gelées et à la pourriture, il donne sur les coteaux d'excellents vins (exemple les vins de Saint-Georges d'Orques). Mais il est sujet à la coulure et craint beaucoup l'oïdium.

Le Terret noir, dans les plaines riches, fertiles, a beaucoup été remplacé par l'Aramon.

Le *Terret gris* ou *Terret fourret* est plus vigoureux, plus fertile que le Terret noir; on le cultive beaucoup dans le Languedoc pour la production du vin blanc.

Le *Terret blanc* est peu répandu.

Le Grenache ou Alicante (syn. = *Bois jaune* ; *Roussillon, Rivesaltes* dans les Bouches-du-Rhône et le Var ; la *Carignane jaune* dans l'Aude ; *Redondal* dans la Haute-Garonne ; *Tinto* dans la Vaucluse). Cépage de 3ᵉ époque donnant un vin moelleux, alcoolique, très apprécié mais vieillissant très rapidement, perdant peu à peu sa couleur pour passer au rouge pelure d'oignon et enfin au jaune.

Mélangé à la Carignane il fournit les vins de liqueur connus de *Banyuls* ; associé au Mourvèdre il donne les vins de Bandol.

Le Grenache accompagné de la Carignane et du Mourvèdre produit les gros vins de Roussillon employés comme vins de coupage. Il craint la coulure et redoute le mildiou ainsi que l'anthracnose.

Œillade (syn. = *Ulliade, ouillac* dans le Languedoc, la Provence et le Roussillon). — Cépage de 2ᵉ époque donnant un bon raisin de table assez précoce. Il fournit un vin fin, alcoolique, mais pas très coloré. Il débourre après l'Aramon, mais un peu hativement, aussi craint-il les gelées. Il est sujet à la coulure et à la pourriture. La Clairette tend à le remplacer.

Le Cinsaut (syn. = *Bourdalès* ou *Boudalès* dans les Pyrénées-Orientales ; *Bourdelas* dans les Hautes-Pyrénées ; *Cinq-Saou* dans l'Hérault ; *Plant d'Arles, Espagnen* en Vaucluse ; *Marocain* dans l'Ariège ; *Morterille* dans la Haute-Garonne). — Cépage de 2ᵉ époque produisant l'un des meilleurs vins du Midi. Il est vigoureux, fertile, donne environ 30 à 60 hectolitres à l'hectare ; ne craint pas les gelées de printemps. On le cultive beaucoup comme raisin de table.

L'Espar (syn. = *Mourvèdre, Catalan, Nègre* en Provence ; *Balzac* dans les Charentes ; *Motaro* dans les Pyrénées-Orientales ; *Benada, Négron, Piémontais* en Vaucluse ; *Fleuron, Charnel* dans l'Ardèche ; *Etrangle-chien* dans la Drôme). — Cépage de 3ᵉ époque répandu dans tout le midi de la France ; c'est par excellence le cépage de la Provence où on l'associe souvent au Grenache. Il produit moins que le Carignan (30 à 50 hectolitres à l'hectare), mais sa production est plus régulière, car débourrant tard il craint moins les gelées. Il ne redoute pas la coulure et résiste assez bien aux maladies cryptogamiques. Son vin est coloré, riche en alcool, un peu dur au début. En résumé l'Espar ou Mourvèdre est un bon cépage du Midi.

Le Morrastel. — Cépage de 3ᵉ époque que l'on confond quelquefois avec le Mourvèdre « dont il diffère cependant par ses feuilles d'un vert sombre, à lobes plus arrondis, et surtout par les feuilles naissantes des extrémités du sarment qui sont roussâtres chez lui, tandis qu'elles sont blanchâtres dans le Mourvèdre (Foëx) ». Les sarments sont d'ailleurs plus rouges dans le Morrastel que dans le Mourvèdre.

Le Morrastel donne un vin très coloré, plus coloré que celui de l'Espar, qualité qui le fait entrer dans la composition des gros vins du Midi, mais le rendement est peu élevé (en moyenne 25 à 30 hectolitres à l'hectare). Il se plaît dans les terrains ou coteaux forts et argileux ; ne craint pas la pourriture, mais redoute la coulure et l'oïdium.

L'Aspiran (syn. = *Spiran, Verdal* dans l'Hérault ; *Riveyran* dans l'Aude ; *Piran* dans le Gard). — Il existe trois formes d'Aspiran : l'*Aspiran noir*, l'*Aspiran gris*, l'*Aspiran blanc*.

L'*Aspiran noir* est un cépage de 3ᵉ époque fournissant un excellent raisin de table. Le vin qu'il donne est fin, moelleux, mais peu coloré. Sa vigueur est moyenne, il produit environ 25 à 50 hectolitres à l'hectare. Il se plaît dans les terrains rocailleux, assez fertiles, situés en coteaux. Il est peu sujet aux gelées, mais craint l'oïdium, le mildiou et la pourriture.

L'Aspiran gris est peu cultivé, bien qu'il donne un très bon vin blanc.

L'Aspiran blanc est employé comme raisin de table.

Le Piquepoul noir. — Il existe trois variétés de Piquepoul : le *Piquepoul noir*, le *Piquepoul gris ou rose*, le *Piquepoul blanc*.

Le *Piquepoul noir* est un cépage de 3ᵉ époque que l'on cultive principalement dans le Roussillon ; il donne un vin assez fin, mais moins coloré et moins apprécié que celui de la Carignane et de l'Espar, cépages qui lui font concurrence. Ce qui en fait la valeur, c'est qu'il peut prospérer dans les terrains arides et pauvres et y donner des produits relativement satisfaisants. Il craint peu les gelées, mais redoute la coulure.

Le Piquepoul noir est inférieur au Piquepoul blanc et au Piquepoul gris.

Le Calitor noir. — Il existe également trois variétés de Calitor : l'une noire, l'autre grise et la troisième blanche.

Le *Calitor noir* (syn. = *Foirard, Fouiral* dans l'Hérault ; *Charge-mulet* ou *Cargoumon, Ginou d'Agasso* en Provence, *Mouillas* dans l'Aude ; *Cayon, Sigotier* dans les Basses-Alpes ; *Braquet, Nœud-court* dans les Alpes-Maritimes ; *Canseron* dans le Gard). — Cépage de 3ᵉ époque dont la culture a beaucoup diminué dans le Midi, car il donne un vin faible peu varié, se conservant difficilement. Il est cependant très rustique et peut prospérer dans les plus mauvais sols, ce qui le fait apprécier dans certaines circonstances.

Le Brun Fourca (syn. = *Fornous* en Provence ; *Moulan, Mourrastel-Flourat, Moureaux* dans l'Hérault). — Cépage de 3ᵉ époque connu principalement en Provence, mais dont la culture a bien diminué. Il est vigoureux et fertile, surtout dans les terres franches où il peut atteindre 75 hectolitres à l'hectare. Son vin est coloré et d'assez bonne qualité. Le Brun Fourca craint peu les gelées, mais ses fruits s'égrènent à la maturité et craignent la pourriture. De plus, il ne vient que dans les terres riches et bien fumées. Ce sont ces défauts qui le font délaisser un peu.

Le Tibourin noir (syn. = *Antibourin, Antibois, Geysserin, Tiboulin* dans le Var et les Alpes-Maritimes). — C'est un cépage de 3ᵉ époque donnant de bons raisins de table et peu cultivé pour obtenir des vins ; il fournit cependant un vin d'assez bonne qualité. Il vient bien dans tous les terrains, même dans ceux qui sont un peu salés ; c'est cet avantage qui le fait apprécier.

II. Cépages blancs. — **La Clairette** (syn. = *Clairette de Trans* dans le Var ; *Clairette verte, Petite Clairette* dans le Midi ; *Blanquette* dans l'Aude). — Cépage de 3ᵉ époque très cultivé dans le Midi. Il sert à faire des vins secs, des vins doux et des vins mousseux. Les vins secs rappellent ceux de Madère ; les vins doux prennent à la longue le goût estimé de Rancio. Les mousseux faits avec la Clairette sont assez estimés dans le pays (la Clairette de Die, de Trans a quelque réputation).

La Clairette se plaît surtout dans les terrains un peu forts, argileux, sains, non humides. Elle est sujette à la coulure, redoute l'oïdium et surtout l'anthracnose. Son rendement moyen en vin est d'environ 25 à 30 hectolitres à l'hectare.

Le Colombaud (syn. = *Aubier, Colombaou* en Provence ; *Grégues* dans l'Hérault). — Cépage de 3ᵉ époque, vigoureux, très rustique, venant à peu près dans tous les terrains, mais donnant un vin très ordinaire, sec.

Le Maccabeo. — Cépage de troisième époque surtout cultivé à Rivesaltes (Pyrénées-Orientales) où il donne un excellent vin de liqueur. On confond quelquefois à tort le Maccabeo avec l'*Ugni blanc* qui lui ressemble.

L'Ugni blanc. — Cépage de 3ᵉ époque demandant des sols riches, pro-

fonds et fins. Il est fertile et donne un bon vin. Il craint l'oïdium et la pourriture, mais n'est pas très sensible à la coulure.

Muscat blanc ou Muscat de Frontignan. — Cépage de 2ᵉ époque produisant de bons raisins de table et surtout d'*excellents vins de liqueur*
parmi lesquels on peut citer les crus renommés de Rivesaltes, Frontignan,
Lunel.

Le Muscat blanc, débourrant tard, craint les gelées printanières ; il est assez
vigoureux ; il lui faut de bons sols et une taille courte. Il redoute l'oïdium ;
son rendement est faible.

Pascal blanc (syn. = *Brun blanc* dans le Var). — Cépage de 2ᵉ époque
que l'on cultive dans le Var et les Bouches-du-Rhône. Il fournit un vin
blanc assez ordinaire. Il s'accommode à peu près de tous les terrains ; il craint
la pourriture.

Le Piquepoul gris ou rose (Voir Piquepoul noir, p. 67) est une variation
de couleur du Piquepoul noir. — Cépage de 3ᵉ époque donnant un
des meilleurs vins blancs du Midi. Réussit bien dans les sols sableux. Son
rendement s'élève de 20 à 40 hectolitres à l'hectare. Il redoute l'oïdium,
s'égrène un peu avant maturité complète ; craint la pourriture.

Le *Piquepoul blanc* est plus précoce que le Piquepoul gris ou rose.

VIGNES A RAISINS DE TABLE

44. Qualités que doivent présenter les raisins de table. —
Les raisins de table doivent se présenter sous forme de belles
grappes d'assez grande dimension, à gros grains *excellents, peu
serrés,* d'une belle couleur, très adhérents aux pédicelles, ne
craignant pas la pourriture, garantis par une pellicule résistante
afin de supporter sans altérations l'emballage et le transport.

Nous citerons les cépages à raisins de table par ordre de
maturité :

45. Cépages précoces. — Ce sont eux qui mûrissent avant
le *Chasselas* :

Madeleine Angevine. – Très bonne variété à maturité de toute première
époque ayant des grappes à grains moyens un peu ovoïdes, à chair ferme,
juteuse, sucrée. Elle supporte bien l'emballage. Malheureusement, elle est
sujette à la coulure que l'on peut cependant éviter en pratiquant la pollinisation artificielle des fleurs. Elle craint l'oïdium et le mildiou.

Madeleine Céline. — Variété moins sujette à la coulure que la précédente, à grains moyens, d'un beau jaune ambré.

Madeleine de Jacques. — Variété à maturité un peu moins précoce
que les deux précédentes et possédant des grappes moyennes à grains relativement gros et excellents supportant bien l'emballage.

Précoce de Malingre. — Variété donnant des fruits appréciés mais
craignant la pourriture, se conservant difficilement et ne pouvant supporter
les transports à cause de la finesse de la pellicule.

Précoce musqué de Courtiller. — Variété excellente, mais à grappes
petites, ayant des grains au-dessous de la moyenne, aussi n'est-elle pas à con-
seillée pour la vente. La pulpe est ferme, juteuse, finement musquée, mais la
pellicule est sujette à se fendiller.

Agostenga (syn. = *Vert de madère*, Prié blanc, bernade). — Variété très
précoce, à grappe moyenne assez compacte dont les grains sont moyens. Elle

fournit un des meilleurs raisins précoces pour la table. mais supportant mal l'emballage à cause de la finesse de la pellicule.

Madeleine royale. — Variété dont la maturité est de six à huit jours en retard sur celle des variétés précédentes. Elle a des grappes moyennes, un peu courtes, sujettes au millerandage que l'on peut éviter dans une certaine mesure en sélectionnant bien les sarments destinés à la plantation. Les grains sont moyens, globuleux, à pulpe juteuse légèrement musquée. Le raisin se conserve bien sur le cep et supporte bien l'emballage.

Lignan blanc (syn. = *Joannen* dans le Midi ; *Lignan* dans le Jura ; *précoce de Vaucluse : Lulienga* dans la Savoie). — Variété à grappes de belles dimensions, à grains très gros dont la pulpe est ferme. à saveur sucrée et agréable; la pellicule est fine mais résistante. Aussi les raisins de Lignan supportent bien le transport, se conservent bien sur le cep ainsi qu'au fruitier.

Chasselas coulard (syn. = *gros coulard;* etc.). — Variété ainsi appelée parce qu'elle est sujette à la coulure que l'on peut cependant atténuer en pratiquant la pollinisation artificielle des fleurs. Elle fournit de belles grappes à gros grains très appréciés dont la pellicule est ferme, un peu épaisse. Ses raisins supportent très bien le transport. Ils sont à recommander pour la vente comme raisins de primeur.

46. Cépages de première époque. — Ils conviennent surtout dans les régions viticoles du Centre et du Nord:

Chasselas. — Les Chasselas forment un groupe important de variétés remarquables comme raisins de conserve et d'exportation. Parmi ces variétés nous pouvons citer :

Le *Chasselas doré de Fontainebleau* (appelé encore Chasselas de Thomery, de Montauban, Mornant dans le Rhône et l'Isère, Bournol dans l'Ardèche, Muscadet ou Bar-sur-Aube blanc dans l'Aube, etc.) est le plus beau et le plus répandu ; il donne des grappes moyennes tantôt claires, tantôt serrées, à grains moyens ronds, à pellicule fine d'un jaune doré au soleil.

Le chasselas est cultivé aussi comme raisin de cuve pour la production de vins blancs en Suisse et en Savoie, sous le nom de Fendant.

Le *Chasselas rose* (appelé encore chasselas royal. chasselas rose d'Italie) dont les grappes sont superbes et se teintent en rose à la maturité.

Le *Chasselas rose de Falloux*, le plus clair des Chasselas roses et un des plus fins ; il est moins apprécié que les précédents à cause de sa teinte peu prononcée.

Le *Chasselas violet* donne des grappes moyennes à grains ronds d'un rose violet à la maturité, d'une saveur plus relevée que celle du Chasselas doré.

Le *Chasselas musqué* dont les grains sont blancs, musqués. Il est excellent et se conserve bien,

Muscats. — Parmi les Muscats de première époque nous pouvons citer :

Le *Muscat violet de Madère*, fertile et à excellents fruits ; le *Muscat-Caillaba* (des Hautes-Pyrénées). le *Muscat du Jura* avec grains d'un violet noir, le *Muscat noir*.

47. Cépages de deuxième et de troisième époque. — Ils conviennent surtout dans les régions du Midi, de l'Algérie et de la Tunisie.

Le Bicane (syn. = *Panse jaune* dans le Gard ; *Raisin des dames* en Vaucluse ; *Olivette jaune*). — Présente des grappes grosses à grains gros munis d'une pellicule fine d'un jaune ambré. Il est sujet à la coulure et à la pourriture. Son fruit est remarquable par sa beauté, mais sa qualité est très ordinaire.

Le Frankenthal (syn. = *Black Hambourg*, *Chasselas de Jérusalem*). — Présentant de grosses grappes pyramidales, peu serrées à gros grains dont la pellicule est résistante. Il se conserve bien. Il est très répandu dans le Nord où on le cultive en serre. On le recherche sur les marchés pour sa beauté.

Le Muscat de Hambourg. — *L'un des meilleurs muscats*. La grappe est moyenne à grains non serrés, assez gros, craquants, à pulpe juteuse d'une saveur musquée, pellicule fine.

Le Muscat d'Alexandrie. — Ce muscat à grappe grosse, longue, présente des grains très gros, allongés, à chair craquante, très sucrée et à saveur musquée très prononcée. C'est un cépage tardif à raisins superbes et d'excellente qualité; on en fait dans le Midi de très bons raisins secs.

Le Gros Colman (syn. = *Dodrelabi*). — Le Gros Colman à grappe très grosse, courte, peu serrée, à gros grains ronds peu sucrés, peau épaisse. C'est une bonne variété pour la culture en serre.

Le Danugue noir. — Le Danugue noir à grappe très grosse, courte, à grains très gros, violets noirs, assez pruinés. Il mûrit les premiers jours d'octobre dans le Midi. On le recherche pour sa beauté.

Le Cinsaut dans le Midi, **le Poulsard** dans l'Est peuvent donner d'excellents raisins de table.

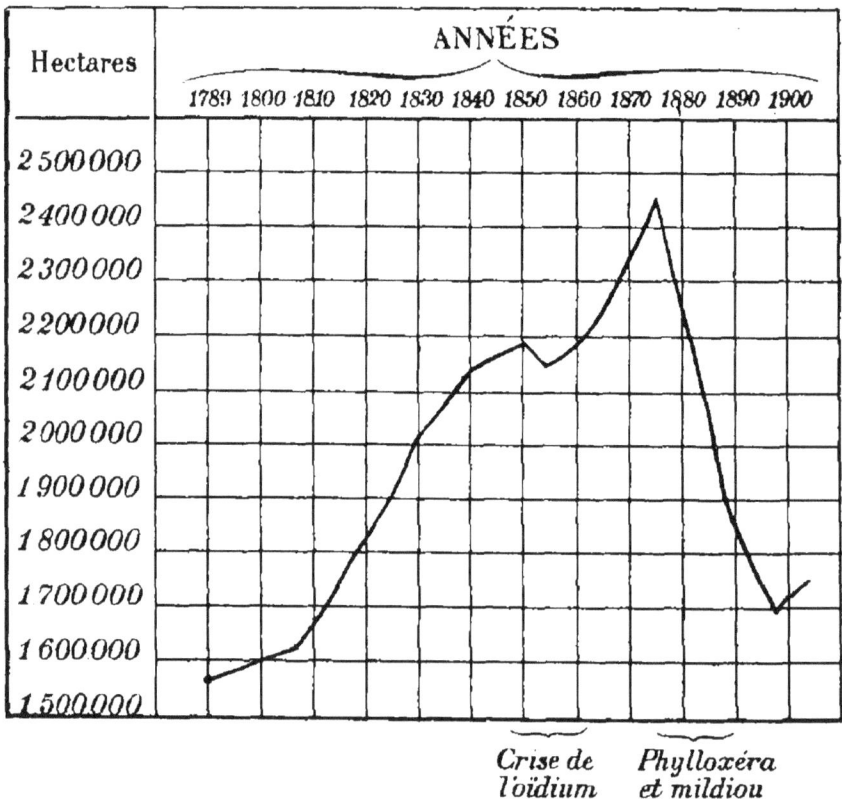

Fig. 28. — Superficie du vignoble français de 1789 à 1904.

CHAPITRE V

LES VIGNES AMÉRICAINES

48. Les cépages français et le phylloxéra. — Introduction des vignes américaines. — Tous les cépages français que nous avons examinés appartiennent à une même espèce, le *Vitis Vinifera*.

L'Europe, en effet, ne possède qu'une seule espèce de vigne alors que l'Amérique en possède 18 espèces et l'Asie 11. Mais cette seule espèce est bien supérieure à toutes les autres au point de vue de la fructification et du vin qu'elle donne ; elle a été améliorée par des siècles de culture et d'observation, aussi a-t-elle donné naissance à plus de 2000 variétés cultivées parmi lesquelles les cépages français que nous avons cités.

La culture de la vigne en France était une des plus prospères et des plus rémunératrices de l'agriculture lorsque le phylloxéra et les maladies cryptogamiques (oïdium, mildiou, etc.) vinrent mettre un terme à cette prospérité.

« L'invasion du phylloxéra et de ses auxiliaires n'est pas un effet de ces causes obscures qui troublent les imaginations éprises d'inconnu et de mystère. Elle n'est pas le résultat de la fatigue du sol ou d'une prétendue décrépitude des vignes d'autrefois. C'est un simple phénomène d'acclimatation, une conséquence lointaine de la découverte de l'Amérique. De même que les pèlerins venus de la Mecque propagent par tout l'Orient le fléau cholérique, les vignes originaires d'Amérique nous ont apporté avec elles leurs parasites et leurs maladies. » (Berget.)

L'oïdium fit son apparition en France dès 1845, probablement importé par les premiers cépages américains dont les collectionneurs avaient entrepris l'étude.

Le phylloxéra fut constaté dans le Midi en 1867.

Le mildiou parut en 1879, le **black-rot** en 1884.

On songea tout d'abord à détruire l'insecte et les cryptogames causes des maladies. On réussit, en effet, à lutter contre l'oïdium avec le soufre, à lutter contre le mildiou avec le sulfate de cuivre. Contre le phylloxéra, on trouva des insecticides efficaces (sulfures de carbone, sulfocarbonate de potassium); mais on s'aperçut bien vite que ce moyen de lutte ne pouvait être que provisoire pour la plus grande partie de nos vignobles, parce que son emploi est trop coûteux. Il fallut avoir recours aux cépages américains eux-mêmes, causes premières du mal. Du moment, en effet, qu'il existait depuis longtemps en Amérique des cépages vivant en contact avec le phylloxéra, c'est que ces cépages américains pouvaient vivre malgré l'insecte. En France, on constata parfaitement que certaines vignes américaines restaient ver-doyantes au milieu des vignes françaises détruites.

Comment le phylloxéra agit-il sur les vignes françaises et les vignes américaines? — Si l'on examine les racines des vignes attaquées par le phylloxéra, on y con-state deux sortes de lé-sions causées par l'in-secte : des *nodosités* et des *tubérosités*.

Les nodosités (fig. 29) se pro-duisent lorsque le phylloxéra pique la jeune racine ou radi-celle dans la partie en voie d'accroissement, c'est-à-dire près de son extrémité : les tis-sus de la racine se multiplient beaucoup et il en résulte une déformation en tête d'oiseau souvent énorme lorsque plu-sieurs piqûres sont très voisi-nes; l'épiderme finit par écla-ter, la partie interne de la racine en août ou septembre se dessèche ou pourrit et l'ex-trémité de la racine meurt généralement vers l'automne. Les nodosités ne sont pas très dangereuses, car elles n'intéressent que l'extrémité des racines; il se forme sou-vent au-dessus d'elles des ra-dicelles secondaires remplaçant les premières. Les vignes françaises pré-sentent beaucoup plus de nodosités que les vignes américaines.

FIG. 29.
RADICELLE DE VIGNE
PORTANT
DES NODOSITÉS.

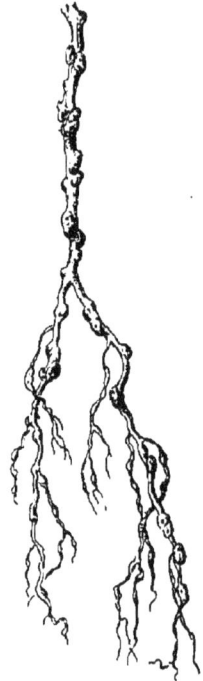

FIG. 30.
RACINE DE VIGNE
PORTANT
DES TUBÉROSITÉS.

Les tubérosités (fig. 30) se produisent sur les parties de la racine qui ont cessé de s'allonger et qui ne s'accroissent plus qu'en épaisseur : aux points piqués les tissus de la racine se multiplient également beaucoup, l'épiderme

de la racine crève, les parties internes se décomposent peu à peu et toute la
région de la racine située au-dessous du point attaqué finit par périr ; la vigne
privée d'une grande partie de ses racines ne peut plus s'alimenter et meurt.
La plante, pour résister aux effets de la lésion produite par le phylloxéra, crée
une ou plusieurs couches de liège immédiatement au-dessous de la tubérosité.
Si ces barrières successives arrêtent le mal la vigne résiste.

Les vignes américaines réagissent rapidement, les couches de liège sont
formées en peu de temps et en assez grand nombre (deux, trois ou quatre).
Chez les vignes françaises, au contraire, les formations de liège sont plus lentes,
moins nombreuses et ne peuvent s'opposer efficacement à la décomposition
de la région attaquée.

Les tubérosités, sur les vignes américaines, sont en général moins nombreuses et surtout moins importantes, plus petites que dans les vignes françaises.

Les vignes américaines résistant en général au phylloxéra,
on essaya de les substituer à nos vignes qui tendaient à disparaître. On eut même l'idée de remplacer nos vieux cépages
français par des cépages américains susceptibles de donner des
vins acceptables. Ces cépages américains furent appelés *producteurs directs* (nous les étudierons).

Malheureusement, on ne tarda pas à s'apercevoir que ces cépages américains *producteurs directs* donnaient un vin laissant
beaucoup à désirer et résistaient insuffisamment au phylloxéra.
Il fallut renoncer à ces variétés productrices de raisins pour
s'adresser à des variétés plus résistantes, sauvages, infertiles
ou donnant des raisins trop petits et d'un goût détestable ne
permettant plus l'espoir d'arriver à fabriquer du bon vin. On
tourna, il est vrai, la difficulté en greffant sur ces cépages américains résistants au phylloxéra des variétés françaises qui nous
donnèrent enfin nos vins d'autrefois. La question était résolue.

Les cépages américains furent alors étudiés, surtout comme
porte-greffes (nous les examinerons).

Néanmoins, la recherche du producteur direct idéal résistant
au phylloxéra par ses racines et donnant un vin analogue à
celui de nos vignes françaises n'a pas été abandonnée. Le greffage, en effet, exige des opérations minutieuses et coûteuses ;
de plus, les nombreuses maladies cryptogamiques qui ont
accompagné l'entrée en Europe des vignes américaines exigent des traitements préventifs ou curatifs dont les viticulteurs
ont intérêt à se dispenser. Aussi le producteur idéal que l'on
recherche ne doit pas seulement être résistant au phylloxéra et
donner un bon vin ordinaire, mais être résistant également aux
diverses maladies cryptogamiques. Comme on le voit, la question se complique et n'est pas près d'être résolue. Les chercheurs, pour résoudre le problème, ne s'adressent plus seulement aux vignes américaines, ils utilisent l'hybridation dont

nous avons parlé, de façon à essayer d'obtenir, par le croisement des vignes françaises et des vignes américaines, des cépages nouveaux ayant à la fois la résistance au phylloxéra des vignes américaines et les fruits excellents de nos vignes françaises. Le résultat cherché n'a pas encore été atteint par les hybrides obtenus.

En même temps que cette question de producteur direct s'imposait à l'attention des hybrideurs, une autre question très importante et d'un intérêt plus immédiat demandait à être résolue ; *celle du calcaire*. On s'était aperçu, en effet, que si les vignes françaises vivaient dans les sols *calcaires* ou non, il n'en est pas de même des vignes américaines dont la plupart ne peuvent vivre dans les terres riches en calcaire : elles jaunissent, se rabougrissent, en un mot prennent une maladie appelée *chlorose* (p. 103). Il fallut créer des hybrides porte-greffes résistant à la fois au phylloxéra et à la chlorose. On y est parvenu dans une certaine mesure ; nous examinerons (p. 105) ces porte-greffes.

49. Les producteurs directs. — Nous venons de voir qu'on appelle producteur direct le cépage résistant au phylloxéra et susceptible de donner un vin acceptable.

Les producteurs directs ne sont pas des espèces pures, des vignes sauvages (lesquelles sont infertiles ou ne donnent que des raisins trop petits et d'un goût détestable), mais des hybrides importés d'Amérique ou créés en Europe.

Nous les diviserons en deux groupes.

Les producteurs directs étrangers ou anciens importés d'Amérique.

Les producteurs directs nouveaux créés en France.

50. Les producteurs directs étrangers. — Ce sont ceux qui ont été importés d'Amérique au moment de l'invasion phylloxérique ; ils ont été obtenus soit par sélection de semis, soit par le croisement des espèces sauvages entre elles ou avec notre *Vinifera*. Ils sont aujourd'hui pour la plupart plus ou moins abandonnés. Nous pouvons citer comme cépages rouges : le *Jacquez*, l'*Herbemont*, l'*Othello*, le *Clinton* et comme cépage blanc le *Noah*.

Le Jacquez est un hybride de *Vitis AEstivalis* et de *V. Vinifera*. Sa résistance au phylloxéra peut être notée 13 sur 20. Il ne vient bien que dans la région du Midi (cépage de 3ᵉ époque). Il donne un vin très coloré, alcoolique (12 à 13º) mais ayant un léger goût particulier peu agréable. S'il est très mûr il manque d'acidité et sa couleur rouge vire au bleu ; pour remédier à cet inconvénient il faut ajouter à la vendange ou au vin fait une certaine quantité d'acide tartrique variant de 15 à 300 grammes par hectolitre.

L'Herbemont (hybride de *V. Æstivalis, V. Cinerea* et *V. Vinifera*) donne un vin moins grossier que le Jacquez, mais beaucoup moins coloré. Il redoute les climats secs et donne un rendement inférieur au Jacquez, aussi est-il encore moins cultivé que ce dernier.

L'Othello (hybride de *Clinton* et de *Black Hambourg*), un des producteurs directs les plus employés, donne un vin pas très alcoolique, très coloré, ayant un goût légèrement foxé. Ses grappes sont volumineuses, à grains très gros, aussi son rendement moyen est assez considérable (100 à 150 hectol. à l'hectare).

L'Othello est insuffisamment résistant au phylloxéra (note 6 sur 20) et ne convient qu'aux terres argileuses des vignobles de la région du Nord dans lesquelles le phylloxéra se développe beaucoup plus difficilement Il est moins sensible aux maladies cryptogamiques que nos vignes françaises; il redoute peu l'oïdium et ne supporte pas les soufrages ; ces derniers, faits même à distance sur des cépages voisins, peuvent brûler ses feuilles.

Le Clinton ou *Plant Pouzin* (hybride de *V. Riparia* et de *V. Labrusca*) est un cépage de 1re époque donnant un vin très coloré, alcoolique, à goût légèrement foxé. Il est assez productif, résistant aux maladies cryptogamiques mais peu résistant au phylloxéra (note 8 sur 20) et redoute le calcaire, aussi est-il peu cultivé excepté dans l'Ardèche et dans la Drôme où les terrains argileux profonds et riches lui conviennent particulièrement.

Nous pouvons citer encore, comme cépages rouges, le *Cornucopia* (hybride de *Clinton* et de *Black Saint-Péters*) très peu résistant au phylloxéra et que l'on abandonne de plus en plus ; le *Cynthiana*, peu résistant au phylloxéra, au calcaire et que l'on a à peu près abandonné.

Le Noah (obtenu d'un semis de *Taylor*, probablement fécondé accidentellement par un *V. Labrusca*) est un cépage blanc de 2e époque, très fertile dans les terrains frais et riches, donnant un vin très alcoolique mais à goût foxé. Il est assez résistant au phylloxéra dans les terrains frais, profonds, mais insuffisamment résistant dans les terrains secs et chauds ; il craint le calcaire et résiste bien aux maladies cryptogamiques. A la maturité, les grains se détachent facilement de la rafle, ce qui en rend la vendange difficile.

51. Producteurs directs nouveaux. — Ce sont ceux qui ont été créés en France soit par semis, soit par hybridation, grâce aux efforts de nombreux hybrideurs tels que MM. Castel, Couderc, Gaillard, Ganzin, Millardet et Grasset, Jurie, Seibel, Terras, etc.

Parmi les producteurs directs nouveaux nous pouvons citer :

Les hybrides Couderc : Le *Colombeau* × *Rupestris*, n° 3103 appelé encore, *Gamay Couderc* donnant un vin de qualité assez bonne, mais pas assez fertile.

Le Chasselas rose × *Rupestris*, n° 4401, *très résistant aux maladies cryptogamiques*, assez résistant au phylloxéra dans les sols profonds et fertiles, mais insuffisamment résistant dans les sols secs et chauds, donnant un vin pas très alcoolique (8 à 9°), mais franc de goût ; production plutôt faible.

Dans la collection de M. Couderc, on peut encore citer :

Le n° **132-11** (le *Bayard*), résistant au phylloxéra et aux maladies cryptogamiques. Il mûrit un peu tardivement, mais ne pourrit pas, ne craint pas la sécheresse. Il donne un vin assez alcoolique.

Le n° **117-4** (hybride de *Senasqua* et de *Rupestris*). — Cépage dont la maturité est entre la 1re et la 2e époque. Il est fertile, assez résistant au mildiou et au black-rot ; il donne un vin assez bon.

Le n° **272-60** (*Le Pompon d'or*) blanc est un cépage de 1re époque dont les raisins ont une saveur peu sucrée et assez acide, résistant bien au mildiou mais craignant l'oïdium, donnant un vin ferme de goût, alcoolique.

Le n° **90-38** blanc est un cépage de 2e époque, à grappes compactes ; il est fertile, très résistant au black-rot et à l'oïdium, mais insuffisamment résistant au mildiou ; il donne un vin assez apprécié de 10 à 11 degrés.

Le n° **199-88** (*Panache blanc*) est un cépage de 2e époque, très fertile donnant un vin de 9 à 11°. Craint le mildiou et un peu l'oïdium, mais résistant très bien à la pourriture.

Les Hybrides Seibel. Le n° **1**, hybride Seibel le plus connu, est un cépage vigoureux, fertile, résistant très bien au mildiou, assez bien à l'oïdium et au black-rot ; estimé surtout comme ne craignant pas les gelées de printemps et la pourriture d'automne, mais sa résistance au phylloxéra (excepté dans les sols fertiles et profonds) est reconnue insuffisante. Dans le Midi, le vin obtenu a jusqu'à 12° ; en Auvergne, où il est cultivé, il ne donne qu'un vin assez acide et peu alcoolique.

Le n° **2** est moins connu ; fertile et donnant, comme le n° 1, un assez bon vin, mais sa résistance au phylloxéra est inférieure à celle du n° 1.

Le n° **29**. Cépage de 1re époque assez productif, très résistant aux maladies cryptogamiques ; donnant un vin coloré assez alcoolique, mais ayant un goût spécial.

Le n° **156**. Un des meilleurs hybrides Seibel ; il est assez précoce, résiste assez bien au mildiou et à l'oïdium, craint le black-rot ; très productif à la taille longue. Donne un vin très coloré, assez alcoolique et un peu parfumé.

Le n° **1020**. Cépage tardif résistant aux maladies cryptogamiques, mais insuffisamment résistant au phylloxéra, très productif à taille courte, vigoureux, donnant un vin de coupage très coloré et assez commun.

Le n° **1077**. Cépage de 1re époque tardive que l'on cultive un peu dans le Midi, très vigoureux, très fertile, très rustique, résistant bien au mildiou, mais craignant un peu l'oïdium et le black-rot, donnant un vin alcoolique très coloré et assez apprécié.

Le n° **2003** (hybride de *Linsecumii* et d'*Herbemont-d'Aurelles*), très vigoureux, très fertile, donnant un vin alcoolique assez apprécié.

Hybrides Castel. — Parmi les nombreux hybrides présentés par M. Castel on peut citer :

Le n° **3540** (hybride blanc d'*Othello-Rupestris* × *Herbemont-d'Aurelles*), vigoureux, fertile, assez résistant aux maladies cryptogamiques, donnant un vin assez alcoolique.

Le n° **6011** (hybride blanc *Taylor* × *Muscat romain*), très gros producteur assez résistant aux maladies cryptogamiques, donnant un vin peu alcoolique.

Le n° **132** (hybride rouge d'*Herbemont-Rupestris* × *Herbemont-d'Aurelles*), vigoureux, fertile, résistant aux maladies cryptogamiques, donnant un vin assez alcoolique.

Le n° **18 326** (hybride rouge de Gamay-Coudere × 1202), mêmes qualités que le précédent.

L'Auxerrois × Rupestris. — Cet hybride a été présenté en même temps par MM. Pardès et Lacoste en 1890. Il est assez répandu et très diversement apprécié. Dans le bassin de la Garonne on le considère comme suffisamment résistant au mildiou et même au black-rot, alors que dans les climats plus froids, plus humides, on le considère comme peu résistant au mildiou. Sa résistance au phylloxéra est douteuse excepté dans les terres profondes et fertiles. Il est sujet à la coulure. Son vin est regardé généralement comme donnant le meilleur vin de table des hybrides.

Le Jouffreau. — C'est une sélection à gros grains de l'hybride précédent. Un peu moins sujet que le précédent à la coulure.

L'Oiseau bleu. — Provient de l'*Auxerrois* × *Rupestris* fécondé par le *Malbec*. C'est un cépage de 2ᵉ époque ne craignant pas la coulure comme les deux hybrides précédents, donnant des raisins compacts. Résistant aux maladies cryptogamiques. C'est peut-être un hybride de grand avenir.

Hybride Jurie. — Parmi les hybrides présentés par M. Jurie nous pouvons citer :

Le n° **580**. — Hybride résistant au phylloxéra et aux maladies cryptogamiques, très fructifère, donnant un vin coloré mais commun.

Le n° **1230-10** (hybride *Argant* × *Rupestris-Linsecumii*), cépage vigoureux, fertile, donnant un vin assez franc de goût, très chargé en couleur.

L'Alicante × *Rupestris n° 20. de Terras.* — Hybride résistant au phylloxéra, assez résistant aux maladies cryptogamiques, mais craignant la pourriture. Il est fertile ; malheureusement le vin qu'il donne est médiocre. On l'abandonne de plus en plus.

Le Plant des Carmes. — Hybride très voisin du Clinton, assez résistant aux maladies cryptogamiques, mais donnant un vin à goût foxé.

Hybride Franc. — Obtenu d'un semis de Rupestris par M. Franc, professeur départemental d'agriculture du Cher. Résistant au phylloxéra, mais craint les maladies cryptogamiques et donne un vin médiocre. N'a pas de valeur.

Hybrides Oberlin. — Parmi les hybrides Oberlin, d'après M. Roy-Chevrier, on peut citer :

Le n° **604** (*Riparia* × *Gamay*). — Vigoureux et fertile ; grain de grosseur moyenne à saveur de Cabernet-Sauvignon.

Le n° **605** (*Riparia* × *Gamay*). — Également fertile, grains plus petits que le n° 604, etc.

Nous pourrions citer encore bon nombre d'hybrides créés par des viticulteurs distingués ; leur valeur exacte n'est pas assez reconnue pour que nous insistions davantage. D'ailleurs, certains des hybrides nouveaux que nous venons de citer n'existent que depuis peu de temps et peuvent ne pas répondre aux promesses que les expériences déjà faites permettent de donner. Nous ne saurions trop mettre en garde les viticulteurs contre la réclame faite souvent autour d'hybrides nouveaux, peu connus et qui n'ont pas encore suffisamment fait leurs preuves. Sans doute, il est bon de faire des essais, mais des essais prudents.

52. Conclusions sur l'étude des producteurs directs. —

Les viticulteurs partisans des producteurs directs font remarquer que ces hybrides permettent d'obtenir des récoltes plus régulières, des produits plus colorés et surtout à meilleur compte puisque la résistance aux maladies cryptogamiques évite les traitements coûteux auxquels on est obligé de soumettre les vignes françaises. Ils n'insistent peut-être pas assez sur la qualité des vins qui laisse à désirer.

D'ailleurs cette résistance aux maladies cryptogamiques est-elle bien réelle ? fait remarquer M. Pacottet. « En tout cas, elle est fort irrégulière, et si les producteurs directs diminuent le nombre des traitements, ils ne les suppriment pas d'une façon complète. Il reste à savoir si l'infériorité de leurs produits est compensée par l'économie qui résulte de ce fait.

« Les partisans des producteurs directs ont insisté sur la richesse en matière colorante de leurs fruits. En réalité, parmi les Teinturiers, aucun n'est plus foncé que les hybrides Bouschet : et des cépages rouges à jus incolore, il n'en est pas un dont la pellicule soit plus riche en matière colorante que le Tannat, l'Argant, le Malbec. Rappelons aussi que cette matière colorante est souvent fragile, et ne résiste pas aux soutirages et au vieillissement.

« Un des plus grands obstacles à l'extension des producteurs directs a été la difficulté qu'on a eue d'obtenir avec leurs fruits des vins à goût neutre puisque, pour les avoir résistants au phylloxéra, il faut que l'élément américain domine. En revanche, les goûts musqués, qui se transmettent facilement dans l'hybridation, sont fréquents chez ces hybrides. Ces goûts s'atténuent dans les terrains argileux et à mesure qu'on s'élève vers le Nord. »

Peut-être nos hybrideurs parviendront-ils à nous donner le producteur idéal tant recherché : celui qui doit être très résistant aux maladies cryptogamiques, au phylloxéra, et nous donner en même temps un excellent vin.

En attendant, les producteurs directs ne doivent être admis que dans les régions où l'on produit des vins très ordinaires, très communs. Et encore, dans ces régions, fera-t-on bien de suivre les prudents conseils que donne M. Guillon, directeur de la Station viticole de Cognac :

« Le moment n'est pas encore venu pour conseiller du premier coup des plantations importantes de producteurs directs. Il est, au contraire, très utile de commencer par en planter quelques lignes, concurremment avec les vignes greffées. Une observation de peu d'années permettra au viticulteur de se faire une opinion personnelle sur la valeur pratique des producteurs directs ; il jugera ensuite s'il a intérêt à leur donner de l'extension. »

Quant à introduire les producteurs directs dans les régions à grands vins, nous pensons que ce serait une absurdité. Dans ces régions, en effet, il s'agit moins de produire à *bas prix* que de produire *bon* et ce n'est pas dans un avenir prochain que les producteurs directs arriveront à fournir les vins réputés que nous donnent nos vignes françaises greffées.

TROISIÈME PARTIE

PROCÉDÉS DE MULTIPLICATION DE LA VIGNE

La vigne, comme beaucoup de végétaux, peut se reproduire, se *multiplier* par : *semis, bouturage, provignage ou marcottage, greffage.*

De tous ces procédés, le plus important est le **greffage**. C'est le greffage qui nous a permis de conserver nos anciens cépages français attaqués par le phylloxéra, en les faisant vivre sur des cépages américains résistant à l'insecte. Nous l'étudierons plus spécialement.

CHAPITRE VI

LE SEMIS, LE BOUTURAGE, LE MARCOTTAGE OU PROVIGNAGE

I. — SEMIS

53. *Le procédé par semis consiste à obtenir la reproduction de la vigne en semant dans le sol la graine de raisin ou pépins.*

En semant des graines de céréales, de blé de Bordeaux par exemple, on obtient un blé identique au premier, la variété dite blé de Bordeaux.

Pour la vigne il n'en est pas de même : les graines ou pépins de vignes européennes reproduisent des variétés ne ressemblant pas toujours à celles qui leur ont donné naissance, elles donnent souvent des individus nouveaux, distincts dans une certaine mesure de ceux qui les ont produits, bien que s'y rattachant par certains caractères d'ensemble.

On utilise cette propriété pour créer des variétés nouvelles; mais, comme beaucoup des individus nouveaux obtenus sont moins fertiles et inférieurs à ceux dont ils proviennent, on comprend que le mode de reproduction par semis ne soit pratiqué que pour les viticulteurs ou les amateurs qui se livrent à des recherches assez longues, afin de créer des variétés nouvelles ayant des caractères déterminés.

Pour créer des types nouveaux les chercheurs peuvent hybrider (voir Hybridation, p. 21) des cépages connus ayant les uns et les autres un certain nombre des caractères désirés que l'on voudrait voir réunis dans le même cépage. C'est ainsi que certains hybrideurs, après de patientes expériences, ont pu obtenir des cépages nouveaux employés actuellement comme porte-greffes (p. 97).

Choix des graines. — Les pépins employés dans les semis doivent être de la récolte précédente et provenir de raisins parfaitement mûrs; peu importe que ces pépins soient restés dans le moût de raisin pendant sa fermentation.

Préparation des semences. — Les pépins ne germent généralement pas régulièrement lorsqu'on les met directement dans le sol. Il est bon de les mettre auparavant dans du sable pendant l'hiver (mise en *stratification*); dans le courant de mars on met sur ce sable quelques gouttes d'eau. Pour aller plus vite on peut se contenter de tremper les graines dans de l'eau pendant 3 ou 4 jours.

Exécution des semis. — Les semis se pratiquent au mois d'avril. On sème à 3 ou 4 centimètres de profondeur dans une plate-bande recouverte de terreau et de sable si le sol est un peu compact. Les lignes de graines sont espacées de 0 m. 30 à 0 m. 40, et sur une même ligne les graines sont espacées de 15 centimètres. On recouvre la plate-bande d'un léger paillis.

Soins d'entretien. — Tous les deux ou trois jours on pratique un léger arrosage (bassinage); de temps à autre on pratique un sarclage pour enlever les mauvaises herbes.

La levée se fait environ au bout d'un mois. Comme les jeunes plantes sont sensibles à l'action du soleil, il est bon de les abriter par un clayonnage.

Repiquage. — Les plants de semis atteignent souvent, au bout de la 1ʳᵉ année, 1 m. 30 et 1 m. 50 de longueur; il est nécessaire de les repiquer à demeure à la fin de l'hiver qui suit le semis pour qu'ils ne souffrent pas trop de la transplantation.

Résultats. — La plupart des plants de semis donnent du fruit à la 4ᵉ ou 5ᵉ année. On peut obtenir du fruit plus tôt en greffant un sarment du jeune plant sur une souche adulte.

II. — BOUTURAGE

54. *Le bouturage consiste à mettre dans le sol un fragment de sarment d'un an qui, placé dans des conditions déterminées d'humidité, de chaleur, et de lumière, donne à sa base des raisins et à son sommet des rameaux, reproduisant peu à peu un plant identique à celui dont il provient.*

Le fragment de sarment utilisé s'appelle *bouture*.

Le bouturage, contrairement au *semis*, permet d'obtenir des plants ayant des caractères identiques à ceux du pied qui leur a donné naissance (*pied mère*) : par exemple un sarment pris sur un pied de Gamay précoce donnera un pied de Gamay également précoce. Si la bouture provient d'un cep ayant un caractère très particulier, elle donnera naissance à un cep ayant le même caractère particulier. Le bouturage permet donc d'obtenir non seulement des plants identiques à ceux que l'on désire multiplier, mais aussi de créer des variétés nouvelles en fixant des variétés accidentelles.

En général, les boutures provenant des cépages européens donnent facilement des racines. Il n'en est pas de même de quelques cépages américains (le *Berlandieri*, par exemple) qui ne donnent que difficilement des racines. Tout l'art du bouturage consiste à placer les boutures dans les conditions les meilleures pour leur permettre d'avoir rapidement les *racines* nécessaires à leur développement.

55. Choix des sarments pour boutures. — Les sarments que l'on destine à être transformés en boutures doivent être bien *aoûtés* (voir aoûtement, p. 25), et provenir de plants parfaitement sains Ne pas prendre de gros rameaux s'enracinant moins facilement et poussant à bois plutôt qu'à fruit : laisser aussi de côté les rameaux grêles qui se dessèchent. *Ne choisir que les sarments moyens des plants présentant les caractères désirés.*

56. Différentes sortes de boutures. — Les différentes sortes de boutures les plus employées pour la vigne sont : *la bouture à crossette*, la *bouture à talon*, la *bouture par rameau ordinaire*.

La bouture à crossette (fig. 31) est formée d'un sarment d'une certaine longueur muni d'un fragment de bois de deux ans (*crossette*).

L'empattement se trouvant à la réunion du sarment et de la crossette est très favorable à l'émission des racines. Mais, comme la plantation est plus difficile et que le bois de deux ans pourrit souvent, on supprime généralement la crossette tout en conservant l'empattement : la bouture devient alors la *bouture à talon* ou *bouture avec empattement*.

FIG. 31.
BOUTURE
A CROSSETTE.

FIG. 32.
BOUTURE A TALON OU BOUTURE AVEC EMPATTEMENT.

La bouture à talon ou *bouture avec empattement* (fig. 32) est formé d'un sarment d'une certaine longueur muni à sa base d'un empattement résultant de la réunion de ce sarment à un fragment de bois de l'année précédente. Ce dernier est aussi petit que possible pour ne pas gêner la plantation. « L'empattement qui se trouve au point de liaison du sarment avec le fragment du bois, est très favorable à l'émission des racines bien groupées. »

Très souvent, pour ne pas avoir le bois de l'année précédente (lequel est gênant et peut pourrir), on le supprime en laissant l'empattement.

FIG. 33.

BOUTURE PAR RAMEAU ORDINAIRE.

La bouture par rameau ordinaire (fig. 33), comme son nom l'indique, est un simple fragment de sarment d'une longueur déterminée.

Le sarment à bouturer est taillé au-dessous d'un œil à sa base et à sa partie supérieure sur une longueur variable : on enlève tous les yeux sauf les deux supérieurs destinés à donner des rameaux.

En dehors des boutures que nous venons d'examiner, on peut citer :

Les boutures avec greffes à la base. — Elles sont employées lorsque le fragment de sarment utilisé émet difficilement des racines, ce qui fait périr les boutures ordinaires, comme chez le *Berlandieri*, par exemple. Dans ce cas, on greffe le sarment de Berlandieri sur une bouture de vigne européenne avec laquelle il se soude facilement ; on plante la greffe en terre, des racines naissent à la soudure sur le greffon, c'est-à-dire sur le Berlandieri, lequel se trouve ainsi raciné.

FIG. 34. — PLANT PROVENANT D'UNE BOUTURE TROP LONGUE.

On voit un grand nombre de touffes de racines sur chaque nœud, mais aucune ne prend un grand développement ; les racines vont en diminuant du haut en bas.

57. Longueur à donner aux boutures.

— En principe, les boutures les plus courtes sont les meilleures (fig. 34 et 35). Elles doivent être d'autant moins courtes que le sol dans lequel on veut les planter est plus sec.

Généralement les dimensions varient de 0 m. 15 à 0 m. 25 de longueur.

Dans le *Midi*, où le sol se dessèche plus facilement, on peut employer les boutures de 20 à 25 centimètres de longueur.

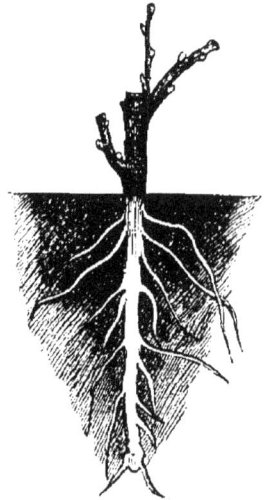

Dans le *Nord*, au contraire, où le sol se dessèche moins, les boutures doivent être plus courtes, afin que les racines, placées plus superficiellement, puissent utiliser la chaleur des couches supérieures du sol.

58. Conservation des boutures. — Les boutures taillées au moment où on veut les employer ont plus de chance de réussir. Néanmoins, si on veut les conserver, les expédier à distance, on prend les précautions suivantes : on entoure les paquets avec de la mousse sèche et ensuite avec de la paille ; la paille suffit quand on ne veut les conserver qu'un ou deux jours. Pour les expéditions au loin on dispose les paquets de boutures dans du sable mélangé à un quart de poussière de charbon de bois (une couche de bouture, une couche de sable et ainsi de suite), le tout est mis dans une caisse.

Quel que soit le moyen employé, il faut que les boutures ne puissent ni se dessécher, ni absorber l'eau en proportion plus considérable qu'elles en renferment habituellement : la dessiccation fait périr les boutures ; un excès d'humidité occasionne le développement de moisissures.

À l'arrivée, les boutures sont mises dans l'eau pendant 2 à 3 jours ou bien disposées en couches dans du sable humide.

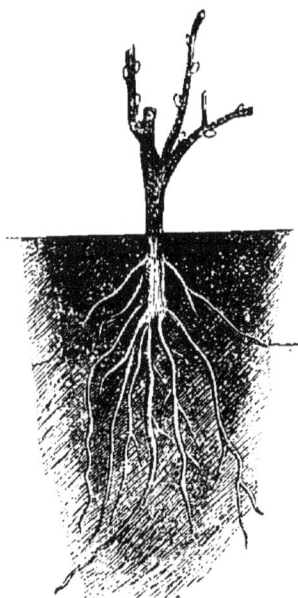

Fig. 35. — PLANT PROVENANT D'UNE BOUTURE DE MOYENNE LONGUEUR.

Les racines sont plus longues, plus fortes.

59. Enracinement des boutures. — Les racines poussent à la base de la bouture mise en terre, surtout au niveau des nœuds, aux cicatrices faites par l'enlèvement de yeux.

Chez certaines vignes américaines, le *Berlandieri* notamment, dont nous venons de parler, les racines poussent difficilement, lentement ; les bourgeons se développent souvent plus rapidement et utilisent les aliments de réserve que contient la bouture ; lorsque ces réserves sont épuisées, si les racines n'ont pas un développement suffisant, la bouture périt.

Pour faciliter le développement des racines on emploie les moyens suivants :

La stratification dans le sable. — Elle consiste à mettre les boutures dans du sable légèrement humide :

Sous un hangar, on adosse au mur, comme une espèce de caisse formée par quelques planches maintenues par 4 piquets. Sur le fond, on dispose une couche de sable de 15 centimètres d'épaisseur au-dessus de laquelle on met une couche de boutures. On couvre ces boutures avec une deuxième couche de sable. Sur cette dernière on dispose une autre couche de boutures, etc. Le tout est recouvert de sable.

Le trempage dans l'eau. — Il consiste à mettre les boutures tremper dans l'eau courante, par leur pied (10 à 15 centimètres de hauteur d'eau). Si l'eau n'est pas courante, pour empêcher la putréfaction, on met dans l'eau un peu de charbon de bois (de la braise de boulanger par exemple). D'après un certain nombre de praticiens, ce procédé serait inférieur au premier.

L'écorçage. — Il consiste à enlever une lanière d'écorce (sans entamer le bois) sur la partie du sarment qui doit être enterrée. Pour gagner du temps on se contente simplement de déchirer l'écorce en frottant la bouture sur un peigne d'acier.

Le maillochage. — Il consiste à écraser la base de la bouture avec un *maillet* en bois. En procédant ainsi on forme des fentes dans le bois par où l'humidité et les microbes peuvent s'introduire pour amener la pourriture ; la bouture obtenue est alors peu vigoureuse.

60. Plantation des boutures. — Les boutures se plantent au printemps :

1° *En plein champ*, lorsqu'on utilise des variétés de vigne donnant facilement des racines : cette méthode est peu employée :

2° *En pépinière*, lorsque les variétés utilisées émettent difficilement des racines, et aussi dans la plupart des cas.

Plantation en pépinière. — La pépinière doit être établie dans un terrain relativement léger, sain et frais, facilement irrigable.

Le terrain est défoncé avant l'hiver et fumé avec du fumier de ferme bien décomposé, puis épierré et enfin bêché à nouveau après l'hiver pour réduire en poussière la terre désagrégée par les gelées.

Les fumures données aux boutures doivent être aussi facilement assimilables que possible : les fumiers frais, les tourteaux peuvent amener des moisissures, excepté lorsqu'ils sont mis longtemps à l'avance dans le sol (un an, ou au commencement de l'automne qui précède l'année de plantation). On peut utiliser dans la plupart des cas des engrais chimiques :

Par hectar
Pendant l'hiver.
- 300 kilog. de corne torréfiée.
- 600 kilog. de superphosphate de chaux ou 1000 kilog. de scories de déphosphoration.
- 200 kilog. de sulfate de potasse.

Au printemps. | 250 kilog. de sang desséché.

On peut encore, deux fois par mois, arroser la pépinière avec la solution suivante :

Dans 10 litres d'eau et par mètre carré.
- 10 gr. de nitrate de soude.
- 20 gr. de phosphate précipité.
- 10 gr. de sulfate de potasse.

ou

- 15 gr. de phosphate d'ammoniaque.
- 30 gr. de nitrate de potasse ou salpêtre.

La plantation s'opère de la manière suivante : on creuse un petit fossé à parois presque verticales, au fond duquel on a mis de la terre bien meuble, on place les boutures verticalement en accumulant et en tassant assez fortement avec le pied la terre meuble à leur base, on arrose légèrement pour qu'il y ait bien contact entre la terre et le bois. Le fossé est ensuite comblé.

Les lignes de boutures sont mises généralement à o m. 5o les unes des autres, et sur chaque ligne les boutures sont distantes de 6 à 7 centimètres.

M. Foëx, inspecteur général de la viticulture, prétend que cet écartement n'est pas suffisant et ne permet pas aux plants d'atteindre tout le développement possible pendant la première année ; d'après lui les distances les plus convenables entre les pieds paraissent être de 15 à 20 centimètres. Nous estimons que ces distances sont exagérées, qu'elles demandent un grand espace de terrain, sans grand profit pour les boutures ; nous avons constaté que les distances de 6 à 7 centimètres suffisent pour permettre aux racines de prendre le développement nécessaire.

On pratique des arrosages jusqu'à fin août, suivant l'état de sécheresse du sol ; pour éviter que l'eau ravine le sol autour des boutures, on butte légèrement ces dernières de façon à avoir de petites rigoles entre les lignes.

Pendant le cours de la végétation, il faut avoir soin d'enlever les mauvaises herbes et de pratiquer des *binages*.

La durée de la culture en pépinière est généralement de un an.

III. — LE MARCOTTAGE ET LE PROVIGNAGE

61. *Le marcottage de la vigne consiste à faire naître des racines sur un sarment avant qu'il ne soit détaché de la souche qui lui a donné naissance.*

Ce sarment enraciné, une fois détaché du *pied mère*, reproduit, comme dans le bouturage, un plant identique à celui dont il provient. Le bouturage et le marcottage sont donc basés sur le même principe.

On distingue plusieurs systèmes de marcottages :

I. *Le marcottage simple* (fig. 36). On utilise ce système pour faire des plants enracinés ou pour remplacer des pieds manquants dans une exploitation.

1° *Pour produire des plants enracinés.* — Un sarment d'une souche est recourbé aussi près que possible du pied mère, puis couché dans le sol à 15 centimètres de profondeur, et enfin recouvert de terre en ne laissant émerger que deux yeux de l'extrémité. On supprime tous les bourgeons à partir de la souche jusqu'à la partie en terre.

D'après M. Foëx, la partie en terre du sarment doit être aussi courte que possible pour économiser le bois, et pour éviter la prise de formation d'un trop grand nombre de faisceaux de racines, ces dernières se développant d'autant moins individuellement qu'elles sont plus nombreuses. A l'arrachage au bout d'un an, on ne doit laisser qu'une ou deux touffes de racines, afin que celles-ci, restées seules, se développent mieux.

2° *Pour remplacer un pied manquant.* — On enlève soigneusement la souche morte que l'on veut remplacer. On recourbe un sarment d'une souche voisine aussi près que possible du pied mère, puis on le couche à 3o centimètres de profondeur dans le sol pour ne pas gêner les labours, et on le fait émerger en le rabattant à deux yeux au point où la vieille souche a disparu. Tous les bourgeons situés entre le pied mère et la partie du sarment en terre sont supprimés.

Des racines se développent sur la partie du sarment immergée dans le sol, elles se développent d'autant plus facilement que la terre a été fumée.

Au bout de deux ans, les racines poussées sont assez fortes pour nourrir à elles seules la nouvelle souche, on pratique alors le *sevrage*, c'est-à-dire : on sépare le sarment en terre d'avec le pied mère. Un *sevrage* trop hâtif risque d'arrêter un peu la végétation et de gêner la fructification.

II. — **Le Marcottage Guyot ou par Versadi.** — Dans ce système (fig. 3-) le sarment du pied mère, au lieu d'être couché dans le sol, est dirigé horizontalement hors du sol et à une certaine distance; son extrémité libre est ensuite recouchée, puis enfoncée en terre bien fumée à une profondeur de 25 à 3o centimètres. La partie verticale du sarment fichée en terre est maintenue par un petit tuteur. On enlève tous les bourgeons du sarment sauf les deux de l'extrémité mise en terre. Des racines se développent pendant l'année sur la partie enterrée et le *sevrage* peut se faire dans l'hiver suivant.

Fig. 36. — Marcotte simple.

Ce système donne des plants robustes, bien constitués.

III. *Le Marcottage chinois*. — Il permet d'obtenir des boutures racinées en une seule saison (fig. 38).

On creuse un fossé de 20 à 25 centimètres de profondeur; on tend ensuite horizontalement un sarment
pied mère à 7 ou 8 centimètres au-
dessous du niveau du sol. Tous les
yeux situés entre le pied mère et la
partie qui doit être en terre sont
enlevés.

Lorsque les rameaux développés
sur le sarment ont 15 à 20 centimètres, on comble la fosse avec de la
terre bien fumée et on arrose légèrement. Pendant l'été, des racines
se développent sur le sarment en
terre. A l'automne on divise le sarment qui donne ainsi autant de boutures racinées qu'il y a de rameaux.

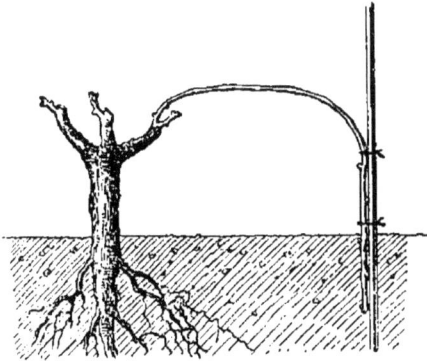

FIG. 37.

MARCOTTAGE GUYOT OU PAR VERSADI.

62. Le provignage. — Le *provignage est une espèce de marcottage qui consiste non plus à coucher un sarment en terre,
mais à coucher la souche tout
entière.*

FIG. 38.

MARCOTTAGE CHINOIS.

Il a pour but de multiplier les
souches d'un vignoble, de rajeunir
ou de remplacer les souches vieilles et affaiblies.

On creuse un fossé profond près
de la souche où celle-ci doit être cou-
chée (fig. 39) : on dégarnit d'un côté
les principales racines pour pouvoir
la coucher sans l'arracher, ni la bri-
ser. Les sarments et le pied sont
maintenus avec des crochets : on
comble le fossé avec de la terre
bien fumée, en même temps qu'on
redresse hors de terre les sarments, dont l'un est établi sur
l'emplacement de la souche enterrée, et les autres aux points
où doivent être situées les nouvelles souches.

Le provignage, avant l'époque du phylloxéra, était très apprécié dans certaines régions viticoles, surtout en Bourgogne et en Champagne. En Bourgogne, par exemple, le provignage était pratiqué sur un vingtième des souches, de sorte que l'on renouvelait les plants tous les 20 ans. Le mélange des
vins de jeunes souches et de vieilles souches donnait un vin de qualité, bien
constitué, « toujours supérieur aux vins de jeunes ou de vieilles vignes faits
séparément ».

Actuellement, le phylloxéra nous ayant imposé le greffage,

le provignage a beaucoup moins d'intérêt. Quelques vignerons l'emploient cependant pour remplacer des souches greffées qui ont péri, ou des souches déjà vieilles.

Cette opération du provignage est-elle bonne? — En provignant une *jeune greffe*, le greffon étant en terre émet de nombreuses racines et finit par se passer des racines encore peu fortes du jeune porte-greffe; ce dernier, devenu inutile, tend à

FIG. 39. — PROVIGNAGE PAR COUCHAGE DU CEP.

disparaître. Le phylloxéra s'attaque alors peu à peu aux racines du greffon lesquelles n'offrent aucune résistance, et le nouveau plant finit par périr.

En provignant une *souche* ayant au moins quatre ans le porte-greffe possédant de nombreuses racines ne craint rien des jeunes racines qui croissent sur le greffon couché en terre, ces jeunes racines peuvent d'ailleurs disparaître peu à peu sous les coups du phylloxéra; les nouveaux plants formés par provignage vivent donc toujours, en réalité, sur le porte-greffe américain et le tout peut vivre un certain temps. Néanmoins, nous avons constaté que bon nombre de greffons couchés en terre ne tardent pas à se couvrir en partie de chancres, et que les nouveaux plants obtenus n'ont pas la vigueur désirée.

Il n'en est cependant pas toujours ainsi et quelques praticiens recommandent dans certains cas le provignage des vignes greffées, M. Charles Baron a vu des vignes greffées provignées depuis 15 ans vivre très régulièrement; les racines du greffon nombreuses et fortes étaient localisées à 0 m. 15 de la surface du sol, la partie américaine, quoique légèrement amincie, portait de fortes racines.

Le provignage avec les jeunes vignes greffées donne donc de mauvais résultats; avec les souches greffées d'au moins 4 ans, il peut donner parfois d'assez bons résultats et peut servir à remplacer les manquants dans les vignes, les souches stériles, les plans malingres et souffreteux.

CHAPITRE VII

LE GREFFAGE

PRINCIPE DU GREFFAGE

63. *Le greffage est une opération qui consiste à fixer une portion d'un végétal vivant sur un autre végétal également vivant lui servant de support et lui fournissant, grâce à ses racines, la nourriture nécessaire à son développement.*

Le végétal qui sert de support et plonge ses racines dans le sol s'appelle **porte-greffe**, ou *sujet*. La portion de végétal (ou de sarment) fixé sur le porte-greffe, s'appelle **greffon**.

Le greffage de la vigne a pour but de soustraire les ceps aux attaques du phylloxéra tout en obtenant des vins identiques à ceux que l'on obtenait avant l'invasion phylloxérique.

Le **porte-greffe**, ou sujet, est une vigne américaine (américaine pure ou hybride) dont les racines résistent aux piqûres du phylloxéra et prennent dans le sol les aliments nécessaires au greffon qu'il supporte. Le greffon est une vigne française qui, étant nourrie par son support américain, donne des fruits semblables à ceux qu'elle donnait seule.

64. Principe du greffage. — Prenons une bouture de vigne devant servir de porte-greffe et dont on enlève les yeux. Comme greffon choisissons une autre bouture ayant même grosseur, et comprenant un œil avec quelques centimètres de bois de chaque côté.

Taillons en biseau porte-greffe et greffon, comme l'indique la figure 40,1. Pour assembler les deux boutures, pratiquons avec une sorte de couteau appelé greffoir, au tiers supérieur de chacun des deux biseaux, une entaille verticale dans le sens des fibres du bois, et profonde de 5 à 6 millimètres, figure 40,3. Avec le greffoir écartons un peu les lèvres de la fente ainsi produite, afin que la languette de chaque bouture puisse pénétrer dans la fente de l'autre.

Assemblons enfin porte-greffe et greffon, en engageant à fond les languettes dans les fentes, comme l'indique la figure 41.

L'opération du *greffage* est terminée ; la *greffe* est faite.

Couchons la greffe dans du sable frais (on dit qu'on la met

en stratification) pendant un certain temps, un mois environ, à la température de 20 degrés.

Au bout de ce temps, si on retire la greffe, on s'aperçoit que

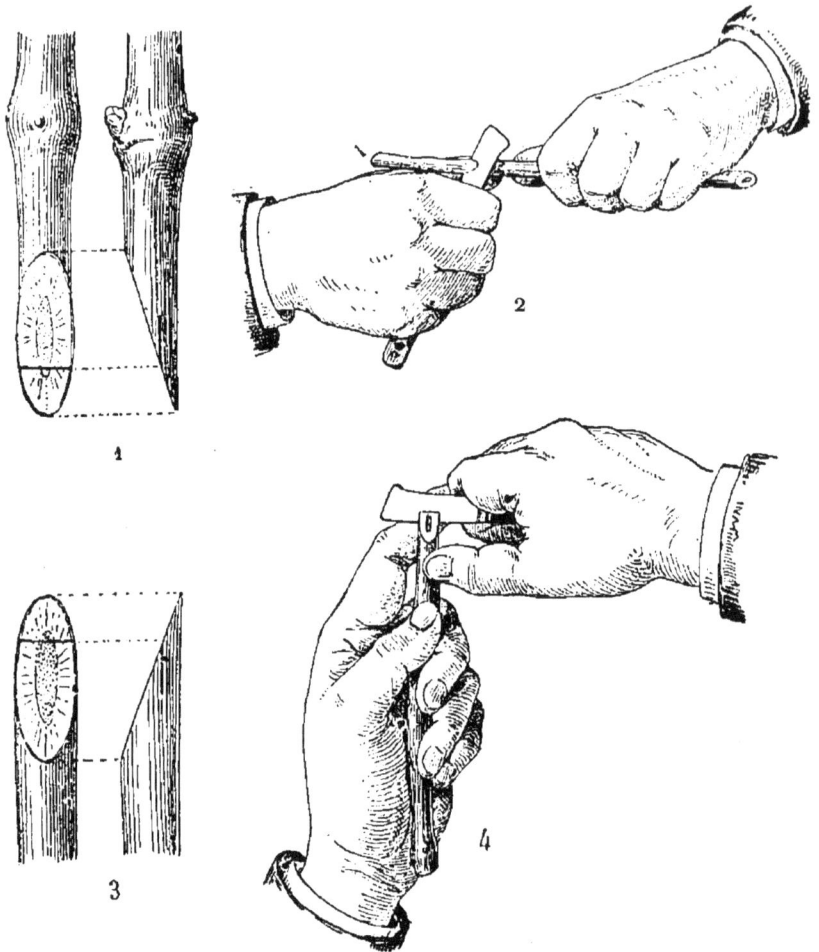

FIG. 40. — PRINCIPE DU GREFFAGE. — PRÉPARATION DE LA GREFFE ANGLAISE.

1, *taille du greffon ; 2, comment on exécute les biseaux du greffon et du sujet ; 3, taille du sujet ; 4, comment on exécute les languettes du porte-greffe et du greffon.*

le bourgeon du greffon s'est développé et a donné une petite pousse d'environ 2 centimètres.

Où ce bourgeon a-t-il pris sa nourriture pour se développer, il n'y a cependant pas de racines à la greffe ?

Nous avons vu p. 25 que les feuilles, lorsqu'elles ont achevé de fournir au grain de raisin les aliments nécessaires à sa maturation, envoient, avant de tomber, tous les produits utiles dans certains vaisseaux de l'écorce pour constituer ce que l'on appelle des aliments de réserve.

Ce sont ces aliments de réserve que les bourgeons ont utilisés.

Cela nous montre bien que le greffon doit provenir de sarments parfaitement mûrs, aoûtés, contenant par conséquent bien les aliments de réserves nécessaires.

Si on examine attentivement la greffe, on s'aperçoit également qu'il y a un commencement de soudure entre le greffon et le portegreffe; on voit sur la ligne de soudure, tout autour du biseau, comme un léger bourrelet verruqueux.

Écartons le greffon du porte-greffe pour mieux examiner la *section du greffon* : on voit sur les bords (fig. 42) le bourrelet verruqueux d'un blanc jaunâtre sale, soit tout autour de la section, soit sur quelques points seulement. Le biseau du porte-greffe présente le même aspect.

Ce bourrelet est un véritable *tissu de soudure* ou *tissu de cicatrice*. Le tissu de soudure du greffon s'unit à celui du porte-greffe.

D'où provient ce tissu de soudure?

Rappelons (voir p. 7) que, si l'on examine la section transversale d'un sarment (fig. 6), on distingue, en allant du centre à la périphérie : la moelle, le bois, la *couche génératrice* ou *cambium*, le liber et l'écorce.

Fig. 41.
ASSEMBLAGE
DE LA
GREFFE ANGLAISE.

C'est le cambium ou zone génératrice, formant comme un anneau de cellules très étroit entre le bois et l'écorce, qui émet peu à peu le tissu de soudure.

Fig. 42.
VUE DU BOURRE-
LET VERRUQUEUX
OU TISSU DE CI-
CATRICE FORMÉ
PAR LA ZONE GÉ-
NÉRATRICE DU SU-
JET ET DU GREF-
FON.

Pour qu'il y ait soudure, il faut nécessairement que la couche génératrice du greffon coïncide avec celle du porte-greffe ou sujet.

Si le sujet et le greffon sont de même grosseur, les deux zones génératrices coïncideront, mais si le sujet déjà vieux est beaucoup plus gros, il faut placer (comme nous le verrons plus loin) le greffon sur un côté du sujet pour que les deux couches génératrices coïncident au moins en plusieurs points.

Tant que le greffon vit à l'aide des réserves qu'il possède, les jeunes pousses qui se développent sont d'un vert jaunâtre. Lorsque les racines du sujet sont suffisamment développées pour puiser les

éléments fertilisants dans le sol, ces jeunes pousses deviennent franchement vertes.

Il arrive parfois que le porte-greffe émet difficilement des racines, comme chez le *Berlandieri*, par exemple; la greffe-bouture ne peut alors vivre que sur ses réserves; lorsque celles-ci sont épuisées, elle périt.

Lorsque la soudure est faite, et que les racines du porte-greffe sont suffisamment développées, le greffon vit comme s'il était seul, la greffe-bouture, l'association, forme comme un individu unique dont on ne distingue quelquefois plus les deux parties qui l'ont formé.

65. Conditions favorables à la réussite de la greffe-bouture. — Ces conditions sont les suivantes :

1° *Température.* – Le tissu de soudure unissant le greffon et le sujet se forme plus ou moins bien suivant la température:

A 15 degrés, il se forme lentement;

A 20 ou 22 degrés, il se forme très bien, c'est la meilleure température; la soudure est bonne au bout de 15 à 20 jours;

A 35 degrés, il se forme très vite, mais il est peu consistant et sujet à pourrir.

2° *Aération.* — Pour que le tissu de soudure se forme bien et ne soit pas attaqué par les moisissures, il faut de l'aération. On ne doit donc pas entourer la greffe au point de soudure avec un tissu imperméable, ou la mettre dans une terre compacte s'aérant difficilement. Une trop grande aération amène une formation de tissu de soudure trop hâtive et une dessiccation de ce tissu.

3° *Humidité.* — Le tissu de soudure ne se développe bien que dans un milieu ni trop sec, ni trop humide. Il ne se développe pas sur des greffes-boutures nouvellement faites, mises dans l'eau.

Lorsqu'on veut greffer un greffon sur une vieille souche racinée en pleurs, il faut donc attendre, la taille une fois faite, que les pleurs produits par cette souche aient cessé; le greffon est ensuite mis en place.

Conclusions pratiques. — Pour réaliser en pratique toutes ces conditions, on met les greffes-boutures nouvellement faites en *stratification* dans du sable frais ou légèrement humide, à une température convenable, ainsi que nous l'avons vu plus haut (p. 83). Après un mois environ de stratification dans le sable, on met les greffes en terre, lorsque la température journalière est suffisamment élevée.

66. Les effets du greffage. — **Affinité.** — Le greffon et le porte-greffe, étant soudés, ne forment à première vue plus qu'un seul individu ; il est plus exact de dire qu'ils forment une *association* : le porte-greffe puise l'eau et la matière nutritive dans le sol pour former la sève brute ; tandis que le greffon à l'aide de ses feuilles transforme cette sève brute en sève élaborée qui doit nourrir les deux associés.

L'affinité est la *sympathie, l'union intime, l'harmonie qui existe ou doit exister entre greffon et porte-greffe de façon que la végétation du nouveau cep n'éprouve aucun trouble résultant de l'opération du greffage.*

Il est évident que si porte-greffe et greffon ont des rapports intimes, vivent en bonne harmonie, en d'autres termes si *l'affinité* est bonne entre les deux associés, l'association sera prospère, la plante tout entière sera vigoureuse, fertile et vivra longtemps. Si au contraire, l'affinité est mauvaise, l'association périclitera et aura une courte durée.

Certains cépages européens (servant de greffons) sont capables de vivre en bonne harmonie avec beaucoup de porte-greffes ; ils ont ce qu'on appelle une *aire d'affinité* étendue, alors que d'autres, au contraire, ne peuvent s'associer qu'avec un petit nombre de porte-greffes, ils ont une aire d'affinité peu étendue. *D'où vient cette différence d'affinité?*

Nous ne connaissons pas encore les lois qui régissent l'affinité. Tout ce que l'on sait, c'est qu'en général, *l'affinité pour les cépages européens va croissant des américains purs aux américo-américains et de ceux-ci aux franco-américains.*

Nos vignes françaises ont le plus d'affinité avec les hybrides franco-américaines à cause, sans doute, de leur parenté. Il ne faudrait cependant pas croire que l'affinité est plus grande lorsque le cépage entrant dans l'hybride est de même nature que le greffon : ainsi, par exemple, comme le fait remarquer M. Durand, le Pinot n'a pas plus d'affinité avec le Pinot × Rupestris n° 1305, hybride dans lequel entre le Pinot, qu'avec le Mourvèdre × Rupestris 1202.

La *facilité* de soudure, c'est-à-dire la facilité de reprise au greffage, n'est pas non plus une preuve de bonne affinité : c'est ainsi que le Riparia se soude très bien aux cépages français avec lesquels il a cependant peu d'affinité, alors que le Berlandieri, qui se soude difficilement aux cépages français, a avec eux beaucoup d'affinité.

Il faut plutôt chercher la preuve d'une bonne affinité dans la *perfection de la soudure.*

Si l'on examine, par exemple, une greffe (cépage français greffé sur Riparia), on constate que le greffon français grossit plus rapidement que le porte-greffe Riparia, il en résulte au point de soudure un bourrelet qui peut, au bout de quelques années, gêner la bonne marche de la végétation. La greffe du cépage français sur le Rupestris présente un bourrelet beaucoup moindre, et sur le Berlandieri un bourrelet insignifiant. Un cépage français greffé sur le même cépage ne donne en général aucun bourrelet. C'est qu'en effet l'affinité des cépages français pour les cépages que nous venons d'examiner va croissant du Riparia au Rupestris, au Berlandieri et enfin aux cépages français.

« *La plus grande affinité est celle qui se traduit par un état tel que le cépage (association du porte-greffe et du greffon), se comporte comme s'il était franc de pied (non greffé)* : plus il se rapprochera de cet état, plus l'affinité sera bonne : plus il s'en éloignera, moins elle sera bonne » (Prosper Gervais).

« L'affinité réelle se manifeste au regard de la fructification par une fertilité modérée au début, mais qui *croît avec l'âge*, s'affirme par une persistance soutenue et la qualité de ses produits. »

Influence réciproque du porte-greffe et du greffon.

— M. Armand Gautier, de l'Académie des Sciences, et M. Daniel, maître de conférences à l'Université de Rennes, ont pensé que le porte-greffe et le greffon s'influençaient réciproquement et qu'il se produisait une modification des plantes unies par la greffe :

D'après eux les vignes françaises pourraient ainsi acquérir un peu de la résistance au phylloxéra des vignes américaines, tandis que le greffon diminuerait la résistance des vignes américaines. De même pour le fruit, les vignes américaines, dont les raisins sont mauvais, diminueraient la qualité des raisins des cépages français servant de greffon, et amélioreraient par contre la qualité de leurs raisins. Il s'ensuivrait que le greffage ferait peu à peu disparaître les anciens cépages français et par suite les bons vins. D'après M. Daniel. les modifications causées par la greffe se faisant sentir jusque dans les pépins, ceux-ci semés peuvent donner naissance à des cépages ayant des caractères des cépages français et des cépages américains : on obtient en quelque sorte des hybrides ayant des caractères déterminés.

Au fond, ainsi que le fait remarquer M. Pacottet. « aucun fait suffisamment vérifié n'a confirmé cette théorie. Les vignes greffées sont sujettes à des variations au même titre que les vignes franches de pied. Le sont-elles à un degré supérieur, cela est encore à démontrer, quoique rien ne s'y oppose ».

Nous n'indiquerons donc que les faits suffisamment vérifiés par les praticiens.

Influence de la greffe sur la vigueur des vignes greffées.

— En général :

1° Un plant servant de greffon placé sur un sujet très vigoureux peut être plus vigoureux que non greffé (ou franc de pied) : Exemple, le Gamay greffé sur Mourvèdre × Rupestris 1202 est plus vigoureux que non greffé[1] ;

---

1. Contrairement à ce que pense M. DANIEL, maître de conférences à l'Université de Rennes (variation spécifique dans la greffe ou hybridation asexuelle).

2° Sur un porte-greffe faible, le greffon est plus faible que non greffé : c'est le cas de la plupart des vignes greffées sur Riparia ;

3° Un greffon vigoureux augmente la vigueur de son porte-greffe ; un greffon faible diminue la vigueur de son porte-greffe.

Les considérations ci-dessus amènent M. Ravaz à faire remarquer « que le greffon est influencé par le porte-greffe comme il le serait par le sol lui-même si on ne l'avait pas greffé : un porte-greffe, ou sujet vigoureux, est l'équivalent d'un bon terrain ; un sujet faible est l'équivalent d'un mauvais terrain. C'est si vrai, que toutes les particularités de la végétation et de la fructification des vignes greffées sur des sujets différents, nous les retrouvons chez des vignes franches de pied placées dans des sols différents.

« Une vigne placée sur un sujet faible (Riparia, par exemple) fructifie mieux, coule moins à la floraison, mûrit plus tôt et donne des fruits plus sucrés que lorsqu'elle est placée sur un sujet vigoureux. Est-ce qu'il n'en est pas de même d'une vigne franche de pied placée dans un sol maigre ou sec? Et inversement un sujet vigoureux (Rupestris du Lot) ne s'oppose-t-il point à la fructification, ne facilite-t-il pas la coulure, ne retarde-t-il pas la maturité à la manière d'un bon terrain ? »

Influence de la greffe sur la fructification. — *La greffe pousse à une fructification plus hâtive* : ainsi une vigne greffée donne des fruits dès la deuxième et troisième année, alors que le même cépage non greffé produit rarement avant la quatrième et cinquième année. *Les grappes sont généralement plus nombreuses, les grains plus gros, plus serrés, par suite d'une meilleure fécondation. D'une manière générale la greffe augmente beaucoup la production.*

Ces modifications sont dues, non pas à l'influence du porte-greffe sur le greffon ou réciproquement, mais bien plutôt à la soudure plus ou moins parfaite des deux associés qui augmente ou diminue l'affinité. Or une plus grande affinité donne plus de vigueur à la vigne et agit comme un bon terrain (pour employer la comparaison très juste de M. Ravaz citée plus haut) ; une affinité faible diminue la vigueur et agit comme un mauvais terrain : les grappes sont, en effet, d'autant plus nombreuses, la maturité d'autant plus avancée que porte-greffe et greffon ont moins d'affinité.

Influence de la greffe sur la qualité du raisin. — D'après la théorie émise par M. Daniel, on pourrait penser que les porte-greffes américains donnent naissance à de mauvais raisins, ayant un goût foxé, par exemple, et peuvent communiquer aux raisins du greffon français un goût légèrement foxé. L'expérience n'a pas confirmé cette théorie : ainsi que l'a démontré M. Ravaz, le raisin des vignes greffées n'est pas influencé par les qualités ou les défauts du raisin que produit normalement le sujet.

« Tout ce qui a été avancé, relativement à la stérilité des greffes provenant des rameaux fertiles placés sur des sujets infertiles, sur *l'altération de la saveur des fruits des cépages d'Europe greffés sur des vignes américaines à raisins foxés*, ou sur l'incompatibilité entre les porte-greffes à fruit blanc et les greffes à raisins noirs, est absolument erroné et doit être regardé comme inspiré par l'ignorance et les préjugés » (Foëx).

On obtient bien dans la plupart des cas une certaine augmentation de la richesse en sucre du fruit ; mais ce fait est indépendant du porte-greffe et encore peut-on le discuter : c'est qu'en effet, comme le fait remarquer M. Pacottet, « on invoque, pour le prouver, des analyses comparatives dans lesquelles on a analysé des raisins cueillis le même jour et venus sur différents porte-greffes, alors que l'on sait que les raisins ne sont pas mûrs en même temps sur les vignes franches de pied et sur les différents porte-greffes. Les comparaisons ne peuvent être faites que sur des grappes au même degré de maturité, ce qui exige de les cueillir à des époques différentes, basées sur l'avance plus ou moins grande de maturité des cépages que des observations de plusieurs années permettent seules de déterminer. »

Les vignes greffées, ainsi que nous l'avons vu plus haut, sont plus fertiles, elles donnent une plus grande quantité de fruits: on pourrait peut-être en déduire que la production augmentant, la qualité du vin diminue. Sans doute, dans les années de grande production, les grappes étant plus abondantes, plus serrées, demandent plus de temps et plus de soleil pour arriver à leur maturité; dans les années humides, si l'aération du raisin se fait mal, la pourriture peut exercer plus facilement ses ravages.

Néanmoins dans les années de production normale, la maturation se fait bien et les vins ne perdent rien en qualité.

« On a comparé des vins de jeunes vignes greffées à des vins de vieilles vignes franches de pied. Souvent, surtout les années de production et de mauvaise qualité, l'avantage a été en faveur des dernières moins chargées de récolte, mais la comparaison de vins de Corton, premier grand cru, produits dans le même sol, l'un par des greffes de Pinot sur Riparia, âgées de quatre ans, l'autre par des Pinots francs de pied, conservés par le sulfure de carbone, a été tout en faveur des premiers. Il s'agissait de vins récoltés en 1898, année de grande qualité. Au bout de quatre ans, les vins de vieilles vignes étaient vieillardes, tandis que les premiers avaient tout leur fruité. »

C'est plutôt le choix des cépages à grande production qui a diminué la qualité des vins ; les vins de cépages fins greffés ont gardé toutes les qualités que ces mêmes vins avaient autrefois lorsqu'ils provenaient des mêmes cépages non greffés.

Influence de la greffe sur la durée des vignes. — La durée des vignes greffées a été souvent discutée ; on a prétendu qu'elle était relativement limitée.

Il est évident que lorsque porte-greffe et greffon manquent d'affinité, l'association peut périr au bout de peu de temps : ainsi, quand on greffe une variété sur V. Rotundifolia, la greffe réussit, mais la plante reste chétive et ne tarde pas à périr ; l'affaiblissement dû au manque d'affinité est, dans ce cas, considérable. Mais quand l'affinité entre sujet et greffon est bonne, il en est tout autrement : les faits nous montrent déjà, dit M. Ravaz, « que la durée des vignes greffées peut excéder trente ans, car il en existe depuis plus de trente ans et qui sont encore bien développées.

« La durée des vignes greffées est subordonnée aux soins de culture, aux fumures que nous leur donnerons; *elle sera en somme ce que nous voulons qu'elle soit*; nous la prolongerons d'autant plus facilement que le sujet sera plus vigoureux et mieux nourri par le sol. »

67. Étude des différentes parties de la greffe-bouture et des opérations nécessaires au greffage. — Connaissant le *principe* et les *effets du greffage*, il s'agit maintenant d'étudier en détail les différentes parties de la greffe, c'est-à-dire le *porte-greffe* et le *greffon*, ainsi que les *différentes opérations nécessaires au greffage.*

Nous étudierons successivement :

1° Les **porte-greffes** (conditions qu'ils doivent remplir; les principaux porte-greffes, leur culture);

2° Les **greffons** (récolte et préparation des greffons);

3° La **pratique du greffage** (les différentes méthodes de greffage, la mise des greffes en pépinières).

CHAPITRE VIII

LE GREFFAGE (*suite*) — LES PORTE-GREFFES

I. CONDITIONS QUE DOIVENT REMPLIR LES PORTE-GREFFES

Les porte-greffes utilisés pour le greffage de la vigne doivent remplir les conditions suivantes :

1° Présenter une **résistance suffisante au phylloxéra.**

2° Bien s'adapter aux sols dans lesquels on les cultive (**adaptation au sol.**)

3° Avoir une bonne **affinité** pour le greffon qu'ils ont à porter (voir *affinité*, p. 92).

4° Etre doués d'une **vigueur suffisante** de façon à assurer une bonne fructification du greffon.

5° Posséder une *grande facilité de reprise au bouturage et au greffage.* Cette dernière question sera examinée p. 109, à propos de l'étude de chacun des principaux porte-greffes.

Nous allons étudier ces différentes conditions.

65. I. Résistance au phylloxéra. — Nous avons vu p. 72 que le phylloxéra produit sur les racines de la vigne deux sortes de lésions :

1° Des *nodosités* résultant de la piqûre de l'insecte sur les radicelles dans les régions en voie d'accroissement ; ce sont les lésions les moins graves.

2° Des *tubérosités* résultant de la piqûre de l'insecte sur les racines de tout âge dans les régions où l'accroissement de la racine est terminé ; ce sont les lésions les plus graves.

Les vignes européennes (*Vitis Vinifera*) ne résistent pas au phylloxéra : leurs racines se couvrent de nodosités et de tubérosités.

Les vignes américaines, sauf le Vitis Rotundifolia, sont toutes plus ou moins attaquées par le phylloxéra et offrent une résistance variable ; les unes ne souffrent nullement des quelques piqûres produites ; d'autres plus facilement attaquées résistent néanmoins, mais péniblement ; d'autres enfin, moins résis-

7

tantes, sont tuées par l'insecte. En général, elle présentent sur leurs racines beaucoup moins de nodosités que les vignes européennes : les tubérosités, lorsqu'elles en ont, sont moins graves ; les nécroses produites, ainsi que nous l'avons vu, sont moins profondes.

Le degré de résistance des cépages est déterminé par le nombre des nodosités, surtout des tubérosités que l'on trouve sur les racines ainsi que par la gravité des lésions produites.

MM. Viala et Ravaz ont fait une classification pratique des principales variétés américaines au point de vue de leur résistance au phylloxéra.

En donnant une note d'autant plus élevée que les cépages sont plus résistants, ils ont établi les *échelles de résistance* suivantes :

Échelle de résistance de Viala et Ravaz. — Le maximum de résistance est 20 :

Note 19. — Vitis Rotundifolia.

Note 18. — Rupestris Mission, Rupestris Ganzin, Rupestris métallique, Riparia Gloire de Montpellier, Riparia grand glabre, Riparia tomenteux géant, Riparia Ramond, Riparia Martineau, Riparia-Rupestris, Cordifolia-Riparia, Cordifolia-Rupestris.

Note 17. — V. Berlandieri, Riparia-Berlandieri, Riparia-Monticola, Rupestris-Berlandieri.

Note 16. — Rupestris du Lot, Rupestris de Lézignan, Cinerea-Rupestris, Riparia-Æstivalis.

Note 15. — V. Cinerea, V. Æstivalis, V. Candicans.

Note 14. — Vialla, Solonis, Noah.

Note 13. — Taylor.

Note 12. — Jacquez, Herbemont.

Note 11. — York Madeira.

Note 10. — Elvira.

M. Millardet a également établi une échelle de résistance pour un certain nombre de cépages.

Il est à remarquer que l'échelle de résistance de MM. Viala, Ravaz et celle de M. Millardet ne sont pas exactes pour tous les sols et tous les climats ; elles ne concordent d'ailleurs pas entre elles. C'est qu'en effet la résistance au phylloxéra varie suivant *la nature du sol, le climat, l'adaptation du cépage au sol, l'affinité du porte-greffe et du greffon* :

Les sols secs, aérés et chauds favorisent la multiplication de l'insecte. Les sols compacts et humides gênent son développement. Les terres argilo-calcaires ou calcaires, qui se fendillent facilement en été, facilitent la circulation de l'insecte. Quant aux sols sablonneux, ils lui sont très défavorables : les sables fins du littoral de la Méditerranée n'ont même pas de phylloxéra, grâce à leur finesse et peut-être aussi à leur humidité.

Une température chaude et régulière est très favorable à l'insecte ; celui-ci se multiplie d'autant plus que les mois chauds sont plus nombreux. L'extrême chaleur sèche lui est cependant nuisible. Le froid, le peu de durée de l'été, ainsi qu'on l'a remarqué dans les régions du Nord, gênent sa multiplication, surtout si les sols sont compacts et un peu humides.

On comprend facilement que, si le porte-greffe s'adapte mal au sol et si la bonne harmonie entre le porte-greffe et le greffon n'existe pas, la vigne greffée résistera moins bien aux piqûres du phylloxéra.

Les notes indiquées ci-dessus dans l'échelle de résistance de MM. Viala et Ravaz ne sont donc qu'approximatives et ne donnent que des indications générales. La résistance pratique, réelle, ne peut être donnée que par des champs d'expériences, des champs d'adaptation représentant la moyenne des sols de la région à reconstituer.

66. Adaptation au sol. — Un cépage s'adapte bien à un sol donné lorsqu'il y pousse vigoureusement et y vit très bien ; il s'y adapte mal lorsque sa végétation y est languissante, lorsqu'il y dépérit ou meurt.

a) **Adaptation dans les terrains calcaires ; la chlorose**. — « *L'adaptation est le rapport intime, la relation étroite, l'harmonie qui existe ou doit exister entre le sol et le cépage. Pratiquement, elle est la détermination du ou des cépages qui conviennent le mieux à telle ou telle nature de sol* » (P. Gervais).

Les vignes américaines éprouvent des difficultés d'adaptation non seulement dans les terrains calcaires, mais aussi dans les terrains non calcaires, suivant leur *compacité*, leur *humidité* ou leur *degré de sécheresse*. Aussi examinerons-nous successivement l'adaptation :

1° en terrains calcaires ;

2° en terrains compacts ;

3° en terrains humides ;

4° en terrains secs.

Les vignes européennes vivent à peu près également bien dans tous les sols et, s'il y a des différences, elles sont dans tous les cas peu sensibles sur la végétation.

Les vignes américaines, au contraire, ne peuvent vivre dans tous les terrains. C'est précisément une des difficultés que l'on ne prévoyait pas et que l'on a eu à surmonter lorsqu'on a introduit en Europe les vignes américaines pour lutter contre le phylloxéra. Dans certains terrains elles prennent, plus ou moins facilement, une maladie spéciale appelée **chlorose** qui était peu connue autrefois lorsque nous cultivions seulement nos vignes françaises et à laquelle on n'avait attaché jusqu'alors aucune importance.

Cette maladie se manifeste par un affaiblissement de la végétation et par un changement de la couleur verte des feuilles : les feuilles présentent tout d'abord, par place ou sur toute leur surface, une teinte vert-jaunâtre ; puis peu à peu elles deviennent jaunes et enfin blanchâtres : elles sont également souvent brûlées entre les nervures : la végétation diminue progressivement, le cep décroît, se rabougrit, puis meurt.

Toutes les variétés américaines ne sont pas également sujettes à la chlorose, les unes résistent très bien, les autres en souffrent beaucoup.

Il est de la plus haute importance, lorsqu'on veut utiliser les vignes américaines, de savoir quelles sont les variétés douées d'une certaine résistance, de connaître les sols dans lesquels on observe la chlorose, ainsi que les causes principales qui tendent à l'augmenter ou à la diminuer.

L'adaptation du cépage au sol est d'autant plus importante qu'elle exerce une influence très marquée sur la résistance du cépage au phylloxéra. On comprend parfaitement que, si la vigne est en pleine santé, vigoureuse, elle se resentira moins des effets de la piqûre du phylloxéra ; si, au contraire, elle est déjà *chlorosée*, les blessures faites par l'insecte ajoutent leurs effets à ceux de la chlorose et le cep périclite plus rapidement.

Causes de la chlorose. — La cause principale de la chlorose est le calcaire ou carbonate de chaux.

Les opinions qui ont été tout d'abord émises au sujet des causes de la chlorose ont été fort nombreuses. On a tour à tour attribué cette maladie à un excès d'humidité avec manque d'aération des racines, au climat, à la pauvreté du sol, au manque de fer, de potasse, etc. Actuellement, on admet que la *chlorose est une affection due surtout aux sols calcaires.* Nous verrons néanmoins que la *chlorose est accentuée par toute cause affaiblissant la vigne.*

Pour des sols de même nature, soumis à des conditions-physiques analogues, l'intensité de la chlorose est directement proportionnelle à la quantité de calcaire ou carbonate de chaux que contiennent ces sols.

Il existe pour chaque cépage, dans une même nature du sol, une limite à la teneur en calcaire du sol au-dessous de laquelle le cépage végète très bien et au delà de laquelle il se chlorose, périclite et meurt.

C'est ainsi, par exemple, que le *Riparia Gloire* végète bien dans les sols renfermant 10 à 15 p. 100 de calcaire, mais se chlorose dans les terres en contenant plus de 20 p. 100.

Nous allons donc examiner comment on détermine la teneur en calcaire des terres :

Dosage du calcaire dans les terres arables. — *Un sol est d'autant plus chlorosant que le calcaire y est plus divisé.* On conçoit en effet, que le calcaire en gros fragments offre bien moins de surface que si ces mêmes fragments sont réduits en poudre. Une terre pourvue de calcaire seulement en gros fragments peut être considérée comme très pauvre en calcaire, ces gros fragments étant pour ainsi dire inertes. Aussi, appelle-t-on *calcaire actif* ou utile le calcaire se présentant en grains très fins, et l'on ne dose le calcaire que dans les terres passant naturellement et sans broyage au tamis de 10 fils par centimètre (tamis d'un millimètre).

La prise d'échantillon est une opération très importante, car c'est d'elle que dépend l'exactitude de toutes les autres opérations.

Voici comment on opère :

Quand le champ à examiner est quelque peu étendu, il faut reconnaître s'il est homogène, c'est-à-dire de même nature dans toutes ses parties, ce que l'on reconnaît à l'aspect des récoltes, à la végétation spontanée, à l'aspect de la terre. Si le champ n'est pas homogène, il faudra prendre autant d'échantillons qu'il y aura de parties différentes.

Quand cette étude préliminaire est terminée, on creuse, sur plusieurs points de la partie homogène dont on veut avoir un échantillon, quelques tranchées à la bêche (7 ou 8 tranchées par exemple). Pour cela, on commence par enlever de la surface du sol les plantes vivantes ou mortes qui couvrent la terre ; on creuse ensuite avec une bêche un trou carré d'environ 50 à 60 centimètres de côté, d'une profondeur dépassant celle de la couche arable (remuée par la charrue), puis sur chacune des quatre faces de ce trou. on enlève à la bêche une mince tranche de terre de 5 à 6 centimètres d'épaisseur, tranche qu'on coupe à sa base par un coup de bêche horizontal à la limite de la terre végétale. Les 4 tranches sont mises sur une brouette ou sur un tablier et intimement mélangées.

Les terres obtenues des 5 ou 6 tranchées sont mélangées soigneusement pour constituer l'échantillon (1 kilogramme à 1 kil. 500). S'il y a de grosses pierres, on les trie à la main et on en détermine la proportion par la pesée.

Dans bien des cas il est utile de prélever un échantillon du sous-sol. On opère de la même manière, mais il faut prendre la terre à 60 ou 80 centimètres au-dessous de la couche arable.

Dosage. — Pour doser rapidement le calcaire on emploie des appareils appelés *calcimètres.*

Le procédé des calcimètres est le suivant : on fait agir sur une quantité déterminée de terre (1 gramme généralement) un acide étendu (de l'acide chlorhydrique étendu de moitié d'eau); cet acide décompose le calcaire et le gaz carbonique se dégage.

Du volume du gaz dégagé on déduit, par le calcul, le poids du calcaire décomposé et par suite la richesse en calcaire de la terre essayée.

Parmi les nombreux calcimètres que l'on utilise, nous citerons le **calcimètre Bernard** :

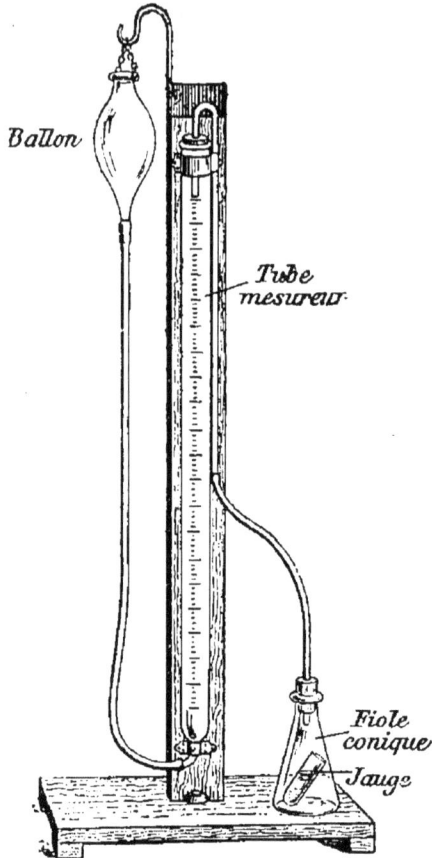

Le calcimètre Bernard (fig. 43) se compose d'une *fiole conique* reliée par un caoutchouc à un *tube mesureur* gradué en demi-centimètres cubes et rempli d'eau. Ce tube communique par sa base avec un ballon à pointe suspendu à un crochet; ces deux récipients forment ainsi vases communicants.

La quantité d'eau dans le tube mesureur doit être telle, qu'en fermant la fiole conique avec le bouchon en caoutchouc la partie inférieure du ménisque de l'eau soit toujours au zéro du tube.

Pratique de l'opération. — On pèse 1 gramme de terre *naturelle séchée* (*non broyée*) et *tamisée* à l'aide d'un tamis de 1 millimètre (tamis dont les mailles sont de 1 millimètre de côté ou 10 fils au centimètre).

On introduit cette terre dans la fiole. On verse ensuite de l'acide chlorhydrique étendu de moitié d'eau dans un petit tube ou *jauge* que l'on remplit environ aux trois quarts. Cette jauge est déposée avec précaution dans la fiole au moyen d'une pince, de façon que l'acide ne puisse à ce moment se déverser sur la terre.

On bouche la fiole avec le bouchon de caoutchouc qu'on enfonce jusqu'à ce que le niveau de l'eau soit aussi exactement que possible au zéro de l'échelle.

Fig. 43. — Calcimètre Bernard
pour le dosage du calcaire dans les terres arables.

De la main gauche on décroche le ballon, de la main droite (le col de la fiole entre deux doigts, l'index sur le bouchon, et la paume aussi éloignée que possible pour que la chaleur de la main n'influe pas[1]) on fait chavirer la jauge de façon à mélanger la solution acide et la terre.

L'acide attaque le calcaire et le gaz carbonique se dégage faisant baisser le niveau de l'eau dans le tube mesureur.

Il faut *agiter constamment* la fiole jusqu'à ce qu'il n'y ait plus de dégagement de gaz, c'est-à-dire jusqu'à ce que le niveau de l'eau dans le tube mesureur reste stationnaire. A ce moment, on place le ballon à côté du tube de

---

[1]. L'élévation de température occasionnée par la chaleur de la main peut donner une erreur de plusieurs centimètres cubes.

façon que l'eau soit au même niveau dans le récipient. On lit alors le nombre de centimètres cubes de gaz dégagés.

Le nombre de centimètres cubes obtenu est multiplié par 0,4 pour avoir la proportion pour 100 de calcaire contenu dans la terre [1].

EXEMPLE. — 1 gramme de terre a dégagé 48 centimètres cubes de gaz. La terre essayée contient $48 \times 0,4 = 17,2$ pour 100 de calcaire.

Remarques. — Lorsqu'un gramme de terre donne plus de 100 centimètres cubes de gaz, c'est-à-dire plus que le calcimètre n'en peut mesurer, on met le gramme de terre en deux fois et on additionne les résultats.

Si la terre est au contraire très peu calcaire, on prend 5 grammes de terre et l'on ramène au gramme le volume obtenu. Ex. : 5 grammes de terre ont donné 18 centimètres de gaz carbonique, 1 gramme dégagerait $\dfrac{18}{5} = 3^{cm3},6$.

La proportion de calcaire est donc de $3,6 \times 0,4 = 1,44$ pour cent.

Causes aggravant ou atténuant la chlorose. — 1° *Influence de l'état de division et de la dureté du calcaire.* — Nous avons vu plus haut que le calcaire est d'autant plus chlorosant qu'il est plus divisé.

Il est également d'autant plus chlorosant qu'il est moins dur, plus tendre :

Ainsi par exemple, dans les Charentes, d'après M. Guillon, « les principaux terrains calcaires offrent deux aspects différents. D'une façon générale, la région Nord est occupée par des calcaires durs donnant naissance à des terres de groie, terres rouges, terres pierreuses et légères; la région Sud, au contraire, est occupée par des calcaires tendres et crayeux, donnant naissance à des terres grises, plus fortes, dites terres de Champagne. Or, tous les viticulteurs ont constaté que les groies sont bien moins chlorosantes que les terres de Champagne. La même remarque peut être faite dans d'autres régions ».

M. Houdaille a cherché à mesurer la *vitesse d'attaque* d'un calcaire donné par un acide étendu et, toutes choses égales, a trouvé de grandes différences. La vitesse d'attaque dépend à la fois de la finesse des particules, et de la dureté du calcaire. Elle s'effectue au moyen d'un calcimètre enregistreur spécial dû à M. Houdaille; malheureusement ce calcimètre est assez coûteux, et d'un maniement délicat.

2° *Influence de l'argile et de la silice.* — L'argile en enrobant les grains de calcaire diminue l'action chlorosante de ceux-ci. Au contraire, la silice sous forme de sable augmente l'action chlorosante, car les grains de sable s'entourent d'une mince couche de calcaire augmentant ainsi la surface d'action de ce dernier.

3° *Influence de la profondeur du sol.* — La richesse du sous-sol en calcaire exerce une influence marquée sur la chlorose, si le sol a une faible épaisseur. C'est bien pour cette raison qu'il faut doser aussi le calcaire dans le sous-sol.

---

1. Le poids de calcaire qui produit un centimètre cube de gaz carbonique saturé de vapeur d'eau est sensiblement égal à 4 milligrammes.

Si le sol a une épaisseur relativement forte, la vigne sait maintenir une partie de ses racines dans la couche arable moins calcaire, et végète sans trop souffrir du voisinage du sous-sol.

4° *Influence de l'humidité.* — L'humidité est une des causes qui agit le plus sur le développement de la chlorose.

Il est bon de remarquer que le calcaire est soluble dans l'eau qui circule à travers le sol, cette eau contenant toujours une certaine quantité d'acide carbonique[1]. On conçoit dès lors, que les dissolutions de calcaire puissent facilement baigner les racines des ceps.

Dans les sols les plus calcaires, la chlorose ne se manifeste sur aucune variété si la sécheresse est intense ou si le sol est sec.

« C'est ce qui s'est produit durant trois ans dans la Charente et le Sud-Ouest en 1893, 1894, 1895 : le printemps et l'été ayant été secs, il n'y a pas eu ou presque pas eu de chlorose. Les jeunes vignes de deux ans seules ont un peu jauni au printemps, pour reverdir à partir du mois d'août. Pendant les quatre ou cinq années précédentes, il n'en avait pas été de même : les pluies étaient si abondantes, le sol si mouillé, que toutes les vignes ont jauni, même les plus résistantes, y compris les vignes européennes. Mais, tandis que ces dernières reverdissent toujours, les vignes américaines au contraire (sauf quelques-unes) se rabougrissent pour la plupart au point de succomber sous l'action de la maladie. » (Guillon.)

Nous avons constaté les mêmes faits en Bourgogne.

5° *Influence de la compacité du sol.* — Les sols compacts étant plus fréquemment humides que les sols légers, on comprend qu'ils favorisent l'apparition de la chlorose. D'ailleurs ces sols, en gênant le développement des racines et par cela même la nutrition du cep, aggravent la maladie.

6° *Influence du greffage.* — Les vignes greffées jaunissent beaucoup plus que les vignes non greffées. C'est qu'en effet, la vigne greffée n'est qu'une association plus ou moins bonne du porte-greffe et du greffon, lesquels n'ont jamais une affinité parfaite l'un pour l'autre; il en résulte un certain affaiblissement qui favorise la chlorose.

Les souches qui ont été greffées sur place chlorosent beaucoup plus que les vignes provenant de plantations faites avec de bons greffés-soudés. Les greffes mal soudées se chlorosent bien mieux que les greffes parfaitement soudées.

7° *Influence du porte-greffe.* — Les divers cépages américains que l'on emploie comme porte-greffes craignent plus ou

---

[1]. Le calcaire est insoluble dans l'eau, mais soluble dans l'eau contenant de l'acide carbonique.

moins le calcaire, ainsi que nous l'avons vu. Les américains purs, sauf le *Berlandieri*, redoutent plus particulièrement le calcaire; c'est même une des difficultés que l'on a éprouvées lorsqu'on a voulu utiliser les vignes américaines comme porte-greffes ou comme producteurs directs. Mais en hybridant les vignes américaines, soit entre elles, soit avec des vignes françaises, on a pu obtenir des cépages porte-greffes pour tous les terrains.

Les principaux portes-greffes, ceux que nous étudierons spécialement p. 109, peuvent être classés, au point de vue de leur résistance au calcaire[1], de la manière suivante :

1° *Cépages qui conviennent aux terres contenant jusqu'à 50 à 60 pour 100 de calcaire* : les Berlandieris (Berlandieri n° 1 Rességuier, le Berlandieri n° 2, le Berlandieri Laffont, Berlandieri Mazade); le Chasselas × Berlandieri n° 41 B de Millardet.

2° *Cépages qui conviennent aux terres contenant jusqu'à 40 à 50 pour 100 de calcaire*. — Le Mourvèdre × Rupestris n° 1202; l'Aramon × Rupestris Ganzin n° 1 et n° 2; le Bourisquou × Rupestris n° 601 et 603 de Couderc; le Colombaud × Rupestris n° 3103 ou Gamay Couderc; le Cabernet × Rupestris n° 33 A. A', A².

3° *Cépages supportant jusqu'à 30 à 40 pour 100 de calcaire*. — Berlandieri × Riparia n° 33 et n° 34 E M (École de Montpellier); le Berlandieri × Riparia 420 A et 420 B de Millardet et Grasset; le Berlandieri × Riparia n° 157 ¹¹ de Couderc; le Rupestris × Berlandieri 301 A et 219 A de Millardet et Grasset.

4° *Cépages supportant jusqu'à 25 à 30 pour 100 de calcaire*. — Riparia × Rupestris n° 101 ¹⁴; le Riparia × Rupestris n° 3309); le Riparia × Rupestris n° 3306, le Rupestris du Lot; le Rupestris Ganzin; le Rupestris Martin.

5° *Cépages pouvant supporter jusqu'à 15 à 25 pour 100 de calcaire*. — Le Solonis; le Solonis × Riparia n° 1616.

6° *Cépages pouvant supporter jusqu'à 10 ou 15 pour 100 de calcaire*. — Le Riparia Gloire, le Riparia à bois violet, le Riparia grand glabre.

7° *Cépages pouvant supporter de 1 à 5 pour 100 de calcaire*. — Le Vialla.

8° *Influence du cépage greffon*. — Dans une vigne greffée, si le porte-greffe joue le rôle le plus important sur le développement de la chlorose, le cépage greffon n'est pas sans influence; il contribue pour une certaine part à augmenter ou à diminuer la résistance à la chlorose du porte-greffe sur lequel il vit.

Lorsque le greffon vit en bonne harmonie avec le porte-greffe, c'est-à-dire lorsque le greffon et le porte-greffe ont de l'*affinité* l'un pour l'autre, le greffon généralement plus résistant au calcaire (puisqu'il provient d'un cépage européen), aide le porte-greffe à résister à la chlorose. Au contraire, si l'affinité est mauvaise entre les deux associés, l'aide du greffon

---

1. Rappelons que les doses de calcaire indiquées sont celles que l'on trouve dans des terres ayant passé au tamis de 1 millimètre dont nous avons parlé p. 102.

devient nulle; bien mieux cette mauvaise association diminue la résistance du porte-greffe.

Tous les cépages greffons ne sont pas également résistants à la chlorose, de sorte qu'en admettant que l'affinité pour le porte-greffe soit excellente, ils augmentent ou diminuent la résistance de la vigne greffée. L'adoption de tel ou tel cépage français peut donc faire modifier le choix du porte-greffe. Il est évident qu'on devra choisir des porte-greffes d'autant plus résistants à la chlorose que les greffons choisis seront plus chlorosants.

Voici, d'après les indications MM. Couderc, Prosper Gervais, Guicherd, Rougier, etc., une classification de quelques cépages français suivant leur résistance à la chlorose :

1° CÉPAGES TRÈS RÉSISTANTS A LA CHLOROSE. — *Aligoté,Carignan, Clairette, Cabernet franc, Castet, César, Chenin blanc, Etraire de le Dui, Gamay, Malbec, Merlot, Morrastel, Muscadelle, Poulsard, Roussanne, Syrah, Sauvignon.*

2° CÉPAGES MOYENNEMENT RÉSISTANTS A LA CHLOROSE. — *Aramon, Cinsaut, Chardonnay, Durif, Enfariné, Marsanne, Pinot de Pernand, Pinot Meunier, Sémillon, Terret.*

3° CÉPAGES NON RÉSISTANTS A LA CHLOROSE. — *Alicante Bouschet, Corbeau, Chasselas, Folle Blanche, Gros-lot de Cinq Mars, Grappu, Jurançon blanc, Melon, Meslier, Mondeuse, Mourvèdre, Picquepoul, Pinot gris, Pinot Giboudot, Pinot Renevey, Teinturier du Cher, Viognier.*

Traitement de la chlorose. — (Voir p. 283).

b) **Adaptation dans les terrains compacts.** — Les terrains compacts sont principalement constitués soit par de la silice, soit par de l'argile.

La silice, lorsqu'elle se présente en grains fins et en quantité assez considérable, forme des terres qui se tassent sous l'action des pluies et deviennent dures, pénibles à travailler, difficilement pénétrables aux racines comme aux instruments de culture. Exemple : les terres d'herbues de la Côte-d'Or, les terres battisses des Charentes, les boulbènes du Sud-Ouest, etc.

L'argile, lorsqu'elle est en excès forme des terres imperméables à l'eau, très adhérentes aux outils de culture.

« Le rôle de la silice et de l'argile est donc essentiellement physique : la compacité qui en est la conséquence, est un obstacle à la bonne végétation de la vigne : elle peut affecter cette végétation d'une part, en opposant un obstacle mécanique au cheminement naturel des racines, d'autre part, en confinant l'air dans le sol et en empêchant son renouvellement normal.

Parmi les porte-greffes proposés par M. Gervais pour les terrains compacts, nous citerons :

Pour les terrains compacts secs : Riparia × Cordifolia-Rupestris 106-8 ; le Rupestris du Lot; le Bourrisquou × Rupestris 603 ; le Cabernet × Rupestris 33 A¹ : l'Aramon × Rupestris-Ganzin n° 2.

Pour les terrains compacts humides : le Solonis × Riparia 1616 ; le Riparia × Rupestris 3306 ; le Bourrisquou × Rupestris 601 ; l'Aramon × Ruspestris Ganzin n° 1 ; le Mourvèdre × Rupestris 1202.

c) **Adaptation dans les terrains humides.** — Ce que nous venons de dire des terrains compacts à dominante d'argile, s'applique également aux terrains humides.

« Les sols qui s'égouttent difficilement, où l'humidité persiste d'une façon anormale, conviennent mal à la plupart des vignes américaines ; et l'on a été tenté, pendant longtemps, d'attribuer la chlorose à l'excès d'humidité du sol. Dans les premiers travaux sur l'adaptation, elle fut prise pour base de la classification des sols. Il est démontré aujourd'hui que si cet excès est de nature à amener quelquefois un certain jaunissement des ceps, ce jaunissement n'a rien de commun avec la chlorose calcaire due à la présence du carbonate dn chaux.

« L'humidité a pour effet d'entraver le développement du système radiculaire ; les plantes douées à cet égard d'une grande activité, comme le Riparia, en souffrent beaucoup. En revanche, certains hybrides franco-américains y sont superbes de végétation et de fructification ; et si l'on tient compte que dans ces sols la question phylloxérique ne se pose pour ainsi dire pas, ce sont eux qui devront y être préférés. »

Parmi les porte-greffes proposés par M. Prosper Gervais, nous citerons : le Solonis × Riparia n° 1616 et 1615, le Solonis, le Mourvèdre × Rupestris n° 1202 et l'Aramon × Rupestris-Ganzin n° 1.

Le Solonis mérite de trouver sa place ici à raison de sa faculté de végéter dans les terrains saumâtres, où existent des traces de chlorure de sodium (sel marin).

d) **Adaptation dans les terrains secs.** — M. Prosper Gervais divise les terrains secs en trois groupes :

Terrains secs artificiels : ce sont des terrains caillouteux où la couche de terre végétale peu profonde, généralement pauvre et facilement perméable, recouvre un sous-sol de roche dure impénétrable. Les porte-greffes à employer sont alors les suivants : Berlandieri; Rupestris × Berlandieri 219 A et 301 A ; Berlandieri × Riparia 420 A ; Riparia × Cordifolia-Rupestris, 106-8, Bourrisquou × Rupestris 603.

Terrains secs non superficiels : ce sont des terrains caillouteux à courbe arable pauvre, aride, — ou encore sèche et dure — mais variant de profondeur, et reposant sur un sous-sol de même composition ou de rocher fissuré, facilement pénétrable aux racines. Les porte-greffes à employer sont les suivants : Rupestris-Martin : Rupestris du Lot : Riparia × Rupestris 3309 ; Riparia × Rupestris 101¹⁴ : Aramon × Rupestris-Ganzin n° 2 ; Cabernet × Rupestris 33 A¹.

Terrains secs compacts : ce sont les terrains siliceux, silico-argileux argilo-siliceux où la silice domine (formations variées de sables gréseux, sols de nature granitique, boulbènes battantes, etc.) très humides en hiver et au printemps, durcissant presque subitement et avec une rapidité surprenante dès les premières chaleurs, et devenant alors extrêmement secs, d'une sécheresse d'autant plus redoutable que le sol passe, presque sans transition d'une extrême humidité à une extrême sécheresse. Ces terrains rentrent dans la catégorie des *terrains compacts* dont nous avons parlé plus haut. Les porte-greffes à employer dans ces terrains sont les suivants : Riparia × Cordifolia-Rupestris 106-8 ; Cordifolia × Rupestris ; Rupestris du Lot ; Aramon × Rupestris-Ganzin n° 2 ; Cabernet × Rupestris, 33 A¹.

67. Le porte-greffe doit avoir de l'affinité pour le greffon.
— Nous avons vu, p. 92, ce que l'on entend par affinité entre porte-greffe et greffon.

Lorsque l'affinité entre porte-greffe et greffon est bonne, le pied greffé végète et s'accroît comme s'il était franc de pied, c'est-à-dire comme un cep ordinaire non greffé, sans aucun trouble dans le développement des racines, de la tige et des parties aériennes ; le bourrelet qui se forme au point de soudure des deux associés disparaît assez rapidement sans laisser de trace.

Nous examinerons l'affinité de chacun des principaux porte-greffes que nous étudierons p. 109. Néanmoins, nous pouvons donner quelques indications générales et classer, d'après MM. Viala et Ravaz, l'affinité des porte-greffes américains ou hybrides pour les vignes européennes de la manière suivante (par ordre décroissant) : les *Hybrides de Vinifera-Berlandieri et de Vinifera-Rupestris, les Hybrides de Vinifera-Cordifolia, le Berlandieri, le Jacquez, le Vialla, l'Herbemont, les Hybrides de Vinifera-Riparia, le Rupestris, le Solonis, le Riparia, l'York.*

68. Le porte-greffe doit avoir une vigueur suffisante. —
Le porte-greffe doit avoir une vigueur *suffisante* de façon à assurer une bonne fructification du greffon.

Une vigueur exagérée peut pousser à l'infertilité du greffon. Il est bon toutefois de remarquer que l'infertilité des greffons sur certains porte-greffes trop vigoureux peut être corrigée par une taille appropriée. Une vigueur insuffisante du porte-greffe peut occasionner aussi l'infertilité du greffon et faire péricliter la vigne.

D'après MM. Vialla et Ravaz[1], les cépages américains, pour la vigueur de leurs greffes, peuvent se classer de la manière suivante par (ordre décroissant) : Hybrides de Vinifera-Rupestris, Rupestris du Lot, Vinifera-Cordifolia, Vinifera-Riparia, Berlandieri, Rupestris, Jacquez, Herbemont, Vialla, Hybrides de Vinifera-Berlandieri, Solonis, Riparia, York.

II. LES PRINCIPAUX PORTE-GREFFES

69. Classification. — Nous avons vu (p. 89) qu'un certain nombre de vignes américaines *résistent au phylloxéra* et peuvent servir de supports, de porte-greffes aux cépages français. Mais parmi ces cépages du Nouveau Monde, les uns sont plus résistants que les autres : ils diffèrent aussi entre eux par leur vigueur, etc. Aussi a-t-on été obligé de faire parmi eux un choix, une *sélection*.

Les cépages que l'on a choisis ont constitué le groupe dit des **Américains purs** ; ce sont : les **Riparias**, les **Rupestris**, les **Berlandieri**.

D'autre part les expériences faites en France et à l'étranger ont montré que certains *hybrides* résistent au phylloxéra tout en présentant des qualités suffisantes d'adaptation et d'affinité. Ces hybrides pouvant servir de porte-greffes se divisent suivant leur origine et leurs ascendants, en deux catégories :

Les **américo-américains** (résultant du croisement d'espèces américaines).

Les **franco-américains** (résultant du croisement d'espèces américaines ou d'hybrides américo-américains avec les vignes européennes).

Nous allons examiner les porte-greffes de ces différentes catégories :

---

[1]. *Les vignes américaines.* — Nous ne donnons ces classements que comme indications très générales.

AMÉRICAINS PURS.

70. Les Riparias. — *Caractères*. — Les *feuilles* étalées, minces, les lobes sont simplement formés par des dents plus accentuées; dents aiguës se rapprochant de celles du Solonis, mais la feuille est lisse, pas de poils laineux; poils raides sur les nervures de la face inférieure.

Le *bois* (sauf chez les Riparias tomenteux) est cylindrique, très lisse, luisant (on dirait du caoutchouc étiré); le diamètre des sarments ne diminue que très peu en allant du point d'insertion jusqu'à l'extrémité.

Les différentes variétés de Riparia les plus utilisées comme porte-greffes sont les suivantes :

1° *Riparias tomenteux* (bois tomenteux recouvert de poils raides courts). } **Riparia tomenteux géant.**

2° *Riparias glabres* (bois herbacé très lisse, sans poils raides).

{ Feuilles très grandes, molles, arquées ou bullées entre les nervures principales. Écorce mince, peu colorée. } **Riparia Gloire.**

{ Feuilles très grandes, arrondies; écorce épaisse, très colorée. } **Riparia à bois violet.**

{ Feuilles relativement petites, allongées, non arquées ou bullées entre les nervures, lisses, brillantes : bois très rouge. } **Riparia grand glabre.**

La résistance au phylloxéra des Riparias, quoique différente pour les diverses variétés signalées, est très bonne (18 sur 20).

Adaptation : Les Riparias ne végètent bien que dans les terrains ne contenant pas plus de 15 *pour* 100 *de calcaire; ils redoutent en général les terres sèches, compactes et dures* et demandent des sols *meubles, fertiles, profonds et frais* pour donner de très bons résultats.

L'affinité des Riparias pour les vignes françaises laisse à désirer : ce qui le prouve, c'est le bourrelet qui existe au point de soudure de la greffe : il devient de plus en plus gros à mesure que les greffes vieillissent et gêne la bonne marche de la végétation. C'est le seul défaut qu'on peut lui reprocher.

Les Riparias, une fois greffés, grossissent moins vite que le greffon, surtout lorsqu'ils sont dans des milieux peu favorables. La différence de diamètre entre sujet et greffon est plus sensible lorsqu'ils se trouvent dans des terrains où leur développement peut être rapide, c'est-à-dire dans des terrains ne contenant pas plus de 15 pour 100 de calcaire, meubles, fertiles, profonds et frais.

La reprise au bouturage est excellente (95 pour 100), *au greffage*, elle peut atteindre 50 à 60 pour 100.

La vigueur des Riparias (même lorsqu'ils sont greffés) *dans les sols qui leur conviennent* est remarquable. Ils poussent les greffons à une *abondante fructification* et *avancent la maturité* d'environ cinq à huit jours.

Le Riparia Gloire (fig. 44). -- C'est le plus beau et le meilleur des Riparias ainsi que le meilleur des porte-greffes connus. « Il est par excellence le porte-greffe des alluvions fraîches et profondes, des sols caillouteux riches et frais, argilo-siliceux rouges, souples et fertiles et non secs, de cet ensemble de sols non calcaires, meubles, frais et riches, que l'on peut englober sous cette désignation générique de *terres à Riparias* » (Prosper Gervais).

Il redoute le calcaire (ne végète bien que dans les sols ne renfermant pas plus de 15 pour 100 de calcaire) ; il redoute également les terres sèches, compactes et dures.

Fig. 44.
RIPARIA GLOIRE.

La reprise au bouturage est excellente 90 à 95 pour 100, *au greffage* 50 à 55 pour 100.

Il pousse les greffons à une *abondante fructification* et avance la maturité de 5 à 8 jours.

71. Les Rupestris. — *Caractères*. — Le Vitis Rupestris présente les caractères suivants :

Le *port* est buissonnant, les *feuilles* généralement petites, souvent plus larges que longues, pliées en gouttière, brillantes, très glabres, jamais de poils sur la partie dorsale des nervures de la face inférieure ; le bourgeon terminal des pampres en végétation n'est pas complètement enveloppé par les jeunes feuilles ; les jeunes feuilles sont très brillantes et transparentes. Le bourgeonnement est carminé.

Les différentes variétés de Rupestris les plus utilisées sont les suivantes :

Rupestris.	Feuilles peu pliées en gouttières, à bords ondulés ; *sinus pétiolaire en forme d'accolade*.	**Rupestris du Lot.**
	Feuilles à bords très peu ondulés, régulièrement pliées en gouttières, généralement petites. Teinte générale vert jaunâtre.	**Rupestris Ganzin.**
	Feuilles à reflet métallique sombre, gaufrées au centre, à bords longuement ondulés, dents très larges et très arrondies.	**Rupestris Martin.**

La résistance au phylloxéra des Rupestris est bonne : note 18 sur 20. Quelques viticulteurs cependant la considère comme étant inférieure, en général, à celle des Riparias.

Adaptation : Les Rupestris résistent peu à la chlorose, ils ne végétent bien que dans les terrains peu calcaires (excepté le *Rupestris du Lot* qui résiste dans les sols ayant jusqu'à 25 et même 35 pour 100 de calcaire). Il sont très rustiques, très sobres. Ce sont en général les porte-greffes des terrains caillouteux, pierreux, secs, en même temps que des sols pauvres, peu fertiles à l'opposé du Riparia qui est le porte-greffe des sols riches et fertiles.

L'affinité pour les différents greffons est bonne.

La reprise au bouturage et au greffage est très bonne.

Sa *vigueur* est très grande.

Le Rupestris du Lot (fig. 45). — C'est le plus employé et le plus remarquable des Rupestris.

Résistance au phylloxéra : pratiquement suffisante.

FIG. 45. — RUPESTRIS DU LOT.

Adaptation : Il convient dans les terrains *pauvres, caillouteux, pierreux*, relativement secs ne renfermant pas plus de 20 à 35 pour 100 de calcaire, dans les sols argilo-calcaires, dans les marnes moyennement calcaires.

L'affinité pour les différents greffons est bonne.

La reprise à la greffe-bouture peut atteindre 50 et même 60 pour 100; le bourrelet, contrairement à ce que nous avons dit pour le Riparia, est à peine apparent.

Sa vigueur est extrême : c'est certainement le plus vigoureux des cépages américains.

On lui reproche de donner trop de vigueur au greffon et d'amener la coulure du fruit. Il est facile de remédier à cet inconvénient par une taille plus généreuse, c'est-à-dire en laissant plus de coursons si la taille est courte et plus d'yeux aux longs bois si la taille est longue. Il est bon de remarquer que cet inconvénient n'existe que dans les terrains trop riches où l'on peut employer les Riparias et les Rupestris.

Le Rupestris Martin. — Il craint les terrains calcaires, mais vient bien dans les terrains ferrugineux, argilo-siliceux peu profonds et dans les terrains caillouteux résultant de la désagrégation des roches schisteuses ou granitiques. Il est très vigoureux.

« Il reprend bien de bouture : la greffe en place telle qu'elle se pratique dans le Midi et la greffe sur table (greffé-bouture) ont, il est vrai, fréquemment donné lieu à des insuccès : la cause en est dans le grand nombre de rejets que le *Rupestris Martin* (comme d'ailleurs tous les Rupestris et hybrides de Rupestris) a tendance à émettre, il faut avoir soin d'entailler profondément tous les yeux qui sont en terre; grâce à ces soins et à quelques précautions particulières bien connues, le greffage du *Rupestris Martin* ne soulève pas de difficulté très sérieuse. En revanche, la perfection des soudures ne laisse rien à désirer: il ne se forme pas comme chez le *Riparia* de bourrelet apparent au point de soudure le pied du Rupestris porte-greffe grossit aussi vite que son greffon.

La fructification modérée au début, moins précoce, moins abondante à ce moment que sur le Riparia ne tarde pas à s'élever et à égaler bientôt celle des greffes sur Riparia » (Prosper Gervais).

Le Rupestris Ganzin. — Ce cépage que l'on a beaucoup employé est peu vigoureux, d'une mauvaise adaptation. Sa reprise au greffage est mauvaise (15 pour 100). On le délaisse de plus en plus.

72. Les Berlandieris. — *Caractères.* — Feuilles entières, épaisses, raides, *dures, relativement brillantes*: poils raides sur les nervures et sous-nervures à la face inférieure. Sommités des pampres en végétation de couleur bronzée ou jaune doré. Bois gris à *côtes saillantes*.

On retrouve la plupart de ces caractères dans les hybrides.

Le Berlandieri est le *plus calcicole* de tous les cépages; il est extrêmement résistant à la sécheresse, c'est par excellence le *plant des terrains crayeux secs*; il n'aime pas les sols marneux un peu humides.

Résistance au phylloxéra : note 17 sur 20.

Fig. 46. — BERLANDIERI RESSÉGUIER, n° 2.

Très grande affinité pour les greffons français; il pousse à une fructification régulière et augmente les rendements.

Il se développe lentement au début, puis peu à peu il prend le dessus et devient extrêmement vigoureux.

Grave défaut : il *reprend difficilement au bouturage* (5 à 10 pour 100).

Parmi les *variétés de Berlandieri* nous pouvons citer :

Le **Berlandieri n° 1 Rességuier** presque glabre, à sarments longs et gros; le **Berlandieri n° 2 Rességuier** (fig. 46) assez tomenteux, moins difficile à bouturer que les autres variétés; le **Berlandieri Laffont**; le **Berlandieri Mazade**.

Pour remédier dans une certaine mesure à la mauvaise reprise au bouturage qui l'a fait presque abandonner on peut pratiquer le bouturage avec greffe à la base ou mieux encore le *bouturage d'automne* que M. Rességuier a appliqué avec succès dans les Pyrénées-Orientales.

Le *bouturage d'automne*, d'après M. Prosper Gervais, consiste à tailler les boutures en automne un peu avant la chute des feuilles (au moment du traitement de la chlorose avec le sulfate de fer), et à les mettre immédiatement en pépinière sans stratification préalable dans le sable. Il faut seulement d'abord avoir affaire à des pieds mères de *Berlandieri* suffisamment âgés pour que les bois soient bien nourris, ensuite que l'*aoûtement* de ces bois soit *absolument parfait*, soit *irréprochable*. L'extrémité des sarments doit être rejetée. En ayant soin de racler la base des boutures et de protéger celles-ci par un fort buttage qui les recouvre complètement, jusqu'au-dessus du premier œil, en pratiquant plus tard, le moment venu, des ouvrages copieux. M. Rességuier obtient des reprises qui varient de 45 à 55 pour 100 et vont jusqu'à 60 et 70 pour 100. »

Le Berlandieri a été utilisé surtout pour obtenir des *hybrides* ayant ses belles qualités et dépourvu de son grave défaut de mauvaise reprise au bouturage.

HYBRIDES AMÉRICO-AMÉRICAINS.

Nous diviserons la catégorie des porte-greffes *américo-américains* en deux groupes :

1er GROUPE. — Anciens hybrides porte-greffes, importés pour la plupart d'Amérique : **Le Solonis, Le Vialla, Le Jacquez.**

2e GROUPE. — Hybrides porte-greffes américains créés en France :

Les Riparia × Rupestris. . { Riparia × Rupestris, n° 101[14].
— — n° 3306.
— — n° 3309.

Le Riparia × Cordifolia-Rupestris, 106-8.

Les Berlandieri × Riparia. { Berlandieri × Riparia, n° 33 { de l'école de
— — n° 34 { Montpellier.
— — n° 420A { de Millardet
— — n° 420B { et Grasset.
— — n° 157[11], de Couderc.

Les Rupestris × Berlandieri. { Rupestris × Berlandieri,
n° 301 A { de Millardet
Rupestris × Berlandieri, { et Grasset.
n° 219 A }

Les Solonis × Riparia. { Solonis × Riparia, n° 1616.
— — n° 1615.

73. Ier GROUPE. — **Solonis.** — Le Solonis est (fig. 47), d'après P. Viala, un hybride naturel de V. *Candicans,* V. *Riparia,* V. *Rupestris.*

Caractères. — Le Solonis a un aspect vert grisâtre brillant ; les jeunes feuilles sont très duveteuses, laineuses même, enveloppant complètement le bourgeon terminal. Les feuilles adultes ont des dents très longues, aiguës, recourbées divergentes, elles présentent des poils laineux surtout à la face inférieure.

Résistance au phylloxéra : insuffisante, sauf dans les sols profonds et frais.

Adaptation : Le Solonis convient dans les terrains ne contenant pas plus de 20 *pour* 100 *de calcaire*, terrains profonds, *humides* où l'eau reste stagnante en hiver, dans les sols humides reposant sur un sous-sol d'argile compacte ou de marne. Ne jamais l'employer dans les terrains craignant la sécheresse. C'est le seul porte-greffe que l'on ait trouvé pour les terrains salés ou *salants* où il supporte des doses élevées de sel marin faisant périr tous les autres porte-greffes.

Son peu de résistance au phylloxéra le rend douteux dans tous les autres terrains.

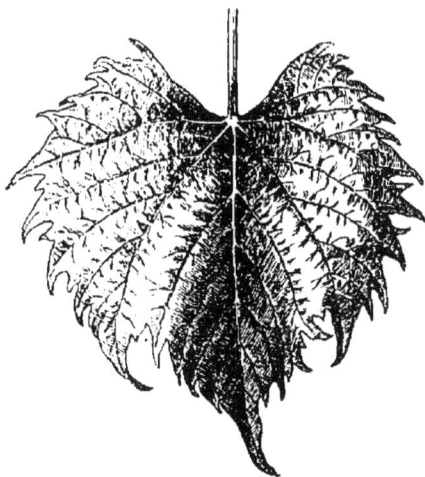

Fig. 47. — Solonis.

Affinité pour les divers greffons : elle est grande ; le Solonis rend ses greffons très productifs.

Reprise au greffage : 30 à 35 *pour* 100.

Préconisé à outrance au début de la reconstitution, il a donné dans bien des régions de mauvais résultats ; aussi a-t-il été très délaissé : on préfère avoir recours à ses hybrides plus résistants au phylloxéra : le Solonis × Riparia n° 1616, le Solonis × Riparia n° 1615 dont nous parlerons plus loin.

74. Le Vialla. — Le Vialla (fig. 48) est un hybride de Clinton et d'Isabelle.

Caractères. — Les sarments sont bruns vineux avec mérithalles moyens ; les feuilles sont grandes, étoffées, ayant leurs parties latérales presque rondes, elles portent un duvet aranéeux très abondant à la face inférieure.

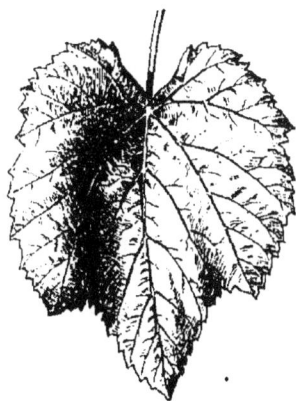

Fig. 48.
Vialla (P. Viala. L. Ravaz).

Résistance au phylloxéra : juste suffisante ; insuffisante dans les terres de coteaux peu profondes à sous-sol rocheux.

Adaptation : La résistance du Vialla à la chlorose est très faible, ce cépage ne végète bien que dans les terrains ne contenant *pas plus de 5 pour* 100 *de calcaire*.

Il convient dans les terrains argilo-siliceux, caillouteux, peu compacts, profonds et frais. Dans les terres granitiques et porphyriques du Beaujolais et du Lyonnais (surtout au bas des collines où le sol est profond) il donne d'excellents résultats.

Affinité pour les greffons : grande. *Reprise à la greffe-bouture* : 60 à 80 pour 100 : c'est de tous les porte-greffes celui qui se greffe le mieux.

Le Jacquez. — Ce cépage employé au début dans le Midi, est complètement délaissé. *Sa résistance au phylloxéra* est insuffisante. Il ne résiste à la chlorose que dans les marnes profondes, fraîches, et ne donne de bons résultats que dans les terrains riches, fertiles et frais.

75. 2ᵉ GROUPE. — **Les Riparia × Rupestris**. — Les Riparia × Rupestris tiennent, au point de vue des caractères, à la fois du Riparia et du Rupestris. Les plus employés sont les suivants :

Riparia × Rupestris.	Extrémité des pampres en végétation glabre.	Plante fertile, sinus pétiolaire en V ouvert, feuilles vert peu foncé. (Se rapproche beaucoup du Riparia.)	***Riparia × Rupestris n° 101¹⁴*** (de Millardet et Grasset).
		Plante infertile, sinus pétiolaire en V peu ouvert, feuilles vert sombre. (Se rapproche plutôt du Rupestris.)	***Riparia × Rupestris n° 3309*** (de Couderc).
	Extrémité des pampres en végétation portant des poils courts et raides.	Feuilles vert foncé brillant ayant la forme des feuilles du 3309. (Se rapproche plutôt du Rupestris.)	***Riparia × Rupestris n° 3306*** (de Couderc).

La résistance au phylloxéra des Riparias × Rupestris est bonne.

Adaptation : Leur résistance à la chlorose est assez grande bien qu'ils proviennent de cépages de résistance faible ; ils ne végètent bien que dans les terrains ne renfermant pas plus de 25 à 30 *pour* 100 *de calcaire* (alors que les Riparias ne supportent que 10 à 15 pour 100 de calcaire et les Rupestris, sauf le Rupestris du Lot, 15 à 20 pour 100). Le 3309 serait un peu plus résistant à la chlorose que le 3306 et encore plus résistant que le 101¹⁴. Ce sont en somme les porte-greffes des terres peu ou moyennement calcaires où se chlorosent les Riparias greffés et qui n'ont ni la richesse indispensable aux Riparias, ni la pauvreté dont s'accommode le Rupestris du Lot.

Le Riparia × Rupestris 101¹⁴ convient aux terrains sains,

profonds, argilo-calcaires, même un peu compacts. Le Riparia × Rupestris *3306* convient aux terrains peu profonds, peu fertiles, mais *frais*, même un peu humides. Le *3309* convient plutôt aux terrains maigres, secs, caillouteux.

Leur affinité pour les différents greffons est plus grande que celle des Rupestris et des Riparias.

Leur vigueur dépasse celle des Riparias. Ils se greffent bien et ne forment pas de bourrelet.

« *Leur fructification* est abondante, régulière, analogue à celle du Riparia quand elle ne lui est pas supérieure ; elle dépasse nettement celle des Rupestris, auxquels on reproche souvent, à bon droit, une certaine irrégularité et une propension à la coulure » (Prosper Gervais).

Le Riparia × Rupestris n° 101[14] (fig. 49). — C'est celui qui ressemble le plus au Riparia ; il est très fructifère et résiste mieux à la chlorose que le Ri-

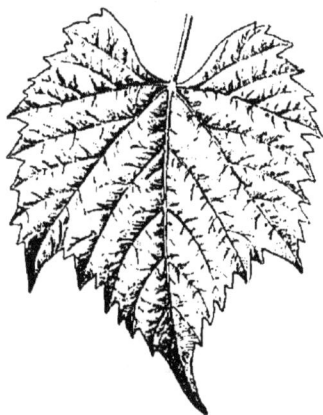

FIG. 49.
RIPARIA × RUPESTRIS n° 101[14].

FIG. 50.
RIPARIA × RUPESTRIS n° 3306.

paria Gloire. Sa reprise au greffage est de 30 à 40 pour 100. Il possède une grande vigueur et son affinité pour les greffons français est grande. Il supplante le Riparia dans les terrains fertiles, profonds et sains contenant de 20 à 30 pour 100 de calcaire.

Le Riparia × Rupestris 3309. — Il se rapproche du Rupestris ; c'est le plus rustique des Riparia × Rupestris. Il se développe bien dans les terrains plutôt maigres et sa reprise au greffage est 60 à 70 pour 100. Il résiste mieux à la chlorose que le 3306 (jusqu'à 35 p. 100). Il résiste mieux à la chlorose et autant à la sécheresse que son concurrent le Rupestris du Lot, en ayant une fructification plus régulière et plus hâtive.

Le Riparia × Rupestris 3306 (fig. 50). — Il a la même valeur que le 3309, mais il convient surtout aux terrains frais et argileux (terres de coteaux peu profondes, peu fertiles, mais relativement fraîches). Il est un peu moins vigoureux que le 3309. Sa reprise au greffage est d'environ 40 pour 100.

76. Riparia × Cordifolia-Rupestris 106-8.

— Les hybrides de *Cordifolia* et plus spécialement celui qui nous occupe, peuvent rendre de grands services dans les terrains *non calcaires*.

Le Riparia × Cordifolia - Rupestris 106-8 est un cépage vigoureux à sarments bruns, longs, grêles.

Résistance au phylloxéra : très élevée.

Adaptation : Il convient aux terrains *non calcaires* (ou ne renfermant pas plus de 10 pour 100 de calcaire), *compacts, humides*.

Affinité : bonne.

Reprend très bien de bouture et se greffe très facilement.

A côté du 106-8, on peut ranger le Riparia × Cordifolia-Rupestris 202-4, convenant également dans les terrains *non calcaires* et dans les sols *secs, arides, pauvres*.

77. Les Berlandieri × Riparia.

— Nous avons vu (p. 113) que le Berlandieri est très difficile à reprendre au bouturage. Pour faire disparaître ce défaut tout en conservant la haute résistance au calcaire du Berlandieri, on l'a hybridé au *Riparia* qui reprend très facilement au bouturage. On a ainsi obtenu des hybrides reprenant de bouture jusqu'à 60 et 70 pour 100.

Les principaux Berlandieri × Riparia sont :

Les Berlandieri × Riparia, n°s 33 et 34 EM (de l'école d'agriculture de Montpellier).

Les Berlandieri × Riparia, n°s 420 A et 420 B (de MM. Millardet et de Grasset).

Le Berlandieri × Riparia, n° 157-11 (de M. Couderc).

Résistance au phylloxéra : très grande.

Adaptation : Les hybrides de Riparia × Berlandieri ont hérité d'une partie de la haute résistance au calcaire du Berlandieri; ils résistent à la chlorose dans les terrains renfermant *jusqu'à 35 à 40 pour 100 de calcaire*. Le 157-11, les 33 et 34 EM conviennent plutôt aux terrains un peu *humides*, le 420 A et le 420 B aux terrains plutôt *secs*. En un mot, ils conviennent bien dans *les terrains crayeux plus ou moins arides*.

Affinité : bonne, leur tronc grossit en même temps que le greffon et l'on ne remarque pas de bourrelet.

Reprise au bouturage et au greffage : bonne comme nous l'avons vu ci-dessus. La lenteur d'évolution au début, caractéristique chez le Berlandieri, n'existe pas ou n'existe qu'à un faible degré chez les Berlandieri × Riparia. « Leur développement est normal, leur *précocité de mise à fruit* et leur *fécondité* égalent celles du Riparia ».

Les Berlandieri × Riparia n° 33 et n° 34 EM (Ecole de Montpellier).
— Le 34 EM a ses bois tomenteux presque blancs; ses feuilles sont légèrement tomenteuses, d'un vert foncé brillant, leur sinus pétiolaire est ouvert
et leur pointe terminale est plus allongée que dans le n° 34. Le n° 33 (fig. 51)
a, au contraire, ses sarments glabres avec des rayures pâles sur l'écorce, le
sinus pétiolaire est fermé.

Ils sont un peu plus résistants au calcaire que le 157¹¹ cité plus loin.
Reprise au greffage : 30 pour 100.

Berlandieri × Riparia 420 A et 420 B de *Millardet et Grasset*. — Le
420 A a ses jeunes feuilles non pliées en gouttière, il présente des taches lie
de vin à la base des nœuds des rameaux.

Le 420 B (fig. 52) a ses jeunes feuilles pliées en gouttière avec un liséré
rouge sur leurs bords.

Ces deux porte-greffes semblent convenir aux terrains secs. Le 420 A est

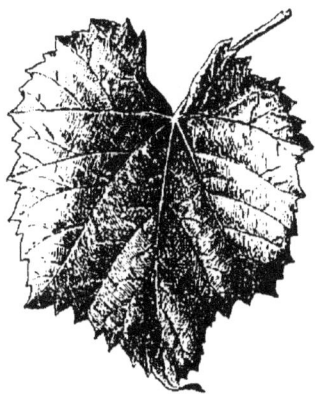

FIG. 51. — FEUILLE
DE BERLANDIERI × RIPARIA
n° 33, ÉCOLE.
(P. Viala et Ravaz).

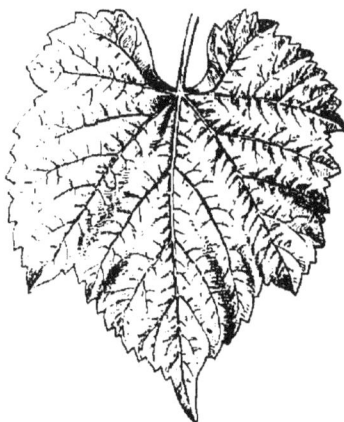

FIG. 52.
BERLANDIERI × RIPARIA 420 B.

plus vigoureux et se développe plus rapidement que le 420 B, il doit lui être
préféré.

Le Berlandieri × Riparia n° 157¹¹ de Couderc. — Il se rapproche du
Riparia. Ses pousses sont nettement recourbées en crosse et garnies d'un
léger tomenteux. Il semble s'accommoder des terrains un peu humides.

78. Les Rupestris × Berlandieri.

— C'est toujours pour
corriger le Berlandieri au point de vue de la difficulté de reprise
au bouturage, tout en conservant ses autres qualités, qu'on l'a
hybridé au *Rupestris*. On voulait créer aussi des hybrides plus
résistants à la sécheresse et aux sols caillouteux que les Berlandieri × Riparia. Parmi ces hybrides obtenus on peut citer :

Les Rupestris × Berlandieri 301 A et 219 A de *Millardet et de Grasset*.
— Ces deux porte-greffes ont une grande vigueur et une rusticité qu'ils doivent au Rupestris. Aussi permettent-ils la reconstitution des sols caillouteux, arides où végéteraient mal les *Berlandieri × Riparia*. Ils se bouturent
et se greffent facilement.

79. Les Solonis ✕ Riparia. — En créant des hybrides de Solonis ✕ Riparia, M. Couderc a obtenu des cépages ayant les aptitudes du Solonis et la résistance au phylloxéra du Riparia. Parmi ces hybrides deux sont à citer : le nᵒ 1616 dont les sarments sont tomenteux, et le nᵒ 1615 dont les sarments sont glabres; tous les deux sont caractérisés par la fécondité. Le 1616 paraît plus vigoureux que le 1615. « Ce sont en quelque sorte des Riparias améliorés pouvant plus facilement que ces derniers supporter le *calcaire*, la compacité et l'humidité ». Nous étudierons le meilleur des deux, le 1616 ;

Le Solonis ✕ Riparia 1616. — Il présente à la fois le caractère du Riparia et du Solonis.

Résistance au phylloxéra : bonne, bien supérieure à celle du Solonis.

Adaptation. — Il est plus résistant à la chlorose que le Solonis, il peut venir dans les terrains ayant *jusqu'à 25 pour 100 de calcaire*, il convient dans les sols argileux, non compacts, *humides*. « Sans aller peut-être, comme le Solonis jusqu'à tolérer l'eau stagnante sur ses racines, le 1616 ne redoute pas l'humidité; sa place est dans les terres à Solonis ».

Affinité. — Son affinité pour les greffons, quoique meilleure que celle du Riparia, laisserait parfois un peu à désirer.

Reprise au greffage : bonne, 30 à 40 pour 100 en moyenne.

Sa vigueur est bonne, meilleure que celle du 1615, il donne une fructification régulière.

HYBRIDES FRANCO-AMÉRICAINS.

Les porte-greffes hybrides *franco-américains* ont été obtenus par le croisement de nos vignes européennes (*Vitis Vinifera*) avec les vignes américaines. Nous ne citerons que les plus répandus.

80. Le Mourvèdre ✕ Rupestris, nᵒ 1202 de Couderc (fig. 53).

Caractères. — Les jeunes feuilles portent à la face supérieure des *poils laineux* couchés; les feuilles adultes ont des dents régulières et profondes, elles prennent une teinte rougeâtre violacée à l'automne. Le sommet des pampres en végétation est couvert de poils laineux. Sur les sarments aoûtés on distingue autour des nœuds une fine pruine grise.

FIG. 53.
MOURVÈDRE ✕ RUPESTRIS,
nᵒ 1202.

Résistance au phylloxéra : suffisante.

Adaptation : le 1202 est le meilleur des porte-greffes des sols très calcaires, il résiste à la chlorose dans les terres renfermant jusqu'à 50 *pour* 100 *de calcaire*. Il vient surtout dans les terrains marneux, profonds, frais et même humides, dans les terrains argilo-calcaires compacts ou à sous-sols marneux, dans les alluvions calcaires contenant jusqu'à 50 pour 100 de calcaire. Il demande plutôt des terres riches, fécondes que des terres pauvres.

Affinité pour les greffons français : assez grande.

La vigueur du 1202 est très grande; il pousse à la fructification; on lui reproche quelquefois de pousser les greffes à une fructification irrégulière, de faire couler les fruits. Cette coulure, due à une grande vigueur de la végétation, peut être corrigée par une taille appropriée.

Ce porte-greffe convient très bien aux cépages qui ont une tendance au rabougrissement.

Reprise au bouturage et au greffage : bonne (45 à 50 pour 100).

L'Aramon ✕ Rupestris-Ganzin, nᵒ 1

(fig. 54). — M. Ganzin, en croisant l'Aramon très fructifère avec le Rupestris-Ganzin très résistant au phylloxéra a obtenu deux porte-greffes,

FIG. 54.
ARAMON ✕ RUPESTRIS
GANZIN nᵒ 1.

l'Aramon ✕ Rupestris-Ganzin, nᵒ 1 et le nᵒ 2, dont le premier est surtout utilisé.

Caractères. — Le nᵒ 1. Les feuilles adultes se tachent de rouge à l'automne; on distingue des poils courts et raides sur les nervures principales de la face inférieure.

Le nᵒ 2 se distingue du nᵒ 1 en ce qu'il est légèrement duveteux et n'a pas ses jeunes pousses de couleur rougeâtre comme le nᵒ 1.

Résistance au phylloxéra : suffisante.

Adaptation. — Sa résistance à la chlorose est un peu inférieure à celle du Mourvèdre ✕ Rupestris 1202 et du Chasselas ✕ Berlandieri 41 B. Alors que le 1202 résiste à 50 pour 100 et le 41 B à 60 pour 100 de calcaire, dans *le même sol et toutes choses égales* l'Aramon ✕ Rupestris-Ganzin nᵒ 1 ne résiste qu'à 40 pour 100 de calcaire.

Il convient très bien dans les *terrains marneux compacts, humides*; il ne convient pas aux terrains secs. Il est supérieur au 1202 dans les terres à sous-sol imperméable.

Affinité pour les greffons français : grande; il donne une bonne fructification aux greffons.

Reprise à la greffe-bouture : peu élevée, 28 à 30 pour 100. D'après M. Prosper Gervais, « il semble qu'en opérant le greffage *tardivement*, alors que la sève du porte-greffe et celle du greffon sont déjà en mouvement, les chances de réussite soient plus grandes et le nombre de bonnes soudures plus élevé ».

L'Aramon × *Rupestris-Ganzin, n° 2* est plus résistant au calcaire que le n° 1, mais moins résistant au phylloxéra.

81. Chasselas × Berlandieri n° 41 B de *Millardet et Grasset*.

Caractères (fig. 55) : très jeunes feuilles couvertes de poils formant un feutrage blanc ; jeunes feuilles duveteuses, bronzées ; feuilles adultes couvertes de poils laineux à la face inférieure surtout sur les nervures ; sarments aoûtés bruns rayés de noir avec poils laineux épars.

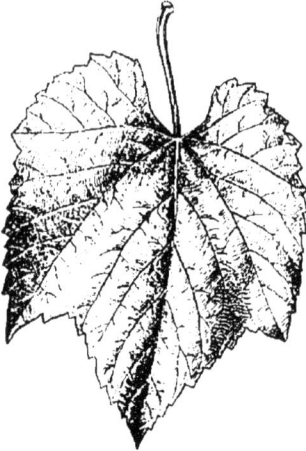

Fig. 55. — Chasselas et Berlandieri n° 41 B, Millardet et de Grasset (P. Viala et Ravaz).

Résistance phylloxérique : suffisante.

Adaptation. — Le 41 B est par excellence le porte-greffe des terrains crayeux ou argilo-calcaires *secs* contenant jusqu'à 60 *pour* 100 *de calcaire.* « Il convient dans les terres crayeuses à couche arable peu profonde à sous-sol de rocher crayeux entièrement chlorosant ; et c'est par là qu'il constitue pour les Charentes un porte-greffe des plus précieux. Il convient également dans les terres argilo-calcaires sèches et dures. » Il ne convient pas dans les marnes humides ni dans les terres non calcaires.

Affinité pour les greffons : bonne ; le 41 B régularise la fructification, ses greffons sont peu sujets à la coulure.

Reprise au bouturage 70 à 75 pour 100, au *greffage* 40 à 50 pour 100 : il n'a pas le grave défaut du Berlandieri.

En résumé, le Chasselas × Berlandieri 41 B a presque toutes les qualités du Berlandieri et n'a pas ses défauts.

82. Bourrisquou × Rupestris n° 601 et n° 603 de *Couderc.* — Ces deux hybrides doivent au Bourrisquou leur grande rusticité et leur résistance au calcaire.

Caractères. — Le 601 a un aspect général de Rupestris à port érigé, alors que le 603 a l'aspect général de Vinifera × Rupestris à port étalé. Le 601 a les feuilles vert jaunâtre, rondes et entières ; à l'automne elles prennent une teinte *jaune* et tombent tardivement. Le 603 a les feuilles d'un vert sombre, elles sont découpées à 3 ou 5 lobes : à l'automne lorsqu'elles vont tomber elles prennent une teinte *rougeâtre*.

Résistance au phylloxéra : très bonne.

Adaptation. — Ces deux hybrides résistent à la chlorose dans les sols contenant jusqu'à 40 ou 50 pour 100 de calcaire.

Le 601 supporte cependant mieux le calcaire que le 603 : « il paraît convenir de préférence dans les terres argilo-calcaires compactes, même peu profondes, aux groies fortement mélangées de marne et aussi aux argiles froides, aux boulbènes du Sud-Ouest » (Prosper Gervais). Le 603 peut pousser dans ces mêmes sols, mais il a en plus la faculté de bien venir dans les terrains *secs, relativement superficiels.*

Affinité : bonne.

Vigueur : Le 601 est plus vigoureux que le 603 mais bien inférieure à celle du 1202.

Reprise au bouturage et au greffage : bonne.

Cabernet $\times$ Rupestris 33. — Les Cabernet $\times$ Rupestris 33 ressemblent au point de vue des caractères au Rupestris. Ils sont au nombre de trois : 33A, 33 A¹ et 33 A². Actuellement on emploie surtout le 33 A¹ le plus vigoureux.

Résistance au phylloxéra : pratiquement suffisante.

Adaptation. — Ces hybrides résistent à la chlorose dans les sols contenant jusqu'à 35 à 40 pour 100 de calcaire. « Ils n'ont pas le même degré de résistance à la chlorose ni la même vigueur que l'Aramon $\times$ Rupestris Ganzin n° 1 et le Mourvèdre $\times$ Rupestris 1202. Mais en revanche ils sont plus résistants à la sécheresse et s'accommodent beaucoup mieux de la *pauvreté du sol.* Leur véritable place est donc dans les terres de groies, maigres, pauvres, sèches, dans certaines terres argilo-calcaires peu ou moyennement calcaires ainsi que dans les sols secs compacts ou maigres non calcaires » (Prosper Gervais).

Affinité : bonne.

Vigueur. — Les Cabernet $\times$ Rupestris 33 sont vigoureux, rustiques ; le 33 A¹ est le plus vigoureux des trois.

Reprise au bouturage et au greffage. — Ils se bouturent et se greffent bien.

83. Colombaud $\times$ Rupestris n° 3103 ou Gamay Couderc (fig. 56). *Caractères.* — Les jeunes pousses et les jeunes feuilles sont vert tendre, brillantes, glabres ; les feuilles adultes sont assez découpées,

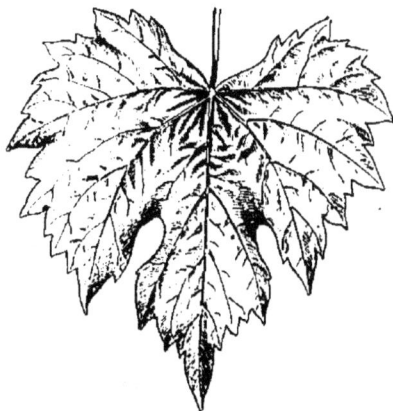

Fig. 56. — COLOMBAUD $\times$ RUPESTRIS n° 3103 ou GAMAY COUDERC.

trilobées. Au point où le pétiole de la feuille s'insère sur la feuille on constate des plis, comme si la feuille avait été pincée.

Résistance au phylloxéra : assez discutée.

Adaptation. — Il peut supporter jusqu'à 35 à 40 pour 100 de calcaire. Il convient dans les sols calcaires marneux suffisamment riches et frais, il se comporte moins bien dans les terrains calcaires secs.

Affinité : bonne.

Reprise au greffage : assez irrégulière et faible, 15 à 30 pour 100.

On lui reproche de pousser les greffons à une *fructification irrégulière,* à la coulure ; c'est ce qui le fait abandonner de plus en plus comme porte-greffe.

CONSEILS SUR L'EMPLOI DES PRINCIPAUX PORTE-GREFFES

84. Les porte-greffes pour terrains calcaires. — De tout ce que nous venons de voir au sujet des conditions que doivent remplir les porte-greffes (p. 97) et de l'étude de chacun de ces derniers, nous pouvons tirer certaines conclusions concernant leur emploi :

Cépages supportant jusqu'à **50** à **60** % de calcaire. {
Convenant aux terrains crayeux secs peu profonds . . . {
Berlandieri. {
B. Rességuier n° 1.
B. — n° 2.
B. Laffont.
B. Mazade.
}
}
Chasselas × *Berlandieri*, n° 41 B.
}

Cépages supportant jusqu'à **40** à **50** % de calcaire. {
Convenant aux terrains marneux frais et un peu humides . . . . . {
Mourvèdre × *Rupestris*, n° 1202.
Aramon × *Rupestris*, Ganzin, n° 1.
Bourrisquou × *Rupestris*, n° 601.
}

Convenant aux terrains secs peu profonds . . . . . {
Bourrisquou × *Rupestris*, n° 603.
}
}

Cépages supportant jusqu'à **30** à **40** % de calcaire. {
Convenant aux terrains plutôt humides . . . . . {
Berlandieri × *Riparia*, n° 33 et n° 34 EM.
Berlandieri × *Riparia*, n° 157 [11].
}

Convenant aux terrains plutôt secs . {
Berlandieri × *Riparia*, 420 A et 420 B.
Rupestris × *Berlandieri*, 301 A et 219 A.
Cabernet × *Rupestris*, n° 33 A [1].
}
}

Cépages supportant jusqu'à **25** à **30** % de calcaire. {
Convenant aux terrains sains argilo-calcaires même un peu compacts, profonds, fertiles . . {
Riparia × *Rupestris*, n° 101 [14].
}

Convenant aux terrains peu profonds, peu fertiles, mais frais, même un peu humides. {
— n° 3306.
}

Convenant aux terrains maigres, secs, caillouteux . {
Riparia × *Rupestris*, n° 3309.
Rupestris du Lot.
}
}

Cépages supportant jusqu'à **15** à **25** % de calcaire. {
Convenant aux terrains peu profonds, très humides. . . . . {
Solonis × *Riparia*, n° 1616.
}

Convenant aux terrains fertiles, profonds, frais et même humides. {
Solonis.
}
}

Cépage supportant jusqu'à **10** à **15** % de calcaire. { Convenant aux *terrains fertiles, profonds, plutôt frais.* } *Riparia-Gloire de Montpellier.*

Cépage supportant **1** à **5** % de calcaire . . . . . . { Convenant aux *terrains granitiques, argilo - siliceux, peu compacts et frais.* } *Vialla.*

85. Les porte-greffes pour terrains compacts. — Nous

avons vu p. 106 ce que l'on entend par terrains compacts. Les principaux porte-greffes à employer dans ces terrains sont les suivants :

Terrains compacts {

secs. { Riparia × Cordifolia-Rupestris 106-8.
Rupestris du Lot.
Bourrisquou × Rupestris 603.
Cabernet × Rupestris 33 A¹.
Aramon × Rupestris Ganzin n° 2.

humides. { Solonis × Riparia 1616.
Riparia × Rupestris 3306.
Bourrisquou × Rupestris 601.
Aramon × Rupestris Ganzin n° 1.
Mourvèdre × Rupestris 1202.

86. Les porte-greffes pour les terrains humides. — Les

principaux porte-greffes à employer dans les terrains humides sont les suivants (voir page 107) :

Solonis.
Solonis × Riparia n°⁵ 1615 et 1616.

Mourvèdre × Rupestris n° 1202.
Aramon × Rupestris Ganzin n° 1.

87. Les porte-greffes pour les terrains secs. — Nous

avons divisé les terrains secs en terrains secs *superficiels*, en terrains secs *non superficiels* et en terrains *secs compacts* et nous avons expliqué (page 107) ce que sont ces différentes catégories. Les porte-greffes à employer respectivement dans ces terrains secs sont les suivants :

Terrains secs {

superficiels. { Berlandieri.
Rupestris × Berlandieri 219 A et 301 A.
Berlandieri × Riparia 420 A.
Riparia × Cordifolia-Rupestris 106-8.
Bourrisquou × Rupestris 603.

non superficiels. { Rupestris Martin.
Rupestris du Lot.
Riparia × Rupestris 3309.
—   —   101¹⁴.
Aramon × Rupestris Ganzin n° 2.
Cabernet × Rupestris 33 A¹.

compacts. { Riparia × Cordifolia-Rupestris 106-8.
Cordifolia × Rupestris.
Rupestris du Lot.
Aramon × Rupestris Ganzin n° 2.
Cabernet × Rupestris 33 A¹.

III. CULTURE DES PORTE-GREFFES

88. *La culture des porte-greffes a pour but d'obtenir des sarments bien aoûtés destinés à la production des greffes.*

L'aoûtement du bois demandant une certaine quantité de chaleur, on comprend que c'est surtout dans le Midi que l'on peut se livrer à la culture des porte-greffes ainsi que dans les parties les plus chaudes des régions du Centre et de l'Est.

Dans les régions plus au nord l'aoûtement n'est jamais bien assuré, surtout si la culture se fait dans des terres humides exposées aux gelées de printemps ; il n'est bon que dans les expositions chaudes lorsque les sarments sont bien baignés par le soleil.

89. Choix et préparation du sol. — Les terres destinées à la culture des porte-greffes doivent être profondes et riches. Comme la production du bois (et par conséquent des feuilles) nécessite la consommation d'une importante quantité d'aliments fertilisants, il faut nécessairement que ces terres soient copieusement fumées.

A l'automne, on commence par faire un *labour de défoncement* à la charrue et par fumer en défonçant.

La fumure comprendra des engrais *organiques* (fumiers, tourteaux, etc.), qui pousseront à une luxuriante végétation, et des doses importantes d'engrais *phosphatés* qui contre-balanceront l'action des engrais azotés en donnant des bois durs, noués, courts.

A titre de renseignement général nous pouvons donner les doses suivantes[1] :

Pour un hectare.	Fumier.	45.000	kilogr.
	Superphosphate de chaux ou scories de déphosphoration.	500	—
	Sulfate de potasse.	200	—

Au printemps, on pratique un *binage.* On fait ensuite la plantation dès que le terrain est égoutté.

90. Plantation. — On peut planter :

1º *Des boutures* lorsqu'on s'adresse à des variétés émettant facilement des racines. Il faut, dans ce cas, avoir soin de faire une petite pépinière pour remplacer les boutures qui ne prendront pas (les *manquants* comme on les appelle).

2º *Des sujets racinés,* lorsque les variétés que l'on veut obtenir

---

1. Ces doses varient suivant la richesse de la terre utilisée.

émettent difficilement des racines, comme le *Berlandieri* par exemple.

Les boutures sont plantées à 1 m. 50 les unes des autres, en tout sens :

1ᵣₑ *année* : pendant la végétation, on pratique des *binages* à la charrue pour maintenir la fraîcheur du sol et détruire les mauvaises herbes.

A l'automne, après la chute des feuilles, on donne un *labour d'hiver* ou *labour de débuttage*, surtout dans les régions du Nord pour protéger les jeunes plants contre la gelée et ameublir le sol.

2ᵉ *année* : au printemps on taille très court la pousse de l'année, de façon à obtenir un rejet qui prolonge bien la tige pour former la souche; on pratique en même temps le *labour de débuttage* ou *labour de printemps*.

Dans le courant de l'année, lorsque les pousses ont 20 à 25 centimètres de longueur, on conserve trois ou quatre pousses et on supprime les autres ; cette opération s'appelle *épamprage*.

Comme pour la première année, on pratique aussi des binages d'été et enfin à l'automne, le labour d'hiver.

A la 3ᵉ *année* : mêmes opérations que pendant la 2ᵉ année ; la plantation commence à produire.

A la 4ᵉ *année* : la plantation est en plein rapport. A l'épamprage on conserve 8 à 10 pousses au lieu de 3 ou 4.

91. Taille, conduite, fumure, lorsque la plantation de porte-greffes est en plein rapport. — A partir de la 4ᵉ année, lorsque la plantation de porte-greffes est en plein rapport, on pratique une taille convenable.

Deux systèmes de tailles sont préconisés : *la taille en tête de saule*, la *taille à coursons* :

Taille en tête de saule. — Chaque année, on taille les pousses sur les souches ; l'extrémité de la souche forme une tête de saule presque au ras du sol. De cette tête de saule sort chaque année, au printemps, un certain nombre de pousses dont on ne conserve à l'épamprage que les 8 ou 10 plus belles suivant la vigueur.

Les partisans de cette taille prétendent qu'avec ce système on obtient des bois plus vigoureux et plus beaux. Les adversaires prétendent qu'avec ce système « on provoque le rabougrissement en amenant un vieillissement prématuré des souches ».

Taille à courson. — Dans ce système on taille un certain nombre de sarments (les autres sont supprimés), de façon à ce qu'ils n'aient pas plus de 1 à 3 bourgeons ; les fragments de sarment conservés portent le nom de court-bois ou *coursons*.

A l'épamprage, on ne conserve que 8 à 10 pousses suivant la vigueur de la souche ; les autres sont supprimées.

Conduite. — Les 8 ou 10 pousses conservées peuvent atteindre, suivant la fertilité du sol, de 3 à 6 mètres.

Dans le Midi, ces pousses se développent, « courent » sur le sol : on peut les diriger en faisceaux le long des lignes, de façon à permettre à la charrue de pouvoir passer. Avec ce système, pas de supports coûteux et la récolte des bois est facile.

Dans le Nord, à cause du manque de chaleur et d'une plus grande humidité du sol, il est préférable de palisser ces pousses le long de grandes perches ou sur des fils de fer inclinés et supportés par des piquets de 1 m. 75 de hauteur.

Toutes les trois semaines, à cause de l'allongement rapide des sarments, il est bon de pratiquer un traitement au sulfate de cuivre pour combattre le mildiou.

Fumure. — Les porte-greffes exportant une grande quantité de bois, il faut une fumure *copieuse* lorsque la plantation est en pleine production. Comme renseignement général nous pouvons donner la formule suivante :

	1ʳᵉ année.	Fumier de ferme.	45.000	kilogr.
Pour une période de trois années et par hectare [1].	2ᵉ année.	Superphosphate de chaux (ou scories de déphosphoration).	500	—
		Sulfate de potasse.	200	—
		Nitrate de soude.	200	—
	3ᵉ année.	Superphosphates ou scories.	400	—
		Sang desséché.	200	—

92. Récolte et préparation des bois porte-greffes. — La récolte se fait après la chute des feuilles, dans le courant de novembre. On taille en même temps les souches, comme nous l'avons indiqué plus haut.

Les longs sarments obtenus sont nettoyés (on enlève les ramifications et les vrilles), puis divisés en morceaux de 1 mètre, 0 m. 50, et 0,30. Les morceaux de même grosseur sont groupés en paquets de cent ou de mille.

D'après M. Pacottet « cette taille à 1 mètre est désavantageuse, car elle ne représente jamais exactement 3 ou 4 porte-greffes, d'où déchet considérable. Il serait préférable, si ces bois étaient destinés à un pays déterminé, de les vendre coupés à la longueur de 3 ou 4 boutures employées dans ce pays. On pourrait aussi les vendre au poids, en précisant le diamètre. Dans ce cas on peut les acheter de toute leur longueur et on les fractionne soi-même, à 4 boutures par exemple, pour les manier et les conserver plus facilement. »

---

1. Ces doses doivent évidemment varier suivant la richesse du sol.

Les bois doivent avoir au petit bout 5 à 6 millimètres de diamètre et ne pas dépasser au gros bout 12 millimètres. Pour connaître leur calibre on se sert d'une jauge (fig. 57).

93. Conservation des bois. — Les bois étant récoltés, il s'agit de les conserver jusqu'au moment du greffage. Pour cela, on peut employer plusieurs procédés :

1° *Conservation dans le sable* : sous un hangar, exposé au nord autant que possible, on adosse au mur une espèce de caisse formée par quelques planches maintenues à l'aide de 4 piquets.

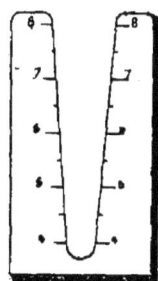

FIG. 57. — JAUGE POUR DÉTERMINER LE CALIBRE DES BOIS PORTE GREFFES.

Sur le fond, on dispose une couche de sable de rivière de 20 centimètres de hauteur au-dessus de laquelle on étend les paquets de sarments.

On couvre ces paquets avec du sable de manière à ce que ce sable pénètre bien entre les sarments. Il ne faut pas qu'il y ait des espaces non remplis où l'air se sature de l'humidité donnée par les bois et où des moisissures se développent.

Au-dessus de la 2e couche de sable on dispose une nouvelle série de paquets, puis une 3e couche de sable, ainsi de suite, jusqu'à une hauteur de 1 m. 50. Le tout est recouvert d'une dernière couche de sable de 25 centimètres d'épaisseur.

Le sable sec absorbe pendant les premiers jours l'humidité qu'émettent les sarments, puis une fois frais arrête le dessèchement.

2° *Conservation dans les caves* : les paquets de sarments sont placés verticalement dans des baquets ou de petits bassins cimentés contenant seulement 20 centimètres d'eau mélangée avec un peu de charbon de bois pour éviter la putréfaction du liquide ; on renouvelle fréquemment l'eau.

94. Emploi des sarments porte-greffes. — *Au printemps, trois ou quatre jours avant leur emploi* au greffage, les sarments porte-greffes sont retirés du sable, lavés à grande eau pour faire disparaître les dernières particules de sable qui ébrécheraient les greffoirs, puis mis le pied dans l'eau pour que les différentes parties du bois s'imbibent.

On reconnait que le bois est en bon état lorsque, le pied de la bouture étant mis dans l'eau, on voit au bout d'une heure ou deux environ le liquide suinter à l'autre extrémité [1].

---

1. Il est nécessaire pour que la pénétration de l'eau se fasse bien, de sectionner à nouveau les deux extrémités.

IV. PRÉCAUTIONS A PRENDRE DANS L'ACHAT
DES PORTE-GREFFES

Un grand nombre de viticulteurs préparent eux-mêmes les greffes-boutures destinées à la reconstitution de leur vignoble : d'autres les achètent directement. Tous utilisent ainsi une quantité considérable de sarments de vignes américaines achetés principalement dans la région du Midi.

Ce commerce des bois américains est soumis à un grand nombre de fraudes par des commerçants peu scrupuleux dont les viticulteurs doivent se garantir.

C'est ainsi qu'on remplace les porte-greffes les plus employés, et qui se vendent un bon prix, par d'anciens porte-greffes d'une valeur beaucoup moindre, par des bois d'anciens producteurs directs, etc. : on remplace l'Aramon × Rupestris Ganzin n° 1 et le Mourvèdre × Rupestris n° 1202 par du Gamay Couderc, de l'Othello, du Terras n° 20, du Pinot × Rupestris 1305 ; à la place des Riparia × Rupestris 101^{14} et 3309, on vend des Riparias, du Clinton ou Plant Pouzin ; pour du Solonis × Riparia 1616 on donne du Solonis, etc., etc.

Il est difficile de reconnaître les variétés livrées à la seule inspection des bois, il faut nécessairement les essayer en pépinière pour obtenir des feuilles, celles-ci permettant une détermination relativement facile.

L'acheteur, pour se garantir des fraudes, doit dans ses achats prendre des précautions. Il rédigera sur papier timbré, et en double exemplaire, toutes les conditions du marché : nature et prix des bois, le mode de livraison et de paiement, marche à suivre pour le prélèvement des échantillons destinés à déterminer si les bois sont authentiques. La rédaction du marché peut être la suivante :

Marché écrit[1]. — Les soussignés (nom de l'acheteur), viticulteur à et (nom du vendeur), viticulteur-pépiniériste à , conviennent de ce qui suit :

M. vend par les présentes à M. qui accepte : deux mille mètres de Mourvèdre × Rupestris 1202, à 50 francs les mille mètres ; cinq cents mètres de Rupestris du Lot, etc.

Le vendeur s'engage à fournir des bois de fraîcheur saignante et bien authentiques, dont le diamètre ne pourra être inférieur à 5 millimètres à la plus petite extrémité, sans distinction de variété, et la longueur minimum à un mètre.

---

1. Modèle donné par M. GUILLE, professeur d'agriculture à Bar-sur-Seine. (*Les Vignes américaines.*)

Toutefois, le preneur acceptera les fractions de boutures dans la proportion d'un quart pour le Rupestris du Lot et d'un tiers pour le Mourvèdre × Rupestris 1202; elles seront refusés pour le Riparia × Rupestris 3 309.

Leur longueur ne sera pas inférieure à 5o centimètres, deux fractions compteront pour un mètre.

L'authenticité sera vérifiée par des essais végétatifs organisés au moyen des échantillons de sarments ou boutures prélevés à l'arrivée en gare. Ces essais, au nombre de deux, seront confiés, le premier à M. le Maire de (commune de l'acheteur)[1] et le second à M. le Professeur départemental[2] d'agriculture.

En outre, le tiers des boutures fragmentées sera retourné au vendeur pour lui permettre de vérifier si les sarments échantillonnés sont bien ceux qu'il entend avoir livrés.

La livraison des bois aura lieu de fin janvier au 15 février, au plus tard; l'expédition sera faite en petite vitesse, franco de port et d'emballage en gare (gare du destinataire).

Dès le départ en gare de cette expédition, le vendeur retirera un récépissé et le fera parvenir immédiatement à l'adresse de l'acheteur. Celui-ci sera tenu, à l'arrivée en gare, de procéder à un prélèvement d'échantillons de chaque variété; les échantillons seront au nombre de quatre par botte de mille mètres.

Ils seront coupés en trois parties égales, en vue de constituer pour chaque variété de porte-greffes trois paquets identiques. Cette opération aura lieu en présence des témoins désignés par les parties contractantes. Dans le cas où l'une des parties ne pourrait ou refuserait de s'y faire représenter, elle serait remplacée par M. le Maire de (commune de l'acheteur), ou, à son défaut, par le garde champêtre de cette commune.

Procès-verbal de l'opération sera dressé en double exemplaire et signé par l'acheteur, le vendeur ou son représentant et les témoins.

Le paiement se fera par traite en deux fois et par moitié. Le premier versement aura lieu trente jours après la réception du récépissé de l'expédition, cette date étant établie par le timbre de la poste; le second au 10 septembre après la justification prévue ci-dessus.

Il ne sera pas toléré plus de 4 p. 100 de porte-greffes non authentiques, c'est-à-dire étrangers à l'espèce ayant motivé le marché; au delà de ce taux, l'acheteur pourra exiger:

1° Le remboursement des sommes déjà payées; 2° des dommages-intérêts dont le montant sera fixé par un expert choisi par les parties, ou, à défaut, par le Tribunal de commerce de l'arrondissement de l'acheteur. Toutes contestations ou différends non prévus seront réglés par le même tribunal, qui jugera sans appel.

Fait double à   ; le   mil neuf cent

    Signature de l'acheteur.   Signature du vendeur.

Procès-verbal de prélèvement d'échantillons de sarments américains greffables.

L'an mil neuf cent   (la date en toutes lettres), en présence de M.   . représentant M.   , adjudicataire de la fourniture des bois américains greffables necessaires au Syndicat de   , et de M.   , représentant dudit

---

1. Ou tout autre personne.
2. Ou spécial.

Syndicat, assisté de M. le Maire (ou du garde champêtre) de la commune de
    , il a été prélevé sur wagon qui nous a été indiqué par
M. le chef de gare de   , comme constituant l'envoi des
sarments américains fait aujourd'hui en gare de   par
M   , adjudicataire, les échantillons suivants :

Sur chaque botte étiquetée (1202), trois échantillons de chacun un mètre ont été prélevés, puis ont été sectionnés respectivement en trois longueurs égales.

Ces sections ont été aussitôt réunies en trois paquets étiquetés portant, en sus du nom de la variété, l'un des numéros 1, 2 et 3. Ces paquets ont été scellés et cachetés à la cire, en présence des témoins soussignés, par lettres (lettres du cachet).

(De même pour chaque autre variété composant la livraison).

Tous les paquets n° 1 ont été aussitôt réunis et retournés à M.   , adjudicataire, en un colis postal, dont est gardé récépissé.

Tous les paquets n° 2 ont été remis à M.   , délégué par les acheteurs à l'effet d'organiser une pépinière d'essai de ces boutures.

Enfin, les paquets n° 3 ont été adressés à M. le Professeur départemental d'agriculture aux mêmes fins d'essai en pépinière.

Fait double et de bonne foi à (localité de la gare), le   1905.

(Signatures des représentants et des témoins).

Nous ne saurions trop insister sur les précautions à prendre dans le prélèvement des échantillons. Ce prélèvement doit toujours avoir lieu en gare (suivant les indications données ci-dessus) et devant témoins : M. le Maire (ou le garde champêtre), le représentant du vendeur et un délégué (si c'est possible) du Professeur chez lequel doit se faire l'essai. Si le vendeur ne peut assister à l'opération ou se faire représenter, le chef de gare le remplace.

Nous avons vu des acheteurs n'avoir aucun recours contre le vendeur faute d'avoir bien pris les échantillons.

95. Expédition des porte-greffes. — Les paquets de sarments que l'on veut expédier à distance, à l'automne ou au printemps, doivent être enveloppés dans de la paille ou de la toile, si la durée du voyage n'est que de deux à trois jours.

On les entoure de mousse sèche et ensuite de paille si la durée du voyage est de 8 à 15 jours.

Pour des expéditions au loin (et même pour une conservation de 6 mois) on dispose les paquets de sarments dans du sable mélangé à 1/4 de poussière de charbon de bois ; on opère comme on l'a dit plus haut pour la conservation des porte-greffes. Le tout est mis dans une caisse doublée de fer-blanc.

CHAPITRE IX

LE GREFFAGE (*suite*). — LES GREFFONS

RÉCOLTE ET PRÉPARATION DES GREFFONS

96. Choix des greffons (**sélection**). — Nous avons vu que le greffage permet d'obtenir des vignes dont les types ont des caractères absolument identiques à ceux du type auquel appartient le greffon. Si le greffon, par exemple, provient d'un cep peu fertile, coulard ou ayant une maturité irrégulière, etc., il donnera naissance à un cep ayant les mêmes défauts. On conçoit dès lors l'importance que présente le choix, la sélection des greffons.

Comment doit-on faire ce choix? Au début de la reconstitution, dit M. Pacottet « on prélevait, au moment de la taille, pour faire des greffons, les sarments des souches très développées. La vigueur de ces souches résultait souvent de leur infertilité et les greffes, conservant les caractères des greffons choisis, étaient infertiles. On conseilla ensuite de prendre les sarments des souches les plus chargées de grappes grosses et compactes.

« On obtient ainsi des greffes d'une fertilité souvent exagérée et j'ai pu voir, à la suite de sélections répétées, des greffons tellement fertiles que les souches ne pouvaient mûrir leurs fruits par insuffisance de feuillage.

« Avec des cépages de quantité les résultats furent assez satisfaisants, mais avec des cépages de qualité, ils furent désastreux. On obtint des variétés fertiles, tels les Pinots productifs, à fructification excessive, et dont les raisins énormes, à gros grains serrés, mûrissant irrégulièrement, donnaient des vins inférieurs. A côté de cette diminution de qualité se manifestait une diminution de résistance à la pourriture due à l'extrême densité de la grappe. »

Le choix doit donc varier suivant que l'on opère sur les cépages communs donnant de la *quantité* et des vins de qualité moyenne ou sur des cépages de *qualité*.

Dans tous les cas, on doit rechercher les ceps *fertiles, non coulards, à raisins bien conformés, pas trop serrés* (ce qui exposerait à la pourriture), *à fructification régulière et à maturité bonne.*

Si on recherche les ceps à plus grande production, il est bon d'analyser les raisins de quelques-unes des souches choisies afin de voir si la production plus grande n'a pas lieu au détriment de la richesse en sucre : « une production au-dessus de la moyenne peut être passagère si la souche dépérit ou si elle a une fructification irrégulière, bisannuelle par exemple ». On doit donc refaire la sélection des pieds choisis une deuxième, puis une troisième année.

Quelques jours avant les vendanges, on fait son choix, on note soigneusement les caractères des ceps étudiés ; on analyse au besoin les raisins (une simple détermination du sucre, de l'acidité et de la couleur suffit), et l'on marque avec une étiquette les ceps choisis.

Au bout de plusieurs années, en opérant ainsi, on est certain d'obtenir des ceps qui répondent le mieux aux conditions désirées.

97. Récolte des sarments greffons. — La récolte des sarments greffons peut se faire soit avant l'hiver pour éviter les grands froids, soit après l'hiver avant qu'ils n'entrent en végétation.

98. Conservation des sarments greffons. — La conservation des sarments greffons se fait comme celle des porte-greffes, on peut employer les mêmes procédés :

1° *Conservation dans le sable* (voir p. 129) : c'est le procédé le plus pratique, on procède de la même manière que pour les sarments porte-greffes ; le sable utilisé doit être moins humide que pour ces derniers.

2° *Conservation dans les caves* (voir p. 129).

99. Emploi des sarments greffons. — Trois ou quatre jours avant leur emploi au greffage, les sarments greffons sont retirés du sable, lavés à grande eau pour faire disparaître les dernières particules du sable qui ébrécheraient les greffoirs, puis mis le pied dans l'eau pour que les différentes parties du bois s'imbibent.

Nous avons vu p. 129 comment on reconnaît que le bois est **en bon état.**

CHAPITRE X

LE GREFFAGE (suite). — PRATIQUE DU GREFFAGE

100. Les différentes méthodes de greffage. — On distingue : le *greffage sur place* et le *greffage sur table*.

Le greffage sur place consiste à fixer le greffon sur un sujet, vieille souche située en plein champ, ou sur de jeunes plants âgés d'un an.

Avec le greffage sur place, on ne peut pas toujours remplir les conditions que demande la réussite de la greffe (température, humidité, etc., voir p. 92) ; on est à la merci du temps. Aussi dans la région du Nord, ce mode de greffage ne donnet-il pas de bons résultats ; il ne peut guère être effectué que dans le Midi sur des boutures racinées, plantées fin octobre et dont les racines ont déjà émis des radicelles au printemps suivant.

Le greffage sur table beaucoup plus employé consiste à fixer, à *l'atelier*, le greffon sur le sujet, bouture racinée ou non ; les greffes sont ensuite mises en pépinière, puis plantées au printemps suivant.

Nous avons vu (p. 91) que le greffon et le sujet ne se soudent que lorsque leurs *couches génératrices* ou *cambium* sont en contact aussi intime que possible. Pour établir ce contact et assembler porte-greffe et greffon, on opère de différentes manières ; de là différents systèmes de greffage dont nous n'indiquerons que les plus employés. Nous les classerons en trois catégories :

I. — **La Greffe anglaise.** } (Voir principe de cette greffe, p. 89).

II. — **Les Greffes en fente.** {
Greffe en fente simple.
Greffe en fente pleine.
Greffe en fente pleine, à épaulements et à onglets.
Greffe en fente évidée.
Greffe en fente pleine, dite à cheval.
Greffes de côté { *Greffe de Cadillac.*
Greffe Gaillard.

III. — **Les Greffes en écusson.** {
Greffe Salgues.
Greffe Cahuzac.
Greffe Vauzou.
Greffe Massabie, etc.

101. La Greffe anglaise. — *La greffe anglaise est de toutes les greffes la plus employée.* — Nous avons indiqué son principe p. 89, il nous reste à indiquer les règles pratiques à suivre pour bien l'exécuter.

Pour pratiquer la greffe anglaise, le meilleur outil à utiliser est le *greffoir* (fig. 58), à lame très tranchante et présentant un seul biseau. Les formes de greffoir sont assez nombreuses; la plus usitée est à la lame droite, comme l'indique la figure 58.

Pendant les opérations du greffage, il faut avoir le soin d'affiler souvent la lame tranchante du greffoir, car les coupes vives et saines favorisent la cicatrisation des plaies. Quand le tranchant est émoussé, on repasse la lame sur la meule de grès, puis on l'adoucit sur une pierre plus tendre (pierre dite de Lorraine ou mieux encore la pierre dite du Levant) pour lui enlever le fil. Le simple repassage à la pierre se répète plusieurs fois dans la journée, lorsqu'il s'agit de travaux continus.

Fig. 58.
GREFFOIR.

Fig. 59.
GREFFE ANGLAISE.

1, *Mauvaise disposition des coupes par rapport aux yeux; B, Partie du greffon se desséchant par suite de cette mauvaise disposition; C, Partie de la greffe mal soudée.* — 2, *Bonne disposition des coupes.*

Il existe certaines machines pour exécuter la greffe anglaise: quelques-unes d'entre elles donnent des résultats assez satisfaisants. Cependant elles ne se sont pas répandues parce que le greffage à la main donne d'aussi bons résultats.

Préparations des sarments à greffer (porte-greffes et greffons). — Les bois porte-greffes sont coupés à la longueur de 25 à 30 centimètres immédiatement au-dessous d'un nœud (fig. 59, 1); la coupe est faite dans le mérithalle de l'autre extrémité: on enlève tous les yeux afin que le porte-greffe ne donne dans la suite aucune pousse.

Les sarments destinés à donner les greffons sont coupés de façon à avoir des fragments comprenant un œil; chaque section est faite à deux centimètres environ au-dessus de l'œil (fig. 60) que l'on conserve.

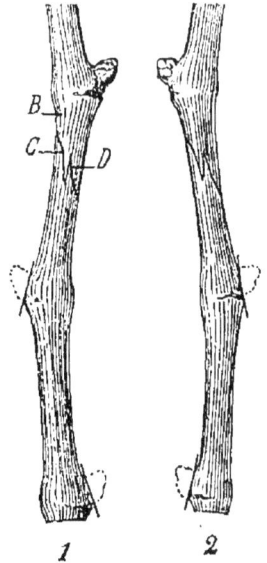

Le porte-greffe et le greffon sont taillés en biseau, comme nous l'avons indiqué page 90. *Dans le porte-greffe, la coupe doit être faite du côté du dernier œil que l'on a supprimé, et dans le greffon du côté de l'œil conservé* (fig. 59, 2) (Procédé Trapet). On a, en effet, remarqué qu'en procédant comme dans la figure 59, 1, par exemple, la soudure ne se faisait bien que sur la moitié de la coupe seulement, la languette est mal soudée et toute la moitié du greffon située au-dessus se dessèche.

Pour exécuter les sections en biseau, le greffeur tient le sarment comme l'indique la figure 41, 2, page 90, l'avant-bras et la main appuyée solidement au corps. La coupe est faite sur la face presque plane du sarment.

Pour exécuter les languettes d'assemblage, on opère également comme l'indique la figure 41, 4, page 90, en pratiquant au tiers supérieur de chaque biseau une entaille verticale dans le sens des fibres du bois, et profonde de 4 à 6 millimètres. Avec le greffoir on écarte un peu les lèvres de la fente ainsi produite, afin que la languette du greffon puisse pénétrer dans la fente du porte-greffe.

On assemble, enfin, porte-greffe et greffon, en engageant à fond les languettes dans les fentes, comme l'indique la figure 48.

Quelques praticiens préfèrent les coupes à biseau allongé; d'autres à biseau court (fig. 59). Les coupes courtes donnent en général plus de solidité à la greffe, et une meilleure réussite pour la soudure, car la partie D (fig. 59) étant moins allongée, et par conséquent plus épaisse, risque moins de se dessécher.

Un greffeur habile peut faire environ 80 à 100 greffes à l'heure dans sa journée, à la condition qu'on lui prépare les bois, et qu'il ne fasse pas les ligatures. Un ouvrier peut lier les greffes faites par deux greffeurs.

102. Greffe en fente simple. — La greffe en fente simple ou greffe en fente ordinaire est très anciennement connue; pendant longtemps elle a été à peu près la seule appliquée aux vignes; on l'emploie encore lorsqu'il s'agit de greffer des souches ayant plus de 3 à 4 centimètres de diamètre, et lorsqu'on veut substituer une variété à une autre, ou bien lorsqu'on désire obtenir *rapidement* des variétés rares, coûteuses. Le greffon étant, en effet, fixé sur une souche pourvue de grosses racines, utilise, dès qu'il est soudé, les aliments que ces racines lui fournissent; il peut alors donner rapidement des pousses de grande dimension.

L'exécution de la greffe en fente simple se fait au printemps, après la grande poussée de sève. On opère de la manière suivante (fig. 60) :

On déchausse la souche et on la coupe avec une scie à 3 ou 4 centimètres au-dessous du niveau du sol. La section est rendue bien nette avec une serpe. On ne décapite la souche que 8 à 15 jours avant de placer le greffon, de façon que la sève émise au début ne puisse le noyer (voir Conditions de réussite, p. 92).

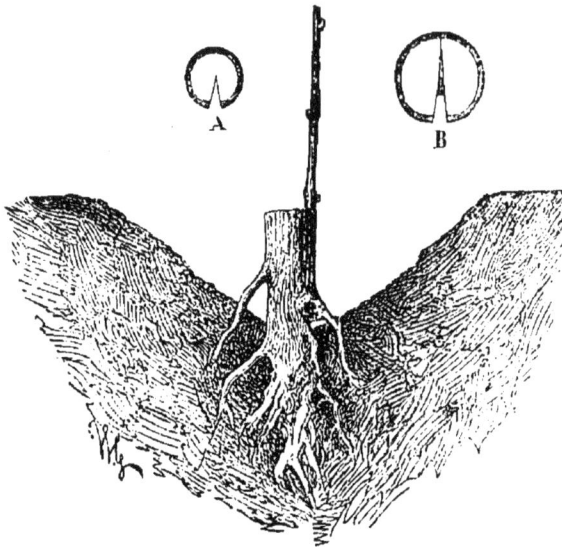

FIG. 60. — GREFFE EN FENTE SIMPLE OU ORDINAIRE.

A, *section d'une jeune branche*; B, *section d'une grosse branche*.

FIG. 61. — GREFFON PRÉPARÉ POUR LA GREFFE EN FENTE SIMPLE.

On fend ensuite le sujet ou porte-greffe sur le côté et suivant son diamètre à l'aide d'une serpette ou d'un ciseau. La fente, une fois faite, on y laisse le plus près du centre ce ciseau ou un coin de bois. On enlève de chaque côté de la fente deux petites lames de bois pour pouvoir loger plus facilement le greffon, de façon à éviter l'écrasement qui résulte parfois de la pression trop considérable exercée par les parois de la fente sur le greffon.

Les bords de la fente étant maintenus ouverts par un coin de bois, on prépare le greffon (fig. 61) : on le coupe dans un sarment de manière qu'il porte deux yeux ; on le taille en biseau à partir de l'œil inférieur, le côté du biseau qui regarde le centre est aminci comme une lame de couteau afin que le greffon ouvre la fente le moins possible.

Le greffon est enfoncé fortement dans la fente, l'œil en dehors ; on incline un peu sa tête vers le centre du sujet afin que les deux zones génératrices, en se coupant, aient d'une manière assurée quelques points de contact.

Lorsque la souche est assez grosse, on peut, pour avoir plus de chances de réussite, fixer *deux greffons* (fig. 62), un à chaque extrémité d'une fente qui traverse la section sur un même diamètre. Si les deux greffes réussissent on peut toujours en supprimer une l'hiver suivant.

Lorsque la souche est très grosse, au lieu de faire une fente, on peut pratiquer simplement une encoche sur le bord de la section dans laquelle on loge l'extrémité du greffon taillée suivant la forme de cette encoche.

Inutile de fixer le greffon par une ligature, l'élasticité du porte-greffe suffit pour le maintenir en place. Afin d'éviter le desséchement du greffon, pendant la reprise, on recouvre le tout d'une butte de terre.

103. Greffe en fente pleine (fig. 63). — Cette greffe est employée lorsque les greffons dont on dispose sont plus petits ou plus gros que le porte-greffe. On peut l'appliquer soit à une *bouture*, soit à un jeune plant d'un an que l'on

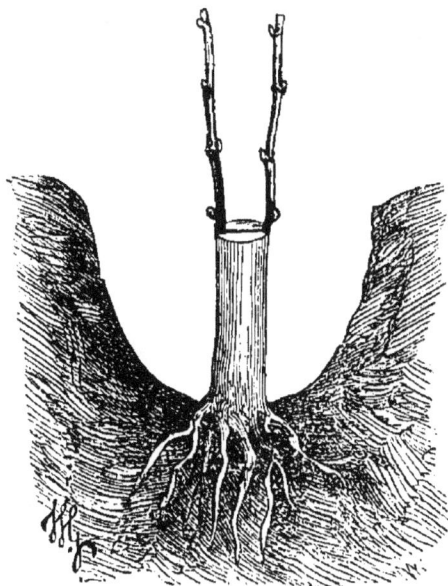

Fig. 62. — GREFFE EN FENTE SIMPLE AVEC DEUX GREFFONS.

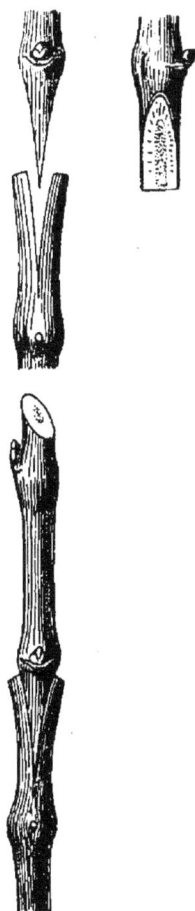

Fig. 63. — GREFFE EN FENTE PLEINE.

a planté à l'automne précédent, ou même à des plants de deux à trois ans.

Le *porte-greffe, ou sujet*, est taillé de manière que la section soit perpendiculaire à son axe ; on rafraîchit la section avec une serpette, puis on fend le sujet verticalement sur une longueur de 3 à 4 centimètres.

Le *greffon*, portant un seul œil, ou deux si les mérithalles sont courts, est taillé en coin allongé, puis introduit dans la fente du porte-greffe, de façon que l'œil soit en dehors et que les écorces coïncident bien.

La zone génératrice ou cambium du greffon (produisant le tissu de soudure) forme une courbe qui ne coupe qu'en deux points la zone génératrice du porte-greffe. Aussi la soudure est-elle plus ou moins longue à s'établir.

Lorsqu'on pratique cette greffe sur une *souche*, cette dernière est déchaussée, puis coupée à 3 ou 4 centimètres au-dessous du niveau du sol ; la section est rafraichie avec une serpette ; on fend ensuite le sujet sur une longueur de 3 à 4 centimètres pour introduire le greffon préparé comme nous l'avons indiqué. Quand la greffe est terminée, on butte avec un peu de terre jusqu'au-dessus du greffon.

104. Greffe en fente pleine à épaulement et à onglets. — *Dans la greffe en fente pleine à épaulement* (fig. 64), le porte-greffe se prépare de la même façon que dans la greffe précédente, mais le biseau du greffon, plus mince, présente au sommet deux petites sections droites comme l'indique la figure. On diminue ainsi les parties du greffon et du porte-greffe qui ne sont pas recouvertes, et on augmente les points de contact des deux zones génératrices.

FIG. 64. — GREFFE EN FENTE PLEINE A ÉPAULEMENT.

Dans la greffe en fente pleine à onglets (fig. 65), le greffon est taillé à l'aide d'une machine spéciale (machine de Roy, par exemple), et présente des onglets obliques, qui s'appliquent exactement sur le porte-greffe, taillé également avec des sections obliques.

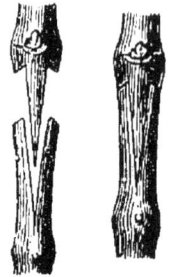

105. Greffe en fente évidée (fig. 66). — On l'emploie soit sur place au printemps, soit sur des boutures racinées. Le greffon se prépare de la même manière que dans la greffe en fente pleine, mais le porte-greffe est évidé en coin pour loger exactement le greffon. Pour que la greffe et le greffon soient bien en contact, le coin de bois du porte-greffe est enlevé à l'aide d'un instrument spécial.

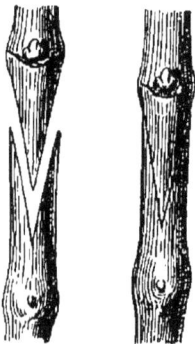

FIG. 65. — GREFFE EN FENTE PLEINE A ONGLETS.

106. Greffe en fente pleine, dite à cheval. — Cette greffe, ainsi que le montre la figure 67, est l'inverse de la *greffe en fente pleine*: c'est le sujet qui est taillé en coin et on le fait pénétrer dans une fente pratiquée suivant le diamètre du greffon.

FIG. 66. — GREFFE EN FENTE ÉVIDÉE.

107. Greffes de côté. — Ces greffes ont été imaginées pour éviter les inconvénients que présentent les *greffes en fente* précédentes lorsqu'elles sont appliquées sur des souches.

Les greffes en fente, en effet, lorsqu'elles sont appliquées à des souches, présentent les inconvénients suivants :

1° En décapitant la souche on supprime la récolte qu'elle donnait encore ; 2° si la soudure de la souche et du greffon ne se fait pas, c'est-à-dire si la greffe ne réussit pas, la mutilation de la souche ne donne aucun résultat, et il est difficile de recommencer une deuxième fois l'opération.

De là deux systèmes de greffage proposés pour remplacer les greffes en fente citées plus haut :

1° **La greffe de Cadillac** (fig. 68). — Elle se pratique en automne avant que la végétation ne soit encore en repos, car la soudure doit s'effectuer à l'automne :

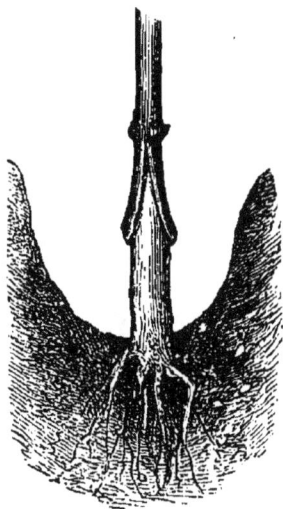

Fig. 67.
GREFFE EN FENTE PLEINE,
DITE A CHEVAL.

On déchausse un peu le pied de la souche à quelques centimètres au-dessous du sol ; on pratique sur cette souche une fente droite dirigée obliquement de 3 à 4 centimètres. Le greffon muni de deux yeux est taillé en coin, puis introduit

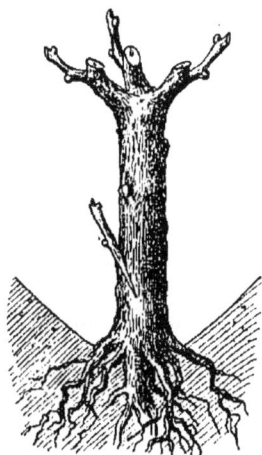

Fig. 68.
GREFFE DE CADILLAC.

Fig. 69.
GREFFE GAILLARD.

dans la fente. On ligature le tout et on butte jusque sur le greffon avec de la terre.

Si la soudure s'est faite avant l'hiver, les bourgeons du greffon ne tardent pas à se développer au printemps, la souche continue à donner du raisin pendant l'année qui suit ; on la coupe au-dessus de la greffe au bout d'un an si le greffon est suffisamment robuste.

2° **Greffe Gaillard** (fig. 69). — La greffe précédente s'applique surtout aux sujets jeunes, la greffe Gaillard convient plutôt aux souches d'un fort diamètre :

Sur la souche, et perpendiculairement à elle, on commence par faire une entaille pénétrant jusqu'au 1/5 ou au 1/3. On fait ensuite une deuxième entaille

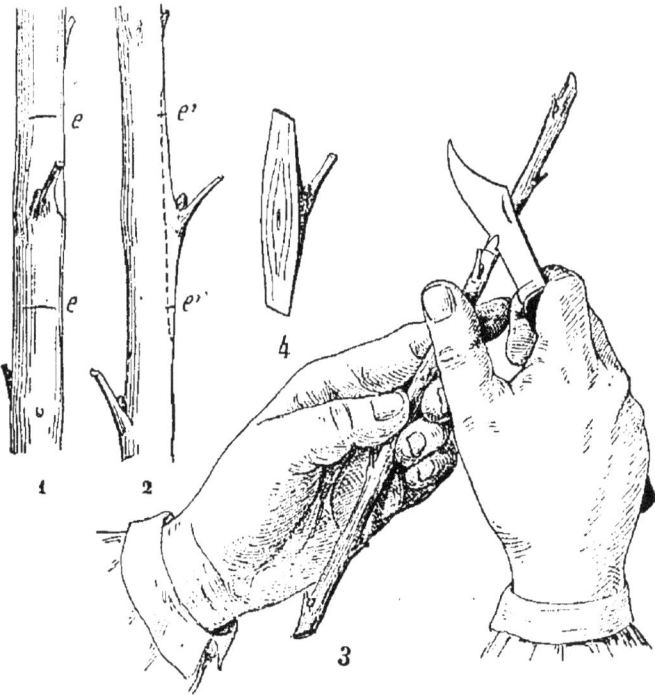

FIG. 70. — GREFFE EN ÉCUSSON ; MANIÈRE DE LEVER L'ÉCUSSON.

1 et 2, *entailles faites pour « lever » l'écusson ; 3, comment on « lève » l'écusson ; 4, écusson montrant au centre un petit îlot de bois autour duquel se trouve à nu du cambium, et sur le côté une partie de pétiole d'une feuille à l'aisselle duquel on voit un bourgeon.*

dirigée obliquement et partant à une dizaine de centimètres au-dessus de la première pour aller la rejoindre. On enlève ainsi un coin de bois de façon à obtenir une espèce d'épaulement sur lequel on applique le greffon.

Le *greffon*, taillé en coin, est glissé dans une fente que l'on pratique sur l'épaulement ; on ligature et on butte comme dans les greffes précédentes.

La souche est décapitée au-dessus de la greffe généralement au bout d'un an, lorsque le développement du greffon est suffisant.

Au lieu d'un greffon, on peut disposer deux greffons sur l'épaulement.

108. Greffes en écusson. — On appelle *écusson* un œil ou bourgeon accompagné d'un lambeau d'écorce qui l'entoure et dont la forme est variable : carré, triangulaire ou obtus.

Si l'on prend un écusson jouant le rôle de *greffon* (de façon que l'écorce de cet écusson ait du *cambium*) et qu'on l'applique sur un sarment *porte-greffe* dont on aura, en un point, écarté l'écorce pour mettre le cambium à nu, au bout d'un certain temps la soudure entre écusson et porte-greffe se fera, et nous aurons une *greffe en écusson* : tel est le principe de ce genre de greffe.

Pratique de l'opération. — Pour « lever » l'écusson (fig. 70) on entaille le sarment qui le porte à un centimètre au-dessous et à un centimètre et demi au-dessus de l'*œil* en *e e* (fig. 70, 1). On place la lame du greffoir à l'entaille supérieure en l'inclinant et en la faisant pénétrer jusqu'à l'aubier, puis on la fait glisser sur l'écorce jusqu'à l'entaille inférieure en suivant la ligne ponctuée *é, é* (fig. 70, 2), indiquée par la figure ; l'écusson est détaché (fig. 70, 4).

Cet écusson présente au centre, sous le bourgeon, un petit îlot de bois autour duquel se trouve à nu du cambium ou zone génératrice. On coupe une partie du pétiole de la feuille à l'aisselle de laquelle se trouve le bourgeon.

Il s'agit de fixer l'écusson sur le porte-greffe : on pratique sur *le sarment de l'année* à écussonner deux incisions en forme de T (fig. 71, 1) dont on écarte les bords avec le greffoir pour y glisser aussitôt l'écusson (fig. 71, 2), lequel s'applique sur le cambium du sarment porte-greffe. L'œil étant libre, on ligature le tout avec de la laine ou du raphia (fig. 71, 3).

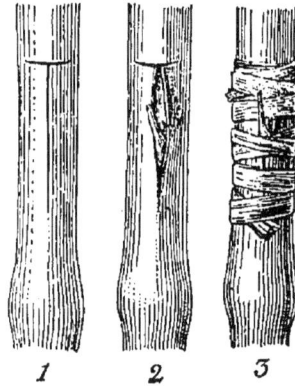

Lorsque la greffe est faite au printemps, elle est dite à *œil poussant*; faite en juillet, août, elle est dite à *œil dormant*.

Dans la *greffe à écusson Salgues*, les écussons sont entièrement herbacés et sont greffés sur des sujets également herbacés; elle est difficile à réussir.

Dans la *greffe Cahuzac*, l'écusson est *semi-ligneux*; elle se pratique de mai en août, à œil poussant ou à œil dormant.

Dans la *greffe Vauzou*, l'écusson est ligneux, il est levé sur des sarments de l'année précédente conservés dans du sable jusqu'en juillet et août.

Fig. 71. — MISE EN PLACE DE L'ÉCUSSON SUR LE SUJET.

1, *Sujet incisé; 2, sujet écussonné; 3, sujet écussonné et ligaturé.*

Dans la *greffe Massabie*, qui est la greffe précédente légèrement modifiée, on enlève la couche de vieille écorce qui recouvre l'écusson, de façon que le tissu soit mis à nu.

109. Ligature des greffes. — Le greffon et le porte-greffe étant assemblés, il est nécessaire, pour consolider le tout, de ligaturer. On pourrait, à la rigueur, ne pas ligaturer; mais tant que la soudure n'est pas faite, on risque, dans les nombreuses manipulations qui précèdent la mise en pépinière, de séparer le greffon du porte-greffe.

Une bonne ligature doit, pendant le premier mois, serrer la

greffe sans se tendre ou se distendre sous l'action de l'humidité ou de la sécheresse ; de plus elle doit disparaître, se décomposer dans la terre quand la soudure est faite, sous peine de gêner la croissance de la greffe en épaisseur.

La *meilleure ligature* à employer est le *raphia* à l'état naturel, un peu humecté pour qu'il soit plus souple : elle pourrit au moment où son rôle est terminé. Le lien de raphia est fixé solidement autour de la greffe en 6 à 8 tours *distants* de 3 à 4 millimètres, afin de permettre une certaine circulation d'air.

Pour éviter la dessiccation des sections, on met les greffes en petits paquets de dix dans de la mousse légèrement humide en attendant qu'on puisse les mettre en stratification dans du sable frais.

110. Stratification des greffes. — Les greffes, une fois faites, ne sont pas plantées directement en pépinières ; on les met tout d'abord en stratification.

La stratification des greffes consiste à disposer les greffes dans du sable, en lits superposés, pendant un certain temps. Elle a pour but de mettre les greffes dans des conditions favorables de température, d'aération et d'humidité (conditions examinées p. 92) de façon à faciliter la pousse des racines et à favoriser la formation du tissu de soudure.

1° *Stratification dans le sable.* — C'est le procédé le plus pratique. On adosse à un mur, à l'exposition du midi, pour avoir le plus de chaleur, et bien à l'abri, une espèce de caisse formée par quelques planches maintenues à l'aide de quatre piquets.

Sur le fond, on dispose une couche de sable fin et *frais*[1] (sable de rivière), de 20 centimètres de hauteur sur laquelle on étend les greffes par paquets de dix. On couvre ces paquets avec du sable de manière que ce sable *pénètre bien* entre les greffes.

Au-dessus de la deuxième couche de sable, on dispose une nouvelle série de paquets, puis une troisième couche de sable, ainsi de suite. Le tout est recouvert d'une dernière couche de sable de 25 centimètres d'épaisseur.

Pour éviter les refroidissements excessifs, on peut employer des paillassons pour la nuit. On peut également entourer le tas de sable avec du fumier pailleux qui forme une couche chaude.

2° *Stratification dans la mousse.* — Dans le centre et dans l'est où la température est relativement basse, on emploie souvent la stratification dans de la mousse. Mais alors on n'emploie pas de caisse ordinaire comme précédemment, car l'opération ne pourrait être surveillée, la température pourrait

---

[1]. Ce sable ne doit pas renfermer plus de 5 o/o d'eau.

augmenter et les greffes se couvrir de moisissures. Il faut employer des caisses à claire-voie, afin d'obtenir une certaine aération, et pouvant contenir de 50 à 100 paquets de 10 greffes. On peut même disposer, sur un côté latéral de chaque caisse, une vitre pour observer l'état des greffes. La mousse, pour plus de précautions, doit être mélangée avec un peu de charbon de bois puis humectée d'eau.

Les caisses sont mises dans un local chauffé à la température de 20°. On aère de temps à autre.

Ce procédé est évidemment beaucoup moins pratique que la *stratification dans le sable*.

3° *Stratification dans la sciure de bois.* — On emploie aussi, pour la stratification des greffes, de la sciure de bois. Il faut prendre la précaution de n'employer que de la sciure de bois blanc (peuplier, sapin, etc.) et non de la sciure de bois de chêne, riche en tanin, ce dernier corps pouvant nuire aux greffes.

Généralement les greffons forment leur tissu de soudure avant les porte-greffes. En couchant les greffes sur le sable, d'après M. Pacottet « on retarde la formation du tissu de soudure du greffon, et on avance celle du porte-greffe, si bien que les deux tissus se font en même temps. Lorsque le porte-greffe forme très difficilement du tissu de cicatrice, les paquets sont placés verticalement, mais le greffon retourné en bas. »

Durée de la stratification[1]. — La durée de la stratification est environ de trois semaines à un mois. En général, on doit retirer les greffes-boutures et les mettre en pépinière lorsque le bourgeon a donné une pousse longue de 2 à 3 centimètres au maximum.

MISE DES GREFFES EN PÉPINIÈRE

111. — Les greffes-boutures ne doivent être mises en pépinière qu'à une époque où la température est suffisamment élevée : au mois d'avril dans le Midi, au mois de mai dans le Nord.

Il faut, pour qu'elles puissent prospérer, qu'elles retrouvent dans le sol les mêmes conditions favorables de température, d'humidité et d'aération que lorsqu'elles étaient en stratification. Beaucoup de soleil est nécessaire, par conséquent pas d'arbre ou de mur au voisinage pouvant faire de l'ombre.

---

1. En *Bourgogne*, en général, on fait les greffes à partir du 15 mars jusqu'au 15 mai, au moment où la température est convenable ; on les met en stratification dans du sable au fur et à mesure de leur fabrication. Celles qui sont faites au début restent plus longtemps en stratification, mais comme la température est relativement basse, la formation du tissu de soudure est simplement retardée. Celles qui sont faites au voisinage du 15 mai ne restent en stratification que 10 à 15 jours, car elles retrouvent en pépinière les mêmes conditions favorables. Toutes les greffes sont mises en pépinière vers le 15 mai environ.

Choix et préparation du sol. — Pour réaliser les conditions de température, d'aération et d'humidité demandées, il faut choisir des terres chaudes, légères, peu argileuses, par conséquent peu compactes, c'est-à-dire faciles à aérer; ces terres doivent être fraîches, mais non humides, pas trop calcaires.

La terre une fois choisie on opère un *défoncement* à la bêche, par exemple, jusqu'à o m. 50 de profondeur, avant l'hiver autant que possible, et on pratique en même temps une fumure copieuse.

Par are.
- Fumier (bien décomposé) [1] . . . . 600 kilogr.
- Superphosphate de chaux . . . . 8 —
- Sulfate de potasse . . . . 4 —

Au printemps, le terrain est bêché à nouveau de façon à réduire la terre en fines particules.

Plantation des greffes. — Le sol de la pépinière étant bien épierré, bien nivelé, est divisé en plates-bandes de 10 à 20 mètres de long sur 1 mètre à 1 m. 30 de large. Sur chaque plate-bande on trace trois à quatre lignes distantes de o m. 30 à o m. 40, suivant lesquelles doivent être plantées les greffes. Les plates-bandes sont séparées par un sentier de o m. 50.

Les greffes sont plantées sur les lignes à des distances variant de 6 à 8 centimètres; on peut employer deux procédés différents pour les enfermer en terre :

1° On peut se servir d'un petit plantoir (fig. 72) formé par

FIG. 72.
PLANTOIR
DE GREFFES.

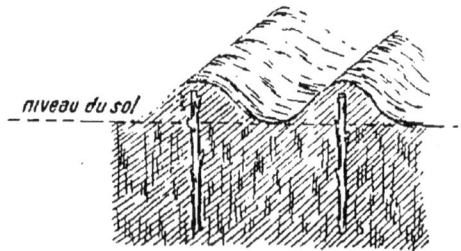

FIG. 73.
GREFFES, BOUTURES MISES EN PÉPINIÈRE
AVEC LE PLANTOIR.

une tige de fer présentant à sa partie inférieure une espèce de fourchette en forme de V. Le nœud inférieur ou talon du porte-

---

1. Le fumier doit être bien décomposé et mis 7 ou 8 mois à l'avance, car les jeunes greffes redoutent les moisissures qui se développent sur le fumier.

greffe est engagé dans la fourchette, puis enfoncé en terre à la profondeur voulue (fig. 73). *Il faut que le point de soudure du greffon et du porte-greffe soit à la même hauteur pour toutes les greffes*, et un peu au-dessous de la surface du sol. *On tasse la terre autour de chaque greffe pour qu'il y ait bien contact entre celle-ci et le sol*; on butte enfin tous les greffons de façon que l'œil qui doit se développer soit recouvert d'une mince couche de terre (1 à 2 centimètres).

Si tous les yeux des greffons ne sont pas au même niveau, les uns après le buttage seront trop couverts et leur développement se fera mal, tandis que les autres insuffisamment couverts se dessécheront.

2° On peut aussi creuser une petite tranchée à bord légèrement incliné (fig. 74), sur lequel on applique fortement les greffes les unes à côté des autres de façon que les têtes des greffons soient toutes à la même hauteur. On tasse la terre avec le talon au pied de la greffe pour qu'il y ait bien contact.

Le fond de la tranchée est un peu arrosé, on comble, et on butte avec de la terre fine de façon que le greffon ait sur lui 2 centimètres

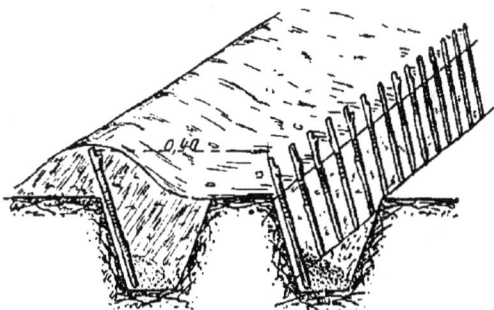

FIG. 74. — MISE DES GREFFES, BOUTURES EN PÉPINIÈRES.

de terre, afin de le garantir contre les changements brusques de température et maintenir l'humidité nécessaire au tissu de soudure.

Soins culturaux. — On pratique, de préférence le soir, des arrosages jusqu'à la fin août suivant la fréquence des pluies et l'état de sécheresse du sol.

De fréquents binages pour ameublir la surface du sol permettent de faire disparaître les mauvaises herbes.

Dans le courant de la végétation, si le terrain n'est pas riche, malgré la fumure employée au moment du défoncement, on peut arroser une fois par mois la pépinière avec la solution suivante :

Pour 10 litres d'eau.			ou		
	10 gr. de nitrate de soude. . .			15 gr. de phosphate d'ammoniaque.	
	20 — de phosphate précipité			30 gr. de nitrate de potasse ou salpêtre.	
	10 — de sulfate de potasse. .				

On peut aussi employer du purin étendu de dix fois son volume d'eau, et additionné de 20 grammes de phosphate précipité par 10 litres de liquide. Ces arrosages peuvent avoir lieu jusqu'en août.

Sevrage. — En juillet et août on supprime les racines qui ont poussé sur le greffon, et qui gêneraient le développement des racines du porte-greffe.

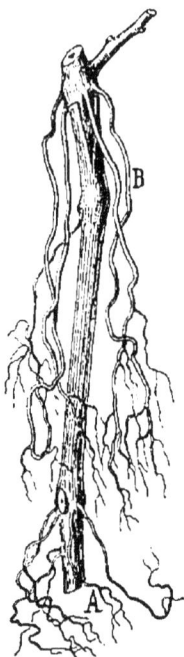

FIG. 75. — GREFFE,
BOUTURE
AVANT LE SEVRAGE.

« Les greffons, en effet, ont une tendance à se nourrir à peu près exclusivement avec leurs racines, de sorte que si l'on n'a pas le soin de supprimer ces dernières, les racines du porte-greffe devenant inutiles cessent de se développer, et le porte-greffe lui-même reste faible ; de plus, la soudure est toujours grêle (fig. 75). »

Cependant, d'après MM. Viala et Ravaz, pour les greffes-boutures dont le porte-greffe émet très tardivement ses racines, comme le *Berlandieri* par exemple, il est indispensable de ne procéder que très tard au sevrage. « Les racines du greffon servent ainsi à nourrir la plante tant que le sujet n'a pas formé de racines ; on les supprime quand le sujet est enraciné ».

Maladies des jeunes greffes. — Les jeunes pousses des greffes sont relativement délicates, et comme elles se développent dans un milieu chaud et humide, elles redoutent beaucoup les maladies cryptogamiques, le Mildiou et l'Oïdium.

Pour les protéger contre le mildiou, on les traite au sulfate de cuivre tous les 15 jours (voir p. 297).

D'après M. Pacottet, lorsqu'on redoute les larves de vers blancs, de cétoine (lesquelles peuvent faire d'énormes dégâts), il faut pratiquer, huit jours avant le défonçage, un traitement au sulfure de carbone à raison de 1 000 kilogrammes à l'hectare. Le sol purgé d'insectes et de moisissures assure aux jeunes greffes un excellent développement.

QUATRIÈME PARTIE

ÉTABLISSEMENT DU VIGNOBLE

CHAPITRE XI

PRÉPARATION DU SOL

112. — *Le sol destiné aux plantations de vignes doit être soumis à certains travaux d'amélioration, variables suivant les cas :*

1° *Si le terrain sur lequel on veut créer le vignoble est en friche,* on brûle les broussailles, on nivelle le sol et on le défonce jusqu'à une certaine profondeur. On sème ensuite une avoine et luzerne après un labour léger. Au bout de trois ans la luzerne est retournée et on plante la vigne. Pour mieux approprier le sol on peut, après la luzerne, cultiver un blé.

2° *S'il s'agit de remplacer une ancienne vigne, c'est-à-dire de reconstituer,* il est bon d'attendre cinq ou six ans après l'arrachage avant de replanter : on défonce; la première année, comme il est inutile de semer une avoine puisque le terrain est propice, on sème une luzerne à laquelle on applique une forte fumure phosphatée et potassique qui complétera la fumure azotée constituée par les débris organiques que laissent les légumineuses dans le sol. La deuxième année, avant la plantation, on sème un blé sur la luzerne.

Si l'on veut reconstituer une vigne à grands vins et que l'on ne puisse, par conséquent, pas attendre cinq à six ans à cause du prix élevé du terrain, il faut évidemment fournir au sol une fumure abondante : on défonce et on fume à raison de 60 000 kilogrammes de fumier à l'hectare, on sème ensuite une légumineuse (vesces) que l'on retourne quand elle est en fleur, en l'accompagnant d'une bonne fumure phosphatée et potassique.

En Allemagne, les viticulteurs ont reconnu qu'un traitement au sulfure de carbone à 1 000 ou 1 200 kilogrammes à l'hectare permettait de replanter la vigne immédiatement après l'arrachage d'une vieille vigne.

113. Défoncement. — Nous venons de voir qu'avant de planter une vigne, que ce soit sur une terre en friche ou sur une terre ayant porté une vigne, on défonce le terrain.

Le défoncement a pour but : 1° d'ameublir le sol sur une grande épaisseur afin de faciliter le développement des racines de la vigne, lesquelles peuvent prendre, comme on le sait, un développement assez considérable ; la vigne trouve ainsi une plus grande quantité de matières fertilisantes à sa disposition ;

2° De faciliter l'emmagasinement des eaux de pluie ;

3° De faciliter le mélange du fumier et des autres engrais à la terre ;

4° De purger le sol de tous les débris, des racines, des radicelles sur lesquelles se développent des moisissures, causes de pourridiés, *les pourridiés* pouvant attaquer les jeunes vignes.

Il est à remarquer que le défoncement, comme les labours d'ailleurs, n'empêche pas la dessiccation de la terre, par la couche meuble qu'il crée.

Époque du défoncement. — Les défoncements doivent se faire au commencement de l'hiver, de façon que la terre labourée soit bien divisée sous l'action des gelées d'hiver.

Profondeur. — Dans la Bourgogne et la Champagne, la profondeur des défoncements est généralement de 0ᵐ,40 à 0ᵐ.50 de profondeur : dans le Midi, de 0ᵐ,50 à 0,ᵐ70 ; en Algérie, de 0ᵐ,60 à 1 mètre.

On comprend, en effet, que les réserves d'eau dans le sol doivent être d'autant plus considérables que l'on se rapproche du Midi.

114. Pratique du défoncement. — Plusieurs cas peuvent se présenter :

1° *Le sol et le sous-sol ont à peu près la même composition*. Dans ce cas la couche de terre est remuée et par suite retournée sur toute la profondeur du labour ;

2° *Le sol et le sous-sol n'ont pas la même composition*. Si le sous-sol est caillouteux, par exemple, ou très calcaire, tout le sol doit être retourné par la charrue : on fait suivre la charrue par une charrue fouilleuse qui ne fait que remuer le sous-sol caillouteux sans le ramener à la surface, en le laissant en place.

Si le sous-sol se compose de certaines roches telles que les schistes et micaschistes, s'effritant à l'air et donnant des terres plus riches en éléments fertilisants (chaux, potasse, etc.,) que le sol même, on peut dans ce cas le ramener à la surface.

Le défoncement peut être exécuté à bras ou à la charrue.

115. Défoncement à bras. — On procède de la manière suivante : on ouvre une tranchée de 1 mètre de large et atteignant la profondeur du défoncement adoptée ; la terre obtenue est portée à l'autre extrémité du champ pour combler la dernière tranchée que l'on aura à faire. Dans la première tranchée on renverse la terre de la plate-bande contiguë de 1 mètre ; à chaque coup de bêche, la terre renversée est divisée, ameublie. On chemine ainsi par plates-bandes successives de 1 mètre jusqu'à l'extrémité du champ.

Le défoncement à bras est excellent mais trop coûteux ; il revient en moyenne de 500 à 800 francs par hectare pour une profondeur de 0ᵐ,40 : un homme ne fait en moyenne, par jour, que 40 mètres carrés de défoncement à 0ᵐ,50 de profondeur.

116. Défoncement à la charrue. — 1° *Défoncement à la charrue et avec attelages*. — Il faut une très forte charrue avec un laboureur, ainsi que 8 à 10 chevaux ou bœufs conduits par deux hommes ; le prix de revient varie de 300 à 400 francs par hectare.

2° *Défoncement au treuil*. — Le treuil permet de n'employer qu'un ou deux chevaux : il faut deux conducteurs et un laboureur.

Le treuil, en principe, se compose (fig. 76) d'un tambour cylindrique OA sur lequel s'enroule une corde tirant la charrue ; le tambour tourne autour de son axe sous l'action d'un solide levier à l'extrémité duquel est attelé un cheval. Plus le levier OAB est long, plus la puissance est grande, mais plus le chemin parcouru par le cheval est long.

Les divers types de treuil à manège employés sont :

Les treuils à manèges à plan incliné ;

Les treuils à manèges circulaires.

Les treuils peuvent être *fixes* ou *mobiles*.

Dans les *treuils fixes*, le câble de traction est guidé par une poulie (poulie de renvoi) que l'on déplace, à chaque sillon, de la largeur de ce sillon. Quand le sillon est terminé, la charrue est déterrée, puis installée

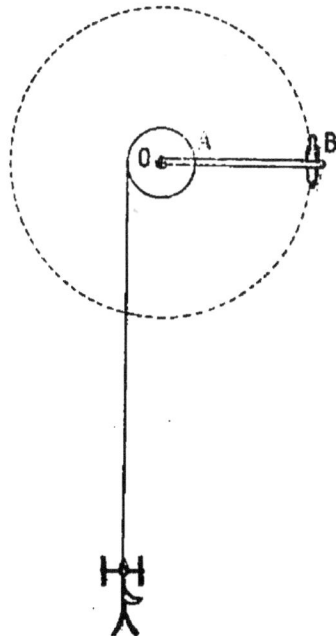

Fig. 76.
Principe du treuil.

sur son traîneau et enfin conduite au bout du deuxième sillon à ouvrir. Pour permettre à la charrue de travailler à l'aller comme

FIG. 77. — LABOUR DE DÉFONCEMENT.

*Avec treuil fixe et deux poulies de renvoi permettant à la charrue de tra-
vailler à l'aller comme au retour. Le treuil est actionné par une locomobile.*

au retour, on peut installer deux poulies de renvoi comme
l'indique la figure 77.

Dans les *treuils mobiles*, la poulie de renvoi est supprimée,
le treuil est placé sur des rails et à chaque raie, ou bien toutes

FIG. 78. — LABOUR DE DÉFONCEMENT AVEC DEUX TREUILS MOBILES.

La charrue est une charrue défonceuse à bascule de Bajac.

les deux ou trois raies, on le déplace sur ces rails de la largeur d'un sillon.

En utilisant deux treuils mobiles, la charrue peut travailler
à l'aller comme au retour (fig. 78).

Les treuils peuvent être mus par des locomobiles à vapeur (fig. 77).

Les *défonceuses* à employer peuvent être à la rigueur, pour de petits propriétaires peu fortunés, une forte charrue ordinaire suivie d'une charrue fouilleuse. Quand il est possible, il vaut mieux employer des *défonceuses spéciales*. Ex. :

La charrue défonceuse à flèche de relevage (fig. 79) que l'on

FIG. 79. — CHARRUE DÉFONCEUSE SIMPLE (genre « balance ») A FLÈCHE DE RELEVAGE.

emploie pour le défoncement à l'aide d'un *seul* treuil à manège ou à vapeur :

La défonceuse-bascule (fig. 79).

La défonceuse à flèche de relevage sert particulièrement pour les treuils simples, elle travaille seulement à l'aller et retourne à vide. L'age est coudé et porte un seul corps de charrue à l'une de ses extrémités ; le déterrage de la charrue a lieu automatiquement.

La défonceuse à bascule sert pour les treuils simples accouplés permettant de travailler à l'aller comme au retour. Elle porte deux corps de charrue placés à l'extrémité d'un age coudé pouvant osciller autour de l'essieu de l'avant-train. Avec elle on peut défoncer un hectare de terre à 0^m,70 en deux jours. Le prix du défoncement est environ de 300 francs l'hectare.

Beaucoup de chutes d'eau et même les moteurs à vapeurs inoccupés pourraient être utilisés à produire de l'électricité ; cette électricité est transmise à l'aide d'un fil jusqu'à un moteur électrique installé sur le treuil ou la charrue elle-même (charrue du système Zimmermann). Le labourage électrique, partout où il est possible, est le labourage de l'avenir.

D'après Ringelmann on peut aussi actionner les treuils par des moulins à vent avec pylône fixé sur le châssis du treuil.

Fumure au moment du défoncement.

— La fumure est le complément du défoncement, afin que la vigne trouve dans le sol et le sous-sol les éléments fertilisants utiles à son développement.

Il est nécessaire d'employer en moyenne 50 à 60000 kilogrammes de fumier par hectare. À défaut de fumier on peut employer des engrais à *décomposition lente* (débris de laines, de corne, de cuirs, etc.), afin d'éviter les déperditions d'azote par suite de la nitrification.

Il est bon d'ajouter au fumier une assez forte dose d'engrais phosphaté qui corrigera son action (voir p. 245) : on emploiera par exemple 1000 kilogrammes de scories de déphosphoration à l'hectare si le sol n'est pas calcaire (ou peu calcaire), ou à 800 kilogrammes de phosphate de chaux bien 700 si le sol est calcaire.

Beaucoup de viticulteurs ne fument pas la terre au moment du défoncement et attendent la deuxième ou la troisième année pour appliquer la fumure ; ils prétendent que les jeunes plants ne peuvent aller chercher profondément leur nourriture, de sorte que le fumier à une certaine profondeur se perd peu à peu sans être utilisé.

Cette pratique est à rejeter, car la vigne a besoin dès les premières années de végétation d'une assez grande quantité de nourriture ; de plus, le fumier ne se décompose pas très rapidement, son acide phosphorique et sa potasse sont retenus par les sols, les pertes sont peu importantes.

Lorsque les terrains sont riches et que le sous-sol ne diffère que très peu du sol on peut cependant ne pas fumer en défonçant, à la condition de mettre, comme le font un certain nombre de viticulteurs, un peu d'engrais au pied de chaque cep au moment de la plantation.

Drainage au moment du défoncement.

— Dans les terrains plus ou moins humides il est bon de profiter du défoncement pour drainer : on pratique généralement des fossés de 1 mètre de profondeur que l'on remplit de gros cailloux jusqu'à la hauteur de 0^m.70 ; ces fossés jouent le rôle de drains. Il ne faut pas remplir ces fossés avec des sarments comme on le pratique quelquefois, car dans les sarments en décomposition le *pourridié* des racines peut se développer.

CHAPITRE XII

PLANTATION

117. Époque de la plantation. — Dans les pays où les gelées d'hiver ne sont pas très fortes, comme dans le Midi, par exemple, et lorsque les sols sont sains, on peut planter à l'automne dès la chute des feuilles : les racines pendant l'hiver peuvent alors évoluer, et les radicelles au printemps, lorsque la vigne débourre, sont déjà formées. Dans les régions du Nord où les gelées d'hiver sont fortes, il est préférable de planter à la fin de l'hiver, ou au commencement du printemps. Dans les terres humides et argileuses ou marneuses, il est nécessaire de planter au printemps, car les gelées d'hiver déchausseraient les jeunes plants.

118. Préparation du sol. — Lorsque le défoncement est terminé, on doit bien niveler le sol ; puis après l'hiver, la terre étant désagrégée, on pratique un terrage pour régulariser la surface.

119. Tracé de la plantation. — Le tracé de la plantation consiste à marquer l'emplacement des ceps par des morceaux d'échalas ou des tiges en bois.

Le point où doit être marqué l'emplacement des ceps est obtenu par l'intersection de deux lignes perpendiculaires ou bien en portant une longueur fixe sur les lignes.

Les lignes de plantation sont faites soit avec un *cordeau*, soit avec un *rayonneur* monté sur deux roues et dont l'essieu porte une ou deux dents de herse : la première ligne étant tracée, la roue du rayonneur passe sur cette ligne et les deux dents de herse fixées sur l'essieu tracent deux lignes parallèles.

Le rayonneur peut être à main : c'est une espèce de râteau portant deux dents en fer écartées suivant la distance choisie entre deux lignes consécutives ; la première ligne étant tracée, l'une des dents du rayonneur suit cette ligne et l'autre trace une ligne parallèle à la première.

Écartement à donner entre les plants. — On ne peut donner de règle fixe pour l'écartement à laisser entre les plants. Cet écartement dépend, en effet, *du climat, de la fertilité du sol, de son état de sécheresse ou d'humidité, de la nature du cépage et de sa vigueur, du système de taille, du mode de culture (travail à bras ou à la charrue) :*

1° *Du climat* : les plantations serrées conviennent aux régions du Nord plutôt qu'aux régions du Midi : cela tient très probablement à ce que les plants dans le Midi craignent davantage la sécheresse et doivent avoir, pour résister à celle-ci, un enracinement plus profond permettant de puiser l'eau, ce qui entraîne un écartement des ceps plus grand[1] ; dans le Nord, au contraire, les racines restent plus à la surface, la période de végétation est plus courte et le développement plus lent.

2° *De la fertilité du sol* : il est évident que plus le sol est riche, plus le nombre de pieds pour la même surface peut être grand et, par conséquent, plus les rangs de la plantation peuvent être rapprochés. Au contraire, dans les sols pauvres, les racines de la vigne ayant besoin d'aller chercher leurs éléments sur une plus grande étendue, il faut moins de ceps et, par conséquent, plus d'écartement.

3° *De l'état de sécheresse et d'humidité du sol* : dans les terrains humides il faut que les ceps soient plus écartés les uns des autres que dans les sols secs, afin de faciliter l'aération et préserver la vigne des maladies cryptogamiques[2] ;

4° *De la nature du cépage et de sa vigueur* : en général, il faut donner plus d'espace aux vignes vigoureuses, qui ne fructifient bien qu'à la condition d'avoir un développement suffisant.

« Au début de la reconstitution on avait pensé qu'avec la vigueur des vignes américaines il faudrait donner un grand écartement aux vignes greffées : mais l'expérience a montré qu'avec 1ᵐ,50 en tous sens les vignes greffées avaient un espace largement suffisant pour prendre un développement normal. Pour beaucoup de variétés même, cet écartement n'est pas nécessaire, et beaucoup de plantations sont faites à 1 mètre au carré ou même à 1 mètre sur 0ᵐ,90[3]. »

5° *Avec le système de taille* : avec les vignes en souches basses, on peut n'employer comme écartement qu'une distance de 1 mètre ; avec les vignes en cordon, il faut compter de 1 à 2 mètres, suivant les variétés.

---

1. En effet, plus les souches sont espacées et plus elles sont vigoureuses ; de plus, les racines vont d'autant plus profondément dans le sol qu'elles proviennent de souches plus vigoureuses.

2. L'humidité est un facteur important du développement des maladies cryptogamiques.

3. D'après M. Durand (*Viticulture pratique*).

6° *Avec le mode de culture* : pour la *culture à bras*, il suffit de laisser entre les lignes un espace de 1 mètre; pour la *culture à la charrue*, il faut un espace de 1ᵐ,20 à 1ᵐ,50.

Règle générale : il faut planter à l'hectare le maximum de ceps que permettent le climat, la fertilité du sol, l'état de sécheresse et d'humidité du sol, la nature du cépage et sa vigueur, le système de taille et le mode de culture.

120. Formes de la plantation. — La plantation peut se faire en *ligne*, en *carré*, ou *en quinconce*.

La plantation en ligne (fig. 80). Dans cette plantation les ceps sont plus rapprochés sur les lignes que ces dernières ne le sont entre elles. Elle ne permet le labour que dans un seul sens et les racines des ceps peuvent se gêner sur la ligne, ce qui produit un ralentissement dans la végétation et la fructification.

L'espacement des lignes ne doit pas être supérieur au double de celui entre les ceps sur une même ligne.

La plantation en carré (fig. 81) est préférable à la plantation

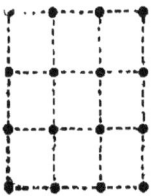

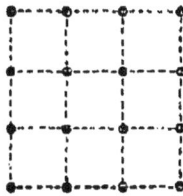

FIG. 80. — PLANTATION EN LIGNE.

FIG. 81. — PLANTATION EN CARRÉ.

FIG. 82. — PLANTATION EN QUINCONCE.

en ligne, elle permet d'effectuer des labours croisés dans deux directions perpendiculaires.

La plantation en quinconce (fig. 82) est la meilleure à employer : elle permet les labours dans trois directions; la surface plantée contient un plus grand nombre de ceps, la circulation de l'air dans le vignoble est meilleure, l'enracinement se fait mieux dans toutes les parties du sol; en résumé la production est augmentée.

La surface occupée par chaque cep ainsi que le nombre de ceps à l'hectare pour des espacements déterminés sont indiqués par le tableau suivant :

DISTANCE ENTRE LES LIGNES	ESPACEMENT SUR LES LIGNES	SURFACE OCCUPÉE PAR CHAQUE CEP	NOMBRE DE CEPS A L'HECTARE
Mètres	Mètres	Mètres carrés	
1,50	1,50	2,25	4 444
1,20	1 20	1,44	6 945
1,10	1,10	1,21	8 265
1,10	1	1,10	9 090
1,05	1	1,05	9 524
1	1	1	10 000
1	0,95	0,95	10 526
1	0,90	0,90	11 111
1	0,85	0,85	11 764
1	0.80	0,80	12 500
1	0,75	0,75	13 333

Orientation des lignes. — Toutes les fois qu'on le peut, la meilleure orientation à donner est celle du Nord-Sud ; c'est celle qui donne aux ceps l'ensoleillage le plus grand.

121. Préparation et mise des greffes en place. — Le viticulteur qui n'a pas de pépinière doit mettre, dès leur réception, les paquets de greffes en *jauge*, c'est-à-dire les planter provisoirement dans du sable humide.

Le viticulteur qui possède une pépinière doit les arracher seulement au moment de la plantation et ne pas les mettre en jauge.

Avant la plantation, les jeunes greffes sont « rafraîchies » ou « habillées » : cette opération est la suivante : on coupe les racines à 10 ou 15 centimètres de longueur, de façon à permettre une plantation plus facile et à provoquer dans la suite la pousse de radicelles nouvelles. En même temps, on enlève au sécateur la partie du greffon (onglet) située au-dessus du point d'insertion de la jeune pousse.

Doit-on tailler la petite pousse du greffon ? Si la plantation des greffes a eu lieu à l'automne, on peut tailler ces greffes au printemps suivant à un ou deux yeux.

Mais il est nuisible de tailler les greffes à un ou deux yeux au printemps, au moment de leur plantation ; il est préférable de ne pas tailler ou de supprimer simplement l'extrémité souvent mal aoûtée de la pousse. En effet, si l'on taille, comme on est obligé de butter la greffe une fois plantée, les bourgeons en terre pourront être détruits par les insectes (*Blaniules, larves d'Asida grisea*, etc.): il n'est pas rare de voir la plantation entièrement détruite.

En ne taillant pas, les insectes peuvent détruire un ou deux bourgeons situés dans la butte de terre, mais les bourgeons situés au-dessus, c'est-à-dire hors de terre, restent indemnes.

De plus, en ne taillant pas, il y a appel de sève par le rameau existant, lequel devient plus vigoureux.

Pendant la première année, le greffon donne beaucoup de pampres que l'on ébourgeonne en ne laissant que celui situé le plus bas pour la taille de l'année suivante.

Mise en place. – On ouvre de petits fossés cubiques de 25 à 30 centimètres de côté, de manière que le petit échalas que l'on doit employer occupe un côté du trou.

La greffe est dressée contre l'échalas (fig. 83, 1), les racines *étalées sur un petit monticule de terre* que l'on a disposé au fond de la fosse. Il faut que la soudure soit au niveau du sol. On recouvre les racines de 10 centimètres de terre fine

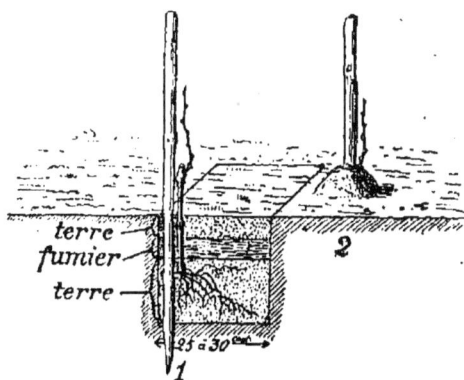

FIG. 83. — PRÉPARATION DES GREFFES.

1, *mise en place de la greffe;* 2, *greffe en place.*

que l'on tasse fortement avec le pied pour que les radicelles *soient parfaitement en contact avec le sol*; c'est un point très important que l'on ne doit pas oublier si on ne veut pas que la greffe se dessèche et périsse. On comble ensuite la fosse avec le restant de la terre et l'on fait autour de la pousse qui émerge une petite butte de terre (fig. 83, 2).

Au-dessus des 10 centimètres de terre que l'on a disposé sur les racines, on place quelquefois, comme l'indique la fig. 84, une petite couche de fumier. *Il est bon de n'employer que du fumier très décomposé ou du terreau,* afin qu'il puisse servir à la jeune greffe dès la première année.

Un ouvrier plante, comme nous l'avons indiqué, en moyenne 300 greffes par jour.

CHAPITRE XIII

SOUTIEN DES PAMPRES

122. De l'utilité des supports. — Dans le Midi et dans toutes les régions chaudes en général, les vignes poussent sans soutien : les extrémités des sarments abandonnés à eux-mêmes retombent sur le sol. Les pampres forment ainsi un véritable écran de verdure garantissant les raisins contre les rayons brûlants du soleil et empêchent le sol de se dessécher trop rapidement.

Dans les régions viticoles plus tempérées, ou froides, ce système présenterait des inconvénients sérieux : la trop grande humidité du sol, le manque d'aération faciliteraient le développement des maladies cryptogamiques; de plus, la maturation, par manque de chaleur, se ferait mal. Aussi dans ces régions est-on obligé de relever les sarments en les fixant à des supports.

123. Les différents supports employés. — Pour soutenir les pampres on emploie généralement les *échalas* et les *treillages en fil de fer*.

Échalas. — Les échalas ordinaires sont des perches de bois rondes ou refendues, taillées en pointe à l'un des bouts, pour qu'on puisse facilement les planter au pied des souches.

Les échalas ont une longueur variant de 1 m. 50 à 1 m. 70. Ils sont en bois fendu (bois de chêne, d'acacia, de châtaignier, de tremble); on utilise quelquefois de petits rondins de sapin ou de pin provenant des éclaircies des forêts. Le prix des échalas en Bourgogne et en Champagne est d'environ 40 à 50 francs le 1000.

On accroît la durée des échalas en les trempant 8 à 15 jours dans une solution de *sulfate de cuivre* de 5 à 10 pour 100 qui sert d'antiseptique; on opère sur des bois écorcés et verts; les bois secs demandent plus de temps que les bois verts pour être imprégnés. La durée des échalas sulfatés est d'environ une dizaine d'années dans les terrains calcaires et d'une quinzaine d'années dans les terres non calcaires, argileuses. On peut encore employer comme antiseptiques :

L'huile de créosote (créosotage); le *goudron* (on trempe les échalas pendant quelques minutes dans un bain de goudron de houille chauffé légèrement); le *carbonyle*; le *carbonileum*, etc.

Ces produits, excellents pour assurer une très longue durée aux échalas, peuvent communiquer une odeur désagréable aux raisins. Cet inconvénient disparaît si on a le soin de laisser les échalas exposés à l'air pendant au moins six mois.

En Bourgogne et en Champagne, on arrache chaque année les échalas après la vendange et on les met en tas sur le sol où ils passent l'hiver, retenus par un encadrement de quatre piquets ou supportés à quelques centimètres du sol par deux paires de piquets se croisant en V afin qu'ils ne s'imprègnent pas d'humidité pendant l'hiver en reposant sur la terre. Cet arrachage des échalas avant l'hiver se fait pour plusieurs raisons : 1° dans les sols calcaires de la Bourgogne et de la Champagne, le bois pourrit plus facilement que hors de terre ; 2° on peut visiter plus facilement les échalas dont les pointes sont cassées, on refait alors ces pointes avec un couteau ; 3° enfin les opérations de taille, le labourage se font plus facilement. Néanmoins on peut sans inconvénient laisser les échalas pendant plusieurs années (3 ou 4 ans) dans les terrains argileux compacts, dans les vignobles où les ceps sont assez espacés, et surtout lorsque ces échalas sont très bien sulfatés.

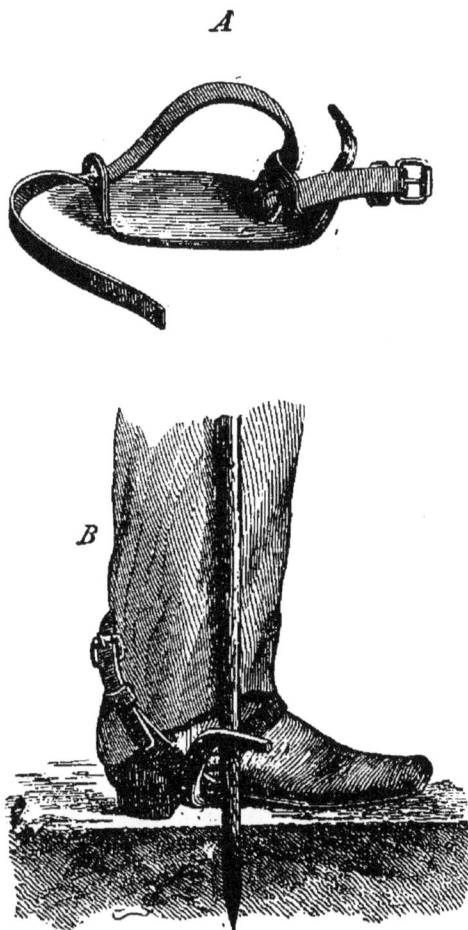

FIG. 84.
CLEF FICHEUSE OU FICHE-ÉCHALAS FELLANS.
A, *vue de l'appareil*; B, *clef ficheuse fixée au pied du vigneron.*

Pour enfoncer les échalas dans le sol, l'ouvrier se sert d'un appareil spécial dit *fiche-échalas* ou clef ficheuse. En Bourgogne on se sert beaucoup du fiche-échalas Fellans (fig. 84) :

Ce fiche-échalas est formé d'une seule lame de fer dont la partie la plus large correspond à la semelle de soulier du vigneron sur laquelle elle s'applique comme un étrier. Tout l'appareil est fixé solidement au pied du vigneron, ainsi que le montre la figure 85. Le vigneron saisit son échalas par le haut en plaçant l'extrémité dans l'échancrure de façon que toute la partie de la pointe qu'il veut enfoncer en terre soit au-dessous ; d'une seule pression du pied, l'échalas est planté.

Treillages en fil de fer. — Le mode de soutien par treillage en fil de fer consiste à conduire la vigne en cordons au moyen de montants en bois ou en fer, etc., supportant 1, 2, 3 ou 4 fils de fer fixés horizontalement. Il s'emploie de plus en plus parce qu'il présente les avantages suivants :

Les treillages en fil de fer ayant une durée plus longue sont moins coûteux que les échalas ; l'arrachage, l'aiguisage et la mise en place des échalas demandent une main-d'œuvre relativement coûteuse. La taille, l'attachage et le transport des engrais dans les lignes, lorsqu'on emploie le treillage en fil de fer, sont plus longs, mais les pampres sont mieux étalés à l'air et au soleil ce qui permet ainsi de faire plus facilement les traitements contre les maladies et le travail du sol à l'aide des instruments attelés : on n'a plus à faire la désinfection des échalas lorsqu'on veut lutter contre la Cochylis et la Pyrale.

Treillages avec piquets en bois. — Pour les piquets en bois servant à soutenir les fils de fer, on utilise le chêne, le châtaigner, l'acacia et même les rondins de sapin. Ces piquets doivent avoir un diamètre de 6 centimètres au moins. Pour assurer leur conservation, on les trempe, lorsqu'ils sont encore à l'état vert, dans une solution de sulfate de cuivre à 15 pour 100. On peut également les tremper dans du carbonyle, mais en ayant soin, comme nous l'avons indiqué pour les échalas, de les laisser exposés à l'air pendant au moins six mois afin de faire disparaître la forte odeur du produit.

Le sulfatage des piquets peut être remplacé par une carbonisation superficielle de toute la partie du piquet qui est en terre. La carbonisation se fait ordinairement par le feu ; elle se fait aussi très régulièrement par trempage dans l'acide sulfurique du commerce.

Pour enfouir les piquets dans le sol, on commence par préparer les trous à la pioche ou mieux encore avec un piquet en fer de même calibre. Les piquets sont ensuite enfoncés à coups de maillet en bois en ayant soin de frapper sur une lame de fer disposée sur la tête du pieu, afin de ne pas le faire éclater en frappant directement. Les pieux dont la tête est éclatée pourrissent en effet très rapidement.

Les piquets sont placés à 5 mètres environ les uns des autres ; les fils de fer y sont fixés à l'aide de petits crampons. Les deux piquets extrêmes sont inclinés en dehors, comme l'indique la fig. 85, pour résister à la traction : les fils aux extrémités sont réunis en un seul faisceau auquel on attache une grosse pierre que l'on enfouit ensuite à 80 centimètres de profondeur.

Les piquets de tête en bois blanc *sulfaté* de 1 m. 60

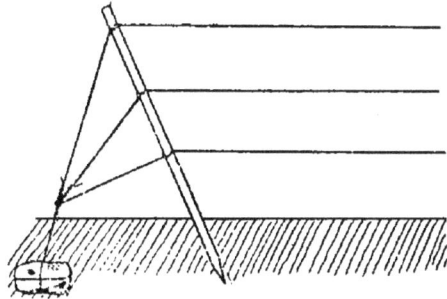

FIG. 85.
TREILLAGE AVEC PIQUET EN BOIS.

de hauteur valent o fr. 20 pièce ; o fr. 25 s'ils sont en chêne.

Les piquets intermédiaires en bois blanc sulfaté valent o fr. 12 à o fr. 15 la pièce.

Leur durée moyenne, d'après certains auteurs, est environ de 7 à 8 ans ; d'après l'enquête que nous avons faite en Bourgogne, la durée des piquets *sulfatés* est de 12 à 15 ans (les piquets non sulfatés durent environ 4 ans) ; c'est relativement peu, aussi a-t-on songé à employer des piquets en fer, beaucoup plus coûteux, il est vrai, mais qui ont une durée presque indéfinie.

Treillages avec piquets en fer. — Les piquets en fer étant peu épais ne pourraient pas, si on les employait seuls, comme les piquets en bois, être fixés solidement dans le sol. Il faut que chaque piquet soit fixé à un *dé* que la terre retient mieux (fig. 86).

Nous examinerons séparément les *piquets* et les *dés*.

Les piquets sont faits avec du fer à T suffisamment rigide et peu pesant : les piquets de tête doivent avoir au *minimum* comme profil 25 × 27 et 3 millimètres d'épaisseur. On emploie également pour les piquets de tête du fer cornière ; les piquets intermédiaires devront être en fer à T et avoir au minimum comme profil 20 × 23 et 3 millimètres d'épaisseur.

FIG. 86.
PIQUET EN FER AVEC DÉ.

Le tableau ci-dessous donne les poids des fers suivant leur
. longueur et leurs dimensions :

DIMENSIONS EN MILLIMÈTRES	LONGUEURS					
	1 mètre	1 m. 20	1 m. 40	1 m. 60	1 m. 80	2 mètres
	Kilog.	Kilog.	Kilog.	Kilog.	Kilog.	Kilog
FER CORNIÈRE (Poids.)						
20 × 20	0,660	0,790	0,925	1,050	1,190	1,320
23 × 23	1	1,200	1,400	1,600	1,800	2
25 × 25	1,200	1,430	1,700	1.950	2,100	2,360
27 × 27	1,350	1,600	1,900	2,150	2,450	2,750
30 × 30	1,900	2,280	2,650	3	3,400	3,800
35 × 35	2.450	2,950	3,450	3,900	4,400	4,900
40 × 40	2,900	3,480	4,050	4,650	5,250	5,800
45 × 45	3,350	4	4,690	5,350	6	6,700
FER A T (Poids.)						
23 × 20	1,140	1,370	1,600	1,850	2,080	2,300
27 × 25	1,450	1,680	1,960	2,250	2,550	2,800
30 × 25	1,750	2,100	2,450	2,800	3,150	3,500
35 × 30	1,950	2,340	2,750	3,150	3,500	3,900
40 × 35	2,450	2,940	3,430	3,900	4,400	4,900
45 × 40	3,600	4,320	5,050	5,750	6.500	7,200

Les prix sont variables suivant les cours du fer, environ 32 fr.
les 100 kilogrammes (percés).

Le fer est peint au *minium* pour le garantir de la rouille.

Les piquets sont placés à 6 ou 7 mètres de distance les uns
des autres.

Les dés. — Dans le commerce on trouve facilement des dés
en forme de tronc de pyramide (fig. 86) : ils sont soit en grés
vernissé, soit en ciment.

Les dés pour piquets de tête et les dés pour piquets intermédiaires doivent avoir au minimum les dimensions suivantes :
dés de tête : o m. 30 de haut, o m. 20 de côté à la grande base,
o m. 15 de côté à la petite base; dés intermédiaires : o m. 25 de
hauteur, o m. 15 de côté à la grande base, o m. 11 de côté à la
petite base.

La plupart des dés livrés par le commerce sont assez coûteux. Les viticulteurs peuvent les fabriquer eux-mêmes : on
fait un moule, ou petit caisson en bois cerclé de fer de la forme
du dé, on y coule un
béton fabriqué avec
80 parties de graviers
lavés, 10 parties de
sable et 10 parties de
ciment, on y scelle
en même temps le
piquet de fer.

On trouve cepen-
dant dans le com-
merce des briques
creuses à 9 trous, en
terre cuite, très pra-
tiques comme dés :
le piquet de fer est
scellé dans le trou
central avec un peu
de ciment. Chaque
brique coûte environ

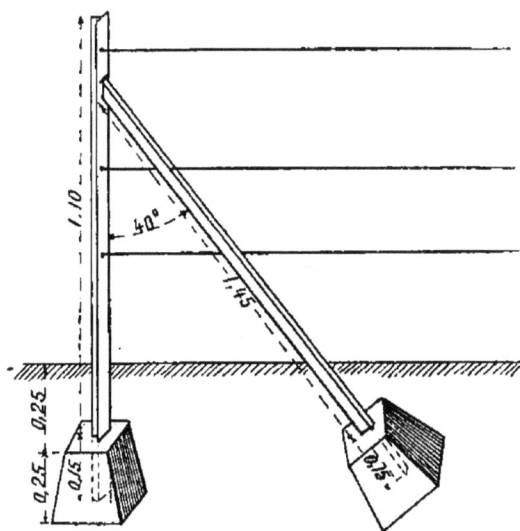

Fig. 87. — Piquet en fer avec arc-boutant.

5 centimes, alors que les dés vernissés (de dimensions indiquées ci-dessus) valent de 25 à 30 centimes.

Les piquets de tête sont munis d'arcs-boutants disposés comme
l'indique la figure 87 afin de résister à la traction. Ce système,

Fig. 88. — Piquet de tête en fer sans arc-boutant ; tension rapide
des fils avec tendeur express de Plissonnier.

très employé, est relativement coûteux en même temps que
peu pratique : peu à peu, en effet, le piquet et son arc-boutant
se soulèvent hors de tête et tout le treillage n'est plus assez

rigide. Il vaut mieux employer le système indiqué par la figure 85, c'est-à-dire celui que nous avons indiqué pour les piquets en bois : on économise ainsi un arc-boutant et la rigidité est plus grande.

Les fils de fer et leur installation. — Le fil de fer employé est galvanisé. Le fil inférieur sur lequel est fixée la souche doit être assez gros (du n° 15 ou 16) ; les deux autres fils peuvent être un peu plus petits (n° 12 ou 13). Le tableau ci-dessous indique le poids, la longueur, le diamètre, suivant les numéros :

Poids de 100 mètres de longueur	Longueur de 1 kilo	Diamètre en 10° de millimètre	Numéro du fil
Kilog.	Mètres		
18,348	5	54	22
14,150	6	49	21
11,850	9	44	20
9,310	10	39	19
7,078	13	34	18
5,510	19	30	17
4,380	24	27	16
3,526	29	24	15
2,965	35	22	14
2,450	42	20	13
1,988	50	18	12
1,567	62	16	11
1,378	71	15	10

Le prix du fil de fer galvanisé est variable suivant le cours du fer, environ 30 fr. les 100 kilos.

Les prix sont d'autant plus élevés que le numéro du fil choisi est plus faible.

Il vaut mieux employer trois fils de fer au lieu de deux comme on le fait quelquefois. Le fil de fer inférieur peut se placer à 25, 30 ou 40 centimètres au-dessus du sol, mais si les gelées printanières sont à craindre, on doit le placer à une hauteur plus grande, 50, 60 et même 70 centimètres au-dessus du sol. Le second fil de fer se place généralement à 25 ou 30 centimètres au-dessus du premier pour que l'on puisse y attacher rapidement les jeunes rameaux formés, et le troisième fil à 45 ou 50 centimètres du second.

Pour tendre les fils, on emploie plusieurs systèmes : on se sert quelquefois de petits raidisseurs bien connus (raidisseur Collignon) que l'on actionne à volonté avec une petite clé : ils sont assez coûteux et ne sont pas absolument nécessaires ; souvent on emploie des appareils à leviers parmi lesquels nous pouvons citer *le tendeur Express de Plissonnier* (fig. 88), le *Gryp*, etc.

123. Attachage de la vigne. — L'attachage de la vigne a pour but de fixer les organes de la vigne aux appareils de soutien.

En Bourgogne, *l'attachage* s'applique surtout à la fixation des souches et des sarments de taille; *l'accolage* s'applique plutôt à l'attachage des pampres (cette opération, dans la Gironde, s'appelle *levage*); le *relevage*, en Bourgogne, se fait après l'accolage pour les jeunes pousses qui ont poussé et qui n'ont pas été fixées.

L'accolage ou levage est nécessaire : 1° pour empêcher les rameaux d'être cassés par le vent; 2° pour permettre le passage des instruments attelés; 3° pour donner de l'air et de la lumière aux grappes en formation; 4° pour permettre plus facilement les traitements contre les maladies cryptogamiques et les insectes parasites.

L'accolage de la vigne doit se faire *avant la floraison*, car une bonne fécondation demande de l'air et de la lumière; de plus, les fleurs bien exposées au soleil (et non à l'ombre comme elles le sont quelquefois lorsqu'on n'a pas encore accolé) au moment de la ponte de la Cochylis et de l'Eudemis sont toujours moins atteintes. En Bourgogne, cependant, l'accolage se fait souvent en pleine floraison, car on a remarqué que les grappes étant forcément remuées pendant cette opération, le pollen des fleurs est mieux disséminé et par conséquent la fécondation plus régulière.

L'attachage des souches se fait avec de l'osier.

L'accolage se fait souvent avec des joncs. On emploie également beaucoup la paille de seigle préalablement trempée dans une solution de sulfate de cuivre à 5 pour 100.

Le raphia est peu employé, car l'accolage devient alors plus long; il n'est bon que pour palisser les treilles et les espaliers.

L'accolage des vignes ayant des échalas comme appareil de soutien se fait assez rapidement; il est beaucoup plus long dans les vignes en cordons sur treillages; on a cherché à le remplacer par l'accolage entre deux fils de fer rapprochés : on double le fil de fer du milieu du treillage (les 2 fils comprenant entre eux un espace presque égal à la largeur du piquet en fer); l'extrémité des pampres est placée entre les deux fils que l'on rapproche ensuite avec des crochets fixés d'une manière permanente à l'un des fils. Cette méthode diminue beaucoup la main-d'œuvre en été, mais elle complique un peu l'enlèvement des sarments avant la taille, pendant l'hiver.

CINQUIÈME PARTIE

TAILLE DE LA VIGNE

124. Nécessité et but de la taille. — La vigne abandonnée à elle-même prend un grand développement, les sarments s'allongent beaucoup, il y a production de bois, mais les fruits restent petits, leur maturité est irrégulière et leur production très variable.

La taille de la vigne consiste dans la suppression partielle ou totale de certains organes (rameaux, bourgeons, feuilles, etc). Elle a pour but d'assurer la fructification de la vigne, de l'augmenter, de la régulariser, d'obtenir des fruits de meilleure qualité, de donner à la plante une forme et un développement déterminés.

On distingue deux sortes de tailles :

1° *La taille sèche* qui se fait en automne après la chute des feuilles, ou en hiver pendant le repos de la végétation.

2° *Les tailles en vert* qui se font en été lorsque la vigne est en pleine végétation.

CHAPITRE XIII

TAILLE SÈCHE

125. Principes de la taille. — 1° Les fruits viennent sur les pousses de l'année issues de sarments de l'année précédente.

Les fruits ne viennent pas sur des pousses de l'année issues de vieux bois, c'est-à-dire de sarments de plus de deux ans. Ces pousses, issues de vieux bois, se développent très vigoureusement au détriment de celles portant des fruits et sont appelées *gourmands*.

Les gourmands sont généralement stériles sauf chez quelques rares cépages tels que le *Gamay* et l'*Aramon*:

2° La fructification est, en général, inverse de la vigueur. Un cep trop vigoureux fructifie peu ou mal; un cep trop faible se couvre de fruits qui l'épuisent et déterminent sa mort. Les extrêmes sont donc mauvais; c'est la vigueur normale qui seule entraîne une fructification suffisante et soutenue :

3° Sur un même sarment, les pousses sont d'autant plus fructifères qu'elles sont plus éloignées de la base, c'est-à-dire du vieux bois;

4° Les bourgeons, sur un rameau, se développent d'autant plus qu'ils sont moins nombreux. En ne conservant que peu de bourgeons à la taille, on obtient la poussée de rameaux vigoureux;

5° La puissance de végétation ou l'alimentation d'un rameau est d'autant plus grande que sa direction se rapproche davantage de la verticale.

En pratique, lorsqu'on se trouve en présence de branches faibles placées à côté d'autres plus fortes et que l'on veut les équilibrer, on redresse les faibles et l'on incline les fortes : les premières s'alimenteront mieux, tandis que l'activité de végétation chez les secondes diminuera;

6° Chaque cep ne peut nourrir qu'un nombre de grappes proportionnel à sa vigueur et à la richesse du sol qui le nourrit;

7° Les fruits sont d'autant plus volumineux sur un cep ou sur un rameau qu'ils sont moins nombreux.

126. Systèmes de taille. — Les systèmes de taille sont très nombreux, ils varient pour ainsi dire suivant les contrées viticoles et ne se distinguent quelquefois entre eux que par des différences peu sensibles. On peut tous les ramener à trois types principaux : la *taille courte*, la *taille longue*, et la *taille mixte*

Taille courte. — La taille est dite *courte* lorsqu'on taille les sarments de façon à ce qu'ils n'aient pas plus de deux à trois bourgeons (à 2 ou 3 yeux francs comme disent les praticiens) non compris le *bourrillon*[1] que l'on nomme encore *petit*, *puce*, *œil de cuvelle*. Les rameaux taillés, ainsi obtenus, sont appelés *coursons*, *cols*, *cornes*, *porteurs*. On laisse sur chaque cep un nombre de *coursons* qui varie suivant la vigueur du cep et la variété à laquelle il appartient.

Taille longue. — La taille est dite *longue* lorsqu'on taille les sarments de façon à ce qu'ils aient plus de trois ou quatre bour-

---

1. Le *bourrillon* comprend un groupe de 2 ou 3 petits bourgeons dont un est bien constitué. Le bourrillon est situé à quelques millimètres au-dessus de l'empattement du sarment, il est stérile chez beaucoup de cépages.

geons. Les rameaux taillés, ainsi obtenus, sont appelés *longs bois*, *astes*, *courgées*, *archets*, *verges*, *baguettes*, etc.

Nous verrons que ces longs bois ont des longueurs et des positions différentes suivant les formes de taille adoptées.

Taille mixte. — La taille est dite mixte lorsqu'on laisse sur le cep à la fois des *longs bois* et des *coursons*.

Comparaison entre la taille courte et la taille longue. — Il est bon de remarquer qu'un œil, à la taille courte, ne produit en moyenne qu'un bourgeon avec deux grappes, tandis qu'un œil pris sur un long bois, à une certaine distance de la base, peut donner deux ou trois bourgeons et de 3 à 4 grappes, parfois même 6 grappes pour certains cépages. Pour un même nombre d'*yeux* la taille longue permet donc d'avoir plus de *bourgeons à fruits* et de *grappes en formation* que la taille courte. Par contre, avec la taille longue, les longs bois obtenus produisent des rameaux moins vigoureux que les coursons; appliquée constamment sur un même cep elle peut provoquer au bout de quelques années son affaiblissement; aussi les longs bois sont-ils très souvent accompagnés de coursons : les longs bois servent comme branches fruitières et les coursons sont destinés à fournir des sarments vigoureux pour le remplacement [1].

127. Choix d'un système de taille. — Le choix d'un système de taille n'est pas arbitraire; il dépend du *cépage*, du *climat*, du *sol*.

Influence du cépage. — Certains cépages comme le Gamay, l'Aramon, la Carignane ont sur chaque rameau fructifère tous les yeux fertiles depuis la base du rameau ; on peut alors leur appliquer la taille courte.

Chez d'autres cépages, au contraire, tels que la Syrah, le Cabernet, le Persan, les bourgeons près de la base du rameau sont généralement infertiles : les bourgeons les plus fructifères sont placés à une certaine hauteur sur le sarment. Pour ces cépages il faut nécessairement une taille longue.

Le Pinot a les yeux de la base moins fertiles que ceux placés à une certaine hauteur, aussi la taille longue donnera avec lui de meilleurs résultats que la taille courte.

Influence de la fertilité du sol, de la fumure, de la vigueur du cépage. — La fertilité du sol, l'abondance des fumures influent

---

1. Il arrive assez souvent que le long bois absorbe proportionnellement plus de sève que le courson et se développe un peu au détriment de ce dernier; pour remédier à cet inconvénient on est obligé de pincer les pousses du long bois à 2 ou 3 feuilles au-dessus du fruit (voir Pincement, p. 202).

sur la vigueur du cépage et par suite sur le choix du système de taille. On peut, en effet, choisir d'autant plus la taille longue que le cep est plus vigoureux : cette taille, si le cep est peu vigoureux, provoquerait un affaiblissement.

C'est le cep considéré isolément qui règle le choix du système de taille à adopter. Supposons, par exemple, que le cep pour une taille déterminée ait eu, sans affaiblissement, une production fructifère suffisante : on pourra effectuer la même taille que l'année précédente.

Pour un cep, au contraire, dont la végétation s'est assez affaiblie il faudra modifier la taille, adopter la taille courte si le cep a été soumis à la taille longue, ou diminuer le nombre de coursons si le cep avait subi la taille courte.

Enfin, au cas où la vigueur du cep s'est exagérée au point de provoquer la *coulure* des fruits, il faudra augmenter les longs bois si la taille était longue (on en laissera deux ou trois au lieu d'un); ou, si la taille était courte, soit augmenter le nombre de coursons, soit accompagner les coursons de un ou deux longs bois

128. Formes à donner aux vignes. — Les formes que l'on donne à la vigne par la taille sont très nombreuses, elles varient suivant les régions. On peut néanmoins les classer toutes dans deux catégories : *les formes à petit développement* et les *formes à grand développement.*

On pourrait également les classer comme l'indique M. Durand : en *vignes basses* (formes où les branches sont très près de terre); en *vignes moyennes* (formes qui s'élèvent à 40 ou 50 centimètres au-dessus du sol); en *vignes hautes* (formes dont les branches fructifères sont à plus de 50 centimètres de hauteur).

129. Choix de la forme. — Le choix de la forme à adopter dépend du *cépage*, du *sol*, du *climat*.

1° *Influence du cépage.* — Chaque cépage, dans un *sol* et sous un *climat déterminé*, ne donne des fruits que lorsqu'il a acquis un certain développement. Si à un cépage qui demande de l'espace, de l'air, un grand développement, on donne un espace trop étroit et une forme petite, ce cépage sera plein de vigueur mais ne donnera pas ou peu de fruits. De même, si à un cépage qui exige un petit développement, on donne de l'espace et une grande forme son rendement diminue sensiblement.

2° *Influence du sol.* — Le développement que l'on doit donner à chaque cépage varie suivant le sol. Dans un sol fertile, frais, on pourra choisir une forme à grand développement. Dans un sol maigre, sec, on devra choisir plutôt les formes petites. Comme on le voit, le même cépage peut demander une taille à grande forme dans un terrain et une taille à petite forme dans un autre.

3° *Influence du climat*. — Dans les régions chaudes où l'on ne craint pas les gelées du printemps (région du Midi) on peut employer des *formes basses :* les pampres étalent leurs feuilles au-dessus du sol, empêchent la terre de se dessécher trop rapidement, garantissent les raisins contre les rayons trop ardents du soleil qui provoqueraient le *grillage* ou *ercissement*. Lorsque les régions sont humides au contraire, on relève les pampres. on adopte des formes qui les étalent afin de faciliter l'échauffement du sol et des grappes ainsi que l'aération.

Dans les régions froides on préfère également les *formes basses* (les pampres étant relevés) pour maintenir les raisins plus près de terre afin de leur permettre d'utiliser, surtout à l'automne, le maximum de chaleur que renvoie le sol et par conséquent de mûrir plus complètement.

En général les formes basses sont préférées dans tous les cas où l'on n'a pas à redouter les gelées de printemps.

Dans les régions où l'on craint les gelées printanières, on devra adopter les *formes moyennes* ou les *formes hautes :* avec les formes hautes les bourgeons, étant situés à une certaine hauteur, évitent l'air froid toujours plus lourd et formant une mince nappe à la surface du sol. Par contre, en été les raisins obtenus avec ces formes profitent moins de la chaleur et de la lumière rayonnées par le sol; aussi, comme nous le verrons à propos de la *taille Sylvo:* appliquée dans la Savoie et l'Isère, pour remédier à cet inconvénient des formes hautes, on recourbe les *longs bois* après le printemps (lorsqu'on ne craint plus les gelées) afin de ramener les fruits plus près du sol.

130. Époque de la taille. — On peut commencer la taille dès que la vigne entre en repos, ou plus exactement dès que les bois sont aoûtés et que les feuilles jaunissent ; il vaut mieux cependant attendre que les feuilles soient tombées pour que le choix des sarments soit plus facile. On peut pratiquer la taille pendant tout l'hiver et au printemps, jusqu'au débourrement, *sauf quand il gèle*, car par les grands froids les sarments sont très cassants et les coupes ne sont pas nettes, de plus les tissus nouvellement coupés sont plus sensibles à la gelée.

D'une manière générale, il est préférable de procéder de la façon suivante :

1° En automne on fait une *taille préparatoire* (*nettoyage* de Bourgogne, *taille en fiançailles* des Charentes, *espondassage* dans le Midi) : on supprime tous les sarments inutiles pour ne laisser que ceux sur lesquels on asseoira la taille, ces derniers sont rabattus à 30 ou 40 centimètres.

« Cette taille préparatoire permet la distinction des sarments aoûtés de ceux qui ne le sont pas et qui, mortifiés par l'hiver, vont prendre la teinte acajou des autres. Elle facilite les travaux d'hiver en supprimant les sarments encombrants. Avec les bois de l'année et surtout les vieux bois on enlève une grande partie des insectes qui se cachent sous les écorces, Cochylis, Pyrale, ou sous les amas de feuilles formés à la base des ramifications ».

2° Au printemps on pratique la *taille proprement dite* : tous les sarments conservés et rabattus à l'automne à 30 ou 40 centimètres sont taillés *le plus* tard possible à la longueur voulue.

« *La taille tardive* rend les vignes plus fructifères. J. Guyot a montré que l'on pouvait tailler même quand les bourgeons sont débourrés et ont déjà quelques centimètres. Nous l'avons vérifié sur des vignes taillées en plein débourrement.

Les pleurs sur les vignes taillées en mars ou au commencement d'avril sont plus abondants et facilitent quelquefois la gelée ou la pourriture des jeunes pousses qu'ils mouillent. Le cas est très rare. En revanche, les vignes taillées tard débourrent plus tardivement (8 à 15 jours) que les autres, car la sève gonfle tout d'abord les bourgeons des extrémités des rameaux. Ce retard de 15 jours en avril, alors que les gelées sont si fréquentes du 12 au 15 de ce mois, suffit à sauver des récoltes entières, comme la vérification en a été faite en 1899 » (Pacottet).

131. Pratique de la taille. — D'après Dezeimeris on devrait faire la *taille des sarments* sur le nœud immédiatement supérieur au dernier œil conservé. Aux nœuds existent, en effet, comme nous l'avons vu, des cloisons ligneuses qui s'opposent à l'entrée de l'eau dans le bois et garantissent le sarment contre les microbes ou moisissures, causes d'altérations. Mais, quand les nœuds sont très éloignés les uns des autres, *on coupe le plus souvent le sarment à quelques centimètres (deux ou trois) au-dessus du dernier œil conservé en faisant une section oblique du côté opposé à l'œil afin de permettre l'écoulement facile de l'eau* (fig. 89).

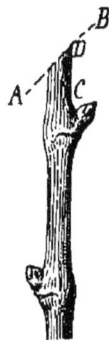

Fig. 89. — Taille des sarments conservés.

On taille à 2 centimètres, au-dessus de l'œil conservé en AB; on supprime l'année suivante l'onglet CD.

Il ne faut pas, comme on le fait quelquefois, pratiquer cette section le plus près possible du bourgeon, car la moelle mise à nu s'altérant assez facilement, l'altération peut se communiquer au bourgeon. D'ailleurs, on admet que les réserves nutritives qui servent à nourrir le bourgeon au moment du débourrement se trouvent au-dessus de l'œil ; si on coupe trop près de l'œil le jeune bourgeon n'a plus assez de réserves nutritives.

En ce qui concerne la *taille des vieux bois*, M. Dezeimeris recommande également de ne jamais supprimer *ras* les vieux bois ou les sarments que l'on veut faire disparaître, comme on le pratique trop souvent, mais de les couper au niveau du premier nœud pour ne les enlever ensuite totalement que l'année suivante :

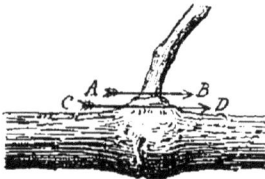

FIG. 90.
TAILLES DE SARMENTS QUE L'ON SUPPRIME COMPLÈTEMENT.

Ne pas tailler en CD au ras du vieux bois, mais bien en AB au-dessus de l'empattement.

« De cette façon, quand on procède à l'ablation des tronçons restants ou *chicots* (généralement deux ans après), leur mortification est complète et la sève qui circule tout autour de la base provoque la formation de bourrelets qui recouvrent bientôt la section du bois. »

Cette méthode est bonne, mais elle présente pour les vignerons quelques inconvénients. C'est un double travail puisqu'il faut ensuite supprimer les tronçons restants ; de plus, les souches chargées de chicots n'ont pas belle apparence et les vignerons se résolvent difficilement à admettre cette taille.

Aussi peut-on se contenter de tailler légèrement au-dessus de l'empattement, comme l'indique la figure 90.

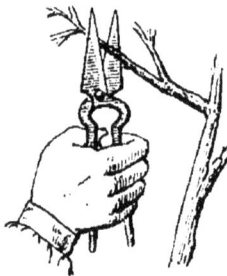

FIG. 91. — SÉCATEUR A 2 LAMES TRANCHANTES.

Instruments employés. — La serpette était autrefois très employée, elle donne d'excellents résultats ; elle fait des incisions nettes, toujours obliques. Le sécateur ordinaire est aujourd'hui très em-

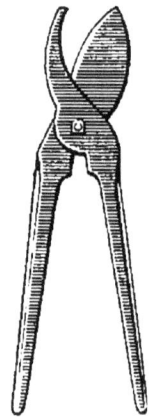

FIG. 92.
SÉCATEUR A VIGNE DU MIDI.

ployé, surtout dans le Centre et l'Est, il permet un travail rapide, mais ne donne pas toujours des coupes franches ; il écrase un peu le bois. Pour remédier à cet inconvénient on peut employer des sécateurs à deux lames tranchantes (fig. 91) :

la section commence simultanément de chaque côté de la branche, on évite ainsi la meurtrissure de l'écorce et l'écrasement du bois.

Dans le Midi on emploie des sécateurs sans ressort, de grandes dimensions, qui exigent l'effort des deux mains (fig. 92).

132. Les différentes formes de taille. — Les différentes formes de taille que l'on emploie peuvent se ranger dans trois catégories :

Les formes en cordon;
Les formes en espalier;
Les formes en gobelet.

En général, toutes les formes de taille ne commencent à s'établir que vers la troisième année. A la première année on ne conserve qu'un sarment que l'on taille à un œil ; la deuxième année on ne conserve également qu'un sarment que l'on taille à deux ou trois yeux, on ébourgeonne soigneusement de façon à n'avoir que deux pousses bien constituées et qui se développeront au maximum (voir p. 182, fig. 102). Avec les deux sarments obtenus on peut, dès la troisième année, commencer à établir la forme de taille adoptée.

I. — LES FORMES EN CORDON

Les formes en cordon sont celles que l'on obtient en donnant au cep une direction unique, verticale, oblique ou horizontale.

Elles sont très nombreuses et varient suivant les régions viticoles; nous indiquerons seulement les principales que nous classons de la manière suivante :

SYSTÈMES DE TAILLES.

Formes en cordon.	*A petit développement.*	Taille de la Champagne (broche). Ancienne taille du Pinot de Bourgogne. *Taille du Dr Guyot.* Taille de Quarante. Taille en archet de Côte-Rotie. Taille à queue du Mâconnais.
	A grand développement.	*Taille de Royat* (en cordon unilatéral). *Taille Casenave.* Taille Marcon. *Taille Sylvoz.* Cordons verticaux ou cordons Charmeux.

133. — **Broche de la Champagne**. — Dans cette taille que l'on pratique en Champagne sur le Pinot, le cep n'a en quelque sorte pas de souche : il est formé par un sarment unique très court taillé à quelques centimètres au-dessus du sol à 3 ou 4 yeux. Les 3 ou 4 sarments qui poussent dans l'année sont atta-

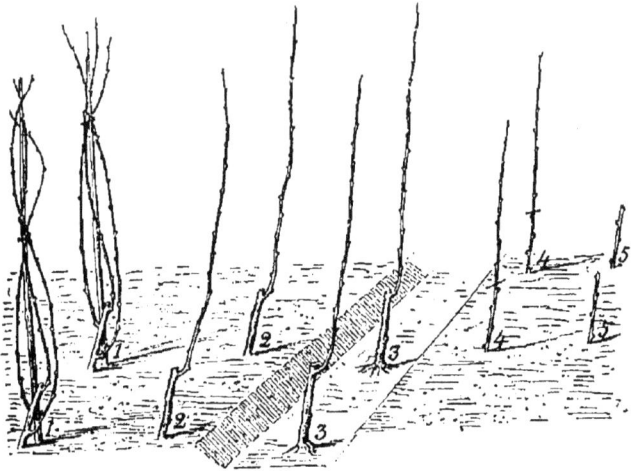

FIG. 93. — TAILLE DE LA CHAMPAGNE (broche).

1, 1, *aspect des ceps avant la taille ; 2, 2, ceps préparés pour l'assiselage, 3, 3, assiselage ; 4, 4, sarments couchés en terre et non encore taillés ; 5, 5, sarments taillés en broche de 4 bourgeons.*

chés à un échalas ; l'aspect de la vigne est alors celui indiqué par la figure 93, 1.

Chaque année, après avoir enlevé les échalas, on supprime tous les sarments sauf le plus haut placé (figure 93, 2). Après cette opération, on pratique le *béchage* : on dégage les racines du cep poussées sur bois de deux ans, on ouvre dans le sol une espèce de fossé ou *jauge* de 15 à 20 centimètres de profondeur (fig. 93, 3), et on y couche ce bois de façon que le sarment conservé sorte de terre (fig. 93, 4). Ce sarment est taillé à 3 yeux, francs pour les cépages noirs et à 4 yeux pour les cépages blancs (fig. 93, 5). On met ensuite les échalas.

La multiplication des ceps se fait par écart et avance ; la pratique de cette opération s'appelle assiselage : à la taille précédente au lieu de laisser, comme nous l'avons dit plus haut, un seul sarment ou broche, on en laisse deux. « Pour avancer on conserve sur une des broches le sarment le plus bas que l'on couche dans l'alignement des ceps ; sur l'autre, au contraire, on conserve le sarment le plus élevé que l'on enterre jusqu'au rang supérieur, point où on le fait sortir pour le tailler. Pour écarter, on choisit sur chacune des deux broches le sarment le mieux disposé, et, au moment du béchage, on écarte ces sarments en fixant l'un d'eux à l'aide d'un crochet à la place voulue, pendant que l'on enterre l'autre [1]. »

Il est bon de remarquer que chaque souche a sous terre un développement considérable. Sur ce vieux bois enterré poussent de jeunes racines utilisant très bien les engrais en couverture mis chaque année.

Il est évident que *l'assiselage* n'est pas possible avec les vignes greffées, car au bout d'un certain temps la vigne française mise comme greffon émet en terre des racines et s'affranchit peu à peu de la souche mère qui est américaine ; elle est sujette alors aux attaques du phylloxéra.

134. Ancienne taille du Pinot en Bourgogne. — En Bourgogne, avant l'invasion phylloxérique on pratiquait le provignage (voir p. 87) sur le vingtième des souches de sorte que l'on renouvelait les plants tous les 20 ans.

Au moment du provignage, les sarments laissés sur la souche enterrée (dont l'un était établi sur la souche en terre et les autres aux points où devaient être situées les nouvelles souches) étaient taillés à 2 ou 3 yeux.

Les années suivantes, à la taille, on ne laissait qu'un seul sarment, *le plus élevé*, qui était taillé à 2 ou 3 yeux francs, sans compter le bourrillon (fig. 94), de sorte que

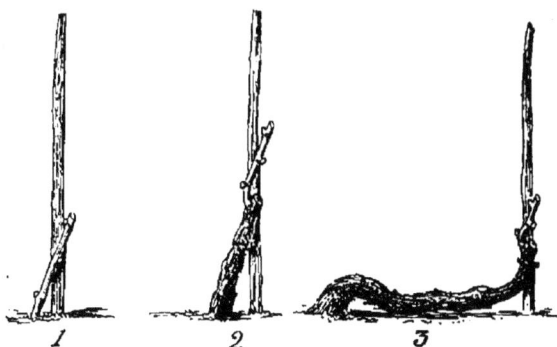

FIG. 94.

ANCIENNE TAILLE DU PINOT EN BOURGOGNE.

1, *taille d'une souche qui vient d'être provignée;*
2, *taille d'une souche 6 à 7 ans après le provignage;*
3, *taille d'une souche 15 à 16 ans après le provignage et demandant à être de nouveau provignée.*

la souche s'allongeait outre mesure. Les vieilles souches, trop longues et portant par conséquent les raisins trop loin du sol, au lieu d'être attachées le long d'un échalas, étaient simplement couchées sur le sol, leur extrémité légèrement relevée contre l'échalas.

Avec les vignes greffées, cette taille a été remplacée surtout par la taille en gobelet (p. 194) et la taille en cordon unilatéral ou taille de Royat (p. 182).

135. Taille du Dr Guyot [2]. — La taille du Dr Guyot est une combinaison de la taille à courts bois et de la taille à longs bois. On l'établit de la manière suivante :

---

1. Peyraud (*Taille de la vigne*).

2. C'est après avoir visité la plupart des vignobles français et examiné les différents systèmes de taille que Guyot a adopté le système que nous étudions.

1re *année* : On ne conserve qu'un sarment que l'on taille à un œil.

2e *année* : On n'a également qu'un sarment que l'on taille à deux yeux.

3e *année* : Des deux sarments poussés pendant la deuxième année, l'un (le plus bas) est taillé à 2 yeux, c'est le *courson*:

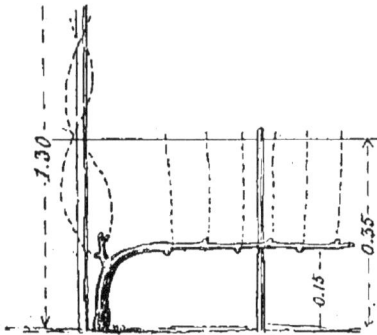

FIG. 95. — TAILLE GUYOT.

Taille de 3e année.

l'autre est taillé à 7 ou 10 yeux, puis recourbé et fixé comme l'indique la figure 95, c'est le *long bois* ou *branche fruitière*.

À partir de la 4e année (fig. 96), à la taille, on procède tous les ans de la même manière : le long bois ou branche fruitière est supprimé en *c d* (fig. 96, 1), et de tous les sarments qui ont poussé sur le courson, on n'en conserve que deux : le plus bas est taillé à 2 yeux (en *a b*, fig. 96, 2), ce sera le *nouveau courson*; l'autre est taillé à 8 ou 10 yeux, ce sera le *nouveau long bois* destiné à remplacer le

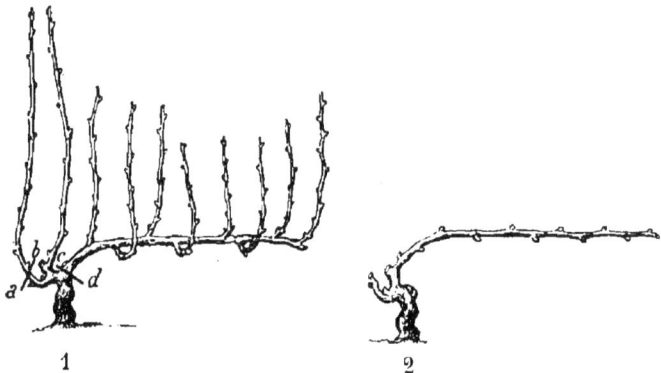

FIG. 96. — TAILLE GUYOT, TAILLE DE CHAQUE ANNÉE A PARTIR DE LA 4e ANNÉE.

1, *avant la taille;* 2, *après la taille.*

long bois de l'année précédente qui doit disparaître; on obtient ainsi un cep tel que l'indique la figure 96, 2.

La figure 97 montre la disposition des souches adultes ainsi que le mode de palissage : au pied de chaque cep on dispose un échalas de 1 m. 30, et entre deux ceps on place un piquet de 0 m. 35 environ au-dessus du sol ; un fil de fer situé également à 0 m. 35 du sol relie piquets et échalas. La branche frui-

tière après les gelées est étendue horizontalement, puis attachée soit au piquet, soit à un deuxième fil de fer à o m. 15 ou o m. 20 au-dessus du sol. De toutes les pousses nées de la branche fruitière, on ne conserve que celles qui portent du fruit et qui ne sont pas trop rapprochées; elles sont attachées au fil de fer le plus élevé puis pincées à deux feuilles au-des-
sus de la dernière grappe.

Dans le cas où les bois de remplacement fournis par le courson font défaut, on conserve la même branche à fruit dont on taille tous les rameaux à 2 yeux.

On fait à la taille Guyot le reproche d'épuiser rapidement les souches, de dimi-
nuer la qualité du vin et de faire mal mûrir la vendange; mais tous ces reproches seront considérablement at-
ténués si, comme l'indique M. Durand, on suit les pré-
ceptes suivants :

« 1° Appliquer cette taille dans les sols naturellement fertiles ou généreusement fumés, et à des cépages vigoureux ;

2° Arrêter la végétation par des pincements sur les pousses fructifères du long bois, surtout sur celles de l'extrémité, de façon à porter la vie sur les pousses de remplacement nées sur le courson:

3° Pratiquer l'incision annulaire ou un étranglement

FIG. 97. — TAILLE SYSTÈME GUYOT;
ASPECT DES SOUCHES ADULTES.

1, *souches adultes après la chute des feuilles*; 2, *souches adultes après la taille*; 3, *souches adultes en végétation.*

avec un lien d'osier à la base de tous les longs bois, dans le double but d'arrêter la végétation et de hâter la maturité du fruit;

4° Proportionner la longueur de la branche à fruit à la vigueur du cep et à la fertilité du sol ;

5° Dans les terrains en pente, diriger toujours le long bois

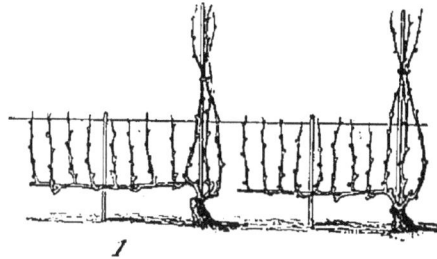

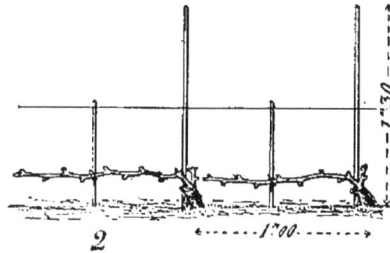

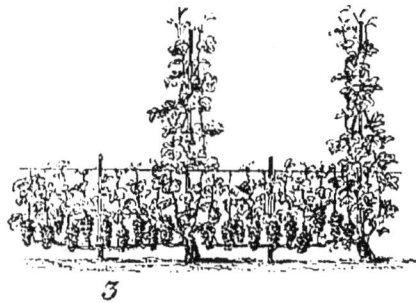

vers le bas afin d'arrêter la sève qui a toujours tendance à se porter vers les extrémités des sarments;

6° Enfin revenir momentanément à la taille courte si l'on s'aperçoit que le cep s'épuise. »

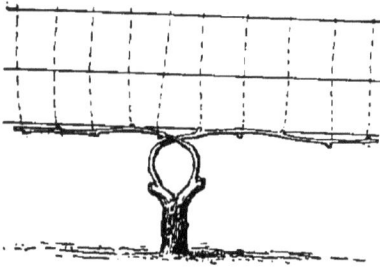

FIG. 98. — TAILLE DE QUARANTE.

136. Taille de Quarante (fig. 98). — La taille de Quarante[1] que l'on emploie depuis quelque temps dans le Midi est une taille Guyot double (deux longs bois ayant chacun leur courson) dont les deux longs bois sont arqués au-dessus de la souche et envoient leurs extrémités du côté opposé formant ainsi une voûte de verdure, sorte d'abri pour le raisin contre les rayons du soleil. Cette taille ne convient qu'aux cépages très vigoureux et dans les sols très fertiles ou très bien fumés, car la production de raisins obtenue est énorme.

137. Taille en archet de Côte-Rôtie. — La taille de Côte-Rôtie est analogue à la taille Guyot. Elle utilise également un long bois et un courson pour le bois de remplacement; mais le long bois ou branche fruitière, au lieu d'être disposée horizontalement, est recourbée en archet la pointe en bas à un

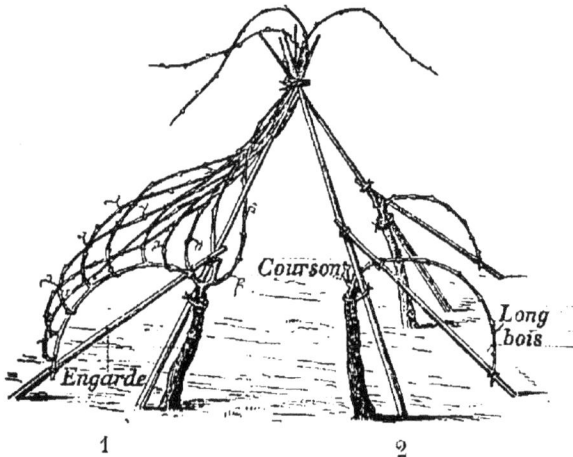

FIG. 99. — TAILLE EN ARCHET DE CÔTE-RÔTIE.

1, *avant la taille*; 2, *après la taille.*

petit échalas appelé *engarde*, lequel est appliqué obliquement en terre et fixé à un grand 'échalas (fig. 99). Les souches sont groupées par trois et leurs grands échalas sont reliés à leur sommet (fig. 100 et 101). Tous les rameaux qui se développent sont relevés et attachés le long du grand échalas. Le tout forme une sorte de pyramide triangulaire résistant parfaitement aux grands vents qui soufflent souvent avec violence dans ces régions.

1. Due au Dr Gimié.

Dans les nouvelles plantations on tend à adopter la disposition en lignes ne demandant que deux échalas et supprimant les engardes.

FIG. 100. — VIGNES DE CÔTE-RÔTIE PENDANT LA VÉGÉTATION.

138. Taille à queue du Mâconnais. — Dans cette taille la souche porte un long bois dont la pointe est piquée en terre (fig. 101, 1). Ce long bois, que l'on appelle *queue*, est souvent accompagné d'un courson de remplacement. Si le courson n'existe pas, on prend le nouveau long bois parmi les

FIG. 101. — TAILLE A QUEUE DU MÂCONNAIS.

1, *souche taillée avec courson et queue*; 2, *vieille souche taillée à deux coursons et deux queues.*

sarments les plus vigoureux qui existent à la base du long bois que l'on veut faire disparaître.

Quand la vigne a de la vigueur et que le sol est suffisamment fertile, on donne à chaque cep deux queues et deux coursons de remplacement (fig. 101, 2). Ces deux queues sont alors attachées à deux échalas piqués en terre obliquement et reliés par leur sommet[1].

---

1. Le cordon est alors dans ce cas un espalier.

139. Taille de Royat (en cordon unilatéral)[1]. — Le cordon de Royat peut être considéré comme une forme type du cordon.

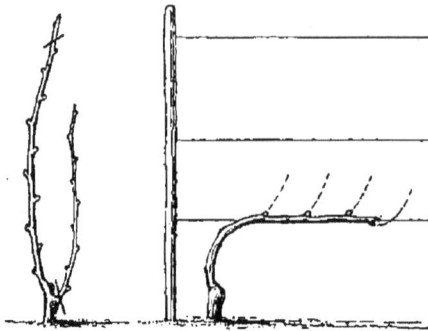

La 3ᵉ année[2] (fig. 102), lorsqu'on a obtenu un sarment vigoureux et convenablement placé dans l'axe de la souche, on le courbe et on le couche en l'attachant au premier fil de fer, de façon qu'un rang de bourgeons soit *en dessus*, et que l'autre rangée soit en dessous regardant le sol. On le taille sur un œil placé en dessous à 50 ou 60 centimètres de longueur. On supprime tous les yeux sur la partie verticale du cep (sauf *un* sur le pied du cep que l'on peut garder au cas où la grêle ou le gel détruirait le cordon).

1. *Avant la taille.*   2. *Après la taille.*

FIG. 102.

TAILLE DE ROYAT (3ᵉ année).

Dans le courant de l'année, au début de la végétation, on supprime les jeunes pousses placées en dessous du cordon, sauf la pousse terminale qui servira à prolonger le cordon au printemps suivant; on ne conserve que celles situées au-dessus du cordon espacées de 15 à 18 centimètres. Pendant la végétation on pince

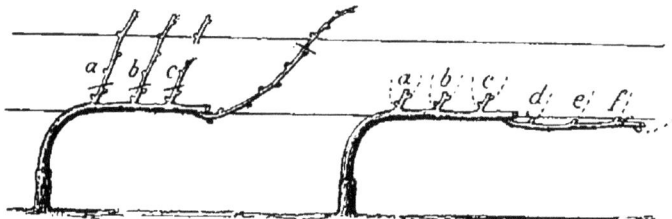

1. *Avant la taille.*   2. *Après la taille.*

FIG. 103. — TAILLE DE ROYAT (4ᵉ année).

les pousses qui tendent à se développer plus que les autres.

La 4ᵉ année (fig. 103, 1), les rameaux *a b c* que porte le cordon sont taillés à deux yeux (en courson), et constituent les *bras*

---

1. M. Lefebvre, ancien directeur de la Ferme-École de Royat, paraît être le propagateur de cette taille, d'où la dénomination de taille de Royat proposée par M. Carré, professeur départemental d'agriculture de la Haute-Garonne.

2. Nous rappelons, ainsi que nous l'avons vu p. 175, que les formes de taille ne commencent à s'établir que vers la troisième année.

du cordon. Le sarment de prolongement est taillé sur un œil placé en dessous, à une longueur de 0 m. 50 environ, et on ébourgeonne les yeux *en dessous* (fig. 103, 2).

La 5ᵉ *année* (fig. 104, 1), chacun des bras a donné pendant la 4ᵉ année deux sarments *m* et *n*, dont l'un *m* le plus bas, c'est-

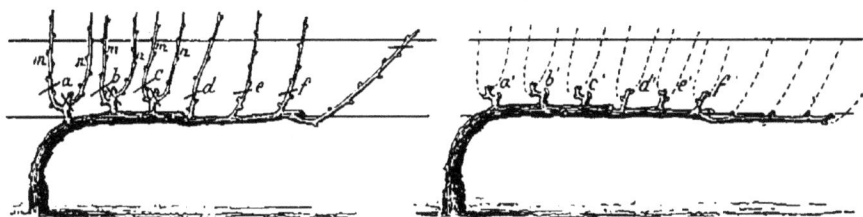

1. *Avant la taille.*   2. *Après la taille.*

FIG. 104. — TAILLE DE ROYAT (5ᵉ année).

à-dire le plus près du cordon, est taillé à deux yeux (à courson), l'autre *n* est supprimé. La souche à l'aspect de la figure 104, 2.

La 6ᵉ *année*, les coursons taillés à deux yeux donneront deux sarments dont l'un le plus haut, à la taille, sera supprimé et le plus bas sera taillé à deux yeux.

Les années suivantes, on procède de la même manière qu'à la 5ᵉ et à la 6ᵉ année : sur chaque bras on conserve toujours un courson à deux yeux dont l'un le plus bas donne un sarment, servant à la taille suivante pour le courson de remplacement, et l'autre, le plus haut, donne un sarment disparaissant à la taille.

Malgré la précaution que l'on prend de constituer le courson de remplacement avec l'œil le plus bas, le plus près du cordon, les bras s'allongent peu à peu.

Pour remédier à cet inconvénient on recherche à la base du bras, sur le vieux bois, un bourgeon que l'on taille la première année à un œil ; l'année suivante, le sarment obtenu est taillé à 2 yeux et l'on supprime l'ancien bras que l'on remplace par le nouveau courson. Au cas où l'on ne trouve pas de bourgeon sur le vieux bois, il suffit de faire, à l'époque de la taille, une petite incision à la base du bras pour en faire naître.

Remarques. — 1ᵒ Au début de la formation du cordon, quand on couche le sarment principal le long du fil de fer, il faut avoir soin de faire une courbure à grand rayon, une courbure à petit rayon arrêterait la sève.

2ᵒ La longueur à donner au cordon est de : 1 mètre dans les terrains pauvres et secs, 1 m. 50 environ dans les sols fertiles.

3ᵒ Le cordon est établi sur fil de fer à une hauteur d'autant plus grande que l'on craint davantage les gelées (0 m. 30, 0 m. 40 et même 0 m. 50).

4ᵒ Les rangées de cordons sont à 1 m. 20, 1 m. 50 et même 1 m. 80 les unes des autres suivant la fertilité du sol.

5ᵒ Il faut avoir soin de ménager au pied de chaque souche une petite pousse que l'on enfouit au buttage d'hiver et qui peut servir à refaire le cordon si celui-ci est détruit par la gelée.

Avantages de la taille de Royat en cordon unilatéral. — Ainsi que nous l'avons vu, cette taille est très simple, elle n'offre aucun caractère particulier, aussi est-elle appliquée dans beaucoup de régions.

Elle permet d'étaler les sarments, ce qui facilite l'aération et l'éclairage des grappes, ainsi que l'application des traitements contre les maladies (oïdium, mildiou, etc). Elle permet également d'éloigner plus ou moins les sarments du sol, afin d'éviter les gelées.

140. Taille Casenave. — *A la fin de la 3ᵉ année*, le seul sarment conservé est courbé, puis établi le long du fil de fer inférieur (fig. 105).

Après on ébourgeonne : on enlève les yeux vers le pied du

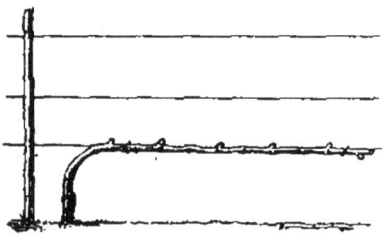

FIG. 105.
TAILLE CASENAVE (3ᵉ année).
Après la taille.

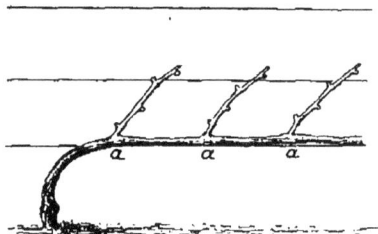

FIG. 106.
TAILLE CASENAVE (4ᵉ année).
Après la taille.

cep et le long de la courbure; sur le sarment on supprime les yeux qui sont au-dessous. Le cep ne porte plus alors qu'une douzaine de bourgeons régulièrement disposés; ces bougeons donneront des rameaux que l'on attachera au fil de fer du milieu quand leur longueur sera suffisante, on régularisera leur végétation par des pincements convenables.

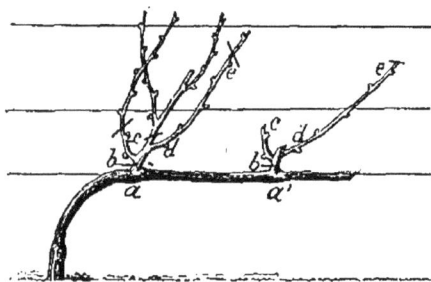

FIG. 107.
TAILLE CASENAVE (5ᵉ année).
a, *avant la taille*; a', *après la taille*;
b, c, *courson*; d, e, *long bois*.

A la 4ᵉ année (fig. 106), on conserve un de ces rameaux tous les 33 centimètres environ, et on supprime les autres. Chaque cep porte ainsi sur sa longueur de 2 mètres, six à sept *bras* ou *astes a*. Chacun de ces bras est taillé de trois à six yeux suivant la vigueur de la vigne. puis incliné à 45 degrés environ pour éviter que les yeux supérieurs poussent trop vigoureusement.

Lorsque le cordon n'est pas assez long pour atteindre le cep suivant, on conserve à l'extrémité un rameau qui fournira aux tailles suivantes les bras ou *astes* manquants.

A la 5ᵉ année (fig. 107, a), on applique à chaque bras la taille normale que l'on utilisera chacune des années suivantes : on coupe chaque bras au-dessus de deux rameaux inférieurs, le plus bas *b c*, est taillé à deux yeux, ce sera le *col* ou *courson* *b c* ; le plus haut *d e*, est taillé à cinq ou six yeux, ce sera le *long bois d e* (fig. 107, a').

A chacune des années suivantes (fig. 108), le *long bois* est supprimé, le sarment *g h*, le plus haut du courson est taillé (à la taille suivante) à trois ou six yeux pour faire un nouveau long bois, et le sarment le plus bas *f*, du courson est taillé à deux yeux pour faire le nouveau courson.

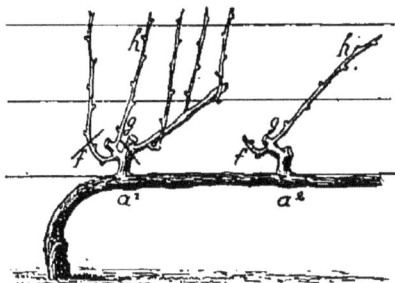

FIG. 108.
TAILLE CASENAVE (6ᵉ année).

a¹. *avant la taille* ; a², *après la taille* ;
e. f, *courson* ; g, h, *long-bois.*

Remarques. — 1° Lorsqu'un des bras ou *aste* a des rameaux manquant de vigueur on ne laisse l'année suivante que 3 ou 4 yeux au lieu de 6.

2° Il faut maintenir la taille des bras aussi près que possible de leur base près du cordon, voilà pourquoi on choisit toujours comme courson le rameau le plus rapproché du cordon. Lorsque les bras s'allongent trop on recherche à la base des bras, sur le vieux bois, un bourgeon que l'on taille la première année à un œil ; l'année suivante le sarment obtenu est taillé à deux yeux et l'on supprime enfin l'ancien bras.

3° La hauteur du cordon est d'autant plus grande que l'on craint davantage les gelées, elle peut atteindre 0 m. 80.

Modification de la taille Casenave : système Marcon. — Dans la

taille Casenave il arrive, malgré les précautions prises, faute de rameaux bien placés, que les bras s'allongent trop, ce qui diminue la vigueur et la fructification de leurs sarments.

Pour remédier à cet inconvénient, M. Marcon applique le phénomène d'observation suivant : « si, après la taille, on supprime quelques-uns des yeux inférieurs d'un rameau quelconque, il se développe sur son empattement un certain nombre de bourgeons qui seraient restés endormis sans cet ébourgnement. »

La fig. 109, 1 représente un cordon dressé comme ceux de M. Casenave, *a* est le long bois et *b* le courson partant l'un et l'autre du cordon ; *c* représente un jeune rameau obtenu sur l'empattement en supprimant deux ou trois yeux sur le long bois.

A la taille on supprime le long bois *a*, le sarment *b* poussé sur l'ancien courson devient le long bois *b'* (fig. 109. 2), le rameau *c* taillé à deux yeux devient le nouveau courson *c'*. On a le soin d'enlever deux ou trois yeux à la base du nouveau bois long *b'* pour que sur l'empattement il naisse une jeune pousse qui servira à établir un nouveau courson l'année suivante.

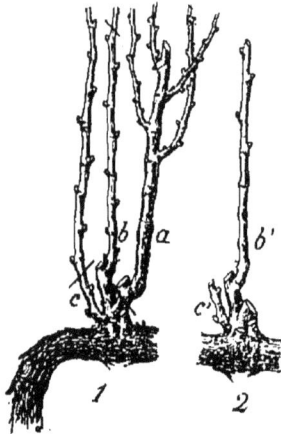

FIG. 109.
TAILLE MARCON.

1, *avant la taille*; 2. *après la taille.*

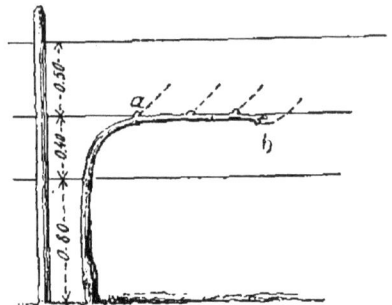

FIG. 110.
TAILLE SYLVOZ (3ᵉ année).

Disposition du cordon aussitôt après la taille.

141. Taille Sylvoz. — Cette taille est employée dans les vignobles de l'Isère et de la Savoie où les gelées printanières. les gelées blanches du matin sont fréquentes et tardives.

A la 3ᵉ année (ou 1ʳᵉ année de formation du cordon) (fig. 110), lorsqu'on a obtenu un sarment vigoureux ayant atteint le fil de fer du milieu, on le courbe et on l'établit le long de ce fil de fer de façon qu'un œil soit placé *en dessus* à la base de la courbe. L'extrémité du sarment est taillé avec un œil situé *en dessous*, qui fournira le prolongement du cordon.

Pendant l'année, on favorise le développement des deux bourgeons extrêmes *a* et *b* en supprimant tous les autres bourgeons qui n'ont pas de fruits et en pinçant ceux qui ont des fruits au-dessus de la 4ᵉ feuille.

A la 4ᵉ année (2ᵉ année de formation du cordon), le premier sarment *a* (fig. 111, 1) est taillé à deux yeux (en *corne* ou *courson*); le sarment de l'extrémité *b*, destiné à prolonger le cordon est coupé à une longueur suffisante pour avoir *en dessus* un œil à o m. 25 ou o m. 30 du premier courson *a*, et *en dessous*, à l'extrémité, un autre œil qui fournira le rameau de prolongement. Ce sarment de l'extrémité, que l'on a taillé, est couché le long du fil de fer (fig. 111, 2) et attaché; le cordon s'est ainsi allongé.

Dans le courant de l'été, les nouvelles pousses sont traitées comme dans l'année précédente : on supprime les pousses inutiles et celles qui ne portent pas de fruits, les autres sont pincées au-dessus de la 4ᵉ feuille.

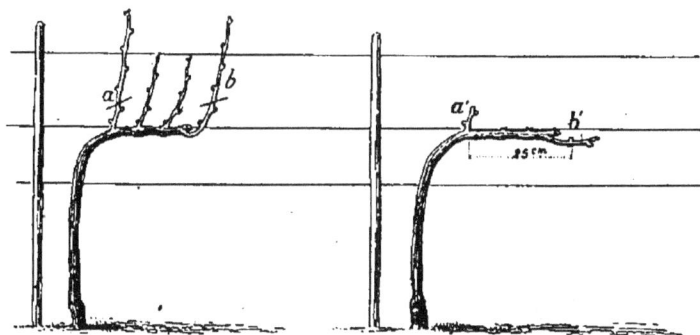

1. *Avant la taille.*   2. *Après la taille.*

FIG. 111. -- TAILLE SYLVOZ (4ᵉ année).

La 5ᵉ année, on conserve sur le premier courson ou corne obtenu (fig. 112, 1), le meilleur des sarments qui y ont poussé *c*, et autant que possible le plus rapproché de la base. Ce sarment *c'* est recourbé aussi près que possible du cordon, attaché

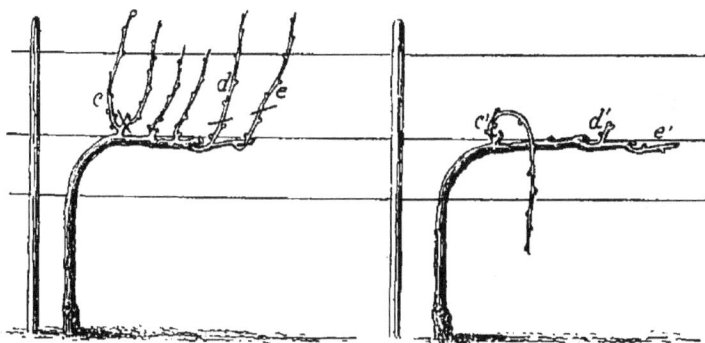

1. *Avant la taille.*   2. *Après la taille.*

FIG. 112. — TAILLE SYLVOZ (5ᵉ année).

au fil de fer du milieu et à celui du bas (comme l'indique la fig. 112, 2). C'est le premier *long bois* ou *archet*.

Le sarment *d*, situé à 25 centimètres de *c*, est taillé en courson à deux yeux. Le sarment *e* est coupé à une longueur suffisante pour avoir *en dessus* un œil à 0 m. 25 du deuxième courson obtenu par la taille de *d*, et *en dessous* à l'extrémité un autre œil qui fournira le rameau de prolongement *e'*. Ce sarment de l'extrémité, que l'on a taillé, *e'*, est couché le long du fil de fer pour continuer la branche de charpente, comme l'indique la figure 112, 2. Tous les autres sarments sont supprimés.

Pendant l'été les pousses sont traitées comme les années précédentes. Les pousses développées sur la courbure de l'archet (fig. 113, 1), et qui doivent servir au remplacement, sont attachées au fil supérieur, les autres qui portent des fruits sont pincées.

A la 6ᵉ année (fig. 113, 1), l'archet *c* est supprimé, et on ne conserve que le sarment *f*, le plus beau et le plus rapproché de la base, pour refaire l'archet. Aux sarments du courson *d*, le

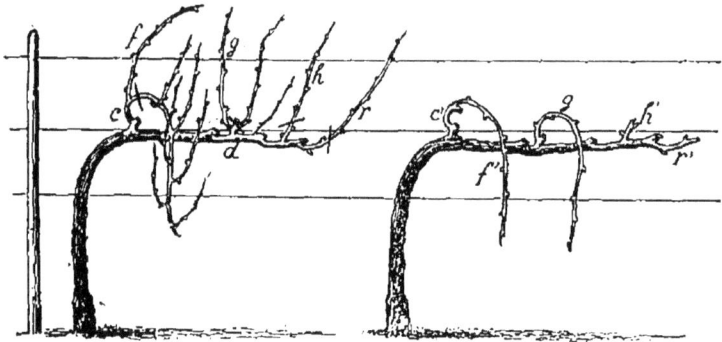

1. *Avant la taille.*   2. *Après la taille.*

Fig. 113. — Taille Sylvoz (6ᵉ année).

rameau *g* sera seul conservé pour être recourbé et faire un deuxième archet. Le sarment *h*. situé à o m. 25 de *d*, est taillé en courson à deux yeux et devient *h'*.

Le sarment *r* est coupé à une longueur suffisante pour avoir *en dessus* un œil à o m. 25 du troisième courson obtenu avec *h*, et *en dessous* à l'extrémité un autre œil qui fournira un rameau de prolongement *r'*.

Ce sarment de l'extrémité, que l'on a taillé, est courbé le long du fil de fer pour continuer la branche de charpente (comme l'indique la figure 113, 2).

Dans les années suivantes les opérations se répètent comme nous l'avons indiqué pour la 5ᵉ et la 6ᵉ année, de façon à avoir de nouveaux archets.

Les ceps, d'après le système Sylvoz, ont de six à douze archets, suivant les cépages et la fertilité du sol (fig. 114).

Comme on le voit, chaque année chacun des archets est remplacé par un autre, constitué par le plus beau sarment de la courbe de l'archet, et le plus à la base. Ces bras ou archets s'élèvent évidemment peu à peu avec les tailles successives;

afin de remédier à cet inconvénient, au bout d'un certain temps, on supprime le bras en profitant d'un bourgeon développé sur le vieux bois à sa base pour renouveler l'archet. Au cas où le sarment issu de ce bourgeon serait trop faible, on le taille à un œil et on en fait un archet l'année suivante.

Si un bras vient à manquer pour une cause quelconque, on

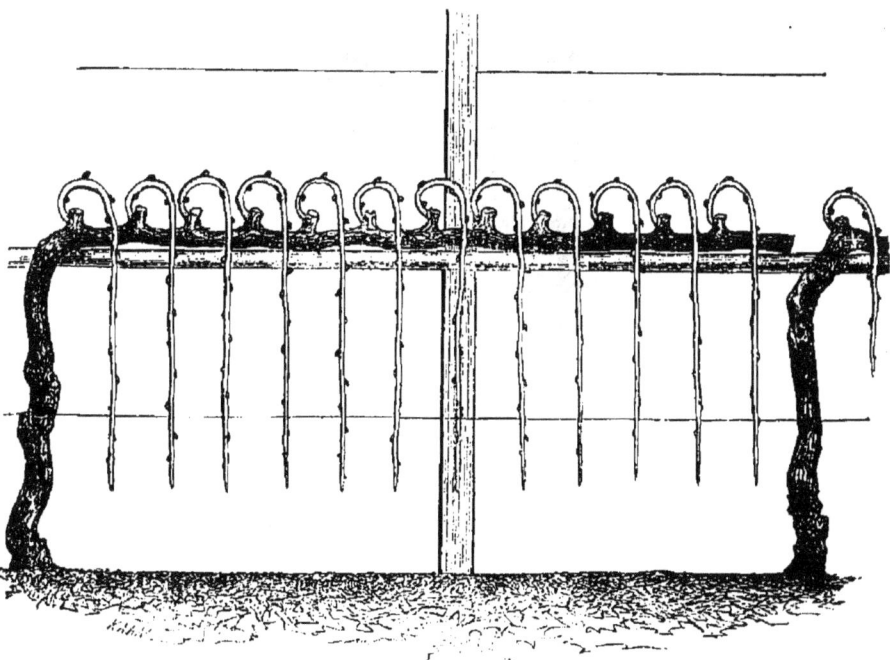

FIG. 114. — VIGNE ADULTE CONDUITE D'APRÈS LE SYSTÈME SYLVOZ.

le remplace provisoirement par un des sarments de base développé sur le bras voisin, lequel aura alors deux archets.

Avec le système de taille Sylvoz :

1° Les bois de taille sont assez hauts pour éviter les gelées printanières fréquentes et tardives : 2° l'époque des gelées étant passée, les archets recourbés rapprochent les pousses et leurs fruits aussi près que possible du sol : 3° le cordon est à une hauteur permettant d'exécuter toutes les opérations culturales, sans le secours d'une échelle comme le demandaient les grands *treillards* utilisés dans la Savoie et l'Isère.

142. Cordons verticaux. — En principe, le cordon vertical ou palmette, que l'on appelle quelquefois cordon Charmeux, consiste en une tige verticale dressée suivant l'élévation d'un mur, et portant des coursons à des distances déterminées. Ces coursons peuvent être *opposés* ou *alternes*.

Pour garnir des murs assez hauts (4 mètres de hauteur pa
exemple), on peut employer la disposition indiquée par M. Ros
Charmeux (c'est celle indiquée par la figure 115): les ceps son
placés à o m. 40 les uns des autres, et on les conduit de faço

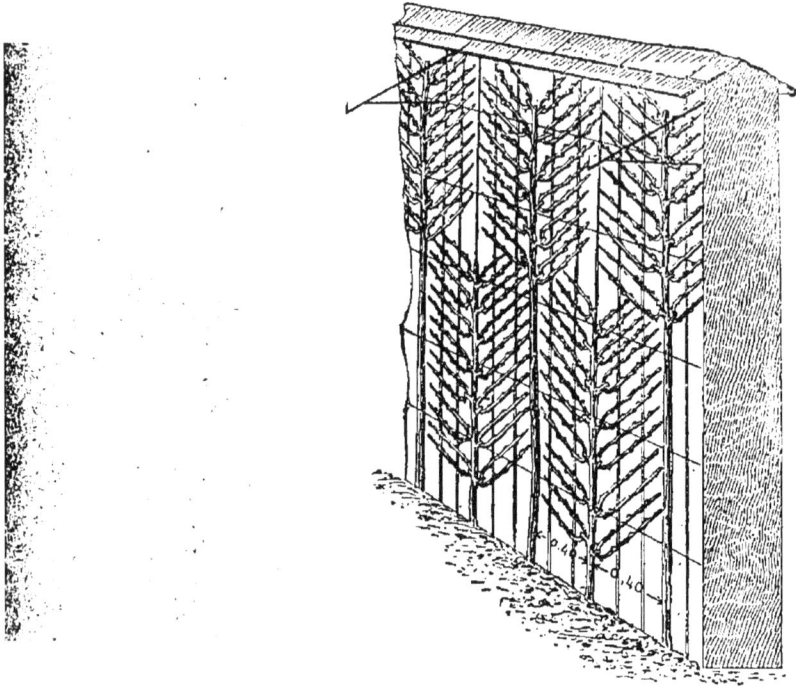

Fig. 115. — Vignes en cordons verticaux.

à garnir alternativement la moitié inférieure et la moitié supérieure du mur.

Les cordons verticaux étant plutôt des formes employées
dans les jardins, nous renvoyons leur étude à l'ouvrage d'*Arboriculture* (*Encyclopédie des connaissances agricoles*).

II. — LES FORMES EN ESPALIER

Les formes en espalier *sont celles dans lesquelles les bois de
la souche se répartissent symétriquement dans le même plan.*
Les formes principales que nous étudierons peuvent être
classées de la manière suivante :

Formes en espalier.	Formes à petit développement.	Taille de Sauterne. Taille de l'Yonne (Chablis). Taille du Médoc. Taille à Courgées du Jura.
	Formes à grand développement.	Taille de Thomery.

143. Taille de Sauterne. — Les souches possèdent ordinairement deux bras (fig. 117), quelquefois 3 (fig. 116) ou 4 disposés en *éventail* dans le même plan; chaque bras porte un courson taillé à deux ou trois yeux. Les sarments obtenus pendant le cours de la végétation sont attachés à un grand échalas de 2 m. 5o ou palissés sur deux lignes de fil de fer, l'un à o m. 6o du sol, l'autre à 1 m. 3o.

144. Taille de l'Yonne (Chablis). — On établit cette taille de la manière suivante :

A la 1ʳᵉ taille et à la 2ᵉ taille (3ᵉ année) on ne conserve qu'un seul sarment, le plus bas taillé à deux yeux.

A la 3ᵉ taille (4ᵉ année) on opère de la

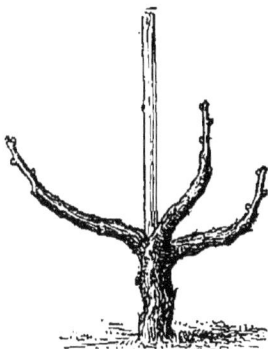

FIG. 116.
TAILLE DE SAUTERNE.

(Souche à 3 bras disposés en éventail.)

même manière, on ne conserve que le sarment le plus bas, le plus près de terre, que l'on taille à trois yeux, que l'on incline ensuite, et dont on attache l'extrémité à un échalas (fig. 118, 1), ce sera le premier bras.

A la 4ᵉ taille (5ᵉ année), on supprime tous les sarments, sauf deux : l'un qui est taillé à deux yeux, c'est le courson destiné à former un deuxième bras; l'autre qui est taillé à deux ou trois yeux c'est le courson terminal du premier bras formé (fig. 118, 2).

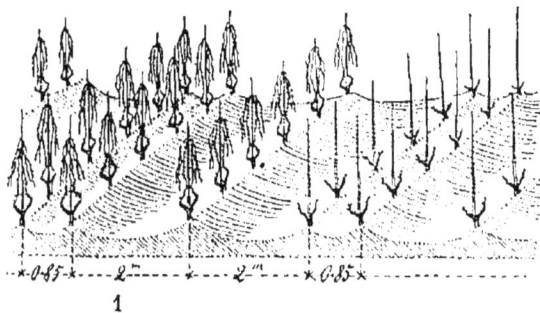

1

FIG. 117. — VIGNES DE SAUTERNE (d'après Guyot).

1, avant la taille ; 2, après la taille.

A la 5ᵉ taille (6ᵉ année), sur le premier bras, on laisse un courson à quatre yeux et sur le deuxième bras un courson à trois yeux (fig. 118, 3). On choisit, si on le peut, un sarment convenable que l'on taille à deux yeux pour avoir un troisième bras.

On obtient ainsi jusqu'à quatre au cinq bras disposés en éventail sur le sol, et mesurant parfois jusqu'à 1 mètre de long, parce que chaque année à la taille on conserve, comme courson, le sarment le plus élevé. L'extrémité de chacun des bras est relevé contre un échalas (fig. 118, 4). Dans l'Yonne on applique cette taille au Chardonnay et au Pinot.

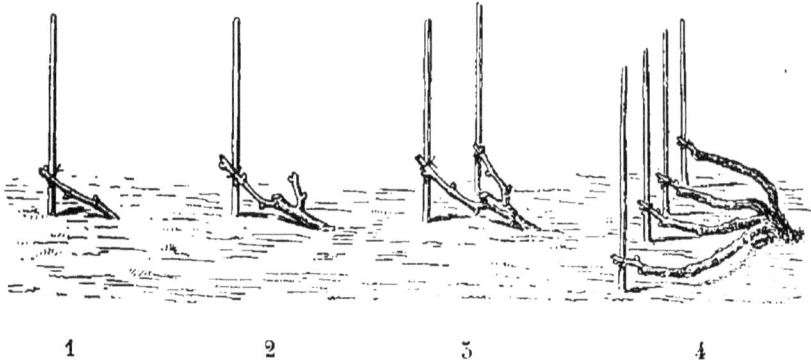

FIG. 118. — TAILLE DE L'YONNE (Chablis).

145. Taille du Médoc. — En principe, dans le Médoc, les ceps sont dressés en espalier avec deux bras symétriques formant un V, et terminés par un *long bois* ou *aste*. Près de l'extrémité de chaque bras se trouve un courson appelé *cot* à deux yeux.

La forme est établie de la manière suivante :

A la 2ᵉ année on taille à deux yeux; ces derniers donnent deux sarments qui seront les deux bras ou *astes*.

A la 3ᵉ année on ne conserve à chaque bras qu'un sarment de l'année auquel on ne laisse que deux ou trois yeux suivant

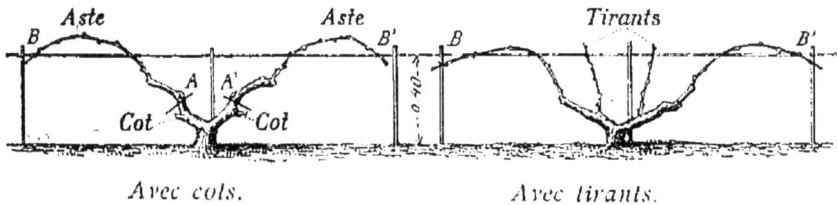

FIG. 119. — TAILLE DU MÉDOC.

la vigueur, en ayant soin d'enlever tous les autres yeux jusqu'à l'extrémité du sarment. Les deux bras avec chacun leur sarment sont étalés et attachés comme l'indique la figure 119.

On a eu le soin de réserver sur chacun des bras un sarment que l'on taille à deux yeux (*cot* ou *courson*), pendant un an ou deux. Pour éviter l'allongement des bras on les rabat en A A'. et les coursons servent à donner le bois pour remplacer les bras ou astes que l'on a fait disparaître. Comme on le voit. cette taille du Médoc est une espèce de taille Guyot double.

Au lieu de courson on emploie quelquefois des *tirants* (fig. 119); ce sont des sarments disposés verticalement auxquels on ne laisse que deux yeux à la base, ces tirants étant verticaux ont des bois de remplacement plus vigoureux[1].

146. Taille à courgées du Jura[2]. — C'est une taille dans laquelle il n'y a que des *longs bois* ou *courgées* (deux ou trois selon la vigueur), les coursons font défaut. Les ceps sont disposés comme l'indique la figure 120. Chaque année, le long bois ou courgée est taillé à 2, 3 ou 4 yeux à partir de la base et c'est le 2ᵉ, le 3ᵉ ou le 4ᵉ sarment qui forme le nouveau long bois, les autres sarments sont supprimés. On rogne la courgée à 2 ou 3 feuilles au-dessus du raisin afin d'obtenir à la base des sarments de remplacement vigoureux.

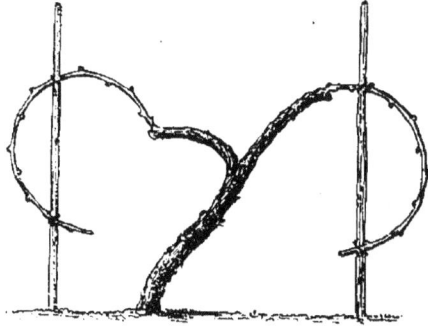

FIG. 120.
TAILLE À COURGÉES DU JURA.

Cette taille présente l'inconvénient de trop allonger les bras en peu de temps.

Pour éviter cet inconvénient, on conserve, quand on le peut, un sarment sur le vieux bois, on taille à deux yeux pendant un an ou deux, et lorsqu'il est assez vigoureux on s'en sert pour remplacer la courgée près de laquelle il se trouve.

Pour éviter cet allongement on pourrait également procéder comme on le fait dans le Médoc, laisser un courson à 1 ou 2 yeux à la base de chaque courgée.

147. Treille de Thomery. — La treille de Thomery est composée de plusieurs séries de pieds de vigne dressés le long de l'élévation d'un mur, et que l'on bifurque en deux cordons horizontaux à une hauteur constante pour les mêmes pieds de chaque série (fig. 121).

La disposition pour chaque cordon placé au-dessus l'un de l'autre est généralement la suivante : le premier pied

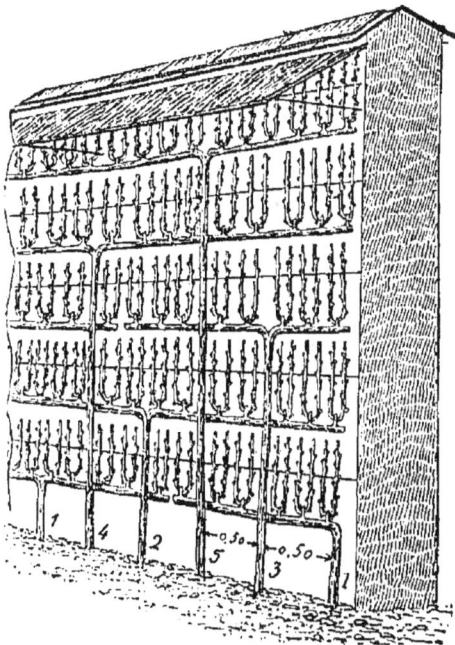

FIG. 121. — TREILLE DE THOMERY.

---

1. La taille des Graves des environs de Bordeaux ne diffère pas sensiblement de celle du Médoc.
2. Taille appliquée au Poulsard, au Chardonnay.

forme le cordon n° 1, le deuxième le n° 3, le troisième le n° 5, le quatrième le n° 2 et le cinquième le cordon n° 4.

La treille de Thomery étant plutôt une forme employée dans les jardins, nous renvoyons son étude à l'ouvrage d'*Arboriculture* (*Encyclopédie des connaissances agricoles*).

III. — FORMES EN GOBELET

148. Le gobelet. — *Le gobelet (forme la plus employée dans les vignobles) est constitué par un tronc plus ou moins haut duquel partent des bras qui divergent en formant une sorte de vase plus ou moins ouvert.* Les bras sont variables en nombre, 3, 4, 5, 6 suivant la vigueur du cépage et la fertilité du sol; ils peuvent prendre des dispositions très variées.

Comme la forme en cordon, le gobelet se prête à tous les développements et admet tous les systèmes de taille.

149. Formation du gobelet. — *A la 1re année* on ne taille pas. *A la 2e année* on taille à deux yeux; ces deux yeux donnent deux sarments[1].

A la 3e année de plantation[2] ou *2e année de taille*, au moment de la taille on conserve un seul sarment (des deux laissés l'année d'avant), le plus droit, continuant bien la souche, et on le taille à une hauteur variable suivant la hauteur qu'on veut donner au tronc du gobelet; si les deux yeux de base sont à la hauteur voulue, on taille au-dessus de ces deux yeux; si le tronc doit être plus élevé, on taille à cinq ou six yeux; on ne laisse que les deux supérieurs et on supprime les autres. On obtient ainsi deux pousses qui sont les bases de la formation du gobelet.

A la 4e année de plantation ou *3e année de taille*, les deux sarments sont taillés à deux yeux, formant ainsi deux coursons (fig. 122).

A la 5e année de plantation ou *4e année de taille* (fig. 123), les quatre sarments obtenus sont taillés à leur tour pour former

---

1. Si on veut avoir un gobelet bas on peut gagner une année : la 1re année de plantation on ne taille pas; la 2e année on taille à 2 yeux pour avoir deux coursons formant deux branches de gobelet.

  2. Le cas que nous examinons est celui de l'emploi d'une greffe non taillée : on peut évidemment obtenir dès la 2e année 2 coursons formant 2 bras du gobelet, on gagne ainsi une année. Mais nous avons vu les inconvénients que présentent les greffes non taillées.

quatre coursons. On supprime assez souvent l'un des 4 coursons, le plus à l'intérieur du gobelet. Les trois autres formant les trois bras du gobelet donnent six rameaux vigoureux qui, l'année suivante, à la taille, pourront former six coursons.

Lorsque la vigueur est suffisante on conserve quatre bras.

Quand la charpente du gobelet est bien formée, on continue chaque année la taille en laissant à chaque bras un courson taillé à deux yeux francs (fig. 124).

FIG. 122.
TAILLE EN GOBELET ET
(3ᵉ année de taille).

FIG. 123.
TAILLE EN GOBELET
(4ᵉ année de taille).

Dans le Valais, d'après MM. Durand et Guicherd, on forme le gobelet d'une façon très rationnelle en mettant en application la méthode suivie depuis longtemps à Thomery pour la formation des bras de treilles. « La 2ᵉ année de plantation, le cep est taillé très court et on ne garde qu'une pousse unique, forte, que l'on pince aussitôt qu'elle a atteint 0 m. 20 de longueur, au-dessous d'une feuille située à 0 m. 12 ou 0 m. 15 du sol. A la suite de ce pincement, l'entre-cœur situé à l'aisselle de la feuille de taille se développe; on le supprime aussitôt; c'est alors l'œil principal qui organise une pousse que l'on palisse verticalement. Il se forme à la base de cette pousse un renflement très apparent, à la surface duquel on peut voir des yeux multiples. Au printemps suivant, il suffira de tailler sur ce renflement pour obtenir 3, 4 ou 5 pousses partant du même niveau, parmi lesquelles on choisit celles qui

FIG. 124. — TAILLE EN GOBELET
(gobelet constitué à 3 bras.)

doivent former la charpente du gobelet et que l'on taille à courson. »

Remarques : 1° *Afin d'éviter l'allongement* des bras, il faut toujours choisir, pour former les coursons, les sarments vigoureux situés les plus bas, c'est-à-dire les plus rapprochés du bois de l'année précédente. Autant que possible, il faut aussi choisir les sarments les mieux situés pour conserver la forme évasée du gobelet.

Malgré toutes les précautions prises, les bois du gobelet

s'allongent, le cep se trouve trop chargé de vieux bois, ce qui l'affaiblit beaucoup. On pratique alors un *rajeunissement* : on choisit à la base de chaque bras un jeune sarment que l'on taille à un œil : l'année suivante on obtient un sarment vigou-

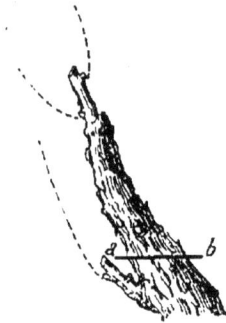

reux et fertile dont on peut se servir comme bras : on coupe le vieux bras au-dessus en *a*, *b* (fig. 125).

2° Le nombre de bras et de coursons varie évidemment avec la vigueur de la souche et la fertilité du sol.

En sol fertile, on laisse de trois à quatre bras, et suivant la vigueur, de quatre à cinq coursons.

En sol moyennement fertile, on laisse quatre bras et cinq à six coursons.

En sol très fertile on peut laisser cinq bras et sept à huit coursons[1].

3° Lorsque la souche, à un moment donné, a une vigueur exceptionnelle pou-vant faire *couler* le fruit, on peut munir un ou deux bras d'un long bois. Ce long bois peut être taillé à cinq ou six yeux : on l'appelle quelquefois *pisse-vin*, parce qu'il donne fréquemment beaucoup de raisins ; ce long bois est taillé à huit ou dix yeux, et on le recourbe pour l'attacher à l'un des bras du gobelet

ou à un échalas. On fait disparaître ces longs bois lorsque la vigueur devient normale.

4° D'après MM. Guicherd et Durand, « pour les cé-pages fertiles comme le Gamay, le tronc du gobe-let peut être très court, mais lorsqu'il s'agit d'appli-quer la *taille courte* à des

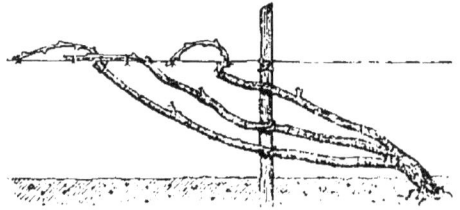

Fig. 126. — TAILLE A COURSON SUR CHARPENTE LONGUE (Chardonnay).

cépages qui ont une tendance à la coulure, il faut allonger la charpente de la souche ». La figure 126 montre le système que l'on peut appliquer dans ce cas au Chardonnay, par exemple.

5° En Suisse, dans le vignoble de Vaud, d'après M. Durand, le sarment de taille est toujours mis *du même côté du bras*,

1. Les bras qui portent le courson supplémentaire doivent changer chaque année pour éviter un affaiblissement.

au-dessous autant que possible ; grâce à cela les coupes sont toutes sur le même côté des bras de la souche, et il y a toujours une face indemne de blessures et de nécroses par laquelle la circulation peut se faire activement.

6° Pour faciliter l'aération des souches on peut disposer les coursons du gobelet sur un seul plant

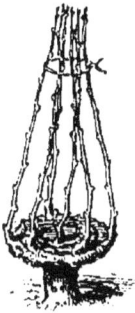

FIG. 127.
TAILLE EN TÊTE
DE SAULE
(du Gâtinais).

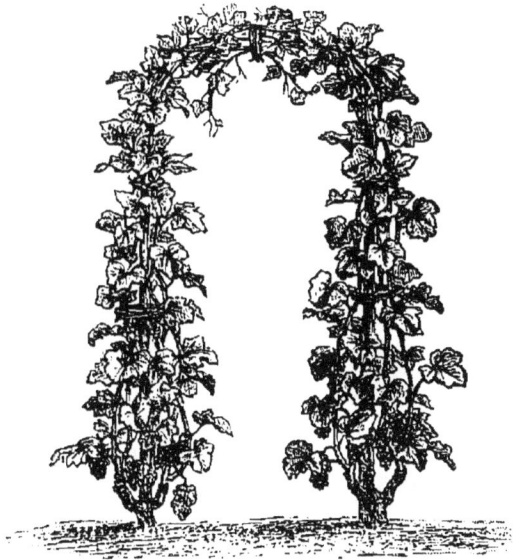

FIG. 128.
VIGNE BASSE DU BEAUJOLAIS (Gobelet).

de façon à former un *éventail*. On revient alors à la forme en espalier que nous avons indiquée (p. 191. fig. 117) ; les sarments sont palissés sur fil de fer, ce système facilite la culture à la charrue.

150. Le gobelet dans le Beaujolais. — Dans le Beaujolais, le gobelet a une souche *basse* de 10 à 15 centimètres (fig. 128). Dans les terrains où l'on craint la gelée on donne à la souche une hauteur plus grande. Le gobelet est formé de trois, quatre ou cinq bras désignés sous le nom de *cornes* ; chaque corne se termine généralement par un seul courson taillé à deux yeux.

Pendant les premières années on dispose des échalas près des jeunes souches : mais, lorsque ces dernières ont une dizaine d'années et qu'elles sont assez fortes, les échalas sont souvent supprimés, on se contente d'attacher les souches deux par deux par le sommet des rameaux.

« Sous un climat assez pluvieux et relativement frais cette pratique est regrettable, car les raisins enfouis sous la verdure, privés de soleil, mûrissent moins facilement et sont plus sujets à la pourriture. En outre, il devient impossible de circuler dans tous les sens du vignoble ; l'exécution des façons culturales et des traitements est ainsi rendue plus difficile.

Mais depuis la reconstitution du vignoble avec les cépages américains, on tend de plus en plus à maintenir l'échalas en permanence, en raison surtout de la plus grande végétation des vignes greffées » (Peyraud).

151. Taille en tête de saule. — Dans le Gâtinais (et dans l'Aunis), on taille le cep comme un gobelet dont les bras seraient réduits au minimum ; cette taille est analogue à celle que l'on fait subir aux saules, de là son nom de taille en *tête de saule* (fig. 127). La 1re *année* on ne laisse qu'un seul sarment taillé à un œil.

La 2e *année* on taille à un œil tous les sarments qui ont poussé.

Les *années suivantes* on ne laisse que 4 à 6 sarments, les plus vigoureux, que l'on taille également à un œil et on supprime ras tous les autres. La souche présente alors une tête énorme dans laquelle la circulation de la sève se fait mal et sur laquelle sont situés les coursons ainsi que beaucoup de gourmands.

Cette taille est à rejeter, il est préférable de la remplacer par un gobelet ordinaire.

152. Taille en quenouille. — Cette taille est employée dans les vignobles du Haut-Rhin.

Le tronc du cep a environ 1 m. de hauteur ; du sommet partent deux ou trois bras (autrefois on plantait 2 ou 3 ceps les uns à côté des autres et on accolait les 3 pieds à un même échalas).

Chacun des bras porte un long bois de 0 m. 75 à 1 mètre que l'on recourbe et dont on attache les pointes à 0 m. 15 ou 0 m. 20 du sol (fig. 129).

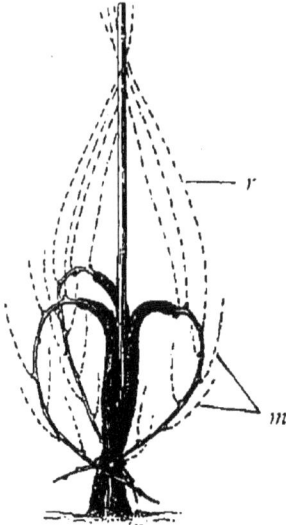

FIG. 129.

TAILLE EN QUENOUILLE.

Les rameaux tels que *r*, obtenus à la base des longs bois, sont destinés à fournir des bois de remplacement pour l'année suivante ; on les dresse le long de l'échalas et on les attache à celui-ci. Les rameaux *m* obtenus sur la partie moyenne et inférieure des longs bois donnent des fruits, on les pince en juin et juillet.

Remarque. — Suivant la vigueur du cep et la fertilité du sol, dans certaines localités, on ne laisse à l'un des bras qu'un courson à la place du long bois.

En Alsace. — Dans la taille en quenouille on laisse à chaque bras un courson et un long bois ; le long bois ou branche fruitière est supprimé chaque année et le courson fournit le bois de remplacement.

Taille en cuveau (fig. 130). — La forme en cuveau est employée dans les environs de Metz. D'après le docteur Guyot, cette forme s'établit de la manière suivante :

« Dans de petites fosses de 30 centimètres carrés, on place une bouture qu'on laisse deux ans sans la tailler et qu'on recèpe à la troisième année au niveau du

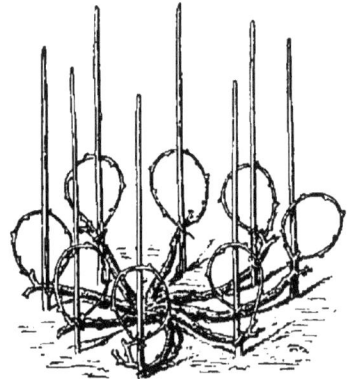

FIG. 130. — TAILLE EN CUVEAU
(d'après le docteur Guyot).

sol. Parmi les beaux sarments qui jaillissent de cette souche mutilée, on en choisit 4 au plus, pour arriver à 8 par souche, qu'on taille à une longueur de 30 centimètres, à 4 yeux chacun ; on les abaisse horizontalement, et on les dispose en cercle comme les rayons d'une roue, les pointes en dehors ; chaque pointe est munie d'un échalas, soit 8 par cuveau. De 60 centimètres la première année, ce dernier s'agrandit d'année en année jusqu'à 1 mètre et plus ; chaque jambe est ensuite taillée comme le serait un cep isolé. »

La *jambe* est munie d'un long bois et d'un courson taillé à deux yeux ; ce courson est destiné à fournir la branche à fruit et le bois de renouvellement de l'année suivante.

La *taille de Bar-sur-Seine* ne diffère de celle de la Moselle qu'en ce que le long bois qui surmonte chaque jambe est droit au lieu d'être replié en cercle.

FORMES IRRÉGULIÈRES

Dans les formes irrégulières nous classons *les vignes sur arbre* et *les vignes en chaintres*.

153. Vignes sur arbre. — La culture de la vigne sur arbre se rencontre dans quelques localités des Hautes-Pyrénées, Haute-Garonne, Isère, Savoie, Haute-Savoie.

Dans les Hautes-Pyrénées on voit de véritables forêts d'arbres taillés régulièrement et soutenant un ou deux ceps de vigne plantés à leur pied. Ces

Fig. 131. — Vigne en hautain sur crosse, à Évian (Haute-Savoie).

arbres vivants nuisent à la vigne aussi bien par leurs racines, qui absorbent une partie des éléments fertilisants, que par leurs feuilles, qui empêchent les rayons du soleil d'arriver jusqu'aux raisins.

Dans la Haute-Savoie on fait monter la vigne sur des arbres morts appelés **crosses** (fig. 131). Au pied de chaque crosse on plante trois ceps que l'on fait grimper peu à peu au tronc, puis jusque sur les branches de l'arbre mort. Les branches à fruit sont recourbées en archet et attachées à la crosse.

Ce système présente de sérieux inconvénients ; il est assez difficile d'exécuter les opérations de culture, tailles, traitements, vendange, etc. ; de plus les raisins, étant disposés à une très grande hauteur, sont souvent insuffisamment mûrs.

154. Culture en chaintres. — La culture de la vigne en chaintres se pratique surtout dans le Loir-et-Cher et s'est répandue assez rapidement dans la région.

. Les vignes en chaintres sont des espèces d'espaliers hori-

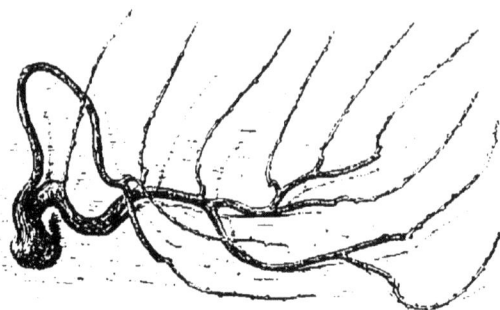

Fig. 132. — Vigne en chaintre déjà ancienne (d'après J. Guyot).

zontaux pourvus de longues verges et portés à l'extrémité d'une longue tige flexible qui permet de les déplacer en leur faisant subir des mouvements angulaires d'une amplitude souvent assez considérable.

Fig. 133.
Vigne en chaintre
à deux bras.

Ces espaliers sont formés tantôt d'un arc unique (fig. 132) duquel partent des ramifications latérales. tantôt de deux bras principaux situés symétriquement et présentant chacun une disposition analogue (fig. 133) à celle qui vient d'être indiquée. Cette dernière forme est d'un entretien moins facile, à cause de la difficulté où l'on est de maintenir l'équilibre entre les deux portions de la plante : aussi tend-on, d'après M. Casenave, à l'abandonner de plus en plus pour adopter la première.

« La culture en chaintres paraît susceptible d'applications avantageuses pour la production des vins communs, lorsqu'on dispose de terres riches et profondes, capables de bien nourrir des vignes à grand développement et lorsqu'on opère sous un climat où l'échaudage n'est pas trop à redouter » (Foëx).

L'expérience a montré, en effet, dans la région méridionale, où les façons du sol doivent être fréquentes, vu la grande sécheresse du climat, que les déplacements des chaintres pendant l'été, nécessaires pour l'exécution de ces opérations, entraînaient souvent l'échaudage des raisins. »

CHAPITRE XV

TAILLES EN VERT

155. Les tailles en vert. — Les tailles sèches que nous avons étudiées sont complétées, pendant le cours de la végétation, par des *tailles en vert* pratiquées sur les jeunes pousses vertes de la vigne plus ou moins herbacées. Ce sont :

L'ébourgeonnement, le pincement, le rognage, l'incision annulaire et l'effeuillage.

156. Ébourgeonnement et épamprage. — *L'ébourgeonnement a pour but de supprimer les bourgeons inutiles au moment où ils débourrent ; l'épamprage a pour but de supprimer également les jeunes pousses qui viennent de se former et qui sont inutiles.*

En réalité, on ne devrait pratiquer que l'ébourgeonnement et ne pas attendre que la sève ait servi à former de jeunes pousses qui doivent disparaître.

Mais dans la pratique, comme il serait trop long d'enlever les bourgeons en plusieurs fois, on ne fait qu'une seule opération dans laquelle on enlève à la fois les bourgeons inutiles et les jeunes pampres qui se sont développés.

On donne à cette opération unique le nom d'*ébourgeonnement.*

Qu'entend-on par bourgeons inutiles ? 1° Les pousses ou rejets de la base qui se développent rapidement au pied des souches ; 2° tous les bourgeons ou pousses qui ne servent pas à la formation ou à la réfection de la souche, tous les bourgeons qui ne sont pas situés sur les bois de taille : pousses qui naissent en dehors des coursons sur le vieux bois des bras ou de la souche elle-même (pousses infertiles).

L'ébourgeonnement doit varier suivant la vigueur de la vigne à laquelle on l'applique :

Chez une vigne jeune, pleine de vigueur, il est bon de ne pas ébourgeonner rigoureusement : on peut laisser aux coursons quelques pousses fructifères supplémentaires, sortes de tire-sèves, qui utiliseront l'excès de sève. Sans cette précaution les autres pampres auraient trop de vigueur, ce qui amènerait de la coulure (p. 20).

Chez une vigne déjà âgée, dont la vigueur est suffisante, non exagérée, il est nécessaire d'ébourgeonner rigoureusement, parce que la plante s'épuiserait à faire développer les pousses inutiles.

Époque de l'ébourgeonnement. — En principe, il faudrait ébourgeonner dès que le bourgeon sort de ses *bourres* et laisse apparaître les premières feuilles; mais dans la pratique on préfère attendre que les gelées de printemps ne soient plus à craindre (jusque vers fin mai), car si la vigne est atteinte, on peut, parmi toutes les pousses dont la gelée est généralement suivie, choisir celles qui pourraient dans une certaine mesure réparer le désastre.

A ce moment les jeunes pampres sont relativement longs. Il ne faut cependant pas attendre trop longtemps, on doit pouvoir faire tomber les pousses simplement avec les doigts.

L'ébourgeonnement doit être pratiqué par l'ouvrier qui fait la taille, c'est-à-dire par celui qui sait quelles sont les pousses à conserver en vue de la forme à obtenir.

157. Le pincement. — *Le pincement consiste dans la suppression de l'extrémité des pousses herbacées.* Il a pour but : 1° *de régulariser la végétation des différentes parties du cep;* 2° *d'amener le développement des bourgeons situés à la base des sarments;* 3° *de régulariser la floraison et de hâter la fécondation;* 4° *d'augmenter le poids des raisins.*

On comprend, en effet, qu'en supprimant les pousses herbacées en certains points, on arrête l'activité végétale, laquelle se porte sur d'autres points que l'on veut favoriser. *Le bois mange le fruit,* dit un vieil adage; ce qui le prouve, c'est que les vignes luxuriantes abandonnées à elles-mêmes n'ont comme fruits que de maigres grapillons.

D'autre part, il suffit qu'il y ait assez de feuilles pour fabriquer les matières nécessaires au raisin (sucres, acides, tanin, etc) ; un plus grand nombre de feuilles, demandant une plus grande quantité de matières nutritives, est inutile.

Sur quelles pousses doit-on pratiquer le pincement? 1° Sur les pampres des coursons, *fructifères* ou *non,* de l'extrémité des cordons horizontaux, pour obtenir une végétation uniforme sur toute la longueur du cordon; l'économie d'activité végétale que l'on provoque ainsi favorise le développement des pousses situées à la base ou au centre du cordon et qui auraient une tendance à rester chétives.

2° Sur les pousses fructifères issues des yeux supérieurs des coursons, pour favoriser le développement des pampres inférieurs devant servir de remplacement à la taille suivante.

3° Dans les tailles comprenant des longs bois et des coursons, on doit pincer les pousses situées sur le long bois afin de diminuer leur vigueur, qui nuirait au développement des rameaux poussés sur les coursons et servant à établir la taille suivante.

Pour les pampres fructifères, d'après M. Cazeaux-Cazalet, le pincement doit être fait au moment où, les grappes étant bien formées, les deux feuilles au-dessus du dernier raisin ont la grosseur d'une pièce de cinq francs : *on supprime avec l'ongle l'extrémité du rameau au-dessus de ces deux feuilles* (fig. 134).

Le pincement est inutile avant la floraison si les grappes se développent normalement. Mais si, habituellement, les grappes ont une tendance à couler, le pincement avant la floraison régularise cette dernière et hâte la fécondation : la coulure diminue beaucoup et la grappe se développe beaucoup plus.

Après le pincement, le bourgeon supérieur, chez quelques cépages, se développe pour prolonger la jeune pousse pincée. Chez d'autres cépages, ce bourgeon ne se développe pas; dans ce cas, comme le nombre de feuilles serait insuffisant pour nourrir et protéger le raisin, on ne doit pincer qu'à 4 ou 5 feuilles.

FIG. 134. — BOURGEON DE LA VIGNE PINCÉ A 40 OU 50 CENTIMÈTRES EN *a* ET SON BOURGEON ANTICIPÉ LUI-MÊME PINCÉ A UNE FEUILLE EN *a*.

158. Rognage. — *Le rognage est en quelque sorte un puicement tardif qui se fait après la véraison et qui consiste dans la suppression des extrémités des pampres, lorsque ceux-ci ont atteint une certaine longueur* (fig. 135).

Les jeunes feuilles consomment plus qu'elles ne préparent comme laboratoire; si on les supprime en coupant les extrémités des sarments, on met à la disposition des grappes plus de matières nutritives. Le rognage peut donc être utile, mais à la condition d'être bien appliqué.

MM. Viala et Rabault, après une série de recherches sur plusieurs cépages, ont reconnu : 1° que le rognage à quatre feuilles au-dessus des grappes, pratiqué peu de temps après la floraison, avait pour effet d'augmenter la richesse en sucre des raisins sur quelques plants très vigoureux, mais qu'effectué plus tard, le 25 juillet ou le 20 août, il avait un effet inverse; 2° que certains cépages de végétation modérée ne profitaient jamais du rognage; 3° qu'un rognage fait en dessous de quatre feuilles était toujours nuisible.

La richesse en sucre moindre et l'acidité plus élevée chez les raisins pour des rognages trop courts tiennent à deux causes[1] : 1° une insuffisance du nombre de feuilles et une surproduction qui n'est plus en rapport avec la surface foliacée; 2° une insolation souvent trop intense qui cuit le grain.

Fig. 135.
VIGNE ROGNÉE AU NIVEAU DE L'ÉCHALAS.

De ce qui précède, on peut donner comme **règles à suivre pour le rognage** : 1° *Rogner au moment où la végétation est beaucoup moins active, c'est-à-dire entre la grande poussée du printemps et la poussée d'août, après que la floraison est terminée;*

2° *Rogner long de 12 à 15 feuilles au-dessus de la grappe. En rognant trop tôt on favorise le développement de rejets nombreux; en rognant trop tard et trop court, la richesse en sucre du raisin diminue et l'acidité augmente.*

159. Incision annulaire.

— L'incision annulaire consiste à enlever un anneau d'écorce de 3 millimètres de largeur à la base des rameaux fructifères au-dessous des raisins, soit sur les sarments de l'année, soit sur les sarments de l'année précédente (fig. 136).

Fig. 136. — RAMEAU AYANT SUBI L'INCISION ANNULAIRE[1].

Nous avons vu (p. 5) que la sève brute s'élève, dans les vaisseaux du bois, des racines jusqu'aux feuilles, véritables laboratoires où elle se transforme en sève élaborée. Cette sève

---

1. D'après Pacottet.

élaborée est distribuée dans toutes les parties de la plante par les vaisseaux du liber (écorce). Si donc on enlève un anneau d'écorce à la base d'un rameau fructifère, la sève élaborée ne peut franchir cette lacune et se rend en plus grande quantité dans les raisins.

Effets de l'incision annulaire. — D'après MM. Rabault et Pacottet :

1° L'incision annulaire pratiquée au commencement de la pleine floraison atténue la coulure, régularise la floraison, avance la maturité et grossit les grains ainsi que la grappe.

2° Pratiquée après la floraison et avant la véraison, elle est sans effet sur la coulure, mais fait aussi grossir les grains ainsi que la grappe.

L'incision une fois faite, il se produit deux bourrelets de tissus de cicatrices ou *callus*, qui recouvrent peu à peu la plaie ; le bourrelet supérieur se rapproche du bourrelet inférieur, mais il n'y a pas soudure complète entre eux.

Comment on pratique l'incision. — Pour pratiquer rapidement l'incision annulaire on se sert de divers instruments :

Le *coupe-sève* fait trois ou quatre coupures circulaires à 1 mil-

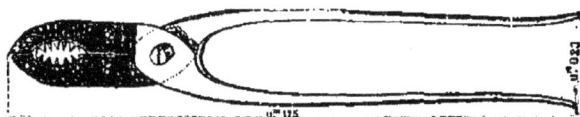

FIG. 137. — PINCE-SÈVE A INCISER.

limètre de distance les unes des autres, et n'enlève pas l'écorce.

La *pince à inciser* (fig. 137) est formée de deux pinces dentées qui font de véritables déchirures.

La *pince-sève Renaud* et la *pince-sève Follenay* (fig. 138) permettent de sectionner l'écorce et de l'enlever en même temps.

« Pour opérer l'incision, on tient l'instrument par les branches avec une seule main, tandis que l'autre main soutient le brin à inciser ; puis, saisissant le rameau entre les lames, on imprime à l'outil un mouvement tournant alternatif de droite à gauche, le rameau représentant l'axe de rotation, de telle sorte que la coupure de l'écorce soit régulière sur la surface externe de la circonférence du sarment. L'écorce de la vigne étant pour ainsi dire confondue avec l'aubier à peine lignifié, il ne faut pas appuyer trop fort sur l'outil, sans quoi le rameau tomberait [1]. »

_____

1. Conseils de **M. Baltet.**

L'incision annulaire peut se pratiquer avec tous les systèmes de taille, mais de préférence avec les tailles longues, sur les branches à fruits qui doivent disparaitre à la taille suivante et non sur le bois de remplacement autant que possible. Comme elle a l'inconvénient de rendre cassants les rameaux qui l'ont subie, on comprend qu'il soit préférable de ne l'appliquer que sur les vignes palissées sur fil de fer.

L'incision annulaire n'est réellement pratique que dans les pays à climat humide et froid où la floraison et la maturité se font dans de mauvaises conditions. Mais dans « les climats secs et chauds du bassin méditerranéen, l'incision annulaire déprime la végétation : elle a d'ailleurs cela de commun avec toutes les tailles en vert pratiquées dans les vignobles de cette région, où la température sèche et très chaude de juillet et d'août ralentit suffisamment, au profit du grossissement et de la maturation des fruits, le développement des pampres ». (Pacottet).

Fig. 138. — Pince-sève Follenay.

160. Effeuillage. — *L'effeuillage consiste à enlever à l'époque de la maturation les feuilles les plus vieilles qui ombragent les grappes.*

On n'enlève que les *plus vieilles* feuilles parce que la fabrication de la sève élaborée dans celles-ci est bien moins importante que dans les feuilles adultes.

L'effeuillage, pratiqué régulièrement dans les serres pour l'obtention du Chasselas doré (notamment à Thomery), est quelquefois appliqué dans les vignes des régions du Nord.

M. Müntz a démontré, par des expériences faites dans le Bordelais, que l'effeuillage diminue un peu la richesse en sucre du raisin ; il a constaté également que, dans les vignobles septentrionaux, l'effeuillage, permettant l'échauffement direct des grappes, n'a pas d'influence sensible sur l'enrichissement en sucre, mais diminue l'acidité du raisin.

L'aération des grappes après l'effeuillage se faisant mieux, on évite plus facilement la pourriture.

SIXIÈME PARTIE

LES TRAVAUX ANNUELS DU SOL

CHAPITRE XVI

LABOURS, BINAGES, ARROSAGES D'ÉTÉ

161. Les labours. — *Les labours ont pour but d'ameublir le sol sur une certaine épaisseur, d'exposer à l'air les parties inférieures de la couche arable pour leur faire subir l'action désagrégeante des agents extérieurs (gelées, pluie, etc.), de faciliter la nitrification[1], de détruire les mauvaises herbes, de permettre au sol d'emmagasiner en hiver de grosses réserves d'eau et de faciliter le mélange à la terre du fumier et autres engrais.*

On distingue : les *labours d'hiver* et les *labours d'été*.

162. Labours d'hiver. — I. *Labour d'hiver ou labour de buttage.* — *A l'automne*, dans les pays du Nord, après les vendanges, lorsque le sol est bien ressuyé et avant les premières gelées, on pratique un premier labour (*labour d'hiver* ou *labour de buttage*) qui consiste à *butter* les ceps, c'est-à-dire à ramener près des souches une certaine quantité de terre protégeant les ceps contre la gelée (fig. 139).

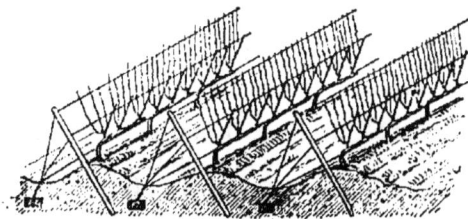

FIG. 139. — ASPECT D'UNE VIGNE APRÈS LE LABOUR D'HIVER.

Cette protection est particulièrement utile aux vignes greffées,

---

1. Pour la nitrification, voir *Chimie agricole,* par E. CHANCRIN (Encyclopédie des connaissances agricoles).

car si le porte-greffe est atteint, on est obligé de procéder de nouveau au greffage.

Le labour de buttage permet non seulement d'ameublir le sol (grâce à la gelée), d'emmagasiner dans le sous-sol une partie des pluies d'hiver, mais aussi d'enfouir les fumiers.

La profondeur de ce labour atteint de 15 à 20 centimètres.

L'enrayure avec la charrue se fait à 35 cent. et à 40 cent. de la ligne des ceps de façon à verser la terre contre les souches : selon la distance qui sépare les lignes de ceps, on fait de deux à quatre sillons.

II. **Labour de débuttage.** — *Au printemps* ou *plutôt à la sortie de l'hiver*, dans les pays du Nord, lorsque les gelées ne sont plus à redouter, que la taille a été faite et avant que la vigne *débourre*, on pratique un deuxième labour (*labour de débuttage*) inverse du premier pour enlever la terre qui protège les ceps (fig. 140).

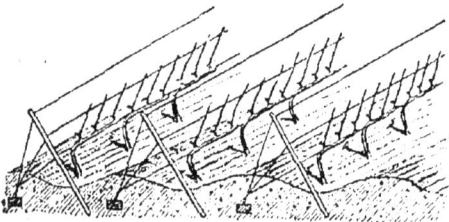

FIG. 140. — ASPECT D'UNE VIGNE APRÈS LE LABOUR DE DÉBUTTAGE.

Cette terre, désagrégée par les gelées d'hiver, se réduit en particules fines et s'aère, la nitrification s'y fait mieux, aussi l'appelle-t-on quelquefois *labour d'aération*. Ce labour a encore l'avantage de détruire les mauvaises herbes qui commencent à sortir et de faire périr par le froid les larves d'insectes qui s'abritent souvent sous les vieilles écorces.

Dans le Midi, le labour de buttage n'existant pas, le *premier labour* est celui qui correspond au labour de débuttage dont nous venons de parler ; on l'appelle quelquefois *labour de déchaussage*. On l'effectue vers le mois de février.

D'après M. Foëx, il faut l'exécuter à une époque telle que les terres remuées puissent encore subir l'influence des dernières gelées et celle des premières pluies du printemps. Il faut éviter d'en retarder encore l'exécution dans les terrains bas et exposés aux gelées blanches, le sol lorsqu'il a été fraîchement remué favorisant davantage la production de la gelée par suite d'une évaporation de l'eau plus facile ; on ne doit pas non plus l'effectuer trop tôt parce que la terre risque de se couvrir d'herbe.

La profondeur du labour de débuttage ou *de déchaussage* est généralement de 12 à 15 centimètres dans les pays du Nord et de 15 à 20 centimètres dans les pays du Midi.

« En supposant, en effet, que les labours puissent atteindre la plante, les lésions des racines dans le Midi ont beaucoup moins d'importance que dans le Nord. Les températures élevées des pays méridionaux permettent, en effet, le développement d'un chevelu jeune et abondant, plus actif dans son ensemble que la radicelle d'où il provient. Dans le Nord, au contraire, cette formation de chevelu est beaucoup moins rapide, et on a intérêt à conserver des racines qui sont toujours lentes et tardives à se former. Cette théorie n'est d'ailleurs pas nouvelle, car de tout temps les auteurs méridionaux ont conseillé les labours profonds, tandis que le D' Guyot, dans son domaine de la Côte-d'Or, recommandait les façons très *superficielles*. » (Pacottet, *loc. cit.*).

Pour exécuter le labour de débuttage, on procède de manière à dégarnir les souches et à accumuler la terre dans les rangées; pour cela, on enraye au milieu de l'intervalle qui sépare deux lignes de ceps en versant la terre dans la dérayure laissée par

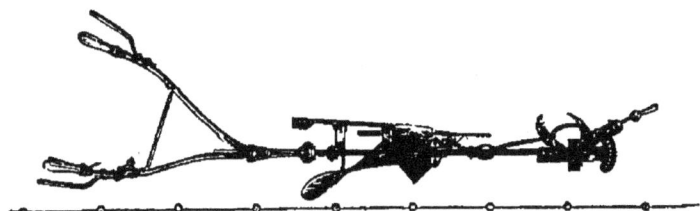

Vue de la charrue vigneronne disposée pour butter les ceps à l'automne.
Les mancherons et le régulateur sont jetés à gauche.

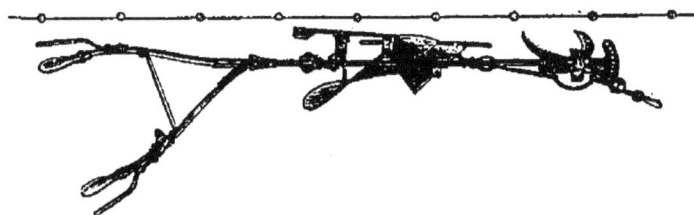

Vue de la charrue disposée pour déchausser au printemps.
Les mancherons et le régulateur sont jetés à droite.

Fig. 141. — Charrue vigneronne Plissonnier.

le labour d'automne (si on en fait un) et on laisse les dérayures le long des souches, lesquelles se trouvent ainsi déchaussées.

Ce *déchaussage de la vigne* permet d'enlever facilement les racines émises par le greffon, ainsi que les rejets émis par le porte-greffe.

Quelques viticulteurs mettent les engrais dans les dérayures formant fossés le long des souches. C'est une pratique mauvaise, car les racines sont distribuées dans tout le sol; il faut donc répandre les engrais sur toute la surface du sol et non en certains points.

Dans le *Beaujolais* et le *Lyonnais*, surtout pour les terrains forts, la terre enlevée au pied de chaque souche est mise en petits tas appelés *darbons* entre quatre souches voisines.

En Champagne, le *labour de déchaussage* se fait en même temps que le cou

14

chage et la taille des souches ; on l'appelle quelquefois *labour aux bourgeons* parce qu'il consiste à dégager seulement les pousses annuelles des sarments.

163. Les labours d'été ou binages. — Ces labours, qui viennent après le labour de débuttage ou de déchaussage, ont pour but :

1° *De niveler le sol* que les labours précédents ont dénivelé;

2° *De faire disparaître les mauvaises herbes*. Ces mauvaises herbes prennent au sol, au détriment de la vigne, une quantité

Vue du côté du versoir.　　　　Vue du côté du cep.

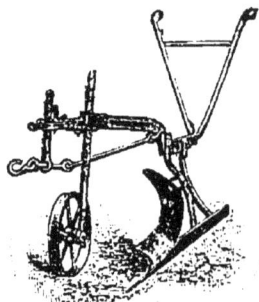

Fig. 142. — Charrue Plissonnier.

importante de matières fertilisantes ; elles entretiennent près de la vigne, en ombrageant le sol, une atmosphère d'humidité qui contribue à la coulure et au développement des maladies cryptogamiques, de la pourriture au moment de la maturité ; elles empêchent en même temps l'échauffement du sol.

C'est pour cette raison qu'il faut condamner la pratique qui consiste à semer des légumineuses (vesces, par exemple) pour enrichir le sol en azote provenant de l'air, ces légumineuses étant enfouies au labour d'hiver ;

Fig. 143. — Charrue vigneronne Bajac.

3° *D'empêcher l'évaporation de l'eau emmagasinée dans le sous-sol pendant l'hiver*, en coupant les canaux capillaires qui se forment dans le sol et ramènent l'eau à la surface, et aussi en détruisant les mauvaises herbes qui évaporent beaucoup d'eau. « *Deux binages valent un arro-*

sage ». dit un vieux dicton : on constate en effet que les vignes souvent binées résistent bien plus facilement à la sécheresse que celles qui ne le sont pas[1];

4° De faciliter la nitrification des matières azotées (transformation de l'azote organique en azote nitrique facilement assimilable par les plantes sous l'action du ferment nitrique que contiennent les sols[2]).

La profondeur des binages doit être faible, de 5 à 7 centimètres.

Le nombre des binages est généralement de deux : le *premier* est fait en mai avant que la vigne ne soit en fleurs, car le refroidissement résultant de l'évaporation de l'eau du sol récemment remué pourrait occasionner la coulure : le deuxième se fait après la floraison, en juin, pendant le développement du grain.

En principe, les binages doivent être d'autant plus nombreux qu'on se rapproche du Midi où les sécheresses sont plus à craindre : on en fait dans certaines régions de 8 à 10; ce sont de simples *raclages*. Ces raclages cependant doivent cesser ou être faits avec précaution pendant les fortes chaleurs de l'été, car on risque de déplacer le feuillage, de découvrir les raisins et de provoquer

Fig. 144. — Bineuse Plissonnier « L'Universelle ».

leur *grillage* (échaudage). Si on est obligé de les faire pour se garantir de la sécheresse, on doit autant que possible les exécuter le matin et le soir.

164. Instruments employés. — *Travail à bras.* — Dans les petites exploitations viticoles où l'on ne possède pas de cheval,

---

1 et 2. Voir *Chimie agricole* (Encyclopédie des connaissances agricoles).

ainsi que dans les vignes en coteaux escarpés, où l'on ne peut faire passer la charrue, les travaux de culture s'effectuent à la main.

Les instruments pour la culture à bras varient suivant la région : en Côte-d'Or, par exemple, le premier labour (fin mars) s'effectue avec la *meigle* (fig. 145), le deuxième labour, (labour de binage) avant la floraison (fin mai), s'exécute avec le *fessou* (fig. 146) ou encore avec la meigle, si le terrain est pierreux.

Dans l'Hérault, si le terrain est caillouteux, on emploie la

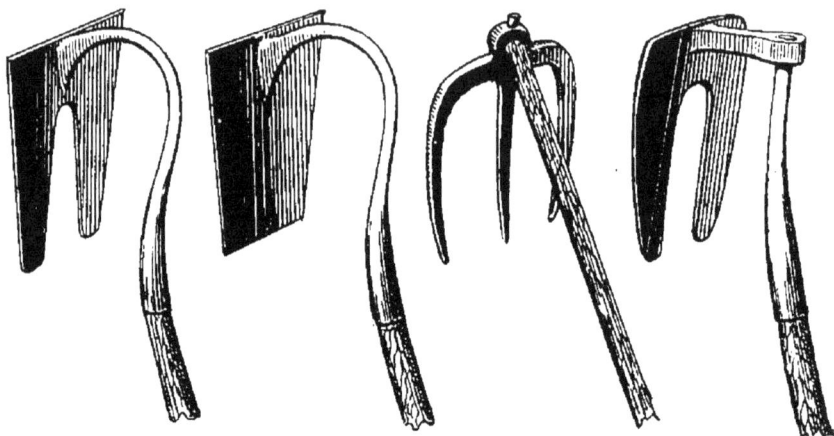

Fig. 145.	Fig. 146.	Fig. 147.	Fig. 148.
MEIGLE	FESSOU	HOUE FOURCHUE	MARE OU HOUE
DE LA	DE LA	A TROIS DENTS	FOURCHUE
CÔTE-D'OR.	CÔTE-D'OR.	DE L'HÉRAULT	DU MÉDOC.

houe fourchue à trois dents (fig. 147) ou le *bigot* (pioche à deux dents). Dans le Médoc on utilise le *mare* ou *houe fourchue* (fig. 148).

Travail à la charrue. — Partout où on le peut, le travail à bras doit faire place au travail à la charrue qui est plus facile et surtout plus économique. Dans les petites exploitations, les vignerons peu fortunés ont tout intérêt à s'associer pour effectuer le travail à la charrue.

Les charrues dont on se sert pour la culture de la vigne doivent satisfaire aux conditions suivantes :

1° Le corps doit être déjeté à gauche de l'age afin d'approcher aussi près que possible des souches au moment du débuttage ; 2° les mancherons et le régulateur doivent pouvoir se déplacer facilement à droite ou à gauche suivant le cas, afin de permettre de ne pas arracher les échalas ou les ceps ; 3° elle doit pouvoir se prêter à certaines combinaisons la transfor-

mant en houe munie de socs cultivateurs, en ratisseuse, etc.,
pour exécuter les façons culturales que réclame la vigne.

Il existe un grand nombre d'excellentes charrues vigneronnes ;
nous n'en citerons que quelques-unes :

La charrue vigneronne de Plissonnier toute en acier, solide,
courte, légère et d'une manœuvre facile (fig. 144) Dans les terres
caillouteuses, le soc peut être
muni d'une pointe mobile en
acier qui assure la pénétration
et évite l'usure du soc. L'age de

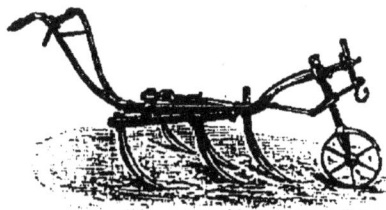

*Bineuse montée avec socs extirpateurs
pour terrains compacts et très
pierreux*, ou encore pour les façons
profondes en terres compactes.

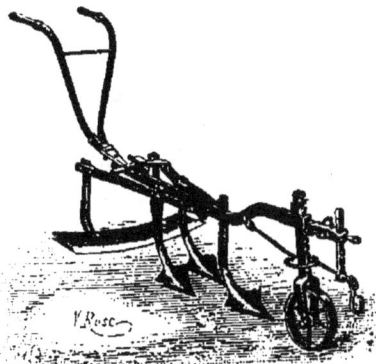

*Bineuse montée avec lame de ratis-
seuse.* La lame peut travailler
seule ou avec les 3 socs à l'avant
si le sol est dur.

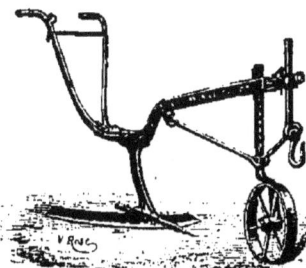

*Bineuse montée avec lame de ratisseuse
angulaire.* Disposition adoptée
pour le travail en terres caillouteuses où la lame droite n'aurait
aucune pénétration.

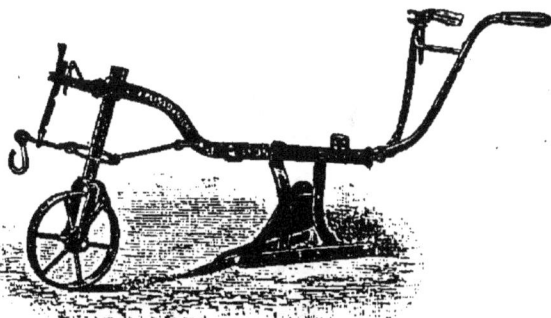

*Bineuse montée en charrue vigne-
ronne.* On supprime les bras
d'expansion et on adapte, sur les
trous ménagés à cet effet, le corps
du débutteur.

FIG. 149. — QUELQUES-UNES DES FORMES QUE PEUT PRENDRE
LA BINEUSE PLISSONNIER « L'UNIVERSELLE ».

cette charrue peut recevoir un corps de butteur, de tourne-
oreille, de bisoc, d'arrache pommes de terre et de ratisseuse
angulaire, ce qui offre un sérieux avantage à la petite culture,
laquelle peut ainsi obtenir économiquement un outillage complet à peu de frais, pour diverses façons culturales.

La charrue vigneronne de Bajac (fig. 143), excellente charrue répondant bien aux conditions énumérées ci-dessus.

La charrue Oliver de Pilter, dont le soc se compose de deux parties : un soc secondaire et une pointe de soc ; ces deux pièces sont à deux fins, elles peuvent être retournées lorsqu'une de leurs extrémités est usée.

La charrue Rateau, la charrue Renard, etc.

Pour *les labours d'été* ou *binages* on se sert de **houes vigneronnes** constituées par un bâti sur lequel on fixe des pièces travaillantes différentes, suivant les travaux à effectuer : des *socs cultivateurs* (fig. 149) pour les terrains légers ou argileux sans pierres, des *socs extirpateurs* pour terrains compacts et pierreux, des *lames de ratisseuse*, etc. Ces houes peuvent d'ailleurs se transformer en *charrues vigneronnes* (fig. 149).

Soc interceps pour cultiver entre les ceps. — Le *soc interceps* (fig. 150) est un appareil que l'on peut adapter à la plupart des houes et qui permet de cultiver *entre les ceps*, ce que ne peuvent pas faire seuls les instruments dont nous venons de parler :

Il se compose d'une sorte de lame ratisseuse angulaire munie d'une longue pointe recourbée et reliée à un ressort par une tige coudée. Lorsque la houe est en marche, le soc fouille et nettoie le sol entre les ceps, la pointe recourbée vient buter contre chaque cep, lequel renvoie le soc dans la ligne grâce au ressort. Le soc après le passage de chaque cep est renvoyé par le ressort entre les ceps. Pour régler la force du ressort suivant la dureté du terrain, il suffit de faire glisser ce ressort à la place voulue sur le longeron de la houe ; ce longeron représente un plan incliné ; plus le ressort est amené à l'arrière, plus sa résistance est grande ; en le poussant sur l'avant il a plus de souplesse.

Il faut avoir soin pendant le travail de ne pas laisser le soc sortir de terre afin que le cep ne reçoive qu'un faible choc.

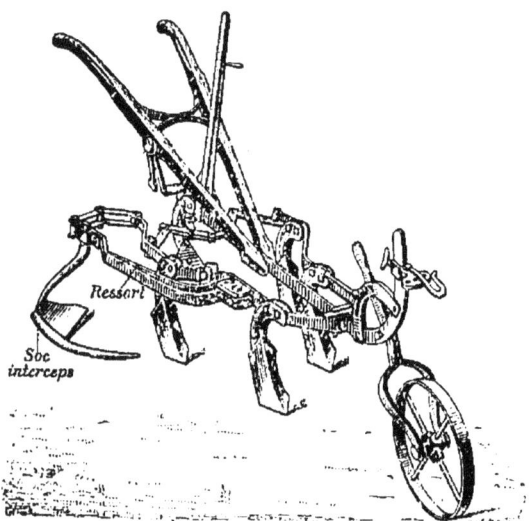

Fig. 150. — HOUE MUNIE DU SOC INTERCEPS MOINE-CHAPON.

Pour monter le soc interceps sur une houe et constater si le ressort est bien en place, on couche la houe sur le côté et on met sur la tige un poids de 10 kilogrammes représentant l'effort qu'oppose la terre au passage du soc ; il faut : 1° que l'appareil supporte ce poids sans que le ressort fléchisse; 2° qu'avec une légère pression du doigt (le poids de 10 kilogrammes étant placé) le ressort cède facilement : cette dernière pression représente l'effort opposé par le cep sur lequel vient buter le soc.

165. Culture superficielle des vignes : suppression du labourage.

— Si l'utilité des labours n'est pas contestée pour les plantes cultivées (céréales, plantes fourragères, etc.), pour la vigne (culture plutôt *arbustive*), elle est depuis quelques années très discutée par un certain nombre d'expérimentateurs qui prétendent qu'une culture superficielle (simples raclages de la terre afin de détruire les mauvaises herbes) est préférable.

Déjà le Dr Guyot, dans son domaine (voir p. 209) recommandait les façons très superficielles. De tout temps dans le Midi un certain nombre de viticulteurs ont condamné d'une manière générale les labours profonds. Les anciens vignerons disaient peut-être avec raison : « la vigne craint le fer de la charrue ».

Les partisans de la culture superficielle font remarquer que les pieds de vigne en treille contre les maisons, dans les cours et sur le bord des routes, prospèrent très bien ; cependant, jamais le terrain dans lequel ces vignes sont plantées n'est cultivé d'une manière quelconque ; souvent il est pavé ou piétiné de sorte que les mauvaises herbes ne peuvent y pousser. La charrue, disent-ils, détruit une foule de radicelles superficielles de la vigne qui viennent puiser dans la partie la plus riche du sol des éléments fertilisants nécessaires au cep.

Il suffit d'enlever les mauvaises herbes, qui vivent au détriment de la vigne, par de simples raclages : ces derniers sont suffisants pour permettre la nitrification, celle-ci ne se faisant qu'à une faible profondeur (10 centimètres au plus).

Parmi les expériences qui ont été entreprises un peu partout, depuis un certain nombre d'années, nous pouvons citer celles qui ont été faites à l'École nationale d'agriculture de Montpellier en 1903 et 1904.

La vigne a été divisée en trois carrés de 400 souches, qui furent traités chaque année de la façon suivante :

Carré A. — Jamais labouré, ni déchaussé. On se contente de donner des *raclages* à 1/2 centimètre de profondeur. Fumure en couverture.

Carré B. — Cultivé à la façon ordinaire : labour à la charrue en hiver, façons à la houe en été, déchaussage, fumure enfouie.

Carré C. — Même traitement que le carré B, avec cette différence que, la première année de l'expérience, on a exécuté d'abord un labour à 40 centimètres de profondeur entre les rangs.

Le nombre des façons (raclages en A, labours et grattages en B et C) a été le même pour chaque carré ; les fumures ont été semblables.

Les résultats obtenus en 1903 et en 1904 ont été les suivants :

	POIDS des RAISINS À L'HECTARE.		POIDS des SARMENTS À L'HECTARE.	
	En 1903.	En 1904.	En 1903.	En 1904.
Parcelle raclée A. . . .	16.430 kg.	16.095 kg.	2.313 kg.	1.782 kg.
— labourée B . .	14.292 —	13.640 —	1.903 —	1.628 —
— défoncée C . .	manifestement inférieur n'a pas été pesée.		Beaucoup moins de bois.	

Comme on le voit, la culture superficielle a donné de bien meilleurs résultats que la culture ordinaire.

« Sous le rapport de la *végétation*, la partie simplement raclée a toujours dominé nettement les deux autres. La ligne séparatrice des parcelles était visible à l'œil et comme tirée au cordeau.

« Les conditions climatériques de l'été de 1904 donnent plus d'intérêt aux résultats de la récolte que celles de 1903. En 1904, en effet, la chaleur a été excessive, la sécheresse a été très prolongée, toutes conditions défavorables à la culture superficielle. D'après les idées reçues, la vigne labourée aurait dû se maintenir plus belle et donner un produit plus élevé que sa voisine, c'est le contraire qui s'est produit.

« Il est à remarquer qu'en 1903 et 1904 le genre de culture n'a pas modifié d'une façon appréciable la teneur du sol en humidité. Les derniers dosages effectués, à l'époque des plus fortes chaleurs, ont été, en effet, les suivants :

DATES DES ESSAIS.	HUMIDITÉ DU SOL			
	A. TERRE RACLÉE.		B. TERRE LABOURÉE.	
	Terre prise à 0^m15 de profondeur.	Terre prise à 0^m45 de profondeur.	Terre prise à 0^m15 de profondeur.	Terre prise à 0^m45 de profondeur.
Août 1903...	9.45 %	9.73 %	9.18 %	9.55 %
20 août 1904..	7.00 —	8.00 —	7.00 —	8.00 —

« Il est assez curieux de constater que les labours, contrairement à ce que l'on pense, n'ont pas donné au sol une plus grande réserve d'eau et par conséquent permis de retarder la dessiccation des couches profondes du sol. »

A l'Institut viticole de Colmar, des expériences sur la non-culture de la vigne ont donné des résultats de même ordre ; dans ces essais, le sol de la vigne non labourée était recouvert d'une couche de scories de 10 à 15 centimètres de hauteur, pour éviter les mauvaises herbes ; pas de labours, pas même de raclages.

Il est assez difficile, en pratique, de répandre, comme à l'Institut de Colmar, des scories à la surface du sol ; des raclages sont évidemment préférables. Ces derniers, sortes de légers binages, facilitent la nitrification et retardent la dessiccation du sol.

Pratique de la culture superficielle. — Le *raclage à la main* est trop cher et n'est admissible que pour l'exécution d'expériences restreintes.

Les raclages avec des instruments est tout indiqué. Nous pouvons citer : le *sarcloir Vernette*, la *racleuse Henry*.

CONCLUSIONS. — Les expériences au sujet de la culture superficielle de la vigne ne sont pas encore assez nombreuses et n'ont pas eu une durée assez longue pour pouvoir nettement se prononcer contre les labours. Il est nécessaire de continuer ces essais et de les multiplier. Les résultats obtenus ont été cependant assez concluants et importants pour que nous ayons cru devoir examiner la question.

Il est bon de remarquer que, dans certaines régions viticoles septentrionales, les labours sont relativement peu profonds ; bien souvent même le bêchage (dans la culture à bras) n'est en quelque sorte qu'un simple raclage.

166. Arrosages d'été. — La vigne, pour constituer son fruit, a besoin d'une certaine quantité d'eau. Si après la floraison on a une période de sécheresse, les grains restent petits, durs, la maturité se fait dans de mauvaises conditions et la quantité de vin que donnent ces raisins est fortement diminuée. D'ailleurs *l'eau est le véhicule des matières nutritives nécessaires à la vie de la plante. Plus la plante absorbe deau et plus elle absorbe en même temps de matières nutritives, d'aliments. Si l'eau manque, l'alimentation est entravée, l'accroissement cesse.*

La plus grande partie de cette eau est expulsée par la plante. La plante, en effet, *transpire*, les feuilles rejettent sans cesse dans l'atmosphère, à l'état de vapeur, l'eau introduite en excès par les racines pour transporter les matières nutritives.

Les *binages* fréquents, dont nous venons de parler, permettent au vigneron de lutter dans une certaine mesure contre la sécheresse, ils conservent dans les couches profondes du sol une certaine fraîcheur. Mais dans bien des cas les binages sont insuffisants et il est nécessaire, quand on le peut, de procéder pendant l'été à des irrigations, à des arrosages. Les arrosages produisent de bons effets :

M. Müntz a examiné l'influence des arrosages (pluies) sur la vendange quelques jours avant la maturation, en 1893, année pendant laquelle s'est faite sentir une grande sécheresse.

L'effet de la première pluie, qui s'est traduit par une augmentation considérable de volume du grain, a dilué notablement le moût; il n'y a eu en somme qu'une introduction d'eau et l'augmentation énorme de la récolte (1/4 à 1/5 en plus) peut être comparée à celle que donnerait l'addition pure et simple d'un certain volume d'eau à la vendange. Mais quelques jours après, les feuilles, ayant repris toute leur activité végétative, ont pu fabriquer de nouvelles quantités de sucre et la vendange s'est trouvée accrue en quantité sans que ni l'alcool, ni l'acidité en soient proportionnellement diminués. M. Müntz a calculé qu'avant la première pluie, le volume du moût était par hectare de 101 hectolitres contenant 2200 kilogrammes de sucre, et quelques jours après la première pluie le volume du moût était 132 hectolitres avec 2603 kilogrammes de sucre. Il a également constaté que dans le Médoc les qualités de finesse et de bouquet ne paraissent pas influencées par l'action des pluies.

Les arrosages poussant à une végétation et à une fructification plus abondantes, on comprend qu'il soit nécessaire de fumer plus copieusement les terres arrosées.

Ainsi qu'on le voit, les arrosages peuvent rendre de grands services à la vigne et il est à souhaiter que l'on crée des canaux d'irrigation partout où il est possible.

L'État favorise d'ailleurs beaucoup les entreprises d'irrigation; il a créé, au ministère de l'Agriculture (direction de l'hydraulique agricole), un service très important pour les guider gratuitement.

SEPTIÈME PARTIE

FUMURE DES VIGNES

CHAPITRE XVII

ALIMENTATION DE LA VIGNE
ENGRAIS EMPLOYÉS

167. La vigne, comme les autres végétaux, a besoin d'aliments pour vivre. Ces aliments sont les suivants : *l'azote, l'acide phosphorique, la potasse, la chaux, la magnésie*, etc.

Tous ces aliments sont indispensables, mais parmi eux, les plus importants *au point de vue pratique* sont :

> *L'azote ;*
> *L'acide phosphorique ;*
> *La potasse.*

Quant aux autres aliments, ils existent en quantités suffisantes dans les terres pour que le viticulteur n'ait pas à s'en préoccuper. *La vigne a besoin **à la fois** des trois éléments fertilisants que nous venons de citer. Si l'un d'eux, par exemple l'azote, fait défaut, les autres* (acide phosphorique, potasse) *ne servent presque à rien et la plante se développe mal* (voir *loi de minimum*, p. 230).

Lorsque la vigne ne trouve pas dans les sols en quantités suffisantes les éléments fertilisants nécessaires à son développement, le viticulteur doit lui fournir ces éléments sous forme d'engrais : *engrais azotés, engrais phosphatés, engrais potassiques.* C'est ce que nous examinerons plus loin.

Les éléments fertilisants, ou aliments contenus dans le sol sous forme de sels minéraux, sont absorbés en même temps qu'une grande quantité d'eau par les racines de la vigne pour former ce que l'on appelle la **sève brute**.

La *sève brute* ou dissolution de matières minérales ne peut servir directement à nourrir la plante ; elle a besoin d'être transformée dans un *laboratoire spécial* dont nous avons parlé : la *feuille*. Elle se rend donc dans les feuilles par l'intermédiaire de canaux ou vaisseaux du bois ; *quelles transformations y subit-elle?*

Tout d'abord la vigne se débarrasse d'un excès d'eau par la *transpiration* : les feuilles, en effet, nous l'avons vu, transpirent. Pendant ce temps les feuilles, grâce à leur matière verte (*chlorophylle*), sous l'action de la lumière, absorbent le *carbone* de l'acide carbonique de l'air. Elles absorbent également, grâce à leur respiration, l'oxygène de l'air.

Avec toutes les matières qui leur arrivent soit du sol sous forme de *sève brute*, soit de l'air, les feuilles de la vigne fabriquent toutes les substances qui doivent servir à la nourriture du cep.

C'est dans les feuilles, ainsi que nous l'avons vu, page 9, que se préparent tous les produits du grain de raisin : sucre, acides, matière colorante, etc.

Les aliments fabriqués dans les feuilles, et constituant dans leur ensemble avec l'eau **la sève élaborée**, quittent ces feuilles par d'autres vaisseaux que ceux qui ont amené la sève brute et se distribuent dans toutes les parties du cep.

Nous connaissons les éléments dont la vigne a besoin. Il s'agit de savoir quelles sont les quantités de ces éléments que la vigne absorbe. Nous indiquerons ensuite les engrais que le viticulteur doit employer pour obtenir une bonne récolte.

168. Exigences de la vigne en éléments fertilisants. — D'après les expériences de M. Müntz, les matières fertilisantes absorbées par la vigne pour un hectare sont, *en moyenne*[1], les suivantes :

Azote	39 kilogrammes.
Acide phosphorique	11 —
Potasse	42 —

Soit par conséquent dans les proportions de 3 à 4 d'azote et de potasse pour 1 d'acide phosphorique.

Comment la vigne utilise-t-elle les divers éléments fertilisants qu'elle absorbe?

D'après la moyenne des expériences de M. Müntz, la quantité

---

1. Pour le Midi (rendement 103 hect.) : azote 48 kg.; acide phosphorique 12 kg.; potasse 43 kg. Pour le Médoc (rendement 28 hect.) : azote 43 kg.; acide phosphorique 14 kg.; potasse 60 kg. Pour la Champagne (rendement 25 hect.) : azote 42 kg.; acide phosphorique 13 kg.; potasse 45 kg. Pour la Bourgogne (rendement 25 hect.) ; azote 24 kg.; acide phosphorique 7.; potasse 25 kg.

totale des éléments fertilisants absorbés par la vigne se répartit ainsi :

	Azote.	Acide phosphorique.	Potasse.
Les feuilles absorbent	$\frac{5}{10}$ à $\frac{6}{10}$	$\frac{4}{10}$ à $\frac{5}{10}$	$\frac{3}{10}$ à $\frac{5}{10}$
Les sarments	$\frac{1}{10}$ à $\frac{2}{10}$	$\frac{1}{10}$ à $\frac{3}{10}$	$\frac{2}{10}$ à $\frac{3}{10}$
Les marcs de vendange contiennent	$\frac{1}{10}$ à $\frac{2}{10}$	$\frac{1}{10}$ à $\frac{3}{10}$	$\frac{1.5}{10}$ à $\frac{2}{10}$
Le vin produit contient	moins de $\frac{1}{10}$	$\frac{0,5}{10}$ à $\frac{1.5}{10}$	$\frac{0,5}{10}$ à $\frac{3}{10}$

Comme on le voit : 1° ce sont les *feuilles* et les *sarments* (surtout les feuilles) qui absorbent les plus fortes proportions d'éléments fertilisants ;

2° Le *raisin* ne renferme qu'une faible fraction de l'ensemble des principes fertilisants absorbés ;

3° Quant *au vin* lui-même, il n'enlève que des quantités très minimes d'éléments fertilisants, environ 1 pour 100.

Conclusions. — Le vin n'enlevant au sol que des quantités très faibles de matières fertilisantes, si le vigneron rendait à ce sol les feuilles, les sarments, les marcs, on pourrait considérer la culture de la vigne comme une des moins exigeantes, n'épuisant presque pas le sol, et pouvant se passer de fumure.

En réalité, dans la pratique, une grande partie des feuilles si chargées d'éléments nutritifs est entraînée au loin par les vents d'automne ; les sarments sont généralement brûlés, leur azote est perdu et leurs éléments minéraux seuls peuvent faire retour à la terre ; il n'y a guère que les marcs qui font retour au sol, soit qu'on les introduise dans les fumiers et les composts, soit qu'on les fasse servir au préalable à l'alimentation.

« La pratique, d'ailleurs, enseigne que la vigne ne saurait se passer de fumures, surtout dans les conditions où elle est actuellement placée. Aujourd'hui, en effet, les frais plus grands de la culture de la vigne obligent le viticulteur à lui demander de plus fortes récoltes ; en outre les racines américaines, qui servent de porte-greffes, ne se contentent pas, comme les racines françaises, de sols maigres et arides, fumés parcimonieusement ou accidentellement ; les conditions actuelles de la production du vin nécessitent l'emploi de fumures énergiques, et dans toutes les régions où la culture est avancée, les matières fertilisantes, données sous forme d'engrais, interviennent régulièrement. » (Müntz.)

169. Exigence du vin en éléments fertilisants. — D'après les expériences de M. Müntz, les exigences du vin en éléments

fertilisants sont variables avec le cépage, avec le climat, ainsi que le montre le tableau ci-dessous :

	MATIÈRES FERTILISANTES MISES EN JEU POUR LA PRODUCTION D'UN HECTOLITRE DE VIN.		
	Azote.	Acide phosphorique.	Potasse.
	Kilogr.	Kilogr.	Kilogr.
Midi.	0,480	0,118	0,423
Roussillon.	0,550	0,133	0,562
Médoc.	1,485	0,496	2,065
Palus.	0,829	0,246	1,054
Saint-Émilion.			
Pomerol.	1,349	0,361	1,562
Sainte-Foy.			
Graves.	1,264	0,340	1,620
Bourgogne.	1.020	0,295	1,025
Beaujolais	1,014	0,334	1,214
Champagne	1,090	0,410	1,810

Ce tableau nous montre que les vignes, dans les régions à vins fins, demandent, pour produire un hectolitre de vin, beaucoup plus d'éléments fertilisants que les vignes dans les régions à vins ordinaires. C'est ainsi que les vignes du Médoc et de la Champagne demandent, pour la même quantité de vin, environ trois fois plus d'azote, trois fois plus d'acide phosphorique et cinq fois plus de potasse que celles du Midi. Les vignes de la Bourgogne demandent trois fois plus d'azote, trois fois plus d'acide phosphorique et deux fois plus de potasse que celles du Midi.

160. Influence des éléments fertilisants sur la vigne et sur le vin. — I. *Azote*. — L'azote favorise la végétation, il pousse à une plus grande production, non seulement de sarments, mais aussi de feuilles, véritables laboratoires où se préparent les aliments de la plante. On le constate parfaitement quand on met dans le sol des engrais azotés. Nous venons de voir que les feuilles surtout, et les sarments utilisent les 6 à 8 dixièmes de l'azote total absorbé par la vigne.

Si la vigne trouve dans la terre, en même temps que l'azote, des quantités suffisantes de potasse et d'acide phosphorique, son développement et la fructification se feront normalement. Mais si elle a reçu un *excès d'azote*, la végétation est exagérée il se forme beaucoup de feuilles, beaucoup de bois ; les grappes de fleurs perdent leurs boutons floraux, se transforment en vrilles, il y a coulure : les sarments sont plus spongieux, à mérithalles plus longs, l'aoûtement est tardif. *Pour que l'azote produise un effet utile, il faut donc qu'il soit accompagné de quantités suffisantes d'acide phosphorique, de potasse et de chaux.*

L'excès d'azote a-t-il une influence sur la qualité du vin ? — Il est assez difficile de se prononcer, car l'action de l'azote se confond avec celle des autres éléments fertilisants.

« Il y a, en effet, dans la plante une corrélation intime entre les éléments fournis par chacune des substances puisées dans le sol. Il est certain que si la potasse favorise la fructification, il faut en même temps de l'azote pour former des feuilles dont le rôle indirect est si important pour la formation et la richesse des fruits [1]. En réalité aucun élément n'agit seul.

Dans les grands crus, le fumier est considéré comme nuisible à la qualité des vins si on l'emploie en excès ; doit-on attribuer cela à une action directe sur les principes fertilisants et surtout à l'azote, qui est en général la dominante, ou n'est-ce pas simplement le résultat de ce fait que la production étant augmentée par une fumure abondante, la qualité suit une marche inverse ? La question n'est pas encore résolue et mérite de nouvelles études [2]. »

Quoi qu'il en soit, les expériences de M. Müntz montrent que les grands vins sont plus riches en azote que les vins ordinaires, ce qui semble démontrer que l'azote est plus nécessaire à la constitution des grands vins qu'à celle des vins ordinaires.

C'est très probablement moins l'excès d'azote qui peut agir sur la qualité des vins, que le manque d'équilibre entre les éléments fertilisants fournis à la vigne lorsque l'un de ceux-ci domine.

II. **Acide phosphorique**. — Nous avons vu que la quantité d'acide phosphorique qui entre dans la constitution du vin est proportionnellement moins élevée que la quantité d'azote ou de potasse. Néanmoins, son rôle est aussi important que celui des autres éléments fertilisants.

L'acide phosphorique augmente les rendements en assez grande proportion dans les terrains pauvres. Il fait disparaître les défauts que présente un *excès* d'azote : les sarments présentent des mérithalles plus courts, ils deviennent plus durs ; leur aoûtement plus précoce se fait mieux, il en résulte pour la vigne une résistance plus grande aux gelées. Un excès d'acide phosphorique, contrairement à ce que produit l'azote, ne présente pas d'inconvénients.

---

1. Puisque c'est dans les feuilles que se forme le sucre avant d'être emmagasiné dans le raisin. Nous avons vu que c'est dans les feuilles que se forme la sève élaborée.

2. GUILLON, directeur de la station viticole de Cognac.

L'acide phosphorique favorise la fructification et garantit la vigne contre la coulure, laquelle se produit quand il y a excès d'azote : il augmente la quantité de sucre dans les raisins. « La grappe, pourvue de grains plus nombreux, mûrit bien ; mais ses grains trop serrés ont peut-être une tendance à pourrir plus facilement, ce qui a fait croire que les engrais phosphatés favorisaient le développement de la pourriture grise et d'autres maladies. » (Pacottet.)

L'acide phosphorique semble influencer favorablement la qualité des vins : M. Müntz a montré que les grands vins sont plus riches en acide phosphorique que les vins ordinaires. Les expériences de M. Schmitt sur les grands vins du Rhin montrent également que la qualité des vins correspond à leur teneur en acide phosphorique et, pour un même cru, dans des années différentes, la teneur en acide phosphorique est d'autant plus élevée que le vin est reconnu meilleur. M. Paturel a également trouvé, pour une même région, que les vins sont d'autant meilleurs qu'ils sont plus riches en acide phosphorique.

De tout ce qui précède, on peut conclure que, dans les terrains pauvres en acide phosphorique, les engrais phosphatés doivent produire d'excellents effets.

III. **Potasse.** — La potasse est l'élément minéral que la vigne absorbe en plus grande quantité, le vin également. Dans le vin, on trouve en assez grande quantité du tartrate neutre de potasse et du bitartrate de potasse ou crème de tartre ayant une saveur acide.

On conçoit dès lors que les engrais potassiques, dans les sols pauvres en potasse, puissent augmenter la récolte de raisins, les autres éléments dont la vigne a besoin étant en quantité suffisante.

M. Müntz, comme pour les autres éléments fertilisants, a constaté que les grands vins sont plus riches en potasse que les vins ordinaires. L'action de la potasse sur la qualité des vins est peu connue; d'après M. Foëx, elle paraît favoriser la production du sucre; d'après Joulie, elle assurerait le développement du raisin, de la pulpe sucrée. La question n'étant pas résolue, nous n'insistons pas.

171. Les terres et les éléments qu'elles contiennent. — Nous venons de voir que les aliments nécessaires à la vigne pour vivre et se développer, sont principalement : l'*azote*, l'*acide phosphorique*, la *potasse*. Nous allons examiner dans quelle proportion le sol contient ces aliments; nous pourrons ensuite en déduire quels sont ceux que nous devons ajouter pour subvenir aux besoins de la vigne, par conséquent quels sont les *engrais* que nous devons apporter au sol.

Mettre dans le sol un engrais pour fournir un principe qui y existe déjà en quantité suffisante, c'est faire des frais inutiles. C'est donc la composition du sol qui règle l'emploi de l'engrais.

On admet qu'une terre a une *richesse alimentaire satisfaisante* en azote, en acide phosphorique et en potasse lorsqu'elle contient pour 1 000 grammes de terre :

> 1 gramme d'azote.
> 1 — d'acide phosphorique.
> 2 grammes de potasse.

Au point de vue de la richesse en azote, acide phosphorique, potasse, les agronomes classent les terres de la manière suivante :

	Azote.	Acide phosphorique.	Potasse.
Terres très pauvres,			
Celles qui contiennent moins de	0 gr. 5	0 gr. 5	1 gr.
Terres pauvres,			
Celles qui contiennent moins de	0 gr. 5 à 1 gr.	0 gr. 5 à 1 gr.	1 gr. à 2 gr.
Terres moyennement riches,			
Celles qui contiennent moins de	1 gr.	1 gr.	2 gr.
Terres riches,			
Celles qui contiennent de....	1 à 2 gr.	1 à 2 gr.	plus de 2 gr.
Terres très riches,			
Celles qui contiennent plus de	2 gr.	2 gr.	»

En admettant qu'une terre pauvre ait une couche arable de 30 centimètres de profondeur, on calcule facilement qu'elle contient par hectare[1].

> 1800 kilogrammes d'azote.
> 1800 — d'acide phosphorique.
> 2500 — de potasse.

Cependant la vigne, ainsi que nous l'avons vu, n'absorbe en moyenne par hectare que 39 kilogs d'azote, 11 kilogs d'acide phosphorique et 42 kilogs de potasse.

Comment se fait-il qu'une terre pauvre, contenant cependant un stock assez important d'éléments fertilisants, demande, pour donner de très bonnes récoltes, une certaine quantité d'engrais? C'est que ces éléments fertilisants que renferment les terres ne sont pas tout entiers sous une forme immédiatement assimilable par la plante. Ils demandent, pour être utilisés, des transformations lentes qui ne se font que progressivement. Aussi le viticulteur est-il obligé d'employer des *engrais*.

---

1. Voir ce calcul : *Chimie agricole* (Encyclopédie des connaissances agricoles).

172. Engrais à employer pour la fumure des vignes. —
Nous avons vu (p. 220) que le raisin ne renferme qu'une faible
proportion de l'ensemble des éléments fertilisants absorbés
par la vigne, le vin lui-même n'enlève que des quantités très
minimes de ces mêmes éléments, environ 1 dixième. Si donc le
viticulteur rend au sol les feuilles, les sarments, les marcs de
raisin résidus de la fabrication du vin, il restituera au sol une
partie des éléments fertilisants absorbés, ce sera autant de
moins à fournir au sol qui nourrit la vigne.

Utilisation des marcs et des sarments comme engrais. — Les
marcs frais contiennent pour 100[1] :

Azote . . . . de 0.5 à 1 kilogramme.
Acide phosphorique . . . . de 0,2 à 0,4 kilog.
Potasse . . . . de 0,4 à 0,5 —

Les marcs, d'après ces chiffres, sont relativement riches en
azote (deux fois plus riches que le fumier), aussi riche que le
fumier en acide phosphorique et en potasse. Les marcs employés comme engrais ont une valeur réelle d'environ 1 franc
à 2 francs les 100 kilos.

Le meilleur mode d'utilisation des marcs comme engrais
consiste à les transformer, grâce à quelques manipulations peu
compliquées, en engrais composés, accroissant ainsi leur valeur
fertilisante. Voici un très bon procédé de préparation indiqué
par M. Roos, directeur de la Station œnologique de l'Hérault :

On commence par évaluer approximativement le poids de la couche de
marc à utiliser, puis on répand à la surface, à la volée, 4 pour 100 de ce poids
de scories de déphosphoration et 2 pour 100 de sulfate de potasse. S'il s'agit
de marcs non épuisés, on peut réduire à 1,50 pour 100 la dose de sulfate de
potasse.

On fait, d'autre part, dans un demi-muid défoncé, un bassin ou tout autre
récipient, un purin artificiel composé de la manière suivante :

Eau . . . . 100 litres.
Chaux vive. . . . . 1 kilo.
Sulfate d'ammoniaque . . . . 2 kil. 500.

On éteint d'abord la chaux vive avec une petite quantité d'eau, on forme un
lait en ajoutant le reste de l'eau, on ajoute enfin le sulfate d'ammoniaque.
On brasse vigoureusement le tout à l'aide d'un bâton jusqu'à dissolution
complète du sulfate d'ammoniaque, ce qui ne demande guère plus d'un quart
d'heure. Le purin artificiel est fait.

On arrose copieusement la première couche de marc pourvue de scories
et du sulfate de potasse. On élève le tas autant qu'on veut en procédant de
même y compris l'arrosage par couches successives. La dernière est recouverte de 5 à 10 centimètres de terre.

---

1. D'après les expériences de M. Müntz.

Au bout de très peu de temps la température s'élève considérablement dans la masse où s'établit une fermentation très active qu'on laisse continuer sans intervenir.

Après trois semaines on recoupe le tas transversalement, pour le reformer à deux mètres plus loin. L'opération a pour but de mélanger les différentes couches et de mieux répartir les produits ajoutés. La fermentation un instant arrêtée reprend, bien qu'avec moins d'activité, le marc est alors devenu très friable.

Au moment de l'emploi, le second recoupage, effectué pour le transport, complète le mélange qui serait un peu insuffisant après un seul recoupage.

A la dose de 3 kilos par pied (pour des vignes plantées à 1 m. 50), l'engrais obtenu constitue une fumure complète, assimilable dans tous les sols, car le compost porte en lui l'alcalinité nécessaire à une bonne nitrification.

La valeur fertilisante absolue s'est accrue des éléments ajoutés, soit 21 kilos d'azote par 100 kilos de sulfate d'ammoniaque employés, 15 kilos environ d'acide phosphorique par 100 kilos de scories, et 50 kilos de potasse par 100 kilos de sulfate de potasse.

173. Le fumier. — Le fumier est constitué par le mélange des déjections d'animaux domestiques avec les matières qui forment les litières.

La composition moyenne des fumiers des principaux animaux de la ferme, d'après les analyses de Wolf, est la suivante :

	Pour 100.			
	Eau.	Azote.	Acide phosphorique.	Potasse.
Fumier de cheval	71,3	0,58	0,28	0,53
Fumier de bêtes à corne.	77,5	0,34	0,16	0,40
Fumier de mouton . . .	64,6	0,83	0,23	0,67
Fumier de porc.	72,4	0,45	0,10	0,60

Remarquons que le fumier de cheval et le fumier de mouton sont plus riches en azote, en potasse et en acide phosphorique que les deux autres. Ils fermentent également plus rapidement et avec plus d'intensité, on les désigne souvent sous le nom de *fumiers chauds*, alors que les fumiers de vache et de porc sont appelés *fumiers froids*.

En résumé, 1000 kilogrammes de fumier renferment environ :

4 à 5 kilogrammes d'*azote*.
2 à 3 — d'*acide phosphorique*.
4 à 5 — de *potasse*.

⎰ Le fumier peut être considéré comme un engrais *complet* (renfermant tous les éléments fertilisants).

Le fumier de mouton et le fumier de cheval sont employés de préférence dans les terres fortes, un peu humides : le fumier des bêtes bovines doit être réservé plutôt aux sols légers, sablonneux ou calcaires.

Dans les terres de consistance moyenne, ainsi que dans les terres légères, surtout lorsqu'elles sont calcaires, il faut employer du fumier *consommé*, c'est-à-dire bien décomposé.

Dans les terres argileuses imperméables, on doit utiliser de préférence des fumiers plus ou moins pailleux qui divisent le sol.

Quantité de fumier à employer. — Si l'on admet que le fumier *consommé* pèse 6 à 700 kilogrammes le mètre cube, la quantité à employer doit être environ de 55 à 60000 kilogrammes à l'hectare, soit 95 mètres cubes par hectare et pour une période de 4 ans (c'est la dose employée en Bourgogne). Cette quantité varie suivant la richesse du sol, l'état de la vigne, etc.

Épandage du fumier. — Le fumier est mis soit en godets au pied de chaque cep à l'aide de la bêche ou de la pioche, soit enfoui par un labour dans de petits fossés ou rigoles tracés entre les rangées de ceps à l'aide de la charrue (voir p. 209). Ce dernier procédé est meilleur que le premier, il répartit mieux la fumure. En réalité, ces deux procédés sont mauvais, car les racines sont disposées dans tout le sol, il faut donc répandre les engrais sur toute la surface du sol et non en certains points.

174. Engrais organiques divers. — Les engrais d'origine organique, ainsi que leur nom l'indique, sont fournis par les *végétaux* et les *animaux*. On peut donc les classer à côté du fumier. Parmi ces engrais nous pouvons citer :

La poudrette constituée par des matières fécales à l'état sec ; sa composition est très variable, elle contient de 1,5 pour 100 d'azote et 2 à 3 pour 100 d'acide phosphorique. Son action est énergique, mais de peu de durée. Elle est excellente dans les vignes un peu épuisées qui demandent un engrais agissant rapidement.

Les engrais verts. — Ces engrais sont constitués par les végétaux enfouis dans le sol en vue de le fertiliser. Ils peuvent : 1° être cultivés et enfouis sur place ; 2° être apportés du dehors.

Engrais verts cultivés et enfouis sur place. — Les plantes qui sont propres à être cultivées pour être enfouies en vert sont celles qui puisent dans l'air l'azote dont elles ont besoin pour se nourrir : telles sont les légumineuses (vesces, lupins, trèfle, etc.). Elles doivent être enfouies au moment de la floraison pour donner au sol l'azote qu'elles ont pris à l'air et lui restituer les éléments fertilisants qu'elles lui ont empruntés.

Les légumineuses employées comme engrais en vert, grâce au puissant développement de leurs racines, agissent sur les éléments minéraux du sol et du sous-sol, pour les amener dans leur propre substance à un état de combinaison et de division les rendant aptes à être ultérieurement assimilés par les récoltes suivantes.

Elles ramassent et préparent en quelque sorte les éléments nécessaires aux récoltes futures, mais elles n'apportent rien au sol, sauf l'azote qu'elles prennent à l'air. Il est bon néanmoins de remarquer que ces plantes, après leur enfouissement dans la terre, se décomposent et enrichissent le sol en humus.

L'emploi des engrais verts n'est réellement pratique qu'avant la plantation de la vigne. Dans les deux premières années qui suivent la plantation, lorsque les souches sont encore petites et qu'elles n'occupent par conséquent pas tout le sol, on peut cultiver des légumineuses pour enfouir en vert. Mais dès que les souches prennent de l'importance et commencent à donner du fruit, il faut abandonner cette culture parce que les plantes cultivées rendent l'atmosphère humide et facilitent ainsi le développement des maladies cryptogamiques.

Engrais verts tirés du dehors. — Ils apportent aux terres dans lesquelles on les met des éléments fertilisants pris ailleurs. Nous ne citerons que les plantes marines très abondantes sur les côtes de l'Océan, que l'on désigne sous le nom de goémons, de varechs et qui sont employées comme engrais sur les vignobles du littoral de l'Océan. On les met en tas pour permettre aux eaux de pluies de les débarrasser du sel qu'elles retiennent.

D'après M. Pacottet, ces tas placés à la tête des vignobles émettent en se putréfiant des odeurs que les raisins absorbent et qui tarent les vins, puis les eaux-de-vie (goûts de terroir des eaux-de-vie de Ré et d'Oléron). Pour éviter cet écueil, il serait bon de les saupoudrer de sulfate de fer.

Les composts. — Les composts sont des mélanges très variés de résidus divers (balayures, déchets de ménages, curures de fossés, boues de ville, débris de paille, etc.) avec de la terre ayant pour but d'augmenter l'assimilabilité des matières fertilisantes de ces résidus : ces derniers sont saupoudrés avec de la chaux éteinte (ou mieux encore mélangés avec de la chaux vive en morceaux); on dispose sur le sol une couche de ce mélange, au-dessus une couche de terre, puis une couche de mélange, et ainsi de suite, jusqu'à une certaine hauteur; le tout doit être maintenu humide par des arrosages.

La chaux favorise la décomposition des matières organiques et leur nitrification.

Les composts sont de véritables *nitrières artificielles.* Au bout de quelques mois, pour aérer et rendre le mélange plus intime, on recoupe le compost, c'est-à-dire on le divise verticalement avec une bêche pour reformer le tas à côté.

Les composts ne contiennent comme éléments fertilisants que ceux qui ont été apportés par les matériaux qui entrent dans leur composition, mais sous une forme beaucoup plus assimilable pour la vigne : ils s'enrichissent cependant en azote grâce à certains microbes qui ont la propriété de fixer l'azote libre de l'air.

Dans la Champagne on fabrique des sortes de composts que l'on appelle *magasins*: ils sont formés de couches alternatives de terre et de fumier frais. On les emploie souvent à la dose de 60 à 100 mètres cubes par hectare, ce qui a donné aux sols une profondeur assez grande.

ENGRAIS CHIMIQUES OU ENGRAIS DE COMMERCE

Les engrais chimiques, que l'on appelle encore engrais de commerce, sont des substances qui renferment, à l'état de concentration, des éléments fertilisants et qui peuvent être substituées au fumier ou simplement être destinées à compléter son action.

Nous examinerons successivement et sommairement :

1° Les engrais qui fournissent de l'*azote* (*engrais azotés*);

2° Les engrais qui fournissent l'*acide phosphorique* (*engrais phosphatés*) ;

3° Les engrais qui fournissent la *potasse* (*engrais potassiques*).

175. Engrais qui fournissent de l'azote, ou engrais azotés.
— Remarquons tout d'abord qu'en agriculture et en viticulture, on emploie très souvent les expressions *azote organique*, *azote ammoniacal, azote nitrique, azote libre.*

L'azote organique est l'azote qui entre dans la composition des matières organiques, telles que le fumier, le sang, la corne, le cuir, etc., employées comme engrais azotés, les résidus végétaux, racines de plantes mortes, débris de feuilles et de tiges. Toutes ces matières organiques, sous l'influence de l'oxygène, de l'humidité, et surtout de microorganismes, se transforment en *humus.*

L'azote ammoniacal est l'azote qui entre dans la composition de l'ammoniaque, ou des sels ammoniacaux, tels que le sulfate d'ammoniaque employé comme engrais azoté.

L'azote nitrique est l'azote qui entre dans la composition des nitrates (le nitrate de soude employé comme engrais, le nitrate de potasse, le nitrate de chaux).

L'azote libre est celui que contient l'air.

176. Engrais à azote organique. — Parmi les engrais à azote organique, nous pouvons citer :

Les tourteaux. — Les *tourteaux* provenant de l'extraction de l'huile des *graines oléagineuses* sont les plus puissants des engrais végétaux. Leur composition est, en moyenne, la suivante (pour 100) :

	Azote.	Acide phosphorique.	Potasse.
Arachides brutes.	5,2	0,6	"
Moutarde des champs. . . .	4,5	1,8	"
Ricin brut.	3,6	1,5	1,1
Ricin décortiqué	6,2	2,2	"
Sésame blanc.	6,5	2,6	1,4
Colza.	4,9	2,8	1,3
Navette.	4,5	1,7	1,4
Cameline	5,4	1,8	"

Ces déchets ne peuvent pas remplacer seuls le fumier, comme on le croit quelquefois ; ils agissent surtout par l'azote qu'ils renferment en grande quantité, un peu par leur acide phosphorique et très peu par leur potasse. On est obligé, pour obtenir une fumure complète, d'ajouter aux tourteaux des engrais phosphatés et des engrais potassiques. Ils se décomposent rapidement dans le sol et sont assez rapidement utilisés par les plantes ; leur action est épuisée en deux années.

Les tourteaux sont très employés dans la région du Midi où le bétail est plutôt rare et où par conséquent le fumier fait quelquefois défaut. Marseille est un centre de production très important de ces tourteaux, résidus de l'extraction de l'huile des graines provenant du Levant et de l'Afrique centrale.

Le sang desséché. — Le sang desséché se présente dans le commerce sous forme de petits grains noirs ou brunâtres à cassure brillante et d'aspect corné. Il absorbe assez facilement l'humidité et peut alors dégager de l'ammoniaque, aussi faut-il le conserver dans un endroit sec. Sa composition (pour 100) est la suivante :

Azote.	10 à 13
Acide phosphorique.	0,5 à 1,5
Potasse	0,6 à 0,8

Le sang desséché est un engrais azoté d'une grande efficacité et d'une action rapide. Comme il a une haute valeur et qu'il est assez recherché, on le falsifie souvent ; il ne faut donc jamais l'employer sans l'avoir fait analyser.

La viande desséchée. — La viande desséchée est préparée dans les ateliers d'équarrissage ; elle contient en moyenne :

> 9 à 11 pour 100 d'azote.
> 2 à 3 — d'acide phosphorique.
> Des traces de potasse.

Elle constitue un excellent engrais azoté, le prix de son azote est à peu près le même que celui du sang.

Matières cornées. — L'agriculture utilise surtout, comme matières cornées, des déchets de corne livrés par l'industrie et provenant de la fabrication de boutons, de peignes, etc. Ces déchets se présentent ordinairement à l'état de rognures, de frisures, de râpures. MM. Müntz et Girard y ont trouvé :

> Râpure de corne. . . . . 10,20 pour 100 d'azote.
> Raclures de sabot . . . . 12.54 —
> Frisures de cornes. . . . . 14.61 —

Ces matières cornées se décomposent lentement, aussi leur action dans les terres est-elle lente. Elles ont d'autant plus de valeur qu'elles sont plus divisées.

Pour les rendre rapidement utilisables on leur fait subir certains traitements : soit un *chauffage* dans de la vapeur surchauffée, le produit est ensuite desséché et pulvérisé dans un moulin, il contient de 13 à 15 pour 100 d'azote ; soit une *torréfaction* sur des plaques en fonte fortement chauffées, la corne torréfiée obtenue contient de 13 à 15 pour 100 d'azote, elle est d'une action rapide.

Déchets de cuir. — Ils sont fournis par l'industrie de la tannerie. On les traite par de la vapeur surchauffée ou on les torréfie. Les produits obtenus dosent de 7 à 9 pour 100 d'azote et quelquefois des quantités sensibles d'acide phosphorique. Ils constituent des engrais azotés à action lente.

Déchets de laine. — Ils proviennent des différentes manipulations auxquelles les laines brutes sont soumises dans la filature et la fabrication des draps. Ils renferment de 3 à 4 pour 100 d'azote avec 1/2 ou 1/3 pour 100 d'acide phosphorique.

Les engrais à azote organique dans le sol. — Les engrais à azote organique ainsi que les engrais organiques divers dont nous avons parlé plus haut subissent dans le sol certaines transformations plus ou moins rapides suivant *qu'ils sont plus ou moins divisés*, transformations nécessaires pour qu'ils puissent servir à l'alimentation des plantes.

Ces engrais se transforment d'abord en une sorte d'humus. L'azote, sous cette forme (c'est toujours de l'azote organique), n'est pas soluble, il ne circule pas dans le sol et ne peut être entraîné par les eaux de pluie, il n'est pas immédiatement utilisable par les plantes.

Sous l'action de certains êtres microscopiques, en présence de l'air et d'une certaine température, l'humus à son tour se transforme peu à peu : *l'azote organique se transforme en azote ammoniacal.*

Une partie de cet azote ammoniacal peut être utilisé directement par les plantes ; la plus grande partie, si les conditions sont favorables, se transforme en *azote nitrique*[1] (nitrates), forme la plus parfaite pour l'alimentation azotée des plantes.

---

1. Cette transformation s'appelle nitrification. On dit que les engrais à azote organique nitrifient.

Certains engrais organiques, comme le sang, par exemple, nitrifient assez rapidement et sont rapidement utilisés par les plantes ; d'autres au contraire, comme le cuir torréfié, ont une nitrification lente et sont lentement utilisés par les végétaux.

177. Engrais azotés à azote ammoniacal. — L'engrais à azote ammoniacal le plus employé en agriculture est le *sulfate d'ammoniaque :*

Ce sel se présente sous la forme de cristaux *solubles dans l'eau*. Il est blanc à l'état pur et contient 21 pour 100 d'azote. Le sulfate d'ammoniaque que l'on rencontre dans le commerce n'est pas en général tout à fait pur, sa couleur est grise ou plus ou moins brune ; sa richesse en azote est variable :

Les sulfates d'ammoniaque de fabrication française ont une richesse en azote variant de 20 à 21 pour 100. Les sulfates d'ammoniaque anglais sont moins purs, ils renferment généralement 19 pour 100 d'azote.

Si la terre dans laquelle on met le sulfate d'ammoniaque n'est pas calcaire (terre granitique, par exemple), ce sel peut être assez facilement entraîné par les eaux pluviales jusque dans le sous-sol et n'être pas utilisé par la vigne.

Dans les terres, il est retenu pendant un certain temps (une quinzaine de jours environ) avant d'être transformé en nitrates que les eaux de pluies peuvent enlever facilement.

178. Engrais azotés à azote nitrique. — L'engrais à azote nitrique le plus employé est le *nitrate de soude :*

Le nitrate de soude pur est blanc. Les nitrates du commerce mélangés de 3 à 5 pour 100 d'impuretés se présentent ordinairement avec une coloration grisâtre ; ils contiennent comme moyenne 95.5 pour 100 de nitrate de soude pur correspondant à 15,7 pour 100 d'azote, alors que le nitrate de soude pur correspond à 16,47 pour 100 d'azote. Le commerce vend ordinairement avec garantie de 15 à 16 pour 100 d'azote.

Le nitrate de soude est très soluble dans l'eau ; les terres ne le retiennent pas, aussi ne peut-on l'employer qu'au moment où les plantes peuvent l'utiliser immédiatement, c'est-à-dire au printemps.

Le nitrate de soude, par lui-même et par les impuretés qui l'accompagnent, absorbe facilement l'humidité de l'air ; il se mouille de plus en plus à la longue. Aussi faut-il le conserver dans des lieux secs sous peine de le perdre en partie et même complètement sous forme de dissolution s'échappant facilement du sac le contenant.

Les sacs renfermant le nitrate de soude s'imprègnent de sa dissolution et en absorbent jusqu'à 1 kilogramme ; ces sacs vides et mis en tas peuvent alors s'enflammer.

179. Comparaison entre les différents engrais azotés au point de vue de leur valeur et de leur utilisation. — Les engrais à azote organique (fumier, tourteaux, sang desséché, cornes torréfiées, etc.), se transforment lentement dans le sol et ne fournissent de l'azote aux végétaux que graduellement, par petites fractions. Il y a cependant à faire un certain classement entre eux : le fumier et les tourteaux agissent relativement très lentement ; le sang desséché, la corne torréfiée ont une action beaucoup plus rapide (le sang desséché surtout) qui les rapproche un peu du sulfate d'ammoniaque.

L'effet de ces engrais sur la récolte est moins énergique que celui produit par le sulfate d'ammoniaque et le nitrate de soude ; mais il est de plus longue durée.

Les risques de pertes d'azote par les eaux de pluie sont évidemment moins grands avec les engrais à azote organique qu'avec le nitrate de soude et le sulfate d'ammoniaque, précisément à cause de la lenteur présentée par les transformations que subissent ces engrais.

On pourrait peut-être déduire de ce qui précède que l'emploi des engrais à azote organique (fumier, tourteaux, cornes torréfiées, sang, etc.) sont préférables à celui du nitrate de soude et du sulfate d'ammoniaque. Ce serait à tort. Nous avons vu que les engrais à azote organique sont absolument indispensables pour fournir au sol l'humus qui lui est nécessaire ; il faut donc les employer, mais avec ces engrais seuls on ne peut faire de la culture intensive, on ne peut obtenir des récoltes maximum, leur transformation lente en est la cause ; ils ne fournissent pas assez *rapidement* à la vigne la quantité d'aliments azotés que cette dernière est susceptible d'absorber.

Il faut donc, pour obtenir de fortes récoltes, avec les engrais à azote organique, comme le fumier par exemple, employer en même temps des engrais azotés à action rapide (nitrate de soude, sulfate d'ammoniaque), *le bénéfice que procure l'excédent de rendement compense largement les pertes provenant de l'emploi de ces engrais.*

Dans quels sols doit-on de préférence employer l'azote organique ou l'azote sous forme de sulfate d'ammoniaque ou de nitrate de soude ? L'azote sous ces deux formes doit être employé dans tous les sols, et cela se comprend puisque l'azote organique seul ne peut permettre, ainsi que nous venons de le voir, d'obtenir des récoltes maximum.

Dans les terres légères cependant, véritables cribles pour les dissolutions salines, le nitrate de soude et le sulfate d'ammoniaque se perdant facilement dans les eaux de drainage, on peut s'adresser à des engrais organiques de décomposition lente et ne répandre le nitrate de soude ou le sulfate d'ammoniaque que prudemment en plusieurs fois.

Le sulfate d'ammoniaque et le nitrate de soude sont des engrais de printemps ; ils redoutent les pluies d'hiver ; les engrais à azote organique (sauf le sang qui peut être répandu au printemps) sont des engrais d'automne : on peut les répandre en toute saison.

180. Engrais fournissant de l'acide phosphorique, ou **engrais phosphatés**. — Le commerce livre l'acide phosphorique à l'agriculture, sous trois formes principales : les *phosphates naturels*, les *superphosphates* et les *scories de déphosphoration*.

Les phosphates naturels ou phosphates minéraux. — Ces phosphates sont très connus sous le nom de *phosphate de chaux*. Les principaux sont les suivants :

Les phosphorites du Quercy contenant de 30 à 77 pour 100 de phosphate de chaux.

Les phosphates en nodules ou coprolithes (des Ardennes, de la Meuse, de la Côte-d'Or, etc.) contenant de 35 à 50 pour 100 de phosphate de chaux.

Les sables phosphatés (de la Somme, du Pas-de-Calais) contenant en moyenne 70 pour 100 de phosphate de chaux.

Les craies phosphatées (de l'Oise et de la Belgique) contenant de 12 à 35 pour 100 de phosphate de chaux.

Les phosphates noirs des Pyrénées contenant de 60 à 75 pour 100 de phosphate de chaux. Tous ces phosphates sont vendus réduits en poudre ; ils agissent, en effet, d'autant mieux qu'ils sont en poudre plus fine.

Les phosphates d'os : Ils sont tirés des os. Nous pouvons citer les *poudres d'os* contenant de 24 à 30 pour 100 d'acide phosphorique insoluble.

Superphosphates. — I. *Superphosphates minéraux*. — Ils résultent de l'action de l'acide sulfurique sur les phosphates naturels que nous venons de citer. Avant le traitement, le phosphate naturel ne contenait que de l'acide phosphorique insoluble dans l'eau[1]. Après le traitement le superphosphate contient :

1° De l'acide phosphorique soluble dans l'eau, qui a le plus de valeur ;

2° De l'acide phosphorique insoluble dans l'eau, mais soluble dans le citrate d'ammoniaque ; il a la même valeur agricole que le précédent.

3° De l'acide phosphorique insoluble à l'eau et au citrate (provenant du phosphate naturel non attaqué par l'acide sulfurique) ; on ne tient pas compte de sa valeur dans l'estimation du superphosphate.

C'est la richesse en acide phosphorique soluble à l'eau et au citrate qui caractérise la valeur des superphosphates

II. *Superphosphates d'os*. — Ils proviennent de l'action de l'acide sulfurique sur les phosphates d'os que nous avons cités plus haut. Ils contiennent de 14 à 18 pour 100 d'acide phosphorique soluble à l'eau et au citrate. Ils agissent comme les précédents.

Les Scories de déphosphoration. — Ce sont des résidus de la

---

1. Sous forme de phosphate tricalcique.

fabrication de l'acier. On distingue : les *scories Thomas* et les *scories Martin*, ces dernières ont une valeur bien moindre.

Les scories Thomas comtiennent 12 à 22 pour 100 d'acide phosphorique et environ de 34 à 55 pour 100 de chaux.

Pour avoir de bonnes scories Thomas, le cultivateur doit exiger *à la fois les garanties* suivantes :

1° Une finesse de mouture *minimum* de 75 pour 100, la poudre obtenue passant à travers les mailles du tamis n° 100 distantes de 0^{mm},17 ; 2° une solubilité dans le réactif Wagner d'*au moins* 75 pour 100 de l'acide phosphorique total : on peut même exiger de 80 à 90 pour 100 ; 3° une garantie d'origine.

Les phosphates précipités. — On les prépare avec les os (Voir *Chimie générale appliquée à l'agriculture*, p. 149). Ils contiennent de 36 à 42 pour 100 d'acide phosphorique dont la plus grande partie est soluble au citrate.

Comparaisons entre les différents engrais phosphatés au point de vue de leur valeur et de leur utilisation. — Les phosphates naturels étant insolubles dans l'eau chargée d'acide carbonique, peuvent se conserver longtemps dans le sol sans être entraînés par les eaux de drainage comme certains engrais azotés, le nitrate de soude par exemple.

On peut donc les incorporer à la terre soit avant, soit après l'hiver, quels que soient les sols et quels que soient les climats.

Dans les terres ordinaires, les phosphates naturels sont généralement répandus à l'automne : ils agissent lentement, leur action se fait peu sentir sur la première récolte, elle ne devient sensible que sur la seconde et quelquefois sur la troisième.

Lorsqu'on emploie les phosphates, on peut, sans inconvénients, en répandre de fortes doses ; on gagne même à les répandre à l'avance.

Les superphosphates, les phosphates précipités ainsi que les scories donnent des produits insolubles dans l'eau lorsqu'ils sont mis dans le sol ; on peut les confier à la terre longtemps avant leur utilisation par les plantes, à l'automne ou pendant l'hiver, par exemple, sans crainte de déperditions.

Dans le cas des engrais phosphatés à action rapide, tels que les superphosphates, les phosphates précipités et les scories, l'excès de fumure n'exerce pas, comme les engrais azotés solubles (nitrate de soude ou sulfate d'ammoniaque), une action nuisible sur les récoltes.

Si l'on considère l'ensemble des terrains, les nombreuses expériences culturales ont démontré qu'au point de vue agricole, les engrais phosphatés peuvent être classés de la manière suivante :

1re catégorie.	Superphosphates. Scories de déphosphoration. Phosphates précipités.	Ces 3 engrais phosphatés ont à peu près la même valeur agricole.	
2e catégorie.	Phosphates naturels. Phosphates d'os.	Ces engrais ont une valeur agricole bien moindre que celle des engrais phosphatés de la 1re catégorie.	

Quelques agronomes conseillent de n'employer les engrais de la deuxième catégorie que dans des cas très restreints.

Au point de vue économique, à part quelques cas particuliers (terres de défrichement, par exemple), la première catégorie d'engrais (superphosphates, scories, phosphates précipités) est préférable.

Les phosphates naturels donnent des résultats insuffisants dans les vignes. Ils ne doivent être employés qu'au moment du défoncement avant la plantation, comme amendement à la dose de 3000 à 5000 kilogrammes.

Comme le commerce ne livre que des quantités assez faibles de phosphates précipités, il ne reste en présence que les superphosphates et les scories. On doit employer de préférence *pour la vigne*[1], les superphosphates dans les terres calcaires et les scories qui sont assez riches en chaux, dans les terres peu ou pas calcaires. Il ne faut pas oublier, en effet, que les porte-greffes craignent plus ou moins le calcaire, et qu'il est inutile d'augmenter la dose de ce dernier en introduisant des engrais phosphatés riches en chaux.

181. Les engrais fournissant de la potasse ou engrais potassiques.

— Les principaux engrais potassiques que l'on emploie sont : la *kaïnite*, le *sulfate de potasse*, le *chlorure de potassium*.

À côté de ces engrais potassiques les plus usités, on peut ranger les engrais suivants : le *nitrate de potasse*, le *carbonate de potasse*, les *cendres de bois*.

La kaïnite est un sel brut de potasse tiré des mines de Stassfurt; elle

---

1. Pour la vigne seulement, car pour les autres cultures il n'y a plus les mêmes raisons. Nous ferons même remarquer à ce sujet et à propos des autres cultures que beaucoup d'agriculteurs pensent que les scories, étant basiques, doivent être employées seulement dans les terres acides, alors que les superphosphates, étant acides, doivent être employés dans les terres calcaires et argileuses.

Il y a dans ce raisonnement un certain fond de vérité; on aurait tort cependant de généraliser, car des expériences culturales ont montré que les scories sont souvent efficaces dans les terres calcaires, alors que, dans certains sols acides, le superphosphate donne de meilleurs résultats.

se présente sous la forme d'un sel grisâtre à saveur très amère ; elle est très soluble dans l'eau.

La kaïnite contient en moyenne 12,5 ou 13 pour 100 de potasse sous forme surtout de sulfate de potasse. Elle absorbe facilement l'humidité de l'air grâce aux sels de magnésie qu'elle contient, il faut donc la conserver dans des lieux secs.

La kaïnite doit être réservée aux vignes *à sol calcaire* et à sous-sol perméable.

Le sulfate de potasse est tiré de la kaïnite. Quand il est pur, il est blanc à saveur amère, et contient 54 p. 100 de potasse.

Le sulfate de potasse n° 1 de Stassfurt renferme de 90 à 95 pour 100 de sel pur et par conséquent dose de 48 à 51 pour 100 de potasse. Le sulfate de potasse n° 2 contient de 75 à 85 pour 100 de sel pur.

Le sulfate de potasse est soluble dans l'eau. *Il convient à tous les sols.*

Le chlorure de potassium s'extrait principalement d'un sel brut (la carnallite) des mines de Stassfurt. Le chlorure de potassium du commerce est très légèrement jaunâtre. Il contient environ de 75 à 90 pour 100 de sel pur correspondant à 47 à 48 pour 100 de potasse. Il a une saveur salée et il est très soluble dans l'eau.

Le chlorure de potassium n'est à sa place que dans des terres bien pourvues de calcaire et dont le sous-sol est perméable.

Le nitrate de potasse est un sel renfermant 44 pour 100 de potasse, soluble dans l'eau. Il fournit la potasse à un prix beaucoup plus élevé que le sulfate et le chlorure de potassium qui doivent par conséquent lui être préférés.

Le nitrate de potasse apporte au sol en même temps que de la potasse une certaine quantité d'azote nitrique (comme le nitrate de soude); de sorte qu'en utilisant le nitrate de potasse on risque d'apporter au sol une quantité d'azote plus grande qu'il ne faut.

Le carbonate de potasse renferme un taux de potasse variant de 52 à 63 pour 100. Il absorbe facilement l'humidité de l'air. Il est très soluble dans l'eau. Son emploi est assez délicat et demande certaines précautions à cause de son alcalinité; il peut provoquer sur les jeunes pousses de véritables brûlures.

Le prix de la potasse du carbonate de potasse du commerce est plus élevé que celui de la potasse fournie par la kaïnite, le chlorure de potassium et le sulfate de potasse; aussi ces derniers engrais doivent, dans la plupart des cas, lui être préférés.

182. Comparaison entre les différents engrais potassiques au point de vue de leur valeur et de leur utilisation. — Les engrais potassiques sont tous solubles dans l'eau, mais malgré cette solubilité ils ne sont pas entraînés par les eaux de pluie (comme le nitrate de soude, par exemple), dans les profondeurs du sous-sol et perdus pour les plantes. Les terres ont, en effet, le pouvoir de retenir la potasse; *les engrais potassiques sont retenus par le pouvoir absorbant du sol.*

Cette fixation des engrais potassiques (comme pour le sulfate d'ammoniaque d'ailleurs) s'opère grâce à l'argile et l'humus, après l'intervention du carbonate de calcium ou carbonate de chaux (calcaire) des terres.

En présence du calcaire ou carbonate de calcium du sol, les sels potassiques se décomposent ; il y a une double décomposition qui donne naissance à du carbonate de potassium. Ainsi le chlorure de potassium donnera du *carbonate de potassium* et du chlorure de calcium. Si c'est le sulfate de potassium que l'on emploie, il se formera du *carbonate de potassium* et du sulfate de calcium ou plâtre.

C'est donc, en réalité, sous forme de carbonate de potassium que les sels potassiques sont utilisés par les plantes.

Le *carbonate de potasse* du commerce est donc un engrais potassique de grande valeur. En fait, on en consomme des quantités importantes pour la fumure des vignes, surtout dans le Midi. Mais son prix est beaucoup trop élevé et son maniement trop délicat pour que l'on puisse en conseiller l'emploi ; il est préférable d'acheter du chlorure ou du sulfate de potassium.

Non seulement on paie de cette façon la potasse bien moins chère, mais on arrive aussi au même résultat puisque, au bout de quelque temps, ces deux sels sont transformés en carbonate de potassium.

C'est ce *carbonate de potassium qui est retenu par le pouvoir absorbant du sol*.

Le pouvoir absorbant du sol fixe assez la potasse pour qu'il n'y en ait pas plus d'un cinquième qui soit entraîné à une profondeur dépassant 20 à 25 centimètres, dans un terrain de bonne composition moyenne ; et, comme le fait remarquer M. Garola, cette fraction se trouve certainement absorbée avant qu'elle n'ait atteint 50 centimètres de profondeur.

La présence dans le sol d'une quantité suffisante de chaux ou de calcaire est indispensable à la transformation des sels potassiques en carbonate de potasse retenu par les propriétés absorbantes du sol. En l'absence de chaux ou de calcaire, la transformation des sels potassiques ne se fait pas ; le chlorure ou le sulfate de potasse reste, en un mot, tel quel dans le sol et n'est pas retenu par le pouvoir absorbant ; il peut y avoir perte de ces engrais par entraînement sous l'influence des eaux de pluie.

Le *sulfate de potasse* convient à tous les sols, tandis que le chlorure de potassium et la kaïnite ne sont à leur place que dans les terres bien pourvues de chaux (sous forme de calcaire) et dont le sous-sol est perméable.

Les engrais potassiques gagnent à être répandus de bonne heure dans les vignes pour produire leur effet au maximum dès la première année ; les pertes par entraînement sous l'influence des pluies ne sont pas à craindre, puisque la potasse est retenue par les propriétés absorbantes du sol, lorsque ce dernier contient un peu de calcaire. On choisira donc les mois de novembre et décembre de préférence, afin que les pluies de l'hiver les entraînent à la portée des racines avant que la sécheresse se fasse sentir.

Dans les vignobles dont le climat est plus froid, plus humide, on peut attendre janvier et février, les pluies de mars et du mois d'avril étant en général suffisantes pour dissoudre l'engrais.

183. Le plâtre. – Le plâtre produit de bons effets dans les vignes. Déhérain a démontré que le plâtre a pour effet de mobi-liser la potasse du sol, de la faire passer des couches super-ficielles où elle est habituellement retenue, dans les couches profondes où s'enfoncent les racines des légumineuses.

Les expériences d'Oberlin, de M. Battanchon pour la vigne, de Hoc semblent également démontrer que le plâtre est plutôt un stimulant de la végétation (ou plus exactement un mobili-sateur des richesses fertilisantes préexistant dans le sol), qu'un engrais. D'où la conclusion *qu'il ne faut admettre le plâtre seul que temporairement*: pas de plâtre sans autres fumures, pas de plâtre dans les terres appauvries.

SUR LES QUANTITÉS D'ENGRAIS A EMPLOYER

Les différentes fumures et formules à adopter.

184. Nous venons d'examiner quels sont les principaux engrais que l'on peut employer en viticulture. Il est bon d'exa-miner les principales lois qui régissent l'emploi de ces engrais :

Les récoltes sont proportionnelles (quand les conditions atmo-sphériques sont convenables) à la quantité de l'élément fertilisant absorbable et assimilable qui se trouve au minimum dans le sol relativement aux besoins de la plante (loi du minimum).

Ainsi par exemple, les matières fertilisantes, absorbées par la vigne pour un hectare, sont en moyenne les suivantes :

Azote. . . . . 30 kilogrammes.
Acide phosphorique. . . . . 11 ⸺
Potasse. . . . . 42 ⸺

Si la vigne trouve dans le sol toute la quantité d'acide phosphorique et de potasse qui lui est nécessaire, mais ne trouve que la moitié de l'azote soit 19 kilogrammes, la récolte sera *théoriquement* réduite de moitié. Avec les 19 kilogrammes d'azote qu'a la vigne à sa disposition, elle prendra des quan-tités proportionnelles des autres éléments fertilisants, soit 5 k. 5 d'acide phos-phorique et 21 kilogrammes de potasse : le restant de l'acide phosphorique et de la potasse ne sera pas utilisé.

C'est donc l'élément fertilisant existant dans le sol en moindre quantité, c'est-à-dire au *minimum*, qui règle la récolte.

De cette loi découlent les importantes conséquences sui-vantes :

1" *L'absence d'un seul élément nutritif dans l'alimentation de la plante paralyse l'action de tous les autres, si abondants qu'on les suppose; en d'autres termes, si un élément fertilisant fait défaut, les autres restent à peu près inertes dans le sol, et la récolte peut être nulle.*

Lorsqu'une terre, par exemple, a besoin d'engrais azoté, d'engrais phosphaté et d'engrais potassique, il faut apporter au sol les trois engrais nécessaires, car si l'un d'eux fait défaut, les autres ne servent presque à rien.

2° *Il suffit de donner à un sol l'élément fertilisant qui existe en moindre quantité (au minimum) pour augmenter les récoltes.*

Il est indispensable de restituer à la terre tous les matériaux nutritifs que les récoltes annuelles lui enlèvent (loi de restitution): on comprend, en effet, que si les récoltes enlèvent chaque année au sol une certaine quantité d'azote, d'acide phosphorique, de potasse, il faut, pour ne pas épuiser ce sol, lui rendre ces matières.

Cette loi, que l'on considérait autrefois comme fondamentale, demande à être discutée et complétée.

En réalité, il n'est pas nécessaire de restituer au sol, d'une manière absolue, *tous* les éléments que les récoltes lui enlèvent. A une terre riche en acide phosphorique, par exemple, il est inutile de fournir des engrais phosphatés : ce serait une dépense inutile; une terre riche en acide phosphorique est une véritable mine de cet élément que l'agriculture exploite comme le ferait l'industrie pour une mine de minerais métalliques.

Tant qu'un des éléments fertilisants (azote, potasse, acide phosphorique ou chaux) est fourni en abondance par le sol, il est superflu de l'ajouter dans les fumures. Les fumures ne doivent fournir aux sols que les éléments fertilisants ne se trouvant pas en quantité suffisante dans le sol. *L'engrais doit être le complément du sol.* L'agriculteur, dans la distribution des engrais, doit être guidé à la fois par la richesse du sol en éléments assimilables et par les exigences de la récolte. *Il ne faut pas seulement restituer, il faut aussi faire des avances* au sol quand on veut obtenir d'excellentes récoltes :

Si, par exemple, une terre n'a de l'acide phosphorique que pour produire 30 hectolitres de vin à l'hectare, alors qu'elle a de l'azote et de la potasse pour produire 50 hectolitres, en n'opérant que la restitution de l'acide phosphorique enlevé par la récolte, on ne peut obtenir qu'un rendement de 30 hectolitres comme auparavant, ainsi que nous l'indique la loi du minimum énoncée plus haut. Pour obtenir les 50 hectolitres, il faut nécessairement élever la richesse du sol en acide phosphorique au même niveau que celle en potasse, azote, etc., et par conséquent faire un abondant apport d'engrais phosphaté (superphosphate de chaux ou scories de déphosphoration).

Les avances que l'on doit faire consistent à mettre à la disposition de la vigne une importante quantité de matières nutritives qu'elle prendra au fur et à mesure de ses besoins.

On ne peut évidemment faire au sol des *avances d'azote*, car l'élément azoté, ainsi que nous l'avons vu, n'est pas retenu par le pouvoir absorbant des terres : ce serait faire des dépenses inutiles que de fournir à la vigne en une année une quantité d'azote supérieure à celle qui est nécessaire pour son développement pendant cette année. Mais il n'en est pas de même pour l'acide phosphorique et la potasse, éléments fertilisants retenus par le pouvoir absorbant du sol; on peut, sans crainte de pertes, apporter au sol des quantités importantes d'engrais phosphatés et potassiques.

185. Doses d'engrais à employer. — Nous venons de voir qu'il ne suffit pas de *restituer* au sol les éléments fertilisants enlevés par les récoltes et qu'il est nécessaire de faire des *avances*. Quelle est *pratiquement* la quantité *maximum* d'engrais que l'on doit employer?

Il est important de savoir que *les effets des engrais ne sont pas proportionnels à la dose d'engrais employés*. Ainsi, par exemple, il faut proportionnellement beaucoup plus d'engrais pour faire passer la récolte de 5o hectolitres de vin (à l'hectare) à 6o hectolitres que pour la faire passer de 4o à 5o hectolitres. De sorte qu'il arrive un moment où l'excès de récolte ne paie pas le complément d'engrais correspondant que l'on a employé; en d'autres termes, il existe pour chaque engrais un maximum d'effets utiles au delà duquel la dépense est supérieure à l'excès de rendement obtenu.

La dose d'engrais à employer ne doit donc pas correspondre à la récolte maximum que l'on peut obtenir, mais bien au bénéfice maximum que peut donner l'emploi de cet engrais.

C'est à l'agriculteur à déterminer ce *bénéfice maximum* par des expériences culturales directes.

186. La fumure au fumier de ferme. — *Doit-on, comme le pensent beaucoup de viticulteurs, fumer la vigne avec le fumier de ferme seul?* Examinons d'abord ce que contient le fumier en éléments fertilisants. Par 1000 kilogr., il renferme :

Azote 4 kg,5
Acide phosphorique. . . . . 3 kilogrammes
Potasse . . . . 5 —

Or, en Côte-d'Or, par exemple, l'on emploie en général pour une période de 4 ans et par hectare, 96 mètres cubes (environ un mètre cube à l'ouvrée de 4 ares 28 et par an), soit 55 à 60000 kilogrammes de fumier (si l'on admet qu'un mètre cube de bon fumier pèse 600 kilogrammes).

Ces 55000 kilogrammes de fumier apportent à la vigne :

	Pour 4 ans.	Par an.			
Azote.	248 kilog.	62 kilog.	alors que {	Azote	39 kil.
Acide phospho-rique.	165 —	41kg,25	la vigne { absorbe en }	Acide phospho-rique.	11 —
Potasse.	275 —	68kg,75	moyenne: {	Potasse	42 —

La fumure est donc suffisante; elle apporte à la vigne tous

les éléments fertilisants qui lui sont nécessaires. Mais cette fumure au fumier de ferme seul présente des inconvénients :

1° Le fumier n'apporte au sol que de l'azote organique. Or, nous avons vu que cet azote est lentement utilisé par la vigne parce qu'il n'est pas directement assimilable et qu'il a besoin de subir certaines transformations. Le fumier ne donne pas assez *rapidement* la quantité d'aliments azotés que la vigne est susceptible d'absorber si l'on veut faire de la culture intensive dans les vignes à vin commun.

2° Avec le fumier seul, si les pluies sont faibles, les transformations que doit subir l'azote organique pour être absorbé par la vigne, ne se font presque pas ; la vigne manquant d'azote n'absorbe en même temps presque pas de potasse et d'acide phosphorique, en un mot, elle se nourrit mal.

C'est pourquoi M. Lagatu propose d'ajouter toujours un engrais azoté à action rapide (comme le nitrate de soude, par exemple), prêt à être utilisé par la plante, à un engrais à azote organique (fumier, tourteaux, etc.).

3° Dans les grands crus, ainsi que nous l'avons fait remarquer plus haut, p. 222. le fumier est considéré comme nuisible à la qualité des vins si on l'emploie en excès ; doit-on attribuer cela à une action directe des principes fertilisants et surtout à l'azote qui est en général la dominante, ou n'est-ce pas simplement le résultat de ce fait, que la production étant augmentée par une fumure abondante, la qualité suit une marche inverse[1] ?

« Il est évident qu'une vigne très fumée porte des raisins à grains très gros qui n'ont jamais la saveur des fruits moyens, et dans lesquels les proportions de pépins et de pellicules (source de tanin et de matière colorante) diminuent. En outre, l'abondance des vins de crus abaisse commercialement leur valeur et il se fait un parallèle non justifié entre valeur vénale et qualité. Lorsque les conditions climatériques sont très favorables, une récolte très abondante peut être de grande qualité (1870) : il n'en peut être ainsi les années où les saisons se font mal et où la chaleur est insuffisante. Si l'on ajoute à cela que

---

1. Dans une parcelle faisant partie de l'ancien clos Vougeot nous avons vu mettre 6 mètres cubes de fumier tous les 4 ans par ouvrée (4 ares 28) ce qui représente 144 mètres cubes ou 86.400 kilogrammes de fumier par hectare. Cette fumure est énorme ; cependant la qualité du vin n'a pas diminué et le vin se vend toujours 8 à 900 francs la pièce de 228 litres. *Mais il faut remarquer que la terre contient* 1,50 pour 1000 *d'acide phosphorique,* 3 pour 1000 *de potasse, en un mot qu'elle est riche en acide phosphorique et en potasse, de sorte que l'excès de la fumure organique (fumier) est corrigé.*

le raisin manque d'air, de lumière, dans une vigne très vigoureuse, on comprend déjà qu'un vignoble à vin fin doit se contenter d'un développement moyen. » (Pacottet.)

Quoi qu'il en soit, il est bon d'ajouter au fumier des engrais
potassiques et des engrais phosphatés qui corrigent parfaitement l'excès d'une fumure à azote organique.

4° Le fumier est en général assez coûteux, surtout dans les
pays viticoles où les fumiers sont rares parce que les viticulteurs, spécialisés à la culture de la vigne, ont en général peu
d'animaux domestiques. En Côte-d'Or, depuis quelques années,
le fumier vaut 10 francs le mètre cube.

187. Fumures au fumier et aux engrais chimiques. — De
ce qui précède, on pourrait en déduire qu'il vaut mieux employer
les engrais chimiques que le fumier. Ce serait un tort.

Le fumier, en effet, se transforme dans le sol en *humus*.

Or, l'humus joue plusieurs rôles très importants : 1° il permet la multiplication des microorganismes du sol, auxiliaires indispensables pour pourvoir
à l'alimentation des plantes ; 2° il sert, en quelque sorte, de véhicule à certaines matières minérales insolubles, telles que les phosphates, par exemple,
auxquelles il fait subir une espèce de digestion préalable, pour les mettre à
la disposition des plantes : 3° il ameublit les terres trop fortes et donne « du
corps » aux terres trop légères ; il permet au sol, concurremment avec l'argile,
de retenir les éléments fertilisants que les eaux de pluie entraîneraient. ·

N'employer que des engrais chimiques, c'est laisser l'humus
disparaître peu à peu du sol.

Si certaines terres ont pu donner, avec les engrais chimiques
seuls, de bonnes récoltes pendant un certain nombre d'années,
d'autres, au contraire, ont vu leurs propriétés changer désa-
vantageusement en ne laissant obtenir que des résultats
médiocres.

*Dans le cas où le fumier fait défaut, on peut employer des
engrais à azote organique (tourteaux, cornes torréfiées, sang
desséché, etc.), qui fournissent aussi de l'humus au sol.*

Le fumier est à action lente, les engrais chimiques sont à
action plus ou moins rapide. On peut arriver à combiner ces
deux sortes d'engrais en proportions convenables pour les
besoins de la végétation.

Il est évident que les fumures doivent varier suivant la
richesse des terres qui les utilisent. Pour que chaque vigneron
pût appliquer au sol les fumures les plus rationnelles, il faudrait d'abord analyser ce sol, puis, par des essais prélimi-
naires, arriver à connaître les quantités d'engrais qui lui sont
nécessaires. Néanmoins, nous pouvons indiquer les formules
générales suivantes qui guideront les viticulteurs :

Terres légères (pour une période de 3 années).

	Engrais	TERRES RICHES.				TERRES PAUVRES.			
		Quantités d'engrais.	Quantités d'éléments fertilisants apportés.	Prix des 100 kg.	Prix total.	Quantités d'engrais.	Quantités d'éléments fertilisants apportés.	Prix des 100 kg.	Prix total.
		Kilog.	Kilog.	Fr.	Fr.	Kilog.	Kilog.	Fr.	Fr.
1ʳᵉ année.	Fumier de ferme	20.000	Azote . . . . . 94 Acide phosphorique. 60 Potasse. . . . 104	1.60	320 »	25.000	Azote. . . . . 175.5 Acide phosphorique. 75 Potasse. . . . 130	1.60	400 »
	Scories de déphosphoration (15 % d'acide phosphorique).	300	Acide phosphorique. 45	5 »	15 »	500	Acide phosphorique. 75	5 »	25 »
	Sulfate de potasse (à 50 % de potasse).	60	Potasse. . . . 30	25 »	15 »	100	Potasse. . . 50	25 »	25 »
2ᵉ année.	Sang desséché (à 11 % d'azote).	100	Azote. . . . 11	20 »	20 »	150	Azote. 16.5	20 »	30 »
	Scories de déphosphoration..	300	Acide phosphorique. 45	5 »	15 »	500	Acide phosphorique. 75	5 »	25 »
	Sulfate de potasse	60	Potasse. . . . 30	25 »	15 »	100	Potasse. . . 50	25 »	25 »
	Plâtre	300	. . . .	1 »	3 »	500	. . . .	1 »	5 »
3ᵉ année.	Sang desséché.	100	Azote. . . 11	20 »	20 »	150	Azote. 16.5	20 »	30 »
	Corne torréfiée (à 14 % d'azote).	100	Azote. . . . 14	22 »	22 »	150	Azote. 21	22 »	33 »
	Scories de déphosphoration.	300	Acide phosphorique. 45	5 »	15 »	500	Acide phosphorique. 75	5 »	25 »
	Sulfate de potasse	60	Potasse. . . 30	25 »	15 »	100	Potasse. . . 50	25 »	25 »
	Plâtre	300	. . . .	1 »	3 »	500	. . . .	1 »	5 »
			Total. . .		478 »		Total.		653 »

Pour les terres fortes non calcaires (par hectare).

		TERRES RICHES.				TERRES PAUVRES.			
Terres fortes (pour une période de 4 années).		Quantités d'engrais.	Quantités d'éléments fertilisants apportés.	Prix des 100 kg.	Prix total.	Quantités d'engrais.	Quantités d'éléments fertilisants apportés.	Prix des 100 kg.	Prix total.
		Kilog.	Kilog.	Fr.	Fr.	Kilog.	Kilog.	Fr.	Fr.
1re année.	Fumier de ferme.	20.000	Azote. . . . . 94 / Acide phosphorique. 60 / Potasse. . . . 104	1.60	320 »	25.000	Azote. . . . . 14.75 / Acide phosphorique. 75 / Potasse. . . . 130	1.60	400 »
	Scories de déphosphoration.	300	Acide phosphorique. 45	5 »	15 »	500	Acide phosphorique. 75	5 »	25 »
	Sulfate de potasse.	60	Potasse. . . . 30	2 »	15 »	100	Potasse. . . . 50	25 »	25 »
2e année.	Nitrate de soude (à 15 % d'azote).	100	Azote. 15	26 »	26 »	150	Azote. 22.50	26 »	39 »
	Scories de déphosphoration.	300	Acide phosphorique. 45	5 »	15 »	500	Acide phosphorique. 75	5 »	25 »
	Sulfate de potasse.	60	Potasse. . . . 30	25 »	15 »	100	Potasse. . . . 50	25 »	25 »
	Plâtre.	300	. . . .	1 »	3 »	600	. . . .	1 »	1 »
3e année.	Mêmes engrais que dans la 2e année.		. . . .	. . .	59 »	. . .	. . . .	. . .	95 »
4e année.	Mêmes engrais que dans la 2e année.		. . . .	. . .	59 »	. . .	. . . .	. . .	95 »
				Total. .	527 »			Total.	735 »

Terres calcaires. — Dans les terres calcaires on peut employer les mêmes formules d'engrais que celles indiquées ci-dessus pour les *terres non calcaires*; il suffit de remplacer les *scories de déphosphoration* relativement riches en chaux par du *superphosphate de chaux* à 15 %, dont le prix est plus élevé (6 fr.). On peut supprimer le plâtre.

188. *Remarques sur les formules indiquées ci-dessus.* — I. ***Pour les terres légères.*** — Nous mettons la 1/2 fumure au fumier de ferme tous les trois ans (au lieu de 4 ans) parce que dans ces terres les transformations du fumier sont plus rapides, les pertes par les eaux de pluies sont plus grandes et que ces terres ont besoin proportionnellement plus de d'humus pour être améliorées que les terres fortes.

La première année nous ajoutons un engrais phosphaté (scories ou superphosphate) et un engrais potassique (sulfate de potasse) pour que ces deux engrais corrigent dans une certaine mesure les effets qu'occasionne une fumure apportant des doses assez fortes d'azote organique (voir p. 221).

La deuxième année, comme engrais azoté nous avons choisi le sang desséché au lieu du nitrate de soude, car dans les terres légères, véritables cribles, le nitrate de soude est trop facilement entraîné par les eaux de pluies. D'ailleurs le sang desséché, quoique fournissant de l'azote organique, nitrifie assez rapidement pour qu'on puisse le considérer comme un engrais à action rapide.

La deuxième et la troisième année, en plus des engrais azotés, phosphatés et potassiques, nous ajoutons du *plâtre* parce que ce corps, ainsi que nous l'avons vu, mobilise très bien les matières fertilisantes préexistant dans le sol.

II. ***Pour les terres fortes.*** — La dose de fumier est mise pour 4 ans parce que dans ces terres les transformations du fumier sont plus lentes, et les pertes par les eaux de pluies moins grandes.

Comme engrais à action rapide nous employons le nitrate de soude au lieu du sang desséché parce que les pertes par les eaux de pluies dans les terres fortes sont moins à redouter.

III. Lorsque le prix du nitrate de soude est trop élevé on peut remplacer cet engrais par du sulfate d'ammoniaque.

189. Fumures aux engrais commerciaux ou engrais chimiques seuls. — Dans certains pays très spécialisés à la culture de la vigne, on ne trouve quelquefois pas de fumier ou du fumier à un prix trop élevé. Le viticulteur, dans ce cas, est obligé de n'employer que des engrais commerciaux ou engrais chimiques; il devra, autant que possible, suivre les règles suivantes :

1° Employer toujours un engrais à azote organique (tourteaux, corne torréfiée, sang desséché, etc.) qui fournira au sol l'*humus* qui lui est nécessaire (voir p. 242);

2° Comme engrais azoté faire usage d'un mélange de trois sortes d'engrais, par exemple : *nitrate de soude* (engrais azoté à action rapide), *sang desséché* (engrais azoté à action moins rapide), et enfin *engrais organique* à action lente (corne, tourteaux, laine, etc.[1]).

Il s'agit, en effet, ainsi que le fait remarquer très judicieusement M. Lagatu, de donner à la vigne une alimentation azotée continue pendant toute sa période de végétation, c'est-à-dire depuis le commencement du printemps jusqu'à l'automne. Or, cette alimentation continue n'est jamais assurée si l'on emploie une seule forme d'engrais azoté [soit le nitrate de soude (azote nitrique), soit le sulfate d'ammoniaque (azote ammoniacal), soit le fumier ou tourteaux, etc. (azote organique)], car les transformations ou les pertes par les eaux de pluie que subit cette forme d'engrais peuvent nuire à son utilisation.

Ainsi, par exemple, d'après M. Lagatu, dans une terre moyenne, voyons comment se comportent les différents engrais azotés que l'on peut employer :

	PLUIE FAIBLE.	PLUIE MOYENNE.	PLUIE TRÈS ABONDANTE.
	Utilisation.	*Utilisation.*	*Utilisation.*
Nitrate de soude.	Complète, bien supérieure à celle des autres engrais.	Bonne, mais peut-être avec quelques pertes.	Très incomplète.
Sulfate d'ammoniaque.	Complète.	Id.	Id.
Sang desséché.	Incomplète par suite du retard dans la nitrification.	Complète, bien supérieure à celle des autres engrais.	Incomplète, pertes importantes.
Engrais organique à action lente (fumier, tourteau, corne, laine, etc.)	Très incomplète, car la nitrification est presque nulle.	Bonne.	Presque complète et bien supérieure à celle des autres engrais.

D'après ce tableau, on voit qu'en n'employant qu'un seul de ces engrais, on a deux chances sur trois de donner à la vigne une fumure azotée incomplète. Or, nous savons que si l'azote manque, l'acide phosphorique et la potasse ne sont pas assimilés.

Comme nous le faisions remarquer p. 242, les fumures varient suivant la richesse du sol. Nous pouvons cependant, à titre de renseignements, donner les formules générales suivantes :

---

[1]. Au moins deux engrais : l'un à action lente (fumier, tourteaux, etc.) et l'autre à action rapide, comme le nitrate de soude.

En ce qui concerne les engrais potassiques et phosphatés les pertes ne sont pas à redouter (voir p. 236).

Terres non calcaires (par hectare et par an).

		TERRES RICHES.			TERRES PAUVRES.			
	Quantités d'engrais.	Quantités d'éléments fertilisants apportés.	Prix des 100 kg.	Prix total.	Quantités d'engrais.	Quantités d'éléments fertilisants apportés.	Prix des 100 kg.	Prix total.
	Kilog.	Kilog.	Fr.	Fr.	Kilog.	Kilog.	Fr.	Fr.
Terres légères — Sang desséché (à 11 % d'azote)	100	Azote 11	20	20	150	Azote 16,5	20	30
Tourteau de sésame (à 6 % d'azote).	700	Azote 42	12	84	1000	Azote 60	12	120
Scories de déphosphoration (à 15 % d'acide phosphorique).	300	Acide phosphorique. 45	5	15	500	Acide phosphorique 75	5	25
Sulfate de potasse	100	Potasse 50	25	25	150	Potasse 75	25	37,5
Plâtre.	400	 1	1	4	700	. . . .	1	7
			Total .	148			Total .	219,5
Terres fortes — Corne torréfiée	100	Azote 14	22	22	150	Azote 21	22	33
Sang desséché	100	Azote 11	20	20	200	Azote 22	20	40
Nitrate de soude	200	Azote 30	26	52	300	Azote 45	26	78
Scories de déphosphoration.	300	Acide phosphorique 45	5	15	500	Acide phosphorique 75	5	25
Sulfate de potasse	100	Potasse 50	25	25	150	Potasse 75	25	37,5
Plâtre.	400	 1	1	4	700	. . . .	1	7
			Total .	138			Total .	220,5

Terres calcaires. — Dans les terres calcaires, on peut employer les mêmes formules d'engrais que celles indiquées ci-dessus pour les *terres non calcaires*: il suffit de remplacer les *scories de déphosphoration*, relativement riches en chaux, par du *superphosphate de chaux* (à 15 °/₀) dont le prix est peu élevé (6 fr. les 100 kil. environ). On peut supprimer le plâtre.

Remarques sur les formules indiquées ci-dessus : — I. Dans les *terres légères* nous employons des tourteaux (tourteau de sésame) comme engrais azoté parce que leur décomposition est relativement, lente plus lente que celle de la corne torréfiée employée dans les terres fortes.

II. — Nous n'employons pas de nitrate de soude dans les terres légères car, dans ces dernières, véritables cribles, le nitrate de soude est trop facilement entraîné par les eaux de pluies. Nous donnons la préférence au sang desséché. Le sang desséché, quoique fournissant de l'azote organique, nitrifie assez rapidement pour qu'on puisse le considérer comme un engrais à action rapide.

III. — Chaque année, on emploie une petite dose de plâtre servant à mobiliser les matières fertilisantes préexistant dans le sol.

A titre documentaire, nous croyons devoir citer *les formules* établies par M. Lagatu, ainsi que quelques-uns des renseignements les plus utiles qu'il a donnés dans un mémoire présenté en 1901 à la Société des Viticulteurs de France, sur la *Fumure raisonnée de la vigne.*

Ces formules sont calculées par hectare et par an, le fumier les remplaçant tous les trois ans, soit seul (terres calcaires), soit complété par les scories de déphosphoration (terres non calcaires)' :

TERRES CALCAIRES

Fumure très intensive.

TERRES FRANCHES.

Azote. . . . 79 k.	24 k.	*Sang desséché*	11 °/₀	200 k.	45 fr.
	42 k.	*Corne torréfiée*	14 °/₀	300 k.	66 fr.
	13 k.	. . . .	13 °/₀		
		Nitrate de potasse.		100 k.	47 fr.
Potasse. . . 60 k.	44 k.	. . . .	44 °/₀		
	16 k.	*Carbonate de potasse* . . .	50 °/₀	32 k.	16 fr.
Acide phosphorique. . . . 75 k.	75 k.	*Superphosphate minéral* .	15 °/₀	500 k.	25 fr.
		Plâtre		1000 k.	10 fr.

209 fr.

TERRES FORTES.

Azote. . . . 82 k.	33 k. Sang desséché.	11 %	300 k.	67 fr.
	21 k. Corne torréfiée	14 %	150 k.	33 fr.
	15 k. Nitrate de soude	15 %	100 k.	25 fr.
	13 k. ⎫	13 % ⎫		
	⎬ Nitrate de potasse.	⎬	100 k.	47 fr.
Potasse. . . 60 k.	44 k. ⎭	44 % ⎭		
	16 k. Carbonate de potasse . . .	50 %	32 k.	16 fr.
Acide phosphorique. . . . 75 k.	75 k. Superphosphate minéral .	15 %	500 k.	25 fr.
	Plâtre		1000 k.	10 fr.
				223 fr.

TERRES LÉGÈRES.

Azote. . . . 82 k.	22 k. Sang desséché.	11 %	200 k.	45 fr.
	60 k. Tourteau sésame	6 %	1000 k.	120 fr.
Potasse. . . 60 k.	60 k. Sulfate de potasse	50 %	120 k.	30 fr.
Acide phosphorique. . . . 75 k.	75 k. Superphosphate minéral. .	15 %	500 k.	25 fr.
				220 fr.

Fumure intensive.

TERRES FRANCHES.

Azote. . . . 52 k.	11 k. Sang desséché.	11 %	100 k.	23 fr.
	28 k. Corne torréfiée	14 %	200 k.	44 fr.
	13 k. ⎫	13 % ⎫		
	⎬ Nitrate de potasse.	⎬	100 k.	47 fr.
Potasse. . . 44 k.	44 k. ⎭	44 % ⎭		
Acide phosphorique. . . . 45 k.	45 k. Superphosphate minéral .	15 %	300 k.	15 fr.
	Plâtre		500 k.	5 fr.
				134 fr.

TERRES FORTES.

Azote. . . . 50 k.	22 k. Sang desséché.	11 %	200 k.	45 fr.
	15 k. Nitrate de soude	15 %	100 k.	26 fr.
	13 k. ⎫	13 % ⎫		
	⎬ Nitrate de potasse.	⎬	100 k.	47 fr.
Potasse. . . 44 k.	44 k. ⎭	44 % ⎭		
Acide phosphorique. . . . 45 k.	45 k. Superphosphate minéral .	15 %	300 k.	15 fr.
	Plâtre.		500 k.	5 fr.
				138 fr.

TERRES LÉGÈRES.

Azote. . . . 53 k.	11 k. Sang desséché.	11 %	100 k.	23 fr.
	42 k. Tourteau sésame	6 %	700 k.	84 fr.
Potasse. . . 40 k.	40 k. Sulfate de potasse	50 %	80 k.	20 fr.
Acide phosphorique. . . . 45 k.	45 k. Superphosphate minéral .	15 %	300 k.	15 fr.
	Plâtre.		500 k.	5 fr.
				147 fr

TERRES NON CALCAIRES

Fumure très intensive.

TERRES FRANCHES.

Azote. . . . 79 k.	22 k. *Sang desséché.*	11 %	200 k.	45 fr.
	42 k. *Corne torréfiée*	14 %	300 k.	66 fr.
	15 k. *Nitrate de soude.*	15 %	100 k.	26 fr.
Potasse. . . 40 k.	40 k. *Carbonate de potasse* . . .	50 %	80 k.	40 fr.
Acide phosphori-	120 k. *Scories de déphosphora-*			
que . . . 120 k.	*tion*	15 %	800 k.	40 fr.
	Plâtre.		1000 k.	10 fr.

227 fr.

TERRES FORTES.

Azote. . . . 77 k.	33 k. *Sang desséché.*	11 %	300 k.	67 fr.
	14 k. *Corne torréfiée.*	14 %	100 k.	22 fr.
	30 k. *Nitrate de soude*	15 %	200 k.	52 fr.
Potasse. . . 40 k.	40 k. *Carbonate de potasse* . . .	50 %	80 k.	40 fr.
Acide phosphori-	120 k. *Scories de déphosphora-*			
que . . . 120 k.	*tion.*	15 %	800 k.	40 fr.
	Plâtre.		1000 k.	10 fr.

231 fr.

TERRES LÉGÈRES.

Azote. . . . 82 k.	22 k. *Sang desséché.*	11 %	200 k.	45 fr.
	60 k. *Tourteau sésame*	6 %	1000 k.	120 fr.
Potasse. . . 50 k.	35 k. *Sulfate de potasse*	50 %	70 k.	18 fr.
	15 k. *Carbonate de potasse* . . .	50 %	30 k.	15 fr.
Acide phosphori-	120 k. *Scories de déphosphora-*			
que . . . 120 k.	*tion*	15 %	800 k.	40 fr.
	Plâtre.		1000 k.	10 fr.

248 fr.

Fumure intensive.

TERRES FRANCHES.

Azote. . . . 52 k.	11 k. *Sang desséché.*	11 %	100 k.	23 fr.
	21 k. *Corne torréfiée*	14 %	150 k.	33 fr.
	20 k. *Nitrate de soude*	15 %	130 k.	34 fr.
Potasse. . . 30 k.	30 k. *Sulfate de potasse*	50 %	60 k.	15 fr.
Acide phosphori-	75 k. *Scories de déphosphora-*			
que. . . . 75 k.	*tion*	15 %	500 k.	25 fr.
	Plâtre.		800 k.	8 fr.

138 fr.

TERRES FORTES.

Azote. . . . 52 k. { 22 k. *Sang desséché*	11 %	200 k.	45 fr.
30 k. *Nitrate de soude*	15 %	200 k.	52 fr.
Potasse. . . 30 k. 30 k. *Sulfate de potasse*	50 %	60 k.	15 fr.
Acide phosphori- { 75 k. *Scories de déphosphora-*			
que. . . . 75 k. { *tion*	15 %	500 k.	25 fr.
Plâtre.		800 k.	8 fr.
			145 fr.

TERRES LÉGÈRES.

Azote. . . . 53 k. { 11 k. *Sang desséché*	11 %	100 k.	23 fr.
42 k. *Tourteau sésame*	6 %	700 k.	84 fr.
Potasse. . . 30 k. 30 k. *Sulfate de potasse*	50 %	60 k.	15 fr.
Acide phosphori- { 75 k. *Scories de déphosphora-*			
que. . . . 75 k. { *tion*	15 %	500 k.	25 fr.
Plâtre.		800 k.	8 fr.
			155 fr.

« Examinons les *engrais azotés*. Pour en établir la forme, je suis parti de ce principe qu'il faut à la vigne une alimentation azotée continue, tout le long de la période végétative. Prenant alors les diverses formes que le commerce met à notre disposition, j'ai fait des groupements destinés à fournir cette alimentation continue quel que soit l'état météorologique du printemps (sauf pour le cas de sécheresse absolue). Pour obtenir ce résultat, il faut de toute nécessité, plusieurs formes d'engrais azotés à la fois. Plus la nitrification est facile et rapide, plus l'azote organique doit être prépondérant. Dans tous les cas, à peu près, j'ai adopté une dose, assez faible d'ailleurs, d'azote nitrique, à laquelle j'accorde le double rôle d'agir s'il y a sécheresse et, s'il y a pluie moyenne, de seconder le départ de la végétation.

Comme je mets peu de nitrate, je puis utiliser le nitrate de potasse qu'on abandonne souvent à cause de son excessive richesse en potasse ; j'évite ainsi la soude dans des terrains où elle est nuisible, et je donne à la potasse une forme excellente. Par contre, dans les terres où la soude peut être utile (terres fort riches en potasse), je reviens au nitrate de soude.

Pour les engrais organiques, le *sang*, qui nitrifie si bien, joue un rôle important.

Quant à la *corne torréfiée*, il est bien entendu qu'elle peut être remplacée par elle la *laine*, les *tourteaux*, etc., à égalité d'azote : elle figure, non seulement pour elle-même, mais pour le groupe des engrais azotés à nitrification lente.

Examinons en second lieu les *engrais potassiques*. J'ai déjà dit un mot du nitrate de potasse. Je l'adopte de préférence au chlorure de potassium, mais j'admets très bien qu'on lui substitue le *sulfate de potasse*, sans modifier sensiblement la nature de la formule.

En maints endroits, j'indique le *carbonate de potasse*. C'est, en effet, un agent fertilisant de premier ordre et il n'a contre lui que son prix véritablement excessif. La supériorité que je lui accorde ne réside pas tant dans la potasse alimentaire qu'il contient que dans son alcalinité ; c'est, avant tout, un amendement alcalin favorable à la nitrification et à toute la chimie du sol. On remarquera qu'il se présente toujours, dans mes formules, en quantité faible : ce n'est pas lui qui apporte la partie principale de la potasse. Grâce à cette limitation de la quantité, je me garantis contre son prix et, comme la fumure est localisée, j'obtiens néanmoins, dans la région restreinte qui reçoit les engrais et où la vigne s'alimente, l'effet d'alcalinité cherché.

Pour l'*engrais phosphaté*, mes conclusions sont très nettes : aux terres calcaires, je donne du superphosphate ; aux terres non calcaires, des scories de déphosphoration.

Enfin, sauf aux terres légères calcaires, je mets partout du *plâtre*, me conformant ainsi aux résultats des belles recherches de M. Zaccharewicz et de M. Chauzit. Le plâtre n'est pas seulement intéressant par la chaux et l'acide sulfurique qu'il fournit à la vigne, mais par son intervention dans la chimie du sol, où il produit diverses actions, plus ou moins bien expliquées, mais certainement très favorables.

Pour le mélange, je conseille de mélanger d'avance tout ce qui est en poudre, sauf le superphosphate qui se mélange mal et qui réagit sur les nitrates et sur le carbonate de potasse.

Pour l'épandage, je conseille de mettre tout d'abord l'engrais en gros fragments s'il y en a (tourteaux, frisons, etc.) ; par dessus il faut le mélange et par-dessus encore le superphosphate....

L'engrais ne sera pas mis au contact du cep, mais à une trentaine de centimètres, en bande peu large ; il sera placé profondément dans les terres légères, tout en restant au-dessous de la région que l'été dessèche trop.

Le fumier, dans la culture intensive, devra être considéré non comme aliment annuel, mais comme amendement organique ; on le mettra à dose massive, tous les trois ans, en supprimant la formule d'engrais chimique.

Pour les terres très peu calcaires, on essaiera successivement la formule donnée pour les terres calcaires et la formule donnée pour les terres non calcaires : les différentes natures de calcaires ne permettent pas de donner un chiffre limité au-dessous duquel la terre doit être considérée comme très peu calcaire.

Dans les terres très calcaires, on évitera les engrais organiques volumineux, contenant beaucoup de cellulose et fournissant, par suite, beaucoup d'acide carbonique. On ne mettra jamais en même temps du sulfate de fer et du superphosphate ; ce dernier engrais étant considérablement modifié par les sels de fer.... »

ANALYSE DES TERRES ET DES ENGRAIS
Conseils aux viticulteurs.

L'analyse chimique d'une terre (c'est-à-dire la détermination de la quantité d'azote, d'acide phosphorique, de potasse et de chaux qu'elle renferme), ainsi que *l'analyse des engrais*, ne peuvent être faites que par un chimiste.

Le Ministère de l'agriculture a mis à la disposition du public une série de stations ou de laboratoires où les agriculteurs peuvent faire exécuter les analyses à des prix modérés (3 à 5 francs le dosage de chaque élément fertilisant) et obtenir des renseignements très précis sur l'interprétation des résultats.

Ces stations et laboratoires sont installés dans les localités suivantes (les stations sont indiquées en italique).

Bourg, Laon, *Alger*, *Rethel*, Foix, Marseille, *Caen*, Olmet (Cantal), *Chartres*, Beaune, *Lézardeau*, Nîmes, *Toulouse*, *Bordeaux*, *Montpellier*, *Rennes*, *Châteauroux*, Tours, *Blois*, Saint-Étienne, *Nantes*, Orléans, Granville, Châlons, Laval, *Nancy*, *Commercy*, Nevers, *Lille*, *Arras*, Béthune, *Boulogne*, *Lyon*, *Cluny*, Paris, Rouen, *Melun*, *Grignon*, Versailles, *Amiens*, *Avignon*, Petré, *Poitiers*, *Épinal*, *Auxerre*.

Voir **Prise d'échantillon de terre**, p. 101.— Voir **Prise d'échantillon d'engrais** et **Achat des engrais**, *Chimie agricole*, p. 207 (Encyclopédie des connaissances agricoles).

HUITIÈME PARTIE

LES ENNEMIS ET LES MALADIES DE LA VIGNE

CHAPITRE XVIII

PARASITES ANIMAUX

Les parasites de la vigne sont fort nombreux. Nous ne ferons que résumer leur vie et leurs dégâts, mais nous indiquerons aussi bien que possible leur destruction qui intéresse plus particulièrement les praticiens.

COLÉOPTÈRES

190. L'altise de la vigne. — L'altise de la vigne (*Altica ampelophaga*) (fig. 151) appelée encore par les vignerons *Pucerotte, puce de la vigne*, est un petit insecte de couleur vert bleuâtre en dessus et noir en dessous ; il saute très facilement à la façon des puces.

L'insecte à l'état parfait mange les feuilles de la vigne en produisant des trous ronds (fig. 151). Il pond une vingtaine d'œufs jaunâtres, à la face inférieure des feuilles, près de terre, produisant plusieurs générations par an. Huit jours après, ces œufs donnent des larves.

Les larves de couleur noire vivent sous la feuille et mangent le parenchyme inférieur de celle-ci sans percer l'épiderme supérieur qui les protège, produisant par plaques des espèces de transparents. Elles se transforment en chrysalides dans le sol.

FIG. 151. — ALTISE.

1, *Altise de la vigne grossie six fois ; 2, larve de l'altise grossie ; 3, feuille de vigne attaquée par l'altise.*

Les insectes parfaits passent l'hiver sous les herbes sèches, au pied des souches, sous les pierres et réapparaissent l'année suivante au printemps.

Moyens de destruction. — On peut ramasser les insectes parfaits avec un entonnoir (fig. 152),
le matin lorsqu'ils sont encore
engourdis : il suffit de remuer les
souches pour les faire tomber.

On dispose aussi à l'automne,
dans les vignes, de petits fa-
gots de sarments dans lesquels
viennent se réfugier les insectes
pour hiverner : on les détruit
par le feu.

On peut également ramasser
les feuilles attaquées sous lesquelles il y a l'insecte, les larves
ou des œufs.

FIG. 152. — ENTONNOIR
POUR RECUEILLIR LES ALTISES.

On chasse ou l'on détruit encore les altises en *pulvérisant* les
souches avec 100 gr.
d'arsénite de cuivre
dissous dans 100 li-
tres d'eau ; en em-
ployant l'émulsion
Riley (p. 276) ; en
combinant les trai-
tements contre
l'altise avec les trai-
tements anticrypto-
gamiques, par
exemple en ajoutant
à la bouillie borde-
laise ou à la bouillie
bourguignone de
l'aloès ou de l'acide
arsénieux.

191. Eumolpe ap-
pelé encore **Gribouri**
ou **Écrivain** (*Adoxus
vitis*). — L'Eumolpe
est un petit insecte
de 5 millimètres de
long ayant la tête et
les pattes noires,
les élytres d'un
rouge châtain.

FIG. 153. — EUMOLPE DE LA VIGNE DE GRANDEUR
NATURELLE ET GROSSIE.

Feuille de vigne attaquée par l'Eumolpe.

L'insecte parfait (fig. 153) dévore surtout les feuilles en découpant avec ses mandibules de petites lanières en tous sens, ce qui l'a fait appeler *écrivain*. Il ronge aussi les bourgeons, les grains encore verts, les rameaux. En août, la femelle pond une vingtaine d'œufs au pied du cep sous l'écorce ; les larves qui en résultent s'enfoncent dans le sol et vont ronger les racines au point de faire souvent périr la vigne avec les mêmes apparences extérieures que celles dues au phylloxéra.

Moyens de destruction. — On peut ramasser les insectes par faits en secouant les souches au-dessus de l'entonnoir à altise (fig. 152.)

Pour détruire les larves on emploie aussi des injections dans le sol avec du sulfure de carbone (250 à 300 kilogrammes par hectare). Quelques praticiens enfouissent dans le sol des tourteaux de moutarde ou de sésame (2000 à 3000 kilogrammes à l'hectare) pour chasser les insectes.

192. Le Rhynchite du bouleau ou *Cigareur, Cigarier* (*Rhynchites betuleti*). — Cet

insecte coupe à demi le pétiole des feuilles, de sorte que celles-ci, par manque de sève, s'enroulent et se contournent, à demi flétries, en forme de cigare (fig. 154). Dans l'intérieur de ces cigares vivent, aux dépens de la feuille, des larves blanches, à petite tête cornée d'un fauve brunâtre. Ces larves, lorsque leur croissance est suffisante, se laissent tomber sur le sol, s'y enfoncent un peu et se transforment en nymphes qui passent l'hiver pour donner des adultes au printemps suivant.

FIG. 154. — RHYNCHITE OU CIGARIER GROSSI, ET FEUILLE ENROULÉE.

Les dégâts ne sont jamais très importants.

Il ne faut pas confondre le Rhynchite du bouleau avec le *Rhynchite Bacchus* auquel on attribue parfois, mais à tort, les dégâts causés dans les vignes. Ce dernier est *rouge*, couvert de duvet avec un reflet vert doré.

Moyens de destruction. — Il suffit pour détruire les rhynchites de recueillir les feuilles roulées *avant leur chute à terre* et de les brûler.

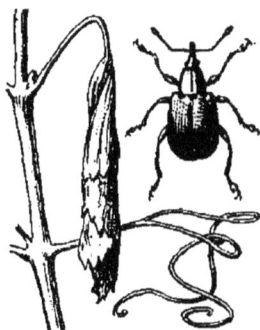

193. Les Charançons coupe-bourgeons (*Otio-*

rhynques). — Parmi les charançons que l'on rencontre dans les vignes on peut citer plus particulièrement : l'*Otiorhynque sillonné* (*Otiorhyncus sulcatus*, le *Péritèle gris* (*Peritelus griseus*) (fig. 155) ; l'*Otiorhyncus ligustici*.

FIG. 155. PÉRITÈLE GRIS.

Tous ces charançons ont une longueur variant de 5 à 12 millimètres. A l'aide de leurs mandibules ils coupent les jeunes pousses au printemps, pendant la nuit. Le jour ils se réfugient à terre sous les pierres ou les mottes de terre au pied des souches.

Moyens de destruction. — On ne peut pas les ramasser avec l'entonnoir à altise, car ils restent attachés assez solidement aux feuilles ; d'ailleurs pendant la nuit il est difficile de faire la cueillette. Le mieux est de placer de petits tas de mousse au pied des ceps où ils se réfugient pendant le jour ; on brûle ensuite la mousse et les insectes.

On peut aussi employer contre les insectes parfaits des pulvérisations avec la bouillie bordelaise à laquelle on ajoute 200 grammes d'aloès par hectolitre ; contre les larves qui attaquent les racines on emploie des injections de sulfure de carbone dans le sol.

FIG. 156.

OPATRE
DES SABLES.

194. Hanneton commun[1]. — Cet insecte n'est pas spécial à la vigne ; il cause néanmoins dans les vignobles des dégâts assez considérables surtout, lorsqu'il est à l'état de larve.

Les larves ou *vers blancs* vivent trois ans dans le sol aux dépens des racines et font de grands dégâts surtout dans les pépinières.

Moyens de destruction. — Ramasser les hannetons dès leur apparition. Détruire des larves avec le sulfure de carbone (36 grammes par mètre carré) : avant l'opération on fait une fouille pour déterminer à quelle profondeur se trouvent les larves et on pratique les injections à quelques centimètres au-dessus (3 à 5 centimètres).

Hanneton vert (*Anomala vitis*). — Il a une forme ovale et une couleur d'un vert métallique brillant ; il paraît fin juin. Cet insecte dévore les feuilles et les jeunes pousses. Les larves vivent dans le sol et mangent les jeunes racines.

Les dégâts sont peu importants. Même traitement que pour le hanneton commun.

Les Cétoines (*cetonia stictica ; cetonia hirtella*) font quelquefois des dégâts accidentellement dans les vignes, mais peu importants.

195. L'opâtre des sables (*Opatrum sabulosum*) (fig. 156). — Insecte de 8 à 10 millimètres de long, de couleur grise, à élytres verruqueuses. Il ronge les bourgeons des greffes buttées avec du sable, dans les pépinières de greffes. Les dégâts sont quelquefois importants.

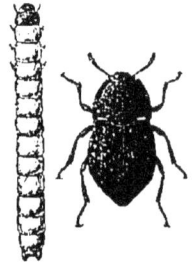

FIG. 157.

ASIDA GRISEA.

196. L'Asida grisea (fig. 157). — Insecte de 1 centimètre et demi de long, de couleur brune, vivant dans les détritus végétaux. Sa larve de couleur jaune vanille a 3 à 4 centimètres de long : elle coupe les bourgeons dans les buttes de terre que l'on fait sur les greffons des jeunes greffes.

Pour éviter les dégâts de l'Asida et de l'Opâtre, il suffit de planter les greffes sans les tailler, comme nous l'avons vu p. 151.

FIG. 158.

VESPÈRE
DE XATART MALE.

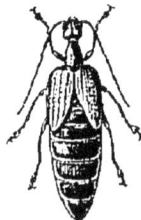

FIG. 159.

VESPÈRE
DE XATART FEMELLE.

197. Vespère de Xatart (*Vesperus Xatarti*) (fig. 158, 159). — Insecte de 2 centimètres de long environ ressemblant un peu au capricorne. Le mâle est plus petit que la femelle et assez différent de cette dernière. Ces insectes causent surtout des ravages en Algérie et dans le Midi, notamment dans l'Aude, le Roussillon. La femelle pond de 200 à 400 œufs sous l'écorce des ceps. Vers fin avril il en sort des larves qui s'enfoncent dans le sol. Ces larves

1. Voir insectes utiles et insectes nuisibles à l'agriculture (*Encyclopédie des connaissances agricoles*).

deviennent presque aussi grosses que le ver blanc ; elles mangent les racines de la vigne produisant des dégâts comparables à ceux du phylloxéra.

Moyens de destruction. — Combattre les larves par les injections dans le sol avec le sulfure de carbone à la dose de 30 grammes par mètre carré. On procède comme nous l'avons indiqué pour la larve de hanneton.

LÉPIDOPTÈRES

198. La Pyrale de la vigne (*Tortrix pilleriana*, *Œnophtira pilleriana*). — Papillon de 1 centimètre à 2 centimètres d'envergure (fig. 161). Le dessus des ailes supérieures est d'un jaune fauve plus ou moins vif avec des reflets dorés ou cuivreux : elles sont finement réticulées de brun et traversées par trois étroites bandes brunes ; les ailes inférieures sont en dessus d'un gris brun violacé, avec la frange plus claire.

FIG. 160.

LA PYRALE DE LA VIGNE.

Adultes, ponte et très jeunes chenilles.

Au commencement d'août les femelles pondent en 10 minutes au plus, sur le dessus des feuilles, des plaques d'œufs (60 œufs en moyenne), par rangées se recouvrant comme les tuiles d'un toit. Ces œufs sont d'abord vert tendre, puis gris, puis jaunes et enfin bruns, agglutinés par un enduit visqueux. Au bout de 12 à 15 jours il en sort de très petites chenilles (1 à 2 millimètres de longueur), ne mangeant pas et descendant au pied des ceps suspendues à des fils de soie. Elles vont s'abriter entre les fissures des échalas, les crevasses de l'écorce ou sous l'écorce de la souche et se filent alors de petits cocons grisâtres de 3 à 4 millimètres de longueur qui leur permettent de résister aux froids de l'hiver.

Au printemps, à la fin d'avril et surtout pendant la première quinzaine de mai,

FIG. 161. — LA PYRALE DE LA VIGNE.

1. *Pyrale mâle.* — 2. *Pyrale femelle.* — 3. *Chrysalide.* 4. *Pyrale au repos.* — 5. *Chenille.*

quand la vigne débourre, les chenilles (fig. 161⁵) sortent de leur sommeil léthargique et sont aussitôt sollicitées par la faim. Elles entourent de soie les petites feuilles et les grappes et commencent à manger dans ces premiers abris.

Quand elles ont atteint environ un centimètre et que les feuilles sont plus développées, elles quittent l'extrémité des pousses et descendent au milieu des tiges, gagnant les grandes feuilles et les grappes où elles atteignent une longueur de 2 à 3 centimètres. A ce moment, la couleur du corps de la chenille est verdâtre et sa tête est noire; son agilité est extrême.

Une fois posée sur une des feuilles qui doit faire partie de son abri, la chenille jette de part et d'autre des fils de soie entrecroisés dans toutes les directions en englobant feuille et raisin. Ces fils innombrables entravent la végétation, la floraison et la fructification des grappes. Tant que les chenilles sont jeunes elles se bornent à manger les feuilles et ne rongent pas les grappes qu'elles se contentent d'entailler, de façon à les faner, afin de s'en servir comme soutiens pour leurs fils. mais, lorsqu'elles sont plus grandes et plus fortes et que les feuilles viennent à manquer, elles attaquent les grains en les coupant et en les rongeant.

La chenille de la pyrale vit pendant 40 à 50 jours, elle subit quatre mues ou changements de peau, puis se transforme en chrysalide.

Cette chrysalide est d'abord verdâtre, puis brune; sa longueur varie de 1 centimètre à 1 centimètre et demi. Quinze jours après sa formation, elle donne naissance à l'insecte parfait ou papillon.

Circonstances climatériques et milieux favorables et défavorables au développement de la pyrale. — Les froids d'hiver sont sans action sur la chenille: les gelées de printemps n'agissent que tardivement lorsque les feuilles sont détruites. La pluie n'agit sur les papillons que lorsqu'elle est intense. Les vents violents empêchent l'accouplement des papillons.

La pyrale se développe peu sur les coteaux exposés au nord: elle multiplie au contraire très bien dans les expositions chaudes. Elle préfère, d'après M. Chauzit, les vieilles vignes aux jeunes, parce qu'elle trouve chez les premières des écorces plus fendillées et par suite une retraite plus sûre.

199. Moyens de destruction. — I. TRAITEMENTS DIRECTS CONTRE LA CHENILLE. — Ils permettent de lutter contre l'insecte au moment où les dégâts sont commencés. Nous pouvons citer :

a) L'ébourgeonnement et pincement. — L'ébourgeonnement consiste dans la suppression des bourgeons généralement infertiles poussant sur le vieux bois où les chenilles, à leur réveil, se réfugient de préférence; il faut ébourgeonner lorsque les rameaux n'ont que quelques centimètres de longueur[1]. On détruit ainsi un grand nombre d'insectes.

Le pincement (voir p. 202) de l'extrémité des pousses herbacées où les chenilles se rendent d'abord produit également de bons effets.

b) Cueillette des chenilles. — On peut ramasser la chenille sur les feuilles lorsqu'elle est bien apparente, mais avant que les dégâts aient eu lieu : on froisse les feuilles en les détachant afin de tuer la chenille.

Ce procédé, qui permet de tuer un grand nombre d'insectes, est cependant insuffisant en même temps que trop coûteux. C'est qu'en effet le ramassage est toujours incomplet, car il est difficile de voir tous les nids, les chenilles étant d'âges différents.

---

1. Cet ébourgeonnement se fait d'ailleurs souvent sur toutes les vignes voir ébourgeonnage, p. 201).

c) Étuvage d'été. — MM. Vermorel et Gastine ont proposé en 1902 de tuer les chenilles de la pyrale sur la souche en pleine végétation à l'aide de la vapeur d'eau : la souche est recouverte d'une cloche en zinc dans laquelle on fait arriver de la vapeur d'eau : la température ne doit pas dépasser 48 à 50 degrés, elle est suffisante pour tuer très rapidement les chenilles sans nuire à la vigne. Ce traitement, quoique radical, ne s'est pas généralisé, probablement à cause de son application qui parait délicate.

d) Emploi de liquides insecticides. — L'emploi de liquides insecticides pour détruire les chenilles a été souvent essayé sans grand succès. On a essayé le jus de tabac, l'émulsion de pétrole, des bouillies cupriques et ferriques, répandus à l'aide de pulvérisateurs; on a employé également des poudres (poudre de pyrèthre, la chaux hydraulique, le soufre précipité, la sulfostéatite cuprique); les résultats obtenus ont été en général peu satisfaisants. Il est difficile, en effet, d'atteindre la chenille qui est très agile et se cache facilement dans les feuilles; cette chenille est d'ailleurs assez vivace pour résister assez bien aux traitements qui ne l'atteignent qu'incomplètement.

Voici à titre de documents quelques préparations que l'on peut utiliser et qui ont été quelquefois efficaces :

1° Polysulfures alcalins. 500 grammes à 1 kilog.
Lysol . . . . 200 —
Eau . . . . 100 litres.

> On fait dissoudre les polysulfures dans l'eau et on ajoute ensuite le lysol.
> On répand la solution avec un pulvérisateur.

2° Poudre Sabatier :
Soufre sublimé . . . . 50 kilogrammes,
Talc. 45 —
Sulfate de cuivre en poudre. . . . . 5 —

3° Soufre sublimé. . . . . . . 90 kilogrammes.
Naphtaline en poudre. . . . 10 —

> Cette poudre peut également être employée contre l'oïdium.

II. TRAITEMENTS PRÉVENTIFS. — Parmi ces traitements nous pouvons citer :

a) Le papillonnage. — Il consiste à détruire les papillons. La capture des papillons, lesquels sont nocturnes, se fait soit à l'aide de *pièges lumineux*, soit à l'aide *d'écrans englués.*

Comme *pièges lumineux* on peut employer :

Le falot bordelais : simple lanterne quadrangulaire dont les quatre faces, au lieu d'être en verre, sont en papier englué; elle est portée par un plateau de fer-blanc à bords repliés, formant assiette, que l'on badigeonne avec de la glu. Les papillons attirés par la lumière tombent dans la glu de l'assiette ou s'engluent contre les papiers.

La glu peut être faite selon la formule suivante [1] :

Poix blanche . . . . 10 kilogrammes.
Essence de térébenthine . . . . 5 —
Huile de lin. . . . . 5 —
— d'olive . . . . 1 —

Au bout de quelques jours, cette glu se solidifie. On y ajoute alors à nouveau de l'essence, puis une petite quantité d'huile d'olive.

---

1. D'après le Dr J. Dufour.

Il faut de 10 à 12 falots par hectare suivant l'intensité de leur lumière.

Les lampes-phares de M. Vermorel (fig. 162) : ce sont des lampes portatives à acétylène ; les papillons, attirés par la lumière éblouissante de l'acétylène, tombent dans le bassin du phare rempli d'eau et d'une mince couche de

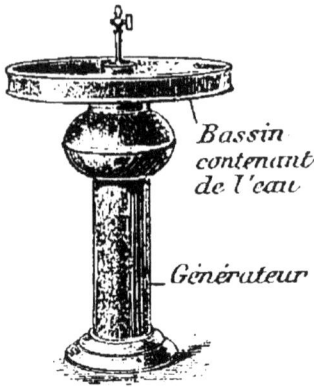

Bassin
contenant
de l'eau

Générateur

FIG. 162.

LAMPE-PHARE A ACÉTYLÈNE
(système Vermorel).

pétrole qui les asphyxie très rapidement. Il faut en moyenne 4 lampes-phares par hectare.

L'allumage des lampes-pièges doit se faire pendant vingt jours environ à partir de fin juin. Des essais préalables indiquent à quel moment il faut allumer. La dépense par hectare est en moyenne de 15 à 20 francs.

On dit que les pièges lumineux ont l'inconvénient d'attirer les papillons des vignes voisines. Ainsi que le fait remarquer M. Chauzit ce reproche ne paraît pas fondé. « si on prend la précaution de placer les lanternes à 25 ou 30 mètres des limites du vignoble, car le papillon de la pyrale vole mal et ne parcourt jamais de grandes distances ».

La capture des papillons ne se fait que par les nuits complètement obscures et en temps calme ; elle est nulle pendant les grands vents et la pluie. On comprend par conséquent que le papillonnage ne puisse donner que des résultats aléatoires, dans tous les cas souvent incomplets.

L'écran englué a été préconisé en Alsace par M. Oberlin ; il est formé d'un cadre garni d'une toile métallique enduit de glu et porté par un manche relativement court. Des enfants parcourent le vignoble à la tombée de la nuit en secouant le feuillage pour mettre les papillons en fuite et en promenant les écrans englués qui recueillent ces derniers.

b) Le décorticage ou écorçage. — Il consiste à dépouiller le cep de ses vieilles écorces sous lesquelles se cachent les insectes pour passer l'hiver : ces derniers, qu'ils tombent à terre ou restent fixés sur la souche, résistent difficilement aux intempéries faute d'abri ; ils peuvent d'ailleurs, lorsqu'ils restent sur la souche, être atteints par les autres traitements.

FIG. 163.

GANT SABATÉ
POUR L'ÉCORÇAGE
DES CEPS.

Pour le décorticage on peut employer des gants métalliques (gant Sabaté, fig. 163), des brosses métalliques, des râpes, etc. On recueille les écorces avec un entonnoir.

D'après M. Chauzit, la dépense pour ce traitement varie de 45 à 70 francs par hectare.

c) Le flambage. — Il consiste à brûler les écorces sur la souche elle-même en promenant la flamme d'une sorte de lampe (comme les lampes à souder) à la surface de la souche.

L'emploi des flambeurs est assez délicat; on peut dans certains cas brûler les tissus de la souche.

d) Les badigeonnages insecticides. — Ils consistent à badigeonner les souches avec des liquides insecticides pour détruire les chenilles de pyrale. Les liquides sont répandus sur la souche pendant le repos de la végétation par badigeonnages ou pulvérisations. On a essayé :

L'acide sulfurique étendu d'eau : solution à 10 ou 15 p. 100 d'acide sulfurique. Ce traitement peut être dangereux pour les ouvriers et occasionne des brûlures sur la vigne elle-même. D'ailleurs MM. Barbut et Sarcos ont démontré qu'on peut immerger impunément des chenilles de pyrale dans des bains renfermant 10 et 10 pour 100 en volume d'acide sulfurique.

On a essayé également les badigeonnages au *lysol*, à l'*acide azotique*, à l'*hyposulfite de soude*, au *sulfate de fer*, à l'*émulsion de pétrole*, au *sulfocarbonate de potassium*. Les résultats obtenus n'ont généralement pas donné de bons résultats. Ces liquides insecticides tuent bien l'insecte lorsqu'ils sont mis directement en contact avec lui, mais dans la pratique ils ne l'atteignent que très difficilement à cause des écorces ou du cocon qui le protègent. Ils ne produisent souvent un bon effet que lorsque le décorticage a été déjà effectué; les dépenses deviennent alors élevées, car il y a en somme double traitement.

D'après les observations de M. Laborde, les viticulteurs qui désirent faire des essais de badigeonnages avec des liquides insecticides, doivent opérer ces badigeonnages non pas pendant le repos complet de la végétation, c'est-à-dire en hiver (ces badigeonnages pourraient alors être nuisibles), mais bien au moment où la sève commence à entrer en activité, vers le milieu de mars, tout en évitant de toucher aux bourgeons.

e) Le clochage. — Le *clochage* ou *sulfurisation* a pour but de détruire les larves de pyrale en les plaçant pendant un certain temps dans du gaz sulfureux. Pour cela on recouvre les souches avec des cloches en zinc dans l'intérieur desquelles on fait brûler du soufre[1].

L'opération se fait ordinairement avec une vingtaine de cloches de la manière suivante :

On place les 20 cloches en lignes et l'on dispose à côté de chacune d'elles un petit vase en poterie de 8 à 10 centimètres de diamètre et 6 à 7 centimètres de hauteur contenant 20 grammes de soufre. On allume successivement le soufre dans chaque vase et, lorsque la combustion se fait bien, les vases sont glissés sous leurs cloches respectives. Au bout de 10 minutes la première cloche est enlevée puis portée sur la première souche d'une deuxième rangée, au pied de laquelle on a disposé au préalable un petit vase contenant du soufre en combustion. Le vase laissé à découvert reçoit 20 grammes de soufre pour la 2ᵉ souche de la deuxième rangée et on le recouvre avec la 2ᵉ cloche, ainsi de suite.

---

1. On peut même utiliser de simples caisses en bois ayant les joints hermétiquement bouchés.

Le changement de la vingtième cloche étant fait, il reste un vase dans lequel on met 20 grammes de soufre pour la première souche de la 3ᵉ rangée, etc.

« Quand on quitte le travail, il faut bien se garder de laisser les cloches sur les souches, on doit les enlever et les déposer dans les intervalles des rangées ; le séjour trop prolongé des souches dans l'acide sulfureux asphyxierait les bourgeons. Nous avons parlé de 10 minutes, on peut aller jusqu'à 12 ou 15, mais pas au delà. Il est bon que la vigne soit déchaussée ou qu'on ait fait passer une gratteuse. La terre étant ameublie, les fuites sont moins à craindre et si l'ouvrier a le soin, quand la cloche est posée, de lui donner un mouvement circulaire en appuyant dessus, l'obturation est aussi complète que possible.

FIG. 164.
CHAUDIÈRE A PYRALE
POUR LA PRODUCTION
D'EAU BOUILLANTE
(Vermorel).

« Le prix de revient, par hectare, amortissement des cloches compris, est d'environ 50 francs. Le grand avantage du clochage est de n'exiger qu'un personnel peu nombreux et de pouvoir être pratiqué à une époque où les autres travaux agricoles ne doivent pas être exécutés à jour fixe. Nous le conseillons dans des circonstances particulières qui peuvent être décrites ainsi : 1° vignoble où l'espacement des souches permet la manœuvre facile des cloches ; 2° terrain non compact, assez meuble pour que l'adhérence de la cloche sur le sol soit complète ; 3° propriété assez petite pour que le propriétaire opère lui-même, ou tout au moins puisse surveiller attentivement ses travailleurs. Des rangées de ceps peuvent, en effet, être mal sulfurées, les cloches n'adhérant pas au sol, ou même perdues si les ouvriers, pendant un repas, ont laissé les cloches sur les souches » (Mayet).

f) Échaudage ou ébouillantage. — Ce procédé, imaginé en 1840 par Raclet, vigneron bourguignon, a pour but de détruire les larves de pyrale avec de l'eau bouillante versée sur les souches.

L'eau bouillante est produite dans des chaudières (fig. 164), elle est distribuée sur la souche, soit à l'aide de cafetières (fig. 165) de 1 litre à 1 litre 1/2, soit à l'aide de tubes en caoutchouc reliés directement à la chaudière et terminés par des lances à robinet.

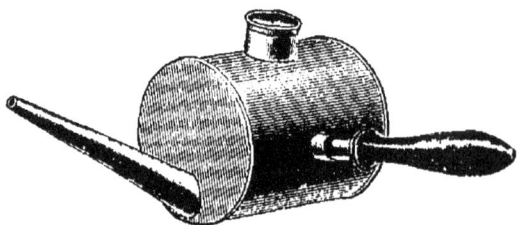

FIG. 165. — CAFETIÈRE POUR RÉPANDRE L'EAU BOUILLANTE SUR LES CEPS (Vermorel).

L'eau employée doit être bouillante, car en la répandant sur la souche elle se refroidit très rapidement. Or il est nécessaire que l'eau, au moment où elle touche la larve, soit à 60 degrés.

Il faut que toutes les parties de la souche soient mouillées profondément. Pour cela, et aussi pour que le refroidissement soit moins rapide, l'arrosage se fait en commençant par les parties basses et en remontant progressivement vers les parties hautes. Il est nécessaire d'employer au moins 1 litre d'eau bouillante par cep, quelquefois 2 à 3 litres quand les ceps sont âgés et portent beaucoup de bras.

L'ébouillantage pratiqué à la fin de l'hiver est préférable à celui que l'on effectue pendant l'hiver et même à celui d'automne. D'abord l'eau se refroidit moins vite; de plus, les larves étant sorties de leur cocon sont plus facilement atteintes.

Dans le Midi, le prix de revient du traitement s'élève en moyenne à 60 francs par hectare; en Bourgogne à 100 ou 110 francs par hectare. A la rigueur, dans les régions à pyrale on peut n'effectuer le traitement que tous les deux ans.

L'échaudage ou ébouillantage des vignes constitue *un excellent traitement* contre la pyrale, malheureusement il est assez long et assez coûteux.

Traitement des échalas et piquets. — Dans tous les pays, comme la Champagne, la Bourgogne, où l'on emploie des échalas ou des piquets pour soutenir la vigne, on est obligé de désinfecter ces derniers dont les fissures ou infractuosités peuvent loger des larves.

Les meilleurs procédés sont le *clochage à l'acide sulfureux*, couramment employé en Champagne, et l'*ébouillantage*, plus spécialement utilisé en Bourgogne.

FIG. 166. — ÉBOUILLANTAGE DES ÉCHALAS EN BOURGOGNE (d'après M. Montoy).

Pour le clochage, on dispose les échalas en tas ou en moyettes que l'on recouvre d'une cloche en tôle galvanisée de 1m,50 de longueur sur 1 m. 35 de hauteur et 0m,90 de largeur; on butte les bords de la cloche pour éviter des déperditions de gaz sulfureux. Des mèches soufrées contenant environ 5 à 600 grammes de soufre sont suspendues à l'intérieur de la cloche; un vase disposé au-dessous recueille le soufre fondu; la durée de l'action du gaz doit être de 30 à 40 minutes.

Cinq hommes avec 8 cloches peuvent traiter 28 ares par jour. La dépense à l'hectare revient à 100 francs pour 50000 échalas. Une cloche coûte environ 75 à 80 francs.

Pour l'ébouillantage, on fait arriver de la vapeur surchauffée à 110 ou 115 degrés dans une caisse en bois contenant les échalas, pendant 15 minutes environ (fig. 166).

La dépense effectuée à l'hectare atteint 250 francs à 280 francs en Champagne pour 10000 échalas; en Bourgogne elle est environ de 60 francs à l'hectare pour 10000 échalas.

200. Cochylis de la grappe ou **Cochylis de Roser** ou **Teigne de la grappe** (*Cochylis roserana* ou *Tortrix ambiguella*) (fig. 167). — La Cochylis n'est pas une vraie Teigne: elle appartient aux Tordeuses dont les chenilles enveloppent les feuilles ou les jeunes fleurs et fruits de faisceaux de fils de soie sous lesquels elles trouvent à la fois abri et nourriture. Elle fait parfois dans les vignobles des ravages comparables à ceux de la *pyrale*.

Le papillon est nocturne. Il a un centimètre et demi environ : les ailes supérieures sont d'un jaune pâle avec une bande transversale brune et une ligne

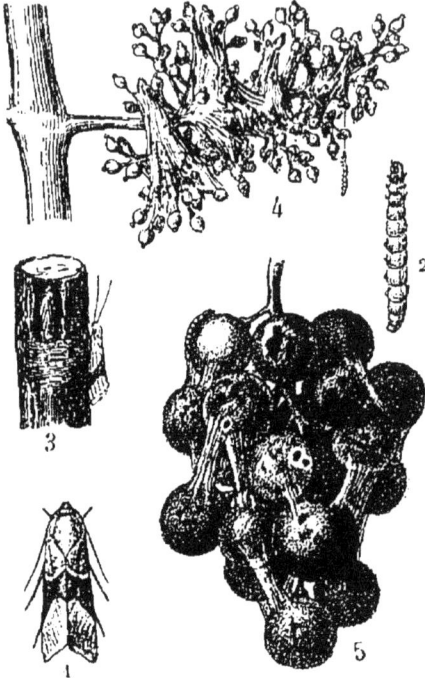

argentée de chaque côté ; les ailes inférieures sont d'un gris perle uni, avec la frange plus claire.

La chenille appelée *ver rouge* en Bourgogne, *ver coquin* dans le Beaujolais, *ver de raisin* ou *ver de vendange* dans le Sud-Ouest, est longue de 8 millimètres ; la tête et le premier segment sont rouges, les autres segments grisâtres ; la *chrysalide* d'un brun clair est entourée d'un faisceau lâche de fils de soie blanche.

Les papillons de première génération paraissent dès le mois d'avril ; les femelles pondent leurs œufs sur les jeunes pousses et surtout sur les jeunes grappes. Les chenilles éclosent en mai et entourent d'un lacis de fils de soie les fleurs et les jeunes grappes qu'elles dévorent. Lorsqu'elles ont atteint leur complet développement, c'est-à-dire en juillet, elles se réfugient sous les écorces, dans les échalas, pour se transformer en chrysalides.

Les chrysalides donnent leurs papillons (2ᵉ *génération*) un mois après, fin juillet. Les femelles de ces papillons pondent leurs œufs sur les grains de raisins ; les nouvelles petites chenilles qui naissent perforent ces grains, pénètrent à leur intérieur et les dévorent peu

Fig. 167.

LA COCHYLIS OU TEIGNE DE LA GRAPPE.

1, *Cochylis grossie au double*; 2, *sa chenille*; 3, *sa chrysalide et le papillon* (*grosseur naturelle*); 4, *jeune grappe attaquée*; 5, *grappe formée attaquée.*

à peu : elles favorisent souvent le développement de la pourriture grise. Vers la fin de septembre, les chenilles quittent les grains et se transforment en chrysalides dans les fentes des échalas, sous les vieilles écorces, pour passer l'hiver.

201. Moyens de destruction. — Les moyens de destruction peuvent s'appliquer : 1° aux chrysalides passant l'hiver ; 2° aux papillons de première et de deuxième génération ; 3° aux chenilles de première et de deuxième génération.

I. *Contre les chrysalides.* — Les traitements ont lieu contre les chrysalides passant l'hiver dans les fentes des échalas sous les vieilles écorces, etc. Ce sont :

Le *décorticage* ou *écorçage* des souches, ⎫
Le *flambage* des écorces sur la souche, ⎪
Le *clochage* ou *sulfurisation* des souches ⎪
   et des échalas, ⎪ Tous ces traitements ont été in-
L'*échaudage* ou *ébouillantage* des souches ⎬ diqués pour la destruction de
   et des échalas, ⎪ la *pyrale* (p. 258).
Le *badigeonnage* des souches et des écha- ⎪
   las avec des liquides insecticides. ⎭

L'ébouillantage donne de moins bons résultats pour la cochylis que pour la pyrale.

Pour le badigeonnage des souches avec les *liquides insecticides*, on peut employer la formule de M. Laborde :

Chaux vive. . . . . 30 kilogrammes.
Huile lourde. 10   —
Soude caustique. . . . . 1 kilogramme
Sulfure de carbone. . . . . 5 litres.
Eau. 54   —

On éteint la chaux vive avec 30 litres d'eau. En même temps on fait dissoudre la soude caustique dans les 24 litres d'eau restant et l'on y verse lentement, en agitant, le mélange d'huile lourde et de sulfure de carbone préparé à l'avance : le tout est mis ensuite peu à peu sur la chaux éteinte en brassant énergiquement. On passe cette bouillie sur les souches avec un pinceau ; on forme ainsi un enduit complet.

Autre formule :

Lait de chaux. . . . . 10 litres.
Naphtaline en poudre. . . . . 100 grammes.
Huile lourde de goudron. 500   —

Le lait de chaux se prépare dans la proportion de 20 kilogrammes de chaux vive par 120 litres d'eau. On délaye la naphtaline dans l'huile, et l'on verse ensuite le mélange dans le lait de chaux.

MM. Viala et Pacottet appliquent avec succès le traitement suivant :

Après un décorticage rapide, les souches sont lavées à l'aide de brosses peu dures avec des solutions chaudes (30 à 40°) de sulfate de fer à 50 pour 100 (sulfate de fer 500 grammes, eau 10 litres).

Huit jours après, les souches sont badigeonnées entièrement, sauf les sarments de taille, à l'aide d'un lait de chaux à 25 pour 100 dans lequel on incorpore 10 pour 100 de soufre.

Le soufre peut être remplacé, dans le cas de maladies cryptogamiques, par du sulfate de cuivre à 3 pour 100 ou du verdet à 2 pour 100. Le lait de chaux agit comme engluant, il forme en se carbonatant une véritable couche de carbonate de chaux qui écarte les insectes.

II. **Contre les papillons**. — Pour détruire les papillons des deux générations on peut employer les mêmes procédés que pour la pyrale : les *pièges lumineux* (falots ou lampes-phares), les *écrans englués* (voir p. 259).

III. **Contre les chenilles**. — *La cueillette des chenilles* que nous avons indiquée également à propos de la pyrale n'est pas pratique : elle est trop coûteuse.

La destruction des chenilles peut se faire à l'aide de *poudres* ou de *liquides insecticides*; nous pouvons citer la formule du Dᴿ Laborde :

Gemme de pin.	15 kilogrammes.
Essence de térébenthine.	5 —
Soude caustique.	2 —
Ammoniaque.	10 litres.
Verdet.	500 grammes.
Eau.	07 litres 1/2

On chauffe légèrement la gemme de pin dans une chaudière en fonte ; on introduit 35 litres d'eau et 2 kilogrammes de soude caustique, et on agite jusqu'à dissolution complète. On ajoute ensuite 30 litres d'eau, puis après refroidissement la moitié de l'ammoniaque dans laquelle on a fait dissoudre le verdet. On obtient un liquide sirupeux bleu que l'on étend de 8 fois son poids d'eau au moment de son emploi.

Formule du Dᴿ Dufour :

Eau.	100 litres.	⎫ On peut remplacer la poudre de
Savon noir.	3 kilog.	⎬ pyrèthre par de l'essence de té-
Poudre de pyrèthre.	1 —	⎭ rébenthine.

Les liquides insecticides peuvent être appliqués par **trempage de la grappe** ou par **pulvérisation :**

Le *trempage*, consiste à immerger les grappes dans des solutions insecticides que contiennent des petits pots. On trempe en moyenne 1500 grappes par jour. On dépense peu de liquide, mais l'opération est longue.

Dans la pulvérisation, on se sert de pulvérisateurs, mais les lances sont munies de deux jets convergents qui entourent la grappe et la mouillent d'une manière parfaite ; un interrupteur permet d'arrêter les jets pour économiser le liquide dont la dépense est beaucoup plus élevée que par trempage.

Le prix du traitement varie de 35 à 70 francs par hectare pour 10000 ceps.

Au lieu de liquides insecticides on peut employer des **poudres** : Ex . *formule du Dᴿ Cazeneuve :*

Naphtaline en poudre.	1 kilogramme.
Soufre sublimé.	9 kilogrammes.

On répand cette poudre avec une soufreuse ordinaire, au commencement de la floraison pour la première génération et fin juillet pour la deuxième.

202. Eudemis ou Tordeuse de la grappe (*Eudemis botrana*). — L'eudemis est un papillon qui ressemble à la cochylis.

Il est plus petit de taille ; le corps est d'un fauve plus sombre, nuancé de brun ou gris perle avec taches brunes ; il n'a pas sur les ailes supérieures la bande transversale noire si nette chez la cochylis. Sa *larve*, comme celle de la cochylis, a une longueur de 8 millimètres, mais elle est moins grosse, d'une agilité extraordinaire; sa couleur va du fauve clair au jaune verdâtre. *La chrysalide* de l'eudemis est un peu plus petite que celle de la cochylis, d'une couleur brune ou verdâtre; son extrémité postérieure est terminée par une pointe très aiguë.

Le papillon dépose ses œufs à la base des bourgeons en avril-mai. De ces œufs naissent des chenilles qui rongent l'intérieur des bourgeons et commettent des dégâts sur les inflorescences, comme la cochylis.

L'insecte a trois générations au lieu de deux, il commet également des dégâts sur les grains à la véraison et à la maturation.

FIG. 168.

NOCTUELLE DES MOISSONS.

Moyens de destruction. — On combat l'eudemis par les mêmes moyens que ceux employés pour la destruction de la cochylis (voir p. 264). Les pièges lumineux (lampes-pièges) ne produisent cependant aucun résultat, ainsi que l'a reconnu M. Laborde, car les papillons volent principalement au crépuscule.

A côté des papillons très nuisibles à la vigne que nous venons d'étudier, on peut encore citer des papillons acciden-

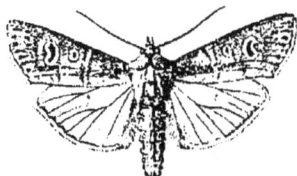

FIG. 169.

VER GRIS RONGEANT UNE JEUNE POUSSE DE VIGNE.

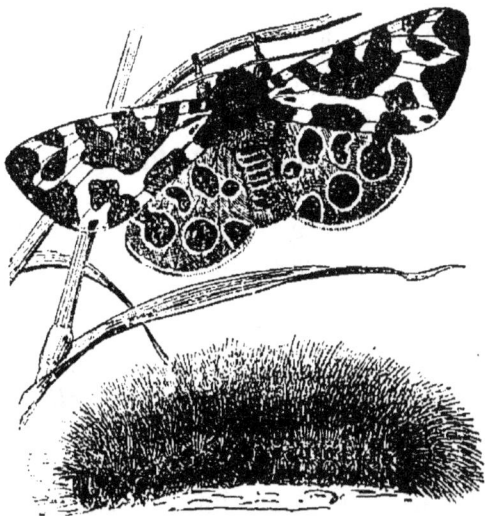

FIG. 170. — ÉCAILLE MARTRE ET SA CHENILLE. (*Chelonia coja.*)

tellement nuisibles qui ne viennent dans les vignes que parce que celles-ci forment en été un abri verdoyant :

203. Noctuelles (fig. 168). — Les noctuelles sont des papillons nocturnes dont les chenilles, appelées *vers gris* (fig. 169), s'attaquent à la vigne.

Parmi les noctuelles que l'on rencontre dans les vignobles, on peut citer : la *noctuelle point d'exclamation* (*Agrotis exclamationis*), la *noctuelle épaisse*

(*Agrotis crassa*), la noctuelle fiancée (*Agrotis pronuba*), la noctuelle des moissons (*Agrotis segetum*).

Les chenilles naissent à la fin de l'été et hivernent dans le sol à 15 centimètres de profondeur. En avril-mai ces chenilles montent sur les ceps et s'attaquent aux jeunes rameaux; elles mangent seulement la nuit.

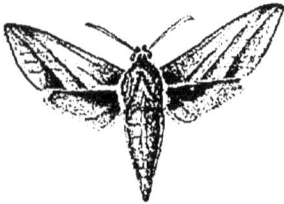

Fig. 171.

Sphinx de la vigne.

Moyens de destruction. — *Pour détruire les papillons* on peut employer les *pièges lumineux* (voir p. 251), mais on risque d'attirer les papillons voisins car ils ont le vol assez long.

Pour détruire les chenilles, quand elles sont encore dans le sol, on peut, si les invasions sont fortes, faire des injections au sulfure de carbone avec un pal (voir p. 274) au printemps.

En faisant quelques trous au pied des souches avec un bâton, les chenilles s'y réfugient au lever du soleil; on peut alors les écraser.

Écailles (fig. 170). — Les écailles sont de gros papillons crépusculaires dont les grosses chenilles bleuâtres très poilues sont *diurnes*. L'espèce la plus commune est l'écaille martre (*Chelonia caja*). Les chenilles de l'écaille martre mangent les bourgeons, les feuilles et coupent les rameaux. Pour les détruire, comme elles sont diurnes, on les fait ramasser par les femmes et les enfants.

Sphinx (fig. 171). — Les sphinx sont de gros papillons accidentellement nuisibles à la vigne. L'espèce la plus commune dans les vignobles est le *sphinx de la vigne* (*Sphinx elpenor*). On le détruit par l'échenillage.

204. Cécidomye de la vigne[1]. — La

cécidomye de la vigne est un petit moucheron de 7 millimètres et demi de longueur, de couleur brune, qui apparaît fin mai et pond ses œufs sur les feuilles qu'il pique après le dépôt de chaque œuf. Cette piqûre détermine la formation de petites nodosités ou *galles saillantes sur les deux faces*. Les larves sont roses, légèrement arquées. Les dégâts sont peu importants. Comme *traitement*, on ramasse et on brûle les feuilles attaquées.

Fig. 172. — Galles produites sur une feuille de vigne par la Cécidomye.

Elles diffèrent des boursouflures de l'Érinose en ce qu'elles sont saillantes sur les 2 faces.

HÉMIPTÈRES

205. Le Phylloxéra. — Le phylloxéra est l'ennemi le plus redoutable de la vigne. Il a été introduit en Europe avec les vignes américaines. On l'observa pour la première fois en 1864 dans le Gard. Il fut déterminé en 1868

---

1. La cécidomye de la vigne est un diphtère.

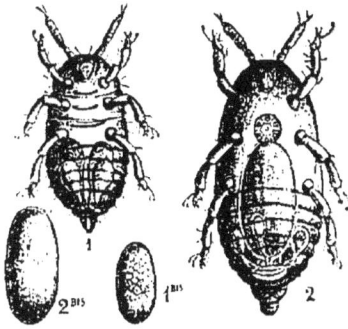

FIG. 173. PHYLLOXÉRA,

1, *Mâle et* 2 *femelle, qui en s'accouplant créent un œuf unique, l'œuf d'hiver. On voit l'œuf unique à l'intérieur de la femelle :* 1 bis, *l'œuf qui a donné naissance au mâle ;* 2 bis, *l'œuf qui a donné naissance à la femelle.*

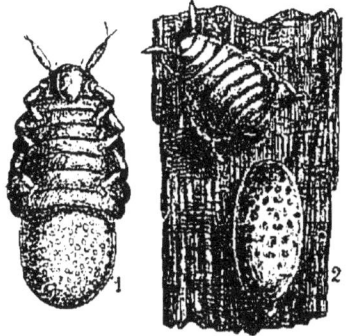

FIG. 174. — PHYLLOXÉRA.

1, *Femelle prête à pondre l'œuf d'hiver ;* 2, *œuf d'hiver et femelle après la ponte.*

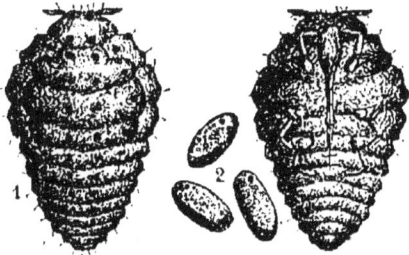

FIG. 175. — PHYLLOXÉRA SANS AILE OU RADICICOLE.

C'est toujours une femelle : 1, *vue en dessus ;* 2, *vue en dessous avec les œufs qu'elle pond.*

FIG. 176. — PHYLLOXÉRA SANS AILE OU RADICICOLE.

Vu de profil suçant une racine.

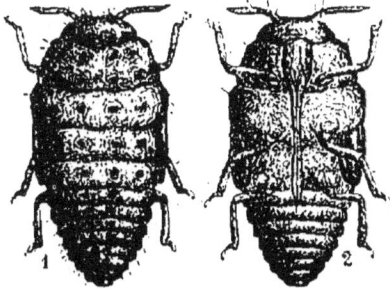

FIG. 177. — PHYLLOXÉRA SANS AILE OU RADICICOLE TRANSFORMÉ EN NYMPHE.

1, *Nymphe vue en dessus ;* 2, *Nymphe vue en dessous.*

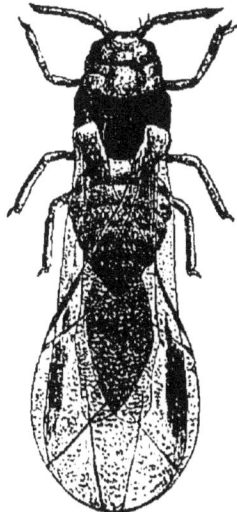

FIG. 178. — PHYLLOXÉRA AILÉ.

Vu en dessus, provenant d'un phylloxéra sans aile ou radicicole en passant par l'état de nymphe. C'est toujours une femelle.

par Planchon, qui l'appela *Phylloxera vastatrix*. L'invasion se fit sentir surtout de 1873 à 1880. A la fin de 1888 on comptait en France 61 départements dans lesquels le fléau était constaté avec plus ou moins d'intensité.

Vie du phylloxéra. — Les insectes *mâles* et *femelles* (fig. 173) s'accouplent vers la fin d'août et en septembre; la femelle pond sur les souches, de préférence sur le bois de deux ans, un œuf unique qui est l'*œuf d'hiver* (fig. 174).

L'*œuf d'hiver* d'abord jaune, puis vert pendant la saison d'hiver, éclôt au printemps et donne naissance au *phylloxéra aptère* ou *sans ailes* (fig. 175).

Ce phylloxéra aptère descend sur les racines où il se fixe et aux dépens desquelles il vit, aussi l'appelle-t-on quelquefois *phylloxéra radicicole* (fig. 175 et 176) : il se reproduit dans des proportions considérables et ses innombrables colonies finissent bientôt par épuiser la vigne et la tuer.

Le phylloxéra aptère ou radicicole est jaune, d'une longueur de o mm. 75 sur o mm. 50 de largeur, il est muni d'un suçoir qu'il enfonce dans les racines pour en sucer la sève. C'est *toujours une femelle ou mère pondeuse* : au bout d'une vingtaine de jours après l'éclosion, pendant lesquels elle subit trois mues, elle devient adulte et se met à pondre de 40 à 100 œufs jaunâtres qui deviennent ensuite grisâtres. De ces œufs naissent des jeunes phylloxéras radicicoles qui, au bout d'une vingtaine de jours, deviennent à leur tour des mères pondeuses. Il peut se produire ainsi cinq à six générations.

En été, quand les fortes chaleurs commencent, certains des *phylloxéras aptères ou radicicoles* (lesquels, nous le répétons, sont des femelles) subissent une mue de plus et se transforment d'abord en *nymphes* (fig. 177), portant sur les côtés du corps des rudiments d'ailes, puis ensuite, par une dernière mue, en *phylloxéra ailé* (fig. 178).

Ce sont les phylloxéras ailés qui propagent le mal au loin : grâce à leurs ailes étendues, le vent les transporte facilement à grande distance.

Les phylloxéras ailés sont des femelles qui pondent sur les bourgeons et les feuilles des vignes deux sortes d'œufs, des gros et des petits, d'où naîtront des *femelles* et des *mâles*.

Ces phylloxéras mâles et femelles ne vivent que quelques jours, car ils ne peuvent prendre de nourriture; ils sont uniquement destinés à la reproduction. Ils s'accouplent et la femelle pond un œuf unique, le plus souvent sous les écorces du bois de deux ans; c'est l'*œuf d'hiver* destiné à régénérer l'espèce.

De l'*œuf d'hiver* naissent au printemps, ainsi que nous l'avons vu plus haut, des phylloxéras femelles aptères qui s'enfoncent pour la plupart dans le sol pour aller vivre sur les racines.

Quelques-uns de ces phylloxéras aptères au lieu d'aller sur les racines se portent sur les feuilles et font naître, en dessous, des *galles* (fig. 179), sortes de petits sacs cloisonnés dans les cloisons desquelles ils pondent une grande quantité d'œufs. De ces œufs naissent de nouvelles femelles qui produisent aussi de nouvelles galles. Aussi appelle-t-on quelquefois ces phylloxéras des **phylloxéras gallicoles.**

Ces galles, rares sur les vignes françaises, sont fréquentes sur les vignes américaines. Vers la fin de l'été les très nombreux phylloxéras quittent les galles et s'enfoncent dans le sol, venant augmenter les phylloxéras qui vivent sur les racines.

206. Dégâts causés par le phylloxéra. — Les phylloxéras qui vivent sur les racines sont les seuls qui occasionnent des dégâts importants : ils déterminent sur les racines des *nodosités* et des *tubérosités* que nous avons étudiées déjà p. 72.

Les *nodosités* ne sont pas très dangereuses, car elles n'intéressent que l'extrémité des racines : il se forme souvent au-dessous d'elles des radicelles secondaires remplaçant les premières.

FIG. 179.

LES GALLES PHYLLOXÉRIQUES
SUR LES FEUILLES DE VIGNE.

Les *tubérosités*, au contraire, sont des lésions beaucoup plus graves qui peuvent entraîner la mort des racines sur lesquelles elles existent.

Dans un vignoble, l'attaque du phylloxéra se manifeste le plus souvent par la présence d'un ou plusieurs ceps morts, entourés de ceps plus ou moins chétifs formant ainsi, au milieu de la vigne pleine de santé, ce qu'on appelle *une tache phylloxérique.*

La destruction de la vigne est plus ou moins rapide suivant le climat et la nature du sol : dans certaines circonstances elle se produit rapidement, en deux ou trois ans; quelquefois elle est plus lente et n'est définitive qu'au bout de cinq à six ans. Dans les régions méridionales de la France, sous un climat chaud, la multiplication de l'insecte se fait mieux, les phylloxéras deviennent plus nombreux et la vigne périt rapidement. Dans les régions septentrionales, au contraire, la vie de l'insecte est moins intense, le phylloxéra épuise moins la vigne.

Nous avons vu p. 72 l'importance des nodosités et des tubérosités sur les racines des vignes françaises et sur les racines des vignes américaines.

207. Moyens de destruction. — I. Procédés préventifs. — Ils ont pour but d'empêcher l'invasion phylloxérique. Parmi ces procédés on peut citer :

1° *Le badigeonnage des souches, recommandé par Balbiani*. Il est basé sur ce que, l'*œuf d'hiver* étant l'origine de colonies nouvelles des phylloxéras créés par les insectes *ailés* non compris les taches phylloxériques où pullulent les phylloxéras souterrains radicicoles), en détruisant cet œuf on met obstacle à la formation de nouvelles colonies.

En détruisant l'œuf l'hiver, on pensait également faire disparaître les phylloxéras dans les taches phylloxériques elles-mêmes, car on croyait que les insectes souterrains avaient besoin, pour conserver leur puissance de reproduction, de se transformer en phylloxéras sexués (mâles et femelles) et par conséquent de passer par l'œuf d'hiver. Malheureusement il n'en est pas ainsi. Boiteau a, en effet, démontré :

1° Qu'il n'est pas absolument nécessaire aux phylloxéras radicicoles de passer par la forme sexuée (mâles et femelles) pour reprendre leur puissance de reproduction, mais qu'il leur suffit souvent pour cela de redevenir phylloxéras *gallicoles* pendant quelque temps ;

2° Qu'il peut y avoir quelques phylloxéras sexués sur les racines ;

3° Que vingt-cinq générations de phylloxéras radicicoles peuvent se succéder, durant plusieurs années, sans que la faculté de reproduction s'annule.

Balbiani a indiqué un badigeonnage dont les résultats sont efficaces mais incomplets puisque, ainsi que nous venons de le voir, la destruction de l'*œuf d'hiver* n'entraîne pas celle du phylloxéra vivant sur les racines. La formule du liquide insecticide employé est la suivante :

Huile lourde de houille.	20	parties.
Naphtaline brute.	60	—
Chaux vive.	120	—
Eau.	400	—

On dissout la naphtaline dans l'huile lourde ; on verse celle-ci sur la chaux préalablement humectée avec la quantité d'eau nécessaire pour en déterminer le foisonnement, et l'on ajoute le reste de l'eau en remuant continuellement le mélange jusqu'à ce qu'il devienne bien homogène et prenne une consistance crémeuse.

Les badigeonnages se font après la taille, fin février ou mars ; on pratique auparavant un léger décorticage (voir p. 260) si les vignes sont vieilles et ont de grosses écorces.

2° *La désinfection des boutures et des plants racinés*. — Il est nécessaire, pour éviter d'introduire le phylloxéra dans une région indemne, de désinfecter les boutures et les plants racinés que l'on veut planter. Cette désinfection peut être obtenue de plusieurs manières :

a) *Par l'eau chaude.* On trempe les boutures dans l'eau à 53 degrés pendant cinq minutes. Cette température est suffisante pour tuer l'insecte et ses œufs sans nuire à la reprise de la bouture.

b) *Par des liquides insecticides.* Le liquide insecticide de Balbiani, cité plus haut, n'a pas donné de bons résultats.

On peut tremper les boutures pendant cinq minutes dans une solution de *sulfocarbonate de potassium*, préparée à raison de 1 litre de sulfocarbonate pour 200 litres d'eau : les boutures sont nettoyées de la terre qu'elles peuvent avoir, puis trempées dans la solution par petits paquets de façon que tout le bois soit bien mouillé, elles sont ensuite retirées, lavées à grande eau et séchées.

3° **Culture de la vigne dans les sables.** — Les vignes cultivées dans les sables résistent très bien au phylloxéra. L'insecte, dans les terrains sableux renfermant de 60 à 70 pour 100 de sable, circule difficilement et ne peut se développer, surtout si le sous-sol est rempli d'eau comme cela a lieu sur les bords de la mer, des fleuves ou des rivières. Aussi a-t-on planté dans les dunes maritimes de la Méditerranée et de l'océan Atlantique de nombreux et importants vignobles que le phylloxéra ne peut détruire.

II. Procédés curatifs. — Les procédés curatifs consistent à détruire le phylloxéra au moment où il est sur les racines de la vigne.

On a essayé de très nombreux traitements qui ont donné des résultats plus ou moins satisfaisants. Nous n'en citerons que trois principaux dont les résultats sont réellement positifs : 1° *le traitement par le sulfure de carbone*; 2° *le traitement par le sulfocarbonate de potassium*; 3° *la submersion des vignes.*

Traitement par le sulfure de carbone. — Le sulfure de carbone est à peu près le seul employé généralement contre le phylloxéra. Le principe est le suivant : on introduit dans le sol, autour des ceps à l'aide d'appareils spéciaux, une certaine quantité de sulfure de carbone : ce liquide, très volatil, émet des vapeurs qui tuent l'insecte sur les racines de la vigne.

Injection du sulfure de carbone dans le sol; emploi des pals. — On injecte le sulfure de carbone dans le sol aux moyens de *pals* ou de *charrues sulfureuses.*

Parmi les pals injecteurs que l'on emploie nous citerons le *pal de Vermorel*, dont la description donnera une idée de ces appareils spéciaux :

Le pal Vermorel (fig. 180) est formé, comme le précédent, d'un réservoir de zinc ou de cuivre R, au-dessous duquel est fixée une tige de perforation ; deux manettes S et une pédale P servent à l'enfoncer. Le corps de pompe A renferme un piston L, dont la tige YY porte à la partie supérieure une tête N, et qui se termine en bas par une cuvette B en cuir embouti formant un joint parfait. Un ressort M entoure la tige et ramène le piston de bas en haut après chaque injection. Au-dessous du piston des ouvertures D font communiquer le réservoir avec un clapet latéral T. Sous l'influence de la pression du piston, le sulfure de carbone est chassé dans le tube E, et il pousse un obturateur J, au bas du tube, pour pénétrer dans la chambre de sortie G, d'où il est chassé à l'intérieur de la tige de perforation pour sortir en K. Cette ligne se termine par une pointe en acier I qui se visse à l'extrémité du pal. L'obturateur est maintenu fermé, quand la pompe ne fonctionne pas, par un ressort à boudin dont la tension est réglée par des écrous E. Enfin, pour régler le dosage de sulfure à chaque coup de piston, des bagues en cuivre Z sont enfilées, comme dans le pal Gastine, sur la tige du piston : la course entière du piston donne 10 grammes de sulfure ; avec une bague, le pal donne 9 grammes ; avec deux bagues, 8 ; avec trois bagues, 7 ; avec quatre bagues, 6 ; avec cinq bagues, 5 grammes. Dans le dessin, le dosage est à 5 grammes.

Le nombre des trous faits par le pal peut varier de 2 à 5 par mètre carré. Ordinairement on fait des injections entre les ceps, de façon à tenir chacun d'eux entre quatre trous, en évitant de toucher les souches avec le pal.

La dose de sulfure de carbone à appliquer par mètre carré doit être de 18 à 20 grammes ; si l'on fait quatre trous au mètre carré cela fait 5 grammes par trou. Une dose inférieure ne produit pas de résultats.

On enfonce le pal à une profondeur de 15 à 20 centimètres, et on bouche soigneusement les trous après l'injection.

Il faut traiter lorsque le sol n'est ni trop humide, ni trop sec.

Le traitement peut être opéré à toutes les époques de l'année sauf au moment de la floraison et de la veraison, car le sulfure de carbone produit sur la vigne un arrêt de la végétation qui peut durer de 5 à 8 jours. L'époque la plus favorable est en mai, ou après les vendanges, en octobre et novembre.

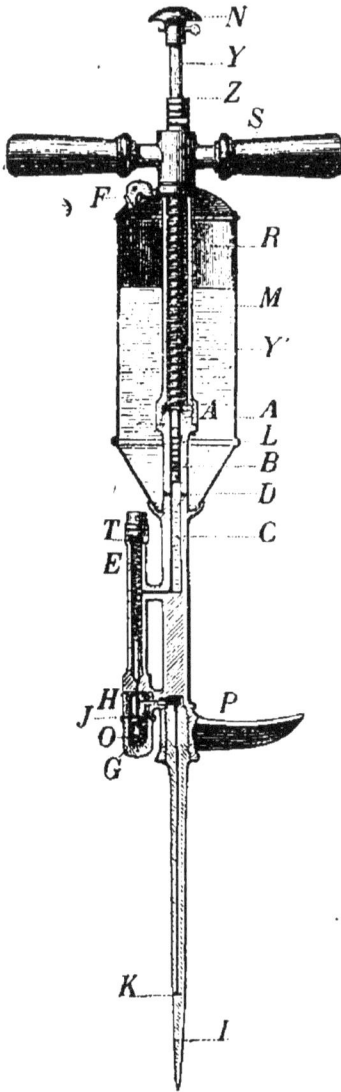

Fig. 180. — Pal injecteur système Vermorel.

Il faut cultiver avec soin et fumer convenablement les vignes traitées. — Une bonne fumure est indispensable aux vignes traitées pour leur permettre de former de nouvelles racines nécessaires à leur alimentation. Des insuccès nombreux ont été constatés parce qu'on appliquait le traitement à des vignes très affaiblies qui n'avaient plus la force nécessaire pour reconstituer leurs racines détruites en grande partie par le phylloxéra.

En Bourgogne, le prix de revient par hectare, pour un seul traitement (y compris la main-d'œuvre), est d'environ 150 francs.

Traitement d'extinction. — Le traitement d'extinction est celui que l'on fait subir à une vigne au début de l'invasion du phylloxéra dans une région viticole indemne que l'on veut protéger. Il a pour but de détruire la vigne atteinte en même temps que les insectes.

On emploie des doses de 60 à 80 grammes de sulfure de carbone par mètre carré; 8 jours après on refait le même traitement avec la même dose de sulfure de carbone. On brûle ensuite sur place tous les ceps et végétaux qui couvrent le sol. Le sol où s'est produite la tache est laissé inculte cinq ans. Dans le vignoble, tout autour de la tache, sur une zone de 40 à 50 hectares, on fait en même temps les traitements ordinaires au sulfure de carbone, comme nous avons indiqué plus haut, et on badigeonne.

Le traitement d'extinction n'a pas donné de bons résultats, il n'a fait qu'arrêter momentanément le mal.

Traitement par le sulfocarbonate de potassium. — Au lieu d'employer directement le sulfure de carbone pour détruire le phylloxéra, on peut employer le sulfocarbonate de potassium qui, sous l'influence de l'acide carbonique et de l'humidité du sol, se décompose et forme du *sulfure de carbone*, de l'*acide sulfhydrique*, deux antiseptiques puissants, et du carbonate de potassium (engrais pour le sol).

La quantité de sulfocarbonate à employer est en moyenne de 350 kilogrammes (par hectare), additionnée de 120 à 150 mètres cubes d'eau pour faire pénétrer l'insecticide dans les couches profondes du sol. On creuse des cuvettes autour des souches, on verse la solution et quand tout le liquide a filtré à travers le sol, on les comble. Ce traitement demande une grande quantité d'eau; la dépense très élevée qu'il exige (500 ou 600 francs par hectare) l'a fait abandonner presque partout.

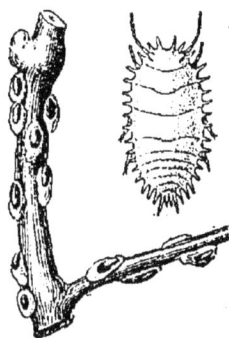

FIG. 181.
COCHENILLE
DE LA VIGNE.

Traitement par submersion. — Le traitement par submersion consiste à couvrir le sol de la vigne attaquée d'une couche d'eau qui chasse l'air et fait périr le phylloxéra par asphyxie.

Ce procédé excellent n'est évidemment applicable qu'aux vignobles situés à proximité d'un fleuve ou d'une rivière.

Le sol nivelé est partagé en planches par des ados en terre, on y fait ensuite arriver l'eau : il faut que la couche d'eau atteigne 15 centimètres de hauteur pendant au moins 40 jours; il est donc nécessaire de remplacer l'eau qui s'infiltre ou s'évapore (de 100 à 800 mètres cubes par hectare suivant la perméabilité des terrains). Les submersions de longue durée sont remplacées depuis quelques années par des submersions plus courtes et répétées : 3 à 4 jours pendant la période des gelées; 3 à 4 jours à la véraison; 20 à 25 jours aussitôt après la récolte.

208. Cochenilles de la vigne (fig. 181). — Les cochenilles vivant sur la vigne sont au nombre de trois espèces : la cochenille blanche (*Dactylopius vitis*), la cochenille rouge (*Pulvinaria vitis*) et, l'Aspidiotus vitis.

La cochenille rouge, par exemple, suinte au printemps un dépôt blanchâtre cotonneux sous lequel elle abrite ses œufs; après la ponte, l'insecte presque vidé reste sur ce dépôt et meurt, continuant ainsi à protéger les œufs avec son corps. Quelques jours après, l'éclosion se produit et les jeunes larves de

couleur rouge enfoncent leurs suçoirs dans les jeunes pousses de la vigne pour se nourrir.

Les cochenilles par elles-mêmes ne sont pas dangereuses pour la vigne, mais elle transportent avec leurs corps les spores de la *fumagine* sur les feuilles et les grains de la vigne : la *fumagine* est une moisissure noire qui se développe assez facilement sur les excréments sucrés des larves de cochenille ; cette moisissure répandue sur les feuilles amène le desséchement et empêche, par conséquent, la maturité du raisin. Pour détruire la fumagine, il est nécessaire de détruire l'insecte (voir p. 318).

FIG. 182.
GRISETTE
DE LA VIGNE
(*Lopus sulcatus*).

Moyens de destruction. — Les cochenilles passant l'hiver sous les écorces, il faut brosser et décortiquer les ceps pendant l'hiver et faire des badigeonnages insecticides [badigeonnage au lait de chaux (20 kilogr. de chaux vive dans 120 litres d'eau)].

Ou bien employer l'émulsion Hubbard-Riley :

Savon dur.	500 grammes.
Pétrole.	10 litres.
Eau bouillante.	5 —

On dissout d'abord le savon dans l'eau chaude ; puis on ajoute le pétrole et on remue pendant 5 à 10 minutes. Pour réussir le mélange il faut que les liquides soient aussi chauds que possible. La dissolution ne se fait bien qu'en employant une eau exempte de matières minérales (eau distillée ou eau de pluie). Avant d'appliquer l'émulsion, il faut l'étendre de 4 à 20 parties d'eau.

209. **Grisette de la vigne** ou **Calocoris**. — (*Lopus sulcatus*). —

La grisette de la vigne (fig. 182) est une espèce de punaise noirâtre avec points blancs jaunâtres qui apparaît fin mai et pique les boutons floraux ; les petits grains attaqués noircissent et tombent. La femelle pond ses œufs en juin dans les fentes des écorces ; ils passent l'hiver et éclosent au printemps ; elle vit sur les herbes en attendant que la vigne ait donné quelques jeunes pousses.

FIG. 183.
ÉPHIPPIGÈRE DES VIGNES.

Moyens de destruction. — En hiver, on pratique l'écorçage des souches (voir p. 252), la désinfection des échalas (voir p. 255), des badigeonnages insecticides (voir pyrale p. 253). Au printemps, on détruit les herbes qui nourrissent les jeunes larves.

210. **Éphippigères**[1] (fig. 183). — Les éphippigères comptent deux espèces principales : l'*éphippigère des vignes* et l'*éphippigère de Béziers*. Ce sont de gros insectes ayant de 3 à 4 centimètres de long et ressemblant à des sauterelles. Ils mangent les différents organes de la vigne.

Pour empêcher les ravages de ces insectes, on ne peut que les ramasser et les détruire. Il n'y a pas d'autres remèdes.

---

1. Ces insectes sont des orthoptères.

L'ÉRINOSE

211. *L'Érinose* est une maladie de la vigne produite par un petit acarien, le *Phytoptus vitis* (fig. 184⁵). Elle est caractérisée par des *boursouflures* (fig. 180) nombreuses apparaissant à la partie supérieure des feuilles. En dessous, ces boursouflures correspondent à des dépressions concaves garnies d'un feutrage

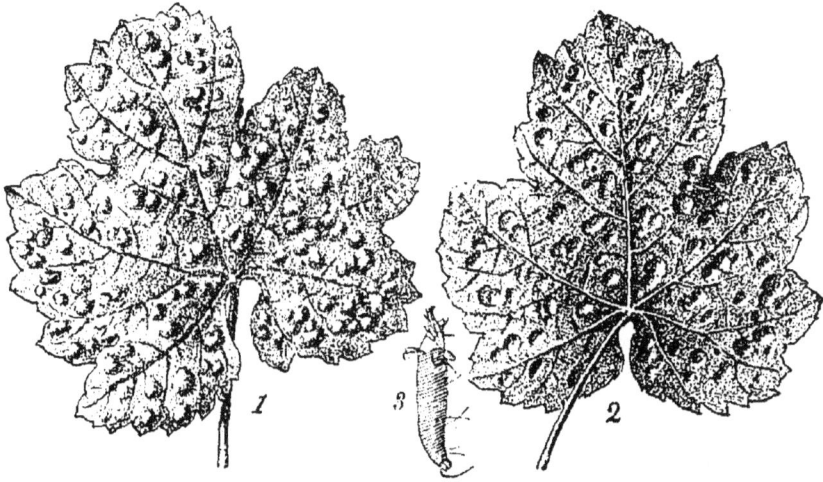

Fig. 184.

1, *Boursouflures produites par l'Érinose sur la face supérieure d'une feuille;*
2, *Dépressions produites par l'Érinose à la face inférieure d'une feuille;*
3. *Phytopte de la vigne produisant l'Érinose, larve femelle grossie, vue par sa face ventrale.*

adhérent, d'abord blanchâtre, puis brunâtre à la fin de l'été. C'est dans ce feutrage que vit l'insecte. Les larves, à l'automne, se logent sous les écorces.

Il ne faut pas confondre l'érinose avec une autre maladie que nous étudierons, le *mildiou* : dans le mildiou les feuilles ne présentent pas de boursouflures à leur partie supérieure et pas de concavités à leur partie inférieure; les taches blanches à la partie inférieure des feuilles attaquées par le mildiou ressemblent à des moisissures, on les enlève facilement avec l'ongle, alors que le feutrage de l'érinose est très adhérent.

L'érinose, la plupart du temps, est sans gravité. Dans des cas assez rares elle peut se développer assez fortement et rappeler l'affection connue sous le nom de *court noué*.

CHAPITRE XIX

ACCIDENTS ET MALADIES NON PARASITAIRES

GRÊLE

212. *La grêle* occasionne dans les vignes des dégâts dont l'importance varie suivant l'intensité et surtout suivant l'époque à laquelle elle a lieu.

Lorsqu'elle tombe en mai ou juin, les nouveaux rameaux sont encore tendres et peuvent être profondément endommagés : à la suite des lésions il se produit des altérations profondes très nuisibles à la solidité du sarment : ce dernier, au moindre vent, peut se casser. Il faut, pour assurer la récolte de l'année suivante, tailler immédiatement en vert, à 2 yeux à partir de la base, tous les sarments fortement attaqués : ces bourgeons, qui ne se seraient développés qu'au printemps suivant, donnent des sarments qui serviront à asseoir la taille d'hiver et qui peuvent, si le temps est propice, et s'il n'est pas trop tard, donner après la grêle une petite récolte. Cette taille en vert ne donne de bons résultats que dans les régions méridionales ; dans les régions septentrionales, en Bourgogne, par exemple, les nouveaux rameaux obtenus n'ont pas le temps de mûrir et donnent des bois insuffisamment aoûtés. Quoi qu'il en soit, on devra toujours activer la cicatrisation et faciliter la végétation des nouvelles pousses en répandant en deux fois 3 ou 400 kilogrammes de nitrate de soude.

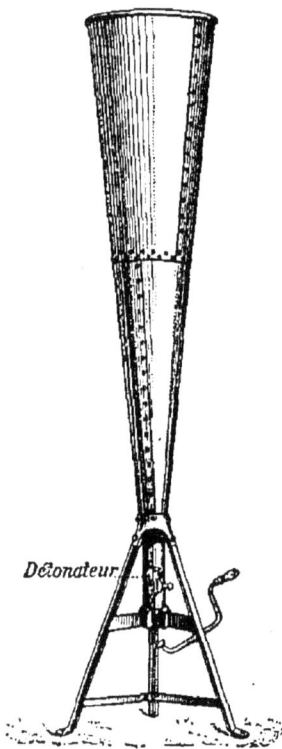

Fɪɢ. 185.

Canon grélifuge.

Détonateur

Si la grêle tombe à une époque plus avancée, les rameaux étant en partie lignifiés souffrent moins ; les blessures, quoique moins fortes, sont cependant encore dan-

gereuses et on ne peut y apporter aucun remède : les raisins
fortement atteints se dessèchent ou la blessure se cicatrise
quand la lésion n'est pas trop grave ; on obtient dans tous les
cas une vendange fort médiocre.

Après la véraison, la grêle cause également aux raisins des
dommages sérieux, mais on peut diminuer les pertes et éviter
une pourriture ultérieure
en vendangeant le plus
tôt possible et en vini-
fiant en blanc.

**213. Tirs contre la
grêle**. — Depuis long-
temps on a reconnu que
les explosions violentes
et répétées produisaient
d'énormes déplacements

Fig. 186. — Bombe.

*F, Tube porte-bombe Vidal; D, D, drains
pour l'écoulement des eaux.*

d'air et avaient une action sur les nuages, ainsi que sur la formation de la pluie. C'est ce qui explique que l'on ait songé à utiliser
les tirs divers pour lutter contre les orages à grêle. On se sert
de *canons*, de *bombes*, de *fusées* et de *ballons explosibles*.

Les canons paragrêle (fig. 185) comprennent en général trois

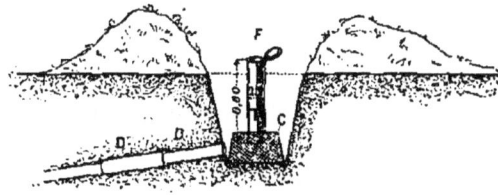

Fig. 187. — Poste de fusée paragrêle.

parties : 1° un *détonateur*
plus ou moins ingénieux
où se produit la détona-
tion ; c'est tantôt une cu-
lasse semblable à celle du
fusil Chassepot (canon
Idéal, système Quelin et
Verras) dans laquelle on
met une gargousse en
papier contenant 200 grammes de poudre ; la mise à
feu se fait par un répercu-
teur venant frapper une
capsule ordinaire ; tantôt
une sorte de mortier
(canon système Hœny),
ou encore une espèce de
petit réservoir où fait

explosion un mélange d'acétylène et d'air (canon système Ma-
bille) ;

2° Un *entonnoir* en tôle plus ou moins long et plus ou moins
large pour amplifier les détonations et permettre aux vibrations
d'engendrer une espèce de projectile gazeux en forme d'anneau

appelé *lore*, lequel s'élève en l'air en faisant entendre un sifflement caractéristique :

3° Un *support* plus ou moins élevé.

Un canon (installation comprise) coûte de 4 à 500 francs et protégerait environ 25 hectares.

Les canons n'ont pas donné les bons résultats auxquels on s'attendait et les nombreux échecs obtenus font actuellement douter de leur efficacité.

Les bombes, bombes du D'' Vidal, par exemple, contiennent environ 100 grammes de poudre et sont lancées au moyen d'un *tube porte-bombe* (fig. 186).

Le prix du porte-bombe est d'environ 25 francs ; une bombe coûte de 1 à 2 francs suivant sa force et garantirait une zone de 450 à 500 mètres de rayon.

Les fusées. — Les fusées (fig. 187) s'élèvent à des hauteurs variables (400 mètres au moins) et éclatent au voisinage ou même à l'intérieur du nuage à grêle. La zone d'efficacité serait d'environ 25 hectares. Nous pouvons citer les fusées du D'' Vidal ; les fusées à poudre de sûreté Favier[1] ; cette poudre ne produit son explosion que par l'inflammation d'un détonateur au fulminate.

La fusée est retenue par deux pitons fixés à un pieu en bois, l'opérateur est garanti par deux planchettes en bois formant un angle, comme l'indique la figure 187.

À côté des fusées on peut placer les **pétards** construits par le D'' Vidal : ils sont métalliques et éclatent à 4 ou 500 mètres de hauteur en se divisant en une foule de fragments inoffensifs : on les lance avec un mortier spécial.

Les fusées et les bombes paraissent donner de meilleurs résultats que les canons.

Quant aux **ballons explosibles**, les essais faits avec eux jusqu'à ce jour ne nous permettent pas encore de les apprécier au point de vue pratique.

Abris paragrêle. — Il est à remarquer que les *abris paragelées* indiqués p. 285, peuvent également servir comme abris paragrêles, mais seulement dans les vignobles à grands crus, car leur prix relativement assez elevé ne permet pas de les utiliser dans les vignobles ordinaires.

---

1. Fusée Herbuel de Saint-Étienne.

GELÉES

Les gelées causent à la vigne des dégâts qui varient suivant les saisons. On distingue les *gelées d'automne*, les *gelées d'hiver* et les *gelées de printemps*.

214. Gelées d'automne. — Les gelées d'automne sont rarement à redouter, sauf dans les régions viticoles septentrionales, pendant le mois d'octobre, à l'époque de la maturité.

Les raisins non mûrs sont atteints dès que la température minima arrive à — 5° pendant deux à trois jours. Les raisins gelés se rident, changent de couleur et de goût; on doit les recueillir immédiatement et les vinifier en blanc, la matière colorante étant détruite. Les gelées d'automne nuisent à l'aoûtement du bois; on peut remédier dans une certaine mesure à cet inconvénient en employant des engrais phosphatés à fortes doses.

Dans les régions où les gelées d'automne sont à redouter, il faut évidemment ne cultiver que des cépages à maturité précoce.

215. Gelées d'hiver. — Les gelées d'hiver, ou *gelées noires*, n'ont une action sensible sur la vigne que lorsque la température s'abaisse au-dessous de — 15°, surtout dans les sols humides.

Les tissus atteints deviennent bruns, les bourgeons semblent comme grillés et leur intérieur devient noir; en Bourgogne on appelle ces bourgeons gelés des *bourres-cuites*. Les parties atteintes doivent être enlevées. Si les coursons ont été détruits on les remplace par des sarments poussés à leurs base. Si la gelée a fait sentir son action jusque sur la souche, on peut recéper cette dernière et greffer au-dessous de la limite de mortification.

Dans les régions où les gelées sont à redouter, on butte fortement les souches pour les garantir; de plus on laisse à la base une pousse que l'on enterre pendant l'hiver et qui peut servir à reformer la souche si elle est détruite.

216. Gelées de printemps. — Les gelées de printemps sont les plus fréquentes et les plus à redouter. On les divise en *gelées à glace*, ou *gelées noires*, et en *gelées blanches*.

Les gelées à glace ou gelées noires sont dues à un abaissement général de la température, par vent du Nord : elles occasionnent des dégâts au début de la végétation, avant même le débourrement. Si les bourgeons et même les rameaux périssent, il faut alors *ébourgeonner* soigneusement les vignes atteintes et ne conserver que les repousses qui pourront donner des bois de taille l'année suivante.

Lorsque, pendant la nuit, le ciel est serein, le sol perd de la chaleur par rayonnement, sa température s'abaisse plus rapidement que celle de l'air situé au-dessus (de 5 à 6 degrés environ). De là résulte que la couche d'air qui est en contact immédiat avec la surface du sol est amenée à une température plus basse que les couches plus élevées; il arrive un moment où la vapeur d'eau qu'elle contient se condense et la rosée apparaît. Si la température de l'air n'est que de quelques degrés *au-dessus* de zéro, celle du sol, qui lui est inférieure de 5 à 6 degrés en moyenne, peut s'abaisser à quelques degrés *au-dessous* de zéro, alors la vapeur d'eau de l'air au lieu de se condenser sous forme de gouttelettes liquides (*rosée*), donne naissance à de petites aiguilles de glace dont l'ensemble forme ce que l'on appelle la *gelée blanche*.

Les gelées blanches se produisent lorsque, à la suite de pluie, de temps humides, le ciel est sans nuages pendant la nuit, en avril et mai. Elles se forment de la manière suivante :

Les bourgeons qui ont débourré ne tardent pas à se faner et à *roussir*. Aussi a-t-on donné à la lune d'avril (celle qui commence en avril et finit en mai), le nom de *lune rousse*, parce que les habitants des campagnes ont observé que c'est *lorsque la lune brille* que les gelées blanches sont à craindre et qu'ils s'imaginent, bien à tort, que la lune est la cause du mal.

Action de la gelée et dégâts produits : D'après certains auteurs, sous l'action du refroidissement, l'eau des cellules de la plante émigre entre les cellules et forme de petits glaçons. Les premiers rayons du soleil tombant sur ces cellules vides les brûlent et les tissus noircissent. Si un écran ou un nuage garantit la plante contre l'action des premiers rayons du soleil, le *dégel* se fait lentement et les cellules reprennent l'eau qui leur est nécessaire ; la plante n'a aucun mal. Ce n'est donc pas la gelée elle-même qui serait à craindre, mais le *dégel rapide*.

Il semble bien au contraire, dit M. Degrully, que le soleil se borne à flétrir ou à roussir les bourgeons désorganisés par la gelée. C'est ce qui expliquerait les nombreux insuccès obtenus lorsqu'on emploie, pour éviter seulement le dégel rapide, les nuages artificiels produits par la combustion des matières résineuses. Nous pensons que les dégâts peuvent être produits, suivant les cas, soit par la gelée elle-même, soit par le dégel rapide. Il est donc préférable, ainsi que nous le verrons plus loin, d'utiliser les nuages artificiels avant que la température soit arrivée à zéro et jusqu'un peu après le lever du soleil.

217. Protection contre les gelées. — Pour éviter les gelées, ou tout au moins diminuer leurs effets, nous avons à notre disposition différents moyens que nous allons examiner :

1° *Planter la vigne de préférence en coteaux.* — Évitons de planter de la vigne dans les bas-fonds et les dépressions du sol.

On sait, en effet, que pendant les nuits claires et *sans vent* à mesure que l'air se refroidit au contact du sol, cet air froid, qui est plus lourd, glisse sur les flancs des coteaux et va remplir le fond des vallées, les bas-fonds, les dépressions. Cela explique pourquoi les sols en pente, les plateaux exposés aux vents ne craignent pas les gelées.

2° *Employer des cépages à débourrement tardif, ou des cépages pouvant donner une petite récolte même après gelée blanche*, comme l'Aramon (voir p. 65) et le Gamay (p. 44) ;

3° *Tailler la vigne tardivement.* — On supprime les sarments inutiles à l'automne (nettoyage) et la taille définitive n'a lieu que lorsque les bourgeons de l'extrémité des sarments conservés débourrent ; on retarde ainsi d'une dizaine de jours le débourrement des bourgeons de la base qui sont conservés à la taille.

Il arrive quelquefois que les bourgeons de la base débourrent presque aussi vite que les autres ;

4° *Laisser sur la souche un sarment dressé (flèche ou pisse-vin).* — Les bourgeons supérieurs du sarment dressé, étant loin du sol, ont plus de chance d'échapper à la gelée que ceux de la base. Si la gelée se produit, ce sarment est couché et traité comme un long bois ordinaire, il donnera une récolte ; si elle ne se produit pas, on le supprime après la période critique ;

5° *Badigeonner les coursons et les yeux* avec une solution de sulfate de fer à 40 pour 100 (40 kilogrammes de sulfate de fer dans 100 litres d'eau *chaude* pour une dissolution plus rapide) ou avec une solution d'acide sulfurique à 10 pour 100.

Cette opération doit être faite aussi tard que possible, au moment où les yeux commencent à se gonfler ou immédiatement avant cette époque. Elle occasionne un retard dans la végétation d'environ 8 à 10 jours ;

6° *Pendant la période des gelées, aplanir le sol par un roulage dès que les labours sont terminés.* — On a constaté qu'une vigne fraîchement labourée gèle plus facilement qu'une autre non fraîchement labourée ; il arrive même que les dégâts s'arrêtent exactement à la limite du labour.

Une terre labourée, en effet, offre une plus grande surface qu'une terre tassée et perd ainsi par rayonnement plus de chaleur, la perte de chaleur étant proportionnelle à la surface.

M. Petit, professeur à l'École d'horticulture de Versailles, a montré qu'une terre roulée peut perdre 4 degrés de moins qu'une terre laissée en motte.

7° *La submersion et l'irrigation des vignes* apportent au sol de l'eau ayant en réserve une certaine quantité de chaleur qu'elle ne peut perdre complètement pendant la nuit. Aussi, l'air au voisinage de cette eau n'acquiert jamais une température très basse et la vigne est absolument protégée contre les gelées blanches, même quand la température du voisinage est de — 6° et — 7°. Comme que l'a démontré M. Petit, il n'est pas nécessaire que la terre soit recouverte d'une couche de liquide, il suffit, pour qu'il y ait préservation, que la surface du sol soit simplement gorgée d'eau ;

8° *Les aspersions des pampres avec de l'eau.* — Le procédé précédent, quoique parfait, n'est pas toujours facile à employer, les terrains submersibles ou arrosables étant plutôt rares. Mais, ainsi que le fait remarquer M. Degrully, l'eau employée en aspersions sur les pampres est tout aussi efficace, et « nous trouvons là un procédé d'application déjà plus général, très pratique pour la petite propriété et même partiellement utilisable dans les grands domaines, si l'on admet qu'il y a toujours intérêt à sauver une partie, fût-elle minime, de la récolte. Avec quelques pulvérisateurs à grand travail, on peut en effet, en quelques heures, asperger des surfaces relativement importantes si tout a été disposé d'avance » :

9° *Les poudrages des jeunes bourgeons qui débourrent.* On poudre avec un mélange de soufre et de cendres (cendres tamisées 2 parties, soufre 1 partie) : ou encore avec du talc, ou même du talc mélangé avec du soufre. On doit poudrer abondamment et plusieurs fois, au fur et à mesure que les nouvelles feuilles apparaissent ou s'il fait du vent :

10° *Emploi des nuages artificiels.* — On sait que par temps couvert (ciel nuageux) les gelées blanches ne se produisent pas ; les nuages font écran et diminuent les pertes de chaleur du sol par rayonnement.

Le viticulteur peut obtenir des nuages artificiels produisant les mêmes effets : le procédé le plus simple consiste à brûler des tas de sarments et d'herbes sèches que l'on imbibe de goudron ou d'huile lourde de houille ; ces produits goudronneux coûtent 7 à 8 francs les 100 kilogrammes. On peut également faire brûler le goudron dans des marmites en tôle ou en fonte. Le commerce livre des *agglomérés* ou *foyers spéciaux* fabriqués avec des brais, résidus de la distillation du goudron.

A quel moment se produit la gelée et par conséquent à quel moment doit-on allumer les feux ?

Faisons remarquer tout d'abord que le sol se refroidit de plus en plus pendant la nuit et que la température minimum est atteinte un peu après le lever du soleil, c'est-à-dire au moment précis où le gain de chaleur produit par le soleil levant compense la perte de chaleur par rayonnement.

De ce que le minima de température se produit un peu après le lever du soleil, il ne s'ensuit pas qu'il ne gèle pas avant. Si, par exemple, le thermomètre accuse — 2° au lever du soleil, cela n'empêche pas qu'il peut marquer — 1° une heure avant, ou même 0° deux heures avant.

Le mal peut, comme on le voit, se produire non pas seulement un peu après le lever du soleil au moment du minima de température, mais aussi avant.

Donc il faut allumer dès que le thermomètre placé à la hauteur des bourgeons (ou à 0^m,20 au-dessus du sol) signale l'abaissement de la température à + 2°. On laissera agir les feux aussi longtemps que la température restera au-dessous de zéro et même plus tard, si l'on craint qu'un dégel rapide soit funeste.

D'après Degrully « les foyers doivent être répartis autant que possible tout autour du vignoble à raison de 1 foyer tous les 15 mètres environ ; à l'intérieur du vignoble il faut les disposer en lignes espacées de 50 à 100 mètres, suivant la puissance des foyers, ces derniers étant eux-mêmes espacés de 40 à 50 mètres sur les lignes. Il serait imprudent de les disposer seulement du côté du vignoble d'où vient habituellement le vent : pour parer à toute éventualité, il est bon d'en former une ceinture continue, quitte à n'allumer au moment opportun que ceux dont l'efficacité doit être la plus grande

On a constaté que les nuages artificiels sont efficaces tant que la température ne s'abaisse pas à plus de 3 ou 4 degrés au-dessous de zéro.

11° *Emploi des abris.* — L'emploi des abris ou écrans protecteurs, étant assez coûteux, n'est pratique que dans les vignobles à grands crus.

Les écrans employés sont des planchettes de bois ou du carton bituminé, des paillassons ou encore des toiles-abris étalées au-dessus des ceps. Nous pouvons citer :

L'abri contre-espalier mobile (système Bonnet de Murigny) : il est composé de panneaux mobiles en planches et soutenus par des piquets au moyen de chevilles. Ces panneaux sont disposés horizontalement pour les gelées, ils sont inclinés à 45° pour abriter les ceps contre les froid et les pluies pendant la floraison. On s'en sert comme *abri paragrêle*.

L'abri paillasson mobile (système Bonnet) : il est composé d'une série de cadres en tiges et fils de fer sur lesquels on *place* des paillassons au moment des gelées. Cet abri prend toutes les positions désirées pour protéger les ceps contre la gelée, la grêle. etc. On le dispose verticalement lorsque les gelées ne sont plus à craindre.

Le paragelée (système Parant) : il est formé d'une série de fils de fer tendus sur bâtis et sur lesquels glissent des toiles bordées d'anneaux. Un seul homme peut couvrir un hectare de vigne en un quart d'heure.

Tous ces abris peuvent être actionnés automatiquement à l'aide d'un appareil électrique, le *Varium*, espèce de thermomètre déclencheur basé sur la dilatation des métaux sous l'influence de la chaleur.

Les abris que nous venons de citer sont évidemment très pratiques au point de vue des résultats obtenus, malheureusement ils sont relativement assez coûteux. C'est ainsi que *l'abri contre-espalier mobile* coûte environ 6300 francs par hectare, *l'abri paillasson mobile* revient à 4500 francs l'hectare. C'est dire que ces appareils ne peuvent être employés que dans les vignobles à grands crus où ils rendent d'incontestables services.

BROUSSINS

218. *Les Broussins* se forment quelquefois au collet de la souche sur les racines, sur les coursons, sur les longs bois à la suite des gelées noires et des gelées blanches. Ce sont des excroissances d'aspect verruqueux parfois énormes qui gênent la circulation de la sève. On y trouve souvent des moisissures, des bactéries, ce qui a fait croire que les broussins étaient dus à une maladie parasitaire.

Traitement. — On rase à la serpe les broussins qui se trouvent sur la souche et les sarments et l'on badigeonne la plaie avec une solution de sulfate de fer (500 grammes de sulfate de fer dans 2 litres d'eau).

ROUGEOT — FOLLETAGE OU APOPLEXIE — ERCISSEMENT

219. Le rougeot est une maladie de la vigne qui se produit au commencement de l'été pendant les premières chaleurs. Les feuilles se dessèchent partiellement et les parties desséchées se teintent de rouge ; les raisins peuvent alors se flétrir. Dans les cas graves, les feuilles se dessèchent entièrement et le sarment se nécrose.

En général les ceps attaqués ne meurent pas et, quoique parfois fort mal traités, ils reprennent leur végétation normale l'année suivante.

Les savants ne sont pas d'accord sur la cause du rougeot : les uns l'attribuent à des refroidissements subits ou à des courants froids, d'autres (MM. Prilleux et Delacroix) à un champignon parasite : l'*Esobasidium vitis*, d'autres enfin à des lésions, etc.

Traitement. — Éviter les labours par les vents froids et secs au moment où sévit la maladie parce qu'ils exagèrent le refroidissement et augmentent l'intensité de la maladie. Dans les terrains humides, il est bon d'assainir, de drainer si possible, de faire des apports d'engrais potassiques.

Le folletage est un accident, une espèce de coup de soleil qui occasionne le flétrissement *brusque* des feuilles, des sarments, d'une partie d'un cep ou du cep tout entier. Il ne se produit que sur certains ceps et non sur le vignoble tout entier. On l'appelle parfois **apoplexie** à cause de la rapidité avec laquelle se produit l'accident. On n'est pas d'accord sur les causes du folletage.

Souvent, quand le mal n'est pas grave, les parties atteintes reprennent leur état naturel pendant la nuit.

Quand le mal a plus de durée et qu'il est plus grave, il est nécessaire de supprimer les rameaux atteints. Lorsque la souche entière a souffert beaucoup, il faut la couper au ras du sol et la regreffer.

L'ercissement est un accident qui se produit sur les raisins pendant la véraison et au moment des fortes chaleurs lorsque les souches de la vigne souffrent de la sécheresse : *les grains cessent de grossir et prennent une teinte vert bleu.* Si la période de chaleur et de sécheresse est longue, les grains restent petits, arides et peu riches en sucre.

D'après MM. Durand et Guichard, on atténue cet accident de végétation en opérant de nombreux binages et en évitant les tailles longues dans les vignobles où il peut se produire.

ÉCHAUDAGE OU BRULURE, OU GRILLAGE

220. Le grillage est un accident qui se produit sur les raisins avant la véraison, lorsque ceux-ci, étant tout d'abord protégés contre l'excessive lumière par un ciel plus ou moins nuageux, sont exposés assez brusquement à un soleil ardent, par un temps calme : les grains sont grillés, se dessèchent et tombent lorsque la brûlure est forte ; si l'échaudage n'est pas trop prononcé les grains frappés ne tombent pas, ils prennent une teinte rouge brun comme si on les avait trempés dans l'eau bouillante. Dans le Midi, pour protéger les raisins contre cet accident, on ne relève pas les sarments, on les laisse courir sur le sol. Il faut éviter de biner au moment de la véraison, pendant les fortes chaleurs, afin de ne pas remuer les rameaux.

LA COULURE ET LE MILLERANDAGE

221. *La coulure* est un accident caractérisé par la non fécondation des fleurs et leur chute : les fleurs avortent, se dessèchent et tombent, on dit qu'elles
coulent.

Causes et traitements. — Différentes causes peuvent provoquer la
coulure :

1° *La mauvaise constitution de la fleur :*
fleur dont l'épanouissement se fait mal;
fleur dont le pollen ne peut féconder
l'ovaire de la même fleur, etc. (voir p. 18).
Les cépages dont les fleurs ont une mauvaise constitution et coulent sont appelés
coulards. Exemple la *Madeleine angevine,*
le *Chasselas coulard,* le *Chardonnay,* le
Pinot mauvais grains.

On peut éviter cette *coulure naturelle*
en sélectionnant soigneusement les boutures servant de greffons et en éliminant
les bois des ceps présentant ce défaut.

On peut aussi employer la *fécondation
artificielle* (voir p. 18) mais celle-ci n'est
pratique que pour les treilles dans les
serres.

2° *Par des froids accompagnés de pluies
qui surviennent à l'époque de la floraison :*
la floraison et la fécondation ne peuvent
se faire par suite d'une température trop
basse (voir p. 13, *Conditions de la fécondation*); les pluies entraînent le pollen.
Dans ce cas le viticulteur ne peut éviter
la coulure: il ne peut que la diminuer en
employant dans les terrains ayant une
mauvaise exposition des cépages peu
sensibles à la coulure, en aérant les grappes par un accolage fait avec soin,
par un *soufrage* (voir p. 20).

3° *Par un excès de vigueur ou un manque de vigueur du cépage.* — Si la vigne
est trop vigoureuse (soit par suite d'une taille courte, soit à cause d'une alimentation azotée trop abondante, ou encore par suite d'un porte-greffe donnant de la vigueur), les fleurs avortent, elles coulent. On diminue cette
vigueur et par suite on fait disparaître la coulure en faisant une *taille plus
longue,* en pratiquant l'incision annulaire (voir p. 204), des pincements
après la floraison, en employant des porte-greffes plus appropriés, et en
donnant au sol des *engrais phosphatés* (superphosphates ou scories de
déphosphoration) qui corrigent le défaut d'un excès d'azote.

Le manque de vigueur produisant le même effet, on emploiera de meilleurs
porte-greffes, on donnera à la vigne épuisée de fortes fumures dans lesquelles
les doses d'engrais phosphatés seront importantes, l'acide phosphorique étant
un remède assez efficace contre la coulure.

FIG. 188.

GRAPPE MILLERANDÉE.

Le millerandage est l'avortement partiel des raisins, tandis que la coulure est l'avortement des fleurs : lorsque l'ovaire est mal fécondé, le grain reste petit ou n'atteint pas la grosseur normale des autres grains. Cet arrêt de développement se produit de la nouaison à la maturation. Les grains ainsi avortés sont dits *millerands*. Les grappes millerandées (fig. 133) sont généralement lâches et formées de grains d'inégale grosseur, les uns verts, les autres rouges et d'autres noirs.

Le millerandage est un accident du même ordre que la coulure et dépend des mêmes causes : on le combat par les mêmes moyens que ceux indiqués ci-dessus pour la coulure.

CHLOROSE (ou jaunisse).

222. *La chlorose* est une maladie qui se manifeste par un affaiblissement de la végétation et par un changement de la couleur verte des feuilles : les feuilles présentent tout d'abord par place ou sur toute leur surface une teinte vert jaunâtre, puis peu à peu elles deviennent jaunes et enfin blanchâtres : elles sont souvent brûlées entre les nervures, la végétation diminue progressivement, le cep décroît, se rabougrit, puis meurt.

Nous avons vu p. 99 les *causes de la chlorose* ainsi que les cépages plus ou moins résistants à cette maladie. Il nous reste à examiner les remèdes à employer.

223. Traitements. — Le meilleur remède à employer est le *sulfate de fer*.

1° *Traitement préventif.* — *Le procédé le plus recommandable*, le moins coûteux est le suivant :

Après la chute des feuilles, à l'automne, au moment du nettoyage des ceps (lorsqu'on supprime tous les sarments inutiles), une femme ou un enfant suit le vigneron qui taille pour badigeonner les plaies de la taille avec une *solution de sulfate de fer à 30 ou 40 pour 100* (30 à 40 kilogrammes de sulfate de fer dans 100 litres d'eau). Comme pinceau on se sert d'un simple tampon de chiffon au bout d'un bâton.

On a remarqué que les bourgeons touchés par la solution pouvaient être brûlés ; aussi ne fait-on pas la taille, définitive à l'automne au moment du badigeonnage : on enlève tous les sarments inutiles (nettoyage), mais ceux qui, taillés, doivent fournir les coursons ou cots sont coupés à 20 ou 30 centimètres pour que la solution en coulant n'arrive pas sur les bourgeons à conserver ; au printemps on fait la taille définitive.

On peut aussi répandre à la volée, sur le sol du vignoble, de 200 à 500 grammes de sulfate de fer en poudre ou en petits cristaux par mètre carré, soit de 2 à 5000 kilogrammes de sulfate de fer par hectare. Les pluies le dissolvent peu à peu. Il vaut cependant mieux l'employer en dissolution dans l'eau, ce qui permet d'opérer avec des doses moindres (par souche, 100 à 150 grammes de sulfate de fer dans 10 litres d'eau) ; la dissolution est versée dans des cuvettes creusées au pied des souches.

Ces deux dernières manières de procéder sont assez coûteuses. Elles exigent surtout la première, une assez grosse quantité de sulfate de fer. Aussi vaut-il mieux employer la solution à 30 ou 40 pour 100 citée plus haut.

2° **Traitement curatif.** — Si pour une cause quelconque le traitement préventif (le meilleur) n'a pas été fait, ou encore si l'on veut compléter le premier traitement, on peut appliquer le traitement curatif suivant : en été, on répand

FIG. 189. — BRUNISSURE.

sur les feuilles chlorosées, avec un pulvérisateur ordinaire, une solution de sulfate de fer à 1/2 ou 1 pour 100 au maximum (500 gr. à 1 kilog. de sulfate de fer dans 100 litres d'eau). Tous les points de la feuille touchés par la solution reverdissent. Ne pas dépasser les doses de 500 gr. à 1 kilog. car on brûlerait les feuilles.

BRUNISSURE

224. La brunissure est une maladie généralement peu grave que l'on constate sur les feuilles à partir de juillet : celles-ci deviennent par places jaune brun ou brun foncé entre les nervures (fig. 189) et les raisins mûrissent mal.

D'après M. Ravaz la brunissure serait la conséquence d'une surproduction qui amène l'appauvrissement et l'épuisement des tissus : « Toutes les causes qui favorisent l'appauvrissement des tissus (mildiou, oïdium, etc.), ou qui ralentissent la nutrition de la plante, favorisent l'apparition de la brunissure. Par contre, toutes les causes qui facilitent la nutrition de la plante s'opposent aussi à l'apparition de la brunissure. L'affection devient de moins en moins fréquente à mesure que les souches deviennent plus âgées ou plus développées : la brunissure est une maladie des vignes jeunes. »

Traitement. — Il faut diminuer la surproduction des fruits en taillant plus court et pousser à la suralimentation des ceps par des fumures copieuses où *dominent les engrais potassiques*, dont l'influence sur la brunissure est nettement marquée. En hiver, pour avoir des résultats immédiats on fait pénétrer les substances fertilisantes par les plaies de taille : on badigeonne les coursons avec un mélange de *nitrate de potasse* et de *phosphate de potasse*.

19

CHAPITRE XX

MALADIES DE LA VIGNE

OÏDIUM

225. *L'oïdium* est une maladie causée par un champignon, l'*Érisyphe Tuckeri*, qui attaque tous les organes verts de la vigne.

Caractères. — Les organes atteints se recouvrent de taches farineuses blanchâtres (surtout visibles sur les feuilles et les jeunes sarments) dues à des filaments blancs très fins que l'on enlève facilement avec le doigt, on constate en même temps une odeur de moisi. Au bout de quelque temps les filaments blancs tombent et l'on voit au-dessous, sur les organes, de nombreuses taches noirâtres : *les feuilles* attaquées, qui étaient au début d'un gris sale, deviennent comme enfumées, cassantes, coriaces; les raisins atteints deviennent au début également grisâtres, enfarinés, puis ensuite noirâtres. De plus l'aoûtement du bois se fait mal et la vitalité de la vigne est sensiblement diminuée.

Fig. 190. — Grains
attaqués par l'oïdium.

Si l'attaque a lieu sur les grappes à l'époque de la floraison, les petits grains se dessèchent et tombent. Si elle a lieu sur les grains lorsqu'ils sont plus gros (fig. 171), ceux-ci se développent difficilement, leur peau se durcit, ils finissent par se fendiller et par les fentes produites s'introduisent des bactéries, des moisissures qui décomposent la pulpe.

Au moment de la véraison (c'est-à-dire lorsque les grains perdent leur coloration verte et commencent à prendre celle qu'ils auront à leur maturité), *la maladie s'arrête et les grains ne sont plus attaqués par l'oïdium.*

Les taches farineuses blanchâtres que l'on voit sur les organes de la vigne sont produites par une foule de petits tubes ou filaments microscopiques conidiophores (fig. 191), contenant les semences (*conidies*) de la maladie. Ces tubes sont portés par des filaments très fins (filaments mycéliens dont l'ensemble forme le mycélium) qui courent à la surface des organes verts de la vigne en émettant çà et là des *suçoirs* qui aspirent pour leur nourriture le contenu des cellules extérieures.

Pendant tout l'été l'oïdium se propage par les *conidies* qui se multiplient avec une très grande rapidité. Ces conidies résistent difficilement aux froids de l'hiver, aussi à l'automne l'Oïdium produit de petits corpuscules bruns appelés périthèces (*Uncinula spiralis*) (fig. 192), pouvant supporter des températures assez basses ; on les voit au milieu des filaments mycéliens. Ces périthèces passent l'hiver et au printemps éclatent, laissant échapper de petits sacs (*asques*) remplis de spores ou semences de l'oïdium.

Conditions de développement. — L'oïdium se développe surtout *lorsque l'atmosphère est chaude et humide, par temps couvert.* Une température d'au moins 10 à 12 degrés lui est nécessaire. Par un temps chaud, *sec* et *clair*, le développement de l'oïdium se fait très mal ou même est arrêté. Une température excessive de 40 degrés peut détruire

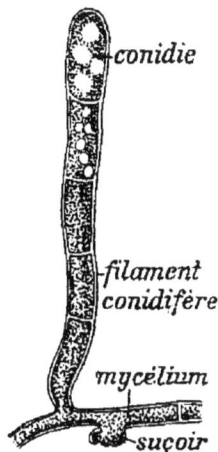

Fig. 191.

Filament conidifère de l'Oïdium fixé sur le mycélium.

l'oïdium. La plupart des vignes européennes souffrent de l'oïdium ; les cépages américains sont en général plus résistants.

226. Traitements contre l'oïdium. — I. Traitements préventifs. — *Le soufre en poudre* est le meilleur remède à employer contre l'oïdium. Il agit soit directement par contact, soit par ses vapeurs ou encore par l'acide sulfureux ou les sulfures qu'il produit[1].

Le commerce livre aux viticulteurs trois espèces de soufre : le *soufre trituré*, le *soufre sublimé*, le *soufre précipité*. Ce sont les deux derniers que les viticulteurs doivent employer.

Le commerce vend encore sous le nom de *soufre mouillable*, un mélange de soufre, de carbonate de soude et de résine en poudre qu'il suffit de jeter

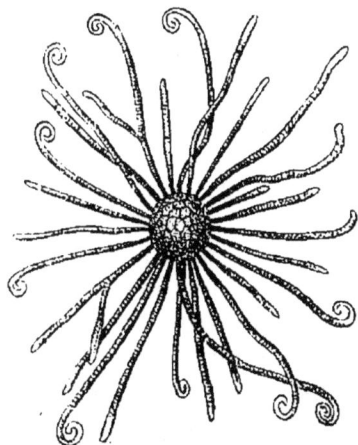

Fig. 192. — Périthèce de l'oïdium.

dans l'eau pour obtenir un mouillage complet du soufre. Ce mélange est employé, comme nous le verrons, dans la préparation des *bouillies soufrées* pour le traitement des vignes attaquées à la fois par l'*oïdium* et le *mildiou*[2].

---

1. On n'est pas d'accord à ce sujet.

2. Pour de plus amples détails sur le soufre, voir *Chimie générale appliquée à l'agriculture* (Encyclopédie des connaissances agricoles).

Le soufre employé pour le traitement de l'oïdium est d'autant meilleur qu'il est *plus fin* et *plus pur*.

Il faut généralement *trois soufrages* :

Le premier soufrage doit être fait de bonne heure, lorsque les pousses ont 7 à 10 centimètres de longueur.

Le deuxième soufrage a lieu à la floraison (pour diminuer la coulure).

Le troisième soufrage se fait quinze jours ou trois semaines avant la véraison.

Il est inutile de faire un soufrage après la véraison puisque, ainsi que nous l'avons vu, les grains à ce moment ne redoutent plus l'oïdium : ce serait même nuisible parce qu'on risquerait, au moment de la vendange, d'introduire dans la cuve une certaine quantité de soufre qui pourrait se transformer en acide sulfhydrique donnant au vin un goût d'œufs pourris.

On peut, si l'invasion est intense, faire un ou deux soufrages supplémentaires entre le deuxième et troisième soufrage.

Quantités de soufre à employer. — Ces quantités sont variables : on emploie généralement 15 à 20 kilogrammes de soufre par hectare pour le premier soufrage, la végétation étant encore peu développée : 30 à 40 kilogrammes pour le second ; et 40 à 50 kilogrammes pour le troisième.

Précautions à prendre. — Pour que le soufre produise de bons résultats, il faut l'employer par un temps chaud (25 à 30 degrés). Il ne faut pas cependant que la chaleur soit excessive afin d'éviter le *grillage* de la vigne : par les fortes chaleurs, pour que le soufre ne produise pas de brûlures, il est bon d'interrompre le soufrage au milieu de la journée (de 10 heures du matin à 3 heures de l'après-midi) ; on peut d'ailleurs, pour plus de précautions dans ce cas particulier, projeter le soufre sur le sol, les vapeurs dégagées agissent très bien.

Pour le bon fonctionnement des appareils destinés à répandre le soufre (soufreuses), et aussi pour éviter les brûlures si la température est très élevée, on peut mélanger le soufre avec du plâtre (par exemple 3/5 de soufre sublimé et 1/4 en poids de plâtre).

Il faut répandre le soufre par un temps calme ; on ne doit pas soufrer à la rosée de façon à éviter l'agglomération du soufre par les gouttelettes d'eau. Ne pas soufrer également par temps de pluie.

Une forte pluie survenant après un soufrage (même trois ou quatre jours après) peut enlever la plus grande partie du soufre ; un nouveau soufrage peut alors être nécessaire.

Le soufrage est favorable à la végétation de la vigne, surtout à la floraison. Certains cépages cependant redoutent le soufre, comme l'Othello et quelques producteurs directs par exemple sur lesquels il produit des brûlures.

Instruments employés. — Les instruments employés pour le soufrage des vignes sont de deux sortes : les *soufflets* et les *soufreuses.*

Le soufflet est généralement un soufflet ordinaire (fig. 193) sur le côté duquel se trouve une petite boîte en fer-blanc divisée en deux compartiments par une toile métallique. Le soufre est mis dans le compartiment supérieur, il passe à travers la toile métallique et se trouve expulsé au dehors par le courant d'air qui traverse le compartiment inférieur. Quelquefois, comme dans le soufflet Lagleyze, un petit agitateur, disposé dans le compartiment supérieur et mis en mouvement par le soufflet lui-même, divise le soufre

FIG. 193. — SOUFFLET VERMOREL.

aggloméré en même temps qu'il ne laisse passer qu'une petite quantité de soufre déterminée.

Les soufreuses sont généralement plus employées et plus pratiques que les soufflets. Comme type nous pouvons citer *la Torpille* de Vermorel (fig. 194). Elle se compose d'un réservoir en fer-blanc HC dans lequel on met le soufre.

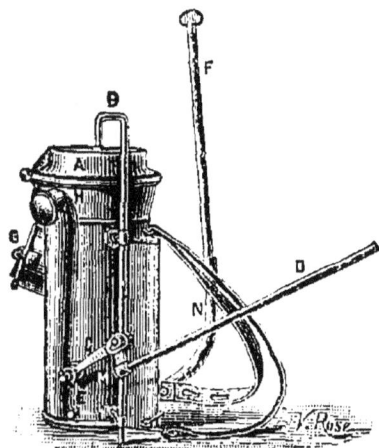

FIG. 194. — SOUFREUSE
LA « TORPILLE » VERMOREL.

Celui-ci, introduit par l'ouverture G, est retenu par une grille de fond. Le soufflet placé à la partie supérieure de ce réservoir est manœuvré par le levier D. Ce dernier met également en mouvement, par l'intermédiaire du balancier C, une brosse destinée à faciliter le passage du soufre à travers la grille du fond. Le soufre passe dans la partie inférieure du réservoir au-dessous de la grille, se trouve emporté par le courant d'air et chassé dans la lance F.

On peut encore citer comme soufreuses *l'Éole*, de M. Besnard ; l'excellente *soufreuse de Quelin-Perras* dans laquelle la brosse est remplacée par une vis d'Archimède à ailettes divisant parfaitement le soufre.

Emploi des polysulfures alcalins. — Nous avons vu que le soufre n'agit bien que par temps sec et à une température d'au moins 25 à 30 degrés. Il s'ensuit que dans les régions du Nord le soufre peut parfois ne pas produire de bons résultats. On a songé à le remplacer dans une certaine mesure par *les polysulfures alcalins.* Ceux-ci sont des composés de soufre *très solubles* dans l'eau; leurs dissolutions, au contact de l'air, abandonnent du soufre *très divisé* et *très adhérent* sur les organes de la vigne. On peut donc faire le traitement par temps froid et humide. Nous verrons même plus loin que les polysulfures alcalins peuvent servir *aux traitements d'hiver.*

La dose à employer est de 500 grammes de polysulfure par 100 litres d'eau pour le premier traitement et de 1 kilogramme de polysulfure pour les autres traitements.

L'épandage se fait au moyen des *pulvérisateurs* ordinaires que l'on emploie pour le traitement contre le mildiou (voir p. 301).

Autre formule du D' Dufour : 500 grammes à 1 kilogramme de polysulfure alcalin, 500 grammes de savon noir, 100 litres d'eau.

II. TRAITEMENTS CURATIFS. — *Emploi du permanganate de potasse.*

— M. Truchot a préconisé avec succès l'emploi du permanganate de potasse pour combattre l'oïdium. La formule employée est la suivante :

Permanganate de potasse.	125 grammes.
Eau.	100 litres.

On peut augmenter l'adhérence du permanganate avec de la chaux :

Permanganate de potasse.	125 grammes.
Chaux.	3 kilogrammes.
Eau.	100 litres.

Pour bien faire la dissolution on fait dissoudre le permanganate dans 5 à 6 litres d'eau chaude (non bouillante) et on complète ensuite le volume à 100 litres. La dissolution est très lente dans l'eau froide; pour qu'elle soit complète, il faut réduire le permanganate de potasse en poudre et agiter longtemps le mélange.

Le permanganate de potasse est détruit par toutes les matières organiques, on ne peut donc pas faire la dissolution dans des tonneaux en bois, excepté dans ceux qui servent habituellement à préparer les bouillies cupriques pour le traitement contre le mildiou. On peut se servir également de vases métalliques.

On répand la dissolution avec des pulvérisateurs ordinaires.

Il ne faut pas augmenter l'adhérence du permanganate en ajoutant à la solution une matière organique (comme le savon, le sucre, etc.), car le permanganate, à leur contact, serait détruit.

Le permanganate de potasse détruit immédiatement l'oïdium, *mais contrairement à ce qui a lieu pour le soufre il n'agit qu'au moment même de son emploi*, il n'exerce aucun effet préventif, de sorte que l'oïdium non entièrement détruit par la dissolution peut à nouveau attaquer la vigne.

Le permanganate de potasse n'est bon que pour arrêter *momentanément* une invasion due à l'insouciance des viticulteurs qui n'ont pas fait de soufrages. Un soufrage est généralement nécessaire après le traitement au permanganate.

Traitements préventifs d'hiver contre l'oïdium.

— D'après les recherches de M. de Istvanffi, les *périthèces de l'oïdium* passent l'hiver sur les sarments, les grappillons et les bourgeons des pousses tardives attaqués pendans l'été. Ces périthèces, ainsi que nous l'avons vu plus haut (p. 291), donnent au printemps des *spores* ou germe de l'oïdium pour une nouvelle invasion.

M. Ravaz dans ses recherches n'a jamais pu observer des périthèces *vivant* sur les écorces des sarments, non plus que sous les écailles sèches des bourgeons. Par contre il les a vus souvent en très grand nombre autour de l'axe et des jeunes grappes des bourgeons dormants. « Au printemps, ils se développent, se ramifient et fructifient en même temps que les bourgeons s'allongent; et l'on s'explique ainsi que ceux-ci puissent paraître très malades dès leur épanouissement. Ces observations montrent, ainsi d'ailleurs que l'expérimentation l'a établi, que les *traitements d'hiver* qui consistent à détruire les périthèces et les filaments mycéliens extérieurs sont souvent insuffisants pour arrêter la maladie. » Quoi qu'il en soit ces traitements sont les suivants :

On recueille les grapillons qui restent dans les vignes oïdiumées et on les détruit soigneusement par le feu. Les sarments sont également brûlés. Les souches sont décortiquées et pulvérisées avec les solutions suivantes (formules de M. Degrully).

Sulfure de potassium (ou encore bisul-
fite de chaux. . . . . 5 kilogrammes.
Savon mou. . . . . 1 kilogramme.
Eau. . . . . 100 litres.

On peut employer des dissolutions *chaudes* et acidulées de sulfate de fer :

Sulfate de fer. . . . . 50 kilogrammes.
Acide sulfurique . . . . 1 litre.
Eau. . . . . 100 litres.

On fait dissoudre le sulfate de fer dans les 100 litres d'eau chaude et on ajoute par petites portions l'acide sulfurique en agitant constamment. Il est nécessaire d'employer l'acide sulfurique avec prudence à cause des projections.

LE MILDIOU
Peronospora viticola ou *Plasmophora viticola*.)

227. *Le mildiou* est une maladie de la vigne qui a été constatée pour la première fois en France par Planchon en 1878. Elle est due à un champignon, le *Peronospora viticola* ou *Plasmophora viticola*, qui attaque tous les organes verts de la vigne aussi bien les feuilles, les grappes et les grains que les rameaux.

Sur les feuilles (fig. 195), où on le voit plus souvent, on remarque tout d'abord, à leur *partie supérieure*, des taches plus claires qui deviennent peu à peu jaunâtres, puis brunes ; à leur face inférieure correspondent des taches blanches ressemblant à des moisissures ou mieux à des efflorescences que le doigt enlève facilement. Ces taches se développent assez rapidement quand les conditions climatériques sont bonnes ; puis au bout d'un temps plus ou moins long les feuilles se dessèchent, *grillent* comme disent les viticulteurs, et tombent. Si le développement du mildiou est arrêté, les premières taches seules se dessèchent et font place à des trous entourés d'une auréole brune.

Sur les rameaux attaqués, on constate des taches analogues à celles que l'on observe sur les feuilles, quoique moins visibles. Lorsqu'elles ont pris leur teinte brune, on les distingue des taches causées par le *black-rot* et l'*anthracnose* en ce qu'elles ne sont pas accompagnées d'excoriations (écorchures).

Sur les grappes, avant la floraison, il provoque la *coulure*, les pédoncules noircissent et se dessèchent, les fleurs avortent et tombent. Sur les jeunes grains attaqués on distingue des efflorescences d'un blanc grisâtre qui ont fait donner au mildiou de la grappe le nom de **rot-gris**. Si la maladie attaque les grains quand ils sont plus gros. les grains atteints prennent une teinte brune et se déta-chent facilement. on dit qu'ils sont atteints de **rot-brun**.

Comment se déve-loppe le mildiou. — *Le champignon du mildiou vit à l'inté-rieur des tissus de la vigne alors que celui de l'oïdium vit à l'extérieur, en rampant à la sur-face des organes de la vigne et s'y fixant pour y puiser sa nourriture à l'aide de suçoirs qui ne pénètrent que dans l'épiderme de ces organes* (fig. 196).

FIG. 195. — FEUILLE DE VIGNE ATTAQUÉE PAR LE MILDIOU (FACE INFÉRIEURE).

Les *semences ou spores* du champignon germent sur la face supérieure des feuilles; elles émettent un tube qui traverse l'épiderme, rampe entre les cellules en émettant des *suçoirs c* qui pompent les liquides contenus dans celles-ci. Ces tubes, formant par leur ensemble ce qu'on appelle le *mycélium*, traversent ainsi la feuille et émettent par les *stomates s* de la face inférieure des bouquets de filaments fructifères ressemblant à de petits arbustes dont les *fruits c* sont des fruits d'été ou *conidies*.

Ce sont ces filaments fructifères qui constituent les efflorescences blanches qui se voient à la face inférieure des feuilles et dont nous avons parlé. Les *fruits ou conidies* du mildiou se détachent facilement et sont entraînés par le vent pour aller germer sur la face supérieure d'autres feuilles.

A la fin de l'été, comme les conidies ne pourraient passer l'hiver sans être détruites, le mycélium forme en certains de ses points, dans les tissus de la feuille, des semences d'hiver ou œufs ou encore *spores d'hiver*. Ces œufs sont pourvus d'une enveloppe épaisse qui leur permet de résister aux grands froids; ils sont mis en liberté au printemps (lorsque les tissus de la feuille desséchée ont été décomposés) et peuvent reproduire la maladie quand les conditions de développement sont propices.

Conséquences de la maladie. — Sous les attaques du mildiou, les feuilles se dessèchent et tombent. Les raisins ne recevant plus des feuilles les matériaux qui leur sont nécessaires, ne mûrissent pas ou mûrissent très irrégulièrement; une partie des raisins se dessèche ou pourrit et donne au vin un goût désagréable (*goût de mildiou*). Le bois des sarments s'aoûte mal: les ceps, s'ils sont attaqués plusieurs années de suite, dépérissent et peuvent même succomber.

Conditions de développement du mildiou. — Pour se développer le mildiou a besoin d'*humidité* et de *chaleur*. Alors que pour l'oïdium une atmosphère humide suffit, pour la germination de la semence ou *spore* du mildiou il faut une gouttelette d'eau. C'est ce qui explique qu'après une pluie suivie de soleil, après des brouillards ou par temps de rosée, le mildiou se développe très bien. Un vent chaud et sec fait disparaître les gouttes d'eau et tue les spores de mildiou. Les orages fréquents suivis d'acalmies et alternant avec de bons coups de soleil sont extrêmement favorables au développement du champignon.

Les vignes craignent surtout le mildiou dans les plaines à sol humide, dans les vallées encaissées où se condensent les brouillards. Les vignes en coteaux à sol sain, bien exposés aux vents, le redoutent beaucoup moins.

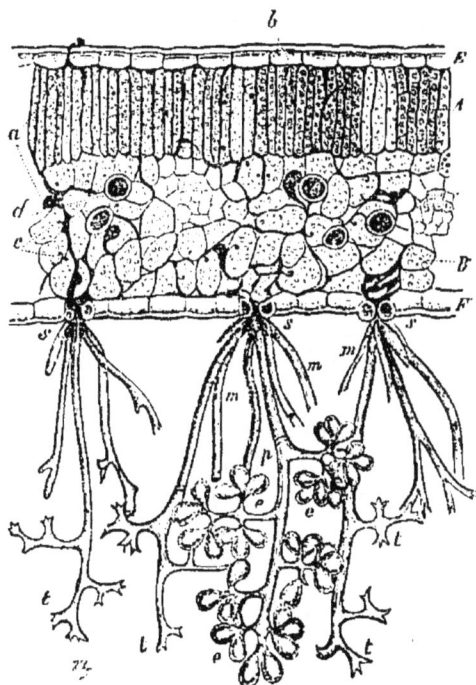

Fig. 196. — Propagation du mildiou dans une feuille de vigne (coupe théorique d'une feuille envahie).

A, *face supérieure de la feuille;* B, *face inférieure;* D, *nervure;* E, *épiderme de la face supérieure;* F, *épiderme de la face inférieure;* a, *mycélium rampant entre les cellules;* c, *suçoirs du mycélium;* d, *spore d'hiver ou œuf;* s, s, s, *stomates par où sortent les bouquets de conidiofores;* e, t. *conidies.*

228. Traitements contre le mildiou. — Nous avons vu que le champignon du mildiou vivait à l'intérieur des tissus de la vigne. On comprend dès lors que les traitements ne puissent le détruire lorsque l'attaque a déjà eu lieu, c'est-à-dire lorsqu'on voit les taches blanchâtres à la face inférieure des feuilles. *Les traitements doivent donc être préventifs.* Il n'y a pas de traitement curatif.

On a reconnu que le meilleur traitement à employer contre le mildiou est le *traitement aux sels de cuivre.*

Tous les sels de cuivre en dissolution dans l'eau ont, en effet, la propriété d'empêcher, même en quantité très faible, la germination des semences ou spores du mildiou. On emploie généralement le *sulfate de cuivre*.

Le sulfate de cuivre ayant une réaction acide brûlerait les feuilles s'il était employé seul. Pour neutraliser ou diminuer cette acidité, on emploie une base (chaux, carbonate de soude, etc.), formant avec le sulfate de cuivre une espèce de bouillie. De là trois sortes de bouillies :

Les bouillies *basiques* ou *alcalines* contenant un léger excès de base.

Les bouillies *neutres.*

Les bouillies *acides* : ayant encore une légère acidité.

Les bouillies au sulfate de cuivre prennent des noms différents suivant la base employée.

Les bouillies basiques ou *alcalines* sont excellentes, et certains praticiens les considèrent comme supérieures aux autres, mais elles sont moins adhérentes.

Les *bouillies neutres* sont généralement les plus employées.

Les bouillies acides ont une action plus immédiate, plus active, mais elles demandent plus de soins dans leur préparation, car trop acides elles peuvent brûler les feuilles.

Bouillie bordelaise (la base employée est la *chaux*). — On la prépare de la manière suivante : on fait pour un hectolitre de bouillie dissoudre le sulfate de cuivre (comme l'indique la figure 197) dans 80 litres d'eau et l'on y verse un lait de chaux, formé seulement de 10 à 12 litres d'eau renfermant la quantité de chaux nécessaire. Les quantités de sulfate de cuivre et de chaux varient suivant la nature de la bouillie :

a) *Bouillie bordelaise basique* :

	Pour les régions sèches.	Pour les régions humides.
Sulfate de cuivre.	1kg,500	2kg
Chaux grasse en pierre.	0kg,750	1kg
Eau.	100 litres.	100 litres.

b) *Bouillie bordelaise neutre.* — On emploie les mêmes produits. Pour obtenir la neutralité de l'acide, on ajoute peu à peu à la dissolution de sulfate de cuivre (1 kg. 500 de sulfate de cuivre dans 50 litres d'eau) le lait de chaux étendu d'eau en agitant constamment jusqu'à ce que le papier de tournesol[1]

---

1. Il est à remarquer que l'emploi du papier de tournesol exige une distinction entre le bleu du sulfate de cuivre, le bleu de la bouillie en préparation et le bleu du papier de tournesol. Trois bleus simultanés, c'est beaucoup pour quelques viticulteurs. Aussi conseillons-nous l'emploi du papier blanc à la *phénolphtaléine.* Ce papier reste blanc dans la solution acide de sulfate de cuivre et devient *rouge* lorsqu'on a versé assez de carbonate de soude.

Pour l'obtenir, on trempe du papier à filtrer blanc dans la solution suivante :

Phénolphtaléine	7 grammes.
Alcool	1/4 litre.

On fait ensuite sécher le papier.

mis dans le mélange, passe du rouge au bleu. On doit toujours verser le lait de chaux dans la solution de sulfate et ne jamais faire l'inverse.

c) *Bouillie bordelaise acide.* — On prépare d'abord une bouillie neutre et on ajoute par hectolitre 200 à 250 grammes de sulfate de cuivre pour la rendre acide.

Bouillie bourguignonne. — Dans cette bouillie, on emploie le *carbonate de soude* pour neutraliser le sulfate de cuivre.

a) *Bouillie bourguignonne basique.* Cette bouillie ne doit pas être employée, elle est trop lourde et se répartit mal.

b) *Bouillie bourguignonne neutre :*

	Pour les régions sèches.	Pour les régions humides.
Sulfate de cuivre.	1kg,500	2kg
Carbonate de soude à 90° (Solvay). .	0kg,675	1kg
Eau	100 litres.	100 litres.

Théoriquement, il faut 638 grammes de carbonate de soude *pur* pour neutraliser l'acidité de 1 kg. 500 de sulfate de cuivre *pur*. Mais en réalité, dans la pratique, si l'on emploie le carbonate de soude Solvay à 90 pour 100 de pureté, il faut 675 grammes de carbonate, et une dose beaucoup plus forte si l'on emploie le carbonate en cristaux.

Le plus souvent le vigneron emploie simplement le carbonate de soude *en cristaux* à la dose *approximative* de 1 kilogramme pour la dose habituelle de 1 kg. 5 de sulfate de cuivre par hectolitre d'eau. Or, ce carbonate peut contenir 20 pour 100, 30 pour 100 et même 40 pour 100 d'eau ; fraîchement préparé il peut contenir jusqu'à 180 parties d'eau pour 100 de carbonate sec.

Bien plus, il n'est pas rare de trouver dans le commerce des carbonates de soude falsifiés contenant 20 à 22 pour 100 de sulfate de soude qui ne neutralise pas l'acidité. Dans ces conditions, il ne faut pas s'étonner si la bouillie bourguignonne brûle parfois les feuilles.

Pour obtenir une bouillie *neutre*, il est indispensable d'employer le papier rouge de tournesol : on verse lentement la dissolution de carbonate de soude dans la dissolution de sulfate de cuivre, en remuant le mélange ; on cesse de verser dès que le papier rouge de tournesol mis dans le mélange prend une teinte bleue ; l'acidité du sulfate de cuivre est alors neutralisée.

Au lieu de papier rouge de tournesol, on peut employer, comme nous l'avons indiqué plus haut, le papier blanc à la *phénolphtaléine.*

c) *Bouillie bourguignonne acide.* — On fait d'abord une bouillie neutre, puis on ajoute 200 à 250 grammes de sulfate de cuivre pour la rendre acide.

229. Comparaison entre la bouillie bordelaise et la bouillie bourguignonne.
— Les bouillies bourguignonnes coulent mieux que les bouillies bordelaises dans le jet des pulvérisateurs. Mais tandis que ces dernières se conservent facilement pendant plusieurs jours après leur préparation, les bouillies bourguignonnes au contraire demandent à être utilisées le *jour même* de leur préparation, car elles perdraient de leur adhérence et une partie de leur efficacité.

230. Bouillies diverses.
— Les bouillies bourguignonnes et les bouillies bordelaises sont les plus employées ; mais il existe une foule d'autres bouillies qui diffèrent des précédentes soit par le sel de cuivre employé, soit par le sel destiné à neutraliser l'acidité du sel de cuivre choisi, soit par la substance que

l'on ajoute au mélange pour en augmenter l'adhérence sur les feuilles. Parmi ces différentes bouillies nous pouvons citer :

Bouillie au savon. — On ajoute au sulfate de cuivre en dissolution (doses indiquées ci-dessus 1 kg. 500 à 2 kilogrammes) du savon (1 kg. 500 à 2 kilogrammes). On verse le savon en poudre dans la solution de sulfate de cuivre et l'on agite. Ce savon étant alcalin remplace le carbonate de soude et la chaux des bouillies précédentes pour neutraliser l'acidité du sulfate de cuivre.

Bouillie à la colophane. — L'adhérence des bouillies est beaucoup augmentée par l'addition de 500 grammes de colophane.

On fait fondre 500 grammes de carbonate de soude dans 3 litres d'eau chaude ; quand la solution est bouillante, on ajoute peu à peu et par petits fragments 500 grammes de colophane en agitant constamment. Après refroidissement, on verse le mélange dans la solution suivante : 1 kg. 500 de sulfate de cuivre et 50 litres d'eau.

On neutralise ensuite le tout avec une dissolution de carbonate de soude (voir plus haut l'emploi du papier tournesol) et l'on complète à 100 litres avec de l'eau.

Bouillie sucrée. — C'est une bouillie bordelaise dont l'adhérence est augmentée en ajoutant 200 à 250 grammes de mélasse délayée dans de l'eau [1].

Bouillie à l'huile de lin. — L'huile de lin augmente beaucoup l'adhérence des bouillies :

Pour la bouillie bourguignonne, on ajoute 30 à 40 grammes d'huile de lin à la solution de carbonate de soude ; on agite et l'on verse peu à peu le mélange dans la solution de sulfate de cuivre jusqu'à neutralisation de l'acidité.

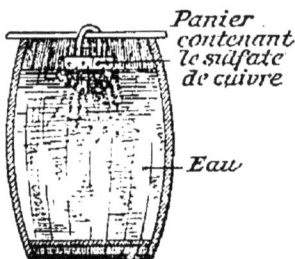

Fig. 197.

Dispositif pour la dissolution rapide du sulfate de cuivre ou du carbonate de soude.

Panier contenant le sulfate de cuivre

Eau

Pour la bouillie bordelaise, on met fuser la chaux vive dans l'eau nécessaire et en même temps on ajoute 30 à 40 grammes d'huile de lin ; on brasse le mélange et on l'ajoute peu à peu à la solution de sulfate de cuivre, comme nous l'avons indiqué plus haut, jusqu'à neutralisation.

Eau céleste. — L'eau céleste est une liqueur bleue que l'on obtient en versant de l'ammoniaque sur du sulfate de cuivre. Il se forme du sulfate d'ammoniaque et de l'oxyde de cuivre hydraté qui se redissout dans l'ammoniaque. C'est l'oxyde de cuivre qui agit sur les spores du mildiou. On prépare les deux solutions suivantes :

a	Sulfate de cuivre.	1 kilogramme
	Eau chaude (non bouillante).	5 litres.
b	Ammoniaque (à 22 degrés Baumé)	1 litre 1/2.
	Eau	3 litres.

On verse la solution *b* dans la solution *a* refroidie. Le lendemain, ou plus tard au moment de l'emploi, on complète à 100 litres avec de l'eau.

L'eau céleste est très limpide, elle coule très bien dans le jet du pulvérisateur ; mais trop concentrée elle peut brûler les feuilles par le sulfate d'ammoniaque qu'elle contient. Elle est très adhérente ; elle présente cependant le

---

1. *Le lysol* antiseptique très puissant peut être associé aux bouillies à la dose de 300 grammes à 400 grammes par hectolitre. Son action est surtout curative.

gros inconvénient de ne pas produire des taches visibles sur les feuilles et de rendre le contrôle difficile.

Bouillies au Verdet. — Les verdets sont des *acétates de cuivre*. On distingue deux espèces de verdets : le *verdet gris* qui ne se dissout pas dans l'eau, mais qui s'y délaie assez facilement; le *verdet neutre* très soluble dans l'eau.

Le verdet étant plus riche en cuivre que le sulfate de cuivre, on peut en employer des doses moindres :

Par hectolitre d'eau 500 grammes de verdet neutre en 1ᵉʳ traitement.
   —   — 800   —   2ᵉ   —
   —   — 1 kilogramme   —   3ᵉ   —.

On dissout facilement le verdet dans 10 ou 15 litres d'eau et l'on complète à 100 litres. Aucun grumeau ne restant en suspension, aucun dépôt ne se forme et le pulvérisateur ne s'engorge jamais.

La bouillie au verdet a une grande efficacité; elle ne brûle jamais les feuilles mais elle ne *marque* pas sur les feuilles, ce qui demande une surveillance active des ouvriers sulfateurs.

Pour rendre la bouillie plus visible sur les feuilles on peut ajouter par hectolitre 500 grammes de plâtre délayé dans 3 litres d'eau. Il ne faudrait pas employer de la chaux, car il se formerait de l'oxyde de cuivre.

Appareils employés. — Pulvérisateurs. —

Les appareils que l'on emploie pour répandre les bouillies ou autres liquides sous forme d'un nuage de fines poussières sont appelés *pulvérisateurs*. On les divise en *pulvérisateurs*

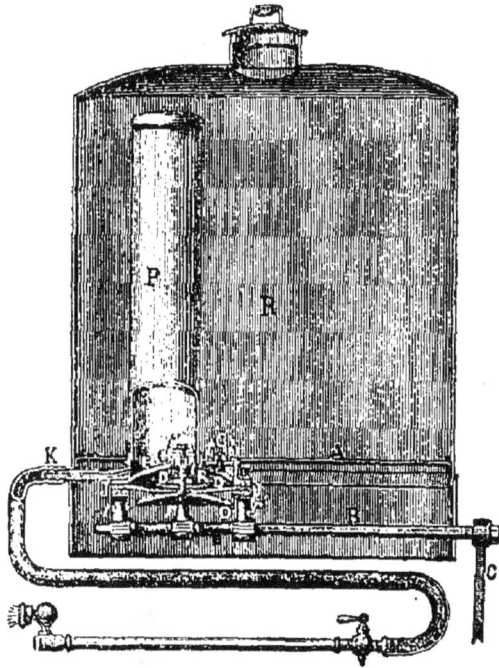

Fig. 108. — PULVÉRISATEUR VERMOREL (COUPE).

R, *réservoir fermé en* A; E *calotte sphérique de la pompe*; D, *diaphragme*; B, *arbre de mouvement, commandé par le levier* C; P, *chambre à air de la pompe*; K, *sortie du liquide.*

à petit travail qui s'emploient à dos d'homme, les *pulvérisateurs à bât* (ou à moyen travail) portés à dos de cheval, les *pulvérisateurs à grand travail* ou à traction.

Nous parlerons plus particulièrement des *pulvérisateurs à dos d'homme*, les plus nombreux :

En principe ils se composent généralement d'un *réservoir* à liquide en cuivre, d'une *pompe* pour comprimer le liquide à une pression suffisante servant à le projeter sous forme d'un *jet*.

Le jet en fines gouttelettes est obtenu le plus souvent par le *jet Riley* plus ou moins modifié (fig. 199) : celui-ci se compose d'une petite boite cylindrique

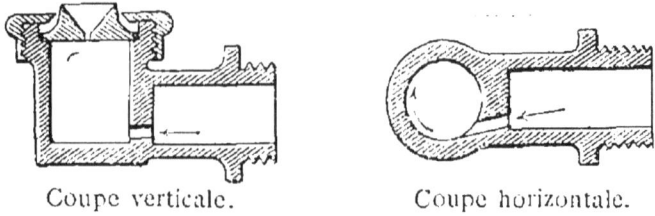

Coupe verticale. Coupe horizontale.

Fig. 199. — Jet Riley.

fermée par un bouchon à vis muni d'un petit orifice de 1 à 2 millimètres ; le liquide arrive sous pression dans la boite et prend, grâce à la disposition de l'orifice d'amenée qui s'ouvre tangentiellement à la paroi intérieure de la boite, un mouvement de giration rapide pour sortir par le petit orifice en formant une « sorte de tulipe tournante dont les bords se séparent en une poussière liquide. »

Comme pulvérisateurs nous pouvons citer :

Le pulvérisateur « Éclair » de Vermorel (fig. 200) : il se compose d'une hotte ou réservoir en cuivre d'une quinzaine de litres ; l'aspiration et le refoulement du liquide ne se font pas par une pompe à piston comme dans bon nombre de pulvérisateurs, mais par les déformations d'une plaque ou diaphragme *circulaire* D en caoutchouc formant l'une des parois d'une sorte de soufflet dans lequel le liquide a accès. Ce diaphragme est fixé à une bielle commandée par un levier extérieur lequel est actionné par l'opérateur. Le liquide entre dans le diaphragme à l'aide de soupapes en cuir, puis est refoulé par le mouvement de compression.

Fig. 200. — Pulvérisateur Gaillot.

Le pulvérisateur Gaillot de Beaune, à pression hydraulique (fig. 180).

Le pulvérisateur Le « Français », de MM. Julian, que l'on charge d'air une seule fois pour toute la saison de traitement car il possède un clapet automatique spécial qui empêche l'air de s'échapper quand il n'y a plus de liquide et que l'on en remet dans l'appareil.

Le pulvérisateur Japy, dont le corps de pompe est à l'intérieur du réservoir et le piston est manœuvré par un levier en dessus. *Le pulvérisateur Vigouroux. Le pulvérisateur Laurens*, dans lequel la pression est obtenue avec de l'acétylène produit par du carbure de calcium.

231. Époque et nombre des traitements. — *Les traitements contre le mildiou*, ainsi que nous l'avons vu, *doivent être préventifs*. Lorsqu'on aperçoit sur les feuilles les effets de la maladie, il est déjà trop tard ; on ne peut plus qu'empêcher la

maladie de s'étendre en détruisant les fructifications qui émergent à la face inférieure des feuilles. *Les premiers traitements ont donc une importance capitale*; le premier surtout doit être fait quelques jours avant l'apparition probable de la maladie. Il ne faut pas oublier que les jeunes pousses et les grappes, pour résister efficacement, doivent être en quelque sorte imprégnées de sel de cuivre.

On fait ordinairement, en année normale, trois traitements :

1ᵉʳ *Traitement.* — *Lorsque les pousses ont* 10 à 15 *centimètres de longueur*, c'est-à-dire vers la première quinzaine de mai dans les régions méridionales et dans la première semaine de juin dans les vignobles du Beaujolais, de la Bourgogne et de la Champagne.

2ᵉ *Traitement.* — Aussitôt après la floraison.

3ᵉ *Traitement.* — Environ six semaines après le deuxième traitement ou au commencement de la véraison.

Dans les années favorables au développement du mildiou, il faut faire un quatrième traitement.

Dans les plaines humides, on fait même jusqu'à cinq ou six traitements. Ainsi que le fait remarquer M. Degrully, on ne saurait sur ce point édicter de règle absolue, et les viticulteurs (en dehors des trois traitements obligatoires) doivent se laisser guider par les conditions climatériques, plus ou moins favorables au développement de la maladie.

Quoi qu'il en soit, il ne *faut laisser que le moins longtemps possible les jeunes feuilles non recouvertes de bouillie.*

D'après M. Chuard, directeur de la Station viticole de Lausanne, dans les années favorables au mildiou l'action des bouillies ne dépasse pas 20 jours au maximum.

« En cas de mauvais temps, il ne faut pas hésiter à profiter de toutes les éclaircies pour commencer ou continuer les sulfatages. Même s'ils sont ensuite partiellement entraînés par la pluie, les sels de cuivre exercent une action efficace. On sauve souvent ainsi la récolte, au lieu que l'on risque de la perdre en attendant le retour du beau temps.

« Toutefois, si l'on s'est laissé surprendre par une invasion, il ne faut pas hésiter à traiter quand même et d'urgence (à moins que la perte ne soit totale). On ne réparera pas le mal déjà fait, mais on arrêtera son extension, et l'on préservera ainsi la portion de la récolte encore intacte.

« Il faut asperger copieusement feuilles et raisins, mettre du cuivre partout : 200 litres de bouillie à 2 pour 100 protègent mieux que 100 litres à 4 pour 100 répandus sur une même surface. » (Degrully.)

La *quantité de bouillie* à employer dépend du développement de la végétation, du nombre de ceps à l'hectare, de la finesse de la pulvérisation et du travail effectué. En Bourgogne on emploie en moyenne 600 à 800 litres de bouillie par hectare.

TRAITEMENTS COMBINÉS CONTRE LE MILDIOU
ET L'OÏDIUM

Depuis quelques années on emploie des bouillies mixtes (aux sels de cuivre et au soufre) pour combattre à la fois l'oïdium et le mildiou afin de diminuer la main-d'œuvre toujours très coûteuse lorsque les traitements sont séparés.

Bouillies soufrées au soufre en poudre. — Le soufre ordinaire (sublimé ou précipité) n'étant pas *mouillable*, en l'incorporant à une bouillie il surnagerait et se ramasserait en grumeaux. Pour le rendre mouillable on le triture au préalable avec la chaux (bouillie bordelaise) ou avec le carbonate de soude (bouillie bourguignonne) et un peu d'eau, de façon à obtenir une pâte bien homogène. Cette pâte est ajoutée ensuite à la dissolution de sulfate de cuivre comme on le ferait avec la chaux ou le carbonate de soude des bouillies bordelaises ou bourguignonnes.

Dans le commerce on vend, sous le nom de *soufre mouillable*, un mélange de soufre, de carbonate de soude et de résine en poudre qu'il suffit de jeter dans l'eau pour obtenir un mouillage complet du soufre. Exemple le *soufre mouillable Campagne* (breveté) : soufre sublimé 70 à 85 kilogrammes, carbonate de soude 10 à 20 kilogrammes ; résine en poudre 5 à 20 kilogrammes. On emploie généralement le soufre mouillable à la dose de 2 kilogrammes à 2 kg. 500 par hectolitre de bouillie.

Bouillies soufrées aux polysulfures alcalins. — Les polysulfures alcalins étant solubles, il est plus commode de les employer à la place du soufre en poudre dans la préparation des bouillies soufrées. On ajoute généralement 0 kg,500 de polysulfures à la bouillie pour le 1er traitement et 1 kg pour les deux autres ; mais comme ces polysulfures alcalins neutralisent une partie de l'acidité du sulfate de cuivre, on doit diminuer les quantités de chaux ou de carbonate de soude employées dans les bouillies. Les formules pour ces deux bouillies seront les suivantes :

BOUILLIE BORDELAISE AUX POLYSULFURES.

Sulfate de cuivre.	1 kg,500
Chaux vive.	250 grammes
Polysulfures.	1 kg
Eau	100 litres.

BOUILLIE BOURGUIGNONNE AUX POLYSULFURES.

Sulfate de cuivre.	1 kg,500
Carbonate de soude Solvay	500 grammes
Polysulfures.	1 kg
Eau.	100 litres.

Bouillie au verdet et aux polysulfures. — On emploie la formule suivante pour le 1er traitement :

Verdet neutre	500 gr.
Polysulfures	500 —
Eau	100 litres

Pour le 2e traitement : 800 grammes de verdet et 1 kilogramme de polysulfures.

Pour le 3e traitement : 1 kilogramme de verdet et 1 kg,200 de polysulfures.

On dissout à l'avance les polysulfures dans 5o litres d'eau, puis on ajoute le verdet qui fond rapidement et l'on complète à 100 litres avec de l'eau.

Remarque. — Les polysulfures au contact du sel de cuivre de la bouillie déterminent la formation d'un polysulfure de cuivre, lequel au contact de l'air abandonne du *soufre* et se transforme en sulfure de cuivre. Ce sulfure de cuivre, à son tour, s'oxyde et se transforme en *sulfate de cuivre.*

Les bouillies soufrées bien préparées et appliquées en temps utile ont donné *assez souvent* d'aussi bons résultats que les bouillies ordinaires complétées par des soufrages au soufre en poudre. Dans quelques cas de fortes invasions d'oïdium et surtout de mildiou, elles ont cependant donné des résultats inférieurs. Il est par conséquent prudent de faire de nombreux essais avant d'adopter définitivement les bouillies soufrées.

Il est à remarquer que dans les bouillies soufrées les sels de cuivre sont moins adhérents que dans les bouillies ordinaires ; par contre, l'adhérence du soufre est augmentée.

LE BLACK-ROT

(Guignardia Bidwelii)

232. *Le black-rot* est une maladie de la vigne qui a été

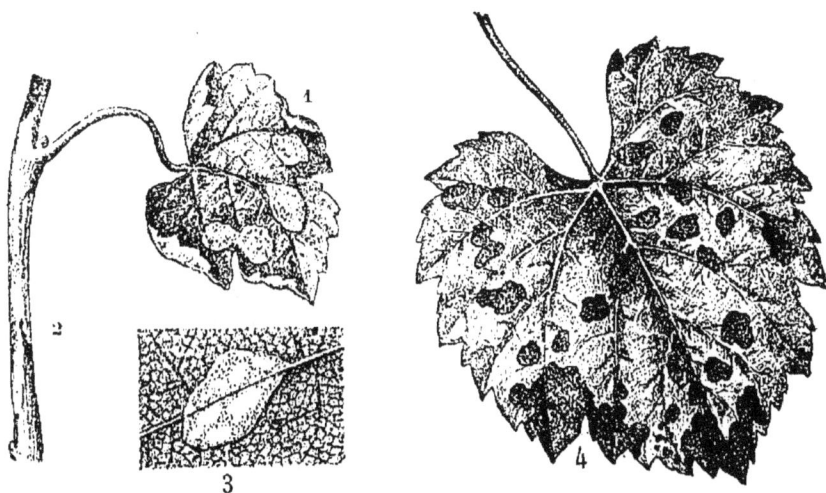

FIG. 201. — FEUILLE DE VIGNE PORTANT LES TACHES CARACTÉRISTIQUES DU BLACK-ROT.

1. *Jeune feuille attaquée par le black-rot*; 2. *Rameau herbacé attaqué*; 3. *Tache de Black-Rot vue sur une feuille (grandeur naturelle); elle est traversée par une nervure*; 4. *Feuille ordinaire attaquée par le Blak-Rot.*

constatée en France pour la première fois en 1885 par P. Viala et L. Ravaz.

Le black-rot se développe sur tous les organes verts de

la vigne, mais il commence par apparaître sur les feuilles.

233. Caractères extérieurs. — *Sur les feuilles* (fig. 201). — Il apparaît tout d'abord sous forme de petites taches (de la grosseur d'un pois) plus ou moins arrondies et de couleur gris cendré au début, puis rouge brique ou feuille morte. Au bout de peu de temps apparaissent *sur les deux faces* de ces taches de *petits points noirs brillants* ou *pustules* qui permettent de reconnaître la maladie à première vue. Beaucoup de ces points sont disposés en 'cercles à la périphérie de la tache. Plus tard, les parties tachées de la feuille tombent et l'on voit des trous aux places qu'occupaient les taches.

Le black-rot attaque surtout les jeunes feuilles, il est assez rare sur les feuilles adultes.

Sur les grappes, la maladie apparaît, en général, quinze jours après l'apparition des taches sur les feuilles; M. Prunet et M. Cazeaux-Cazalet admettent d'ailleurs que *le Black-Rot passe des feuilles sur les grappes.*

Sur les grains (fig. 202), on constate tout d'abord une tache livide semblable

FIG. 202.

GRAPPE ATTEINTE PAR LE BLACK-ROT.

A droite, grain déformé.

celle que déterminerait une meurtrissure. Cette tache augmente peu à peu et envahit tout le grain. Celui-ci devient brun livide, se ride, puis se dessèche et enfin se recouvre d'une multitude de points noirs ou pustules qui lui donnent une couleur noire ardoisée en même temps qu'un aspect chagriné. Le grain est à ce moment complètement desséché et très dur.

MM. Viala et Pacottet ont démontré par des expériences directes, *l'arrêt de développement du black-rot dès que les grains entrent en véraison.*

Les sarments herbacés, les *vrilles,* les *pétioles des feuilles,* le *pédoncule de la grappe* sont également attaqués par le black-rot et l'on |y observe les mêmes taches que sur les feuilles.

Les parties envahies se dessèchent parfois dans toute leur épaisseur, ce qui détermine la perte totale de la partie située au delà du point attaqué. La grappe, par exemple, si le pédoncule est attaqué, peut se détacher et tomber.

Développement du black-rot. — Le black-rot est un champignon qui se multiplie par des *semences* ou *spores*. Ces spores sont produites par les *pustules* ou *points noirs* dont nous avons

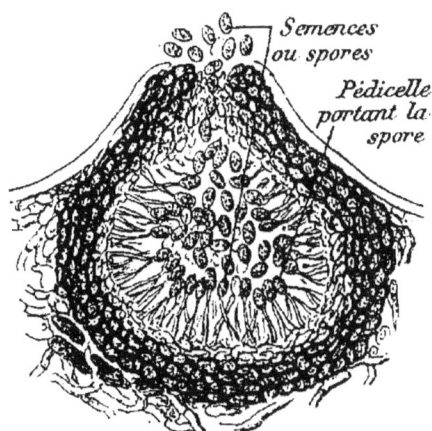

FIG. 2o3. — PYCNIDES OU POCHES MICROSCOPIQUES CONTENANT LES SEMENCES OU SPORES DU BLACK-ROT.

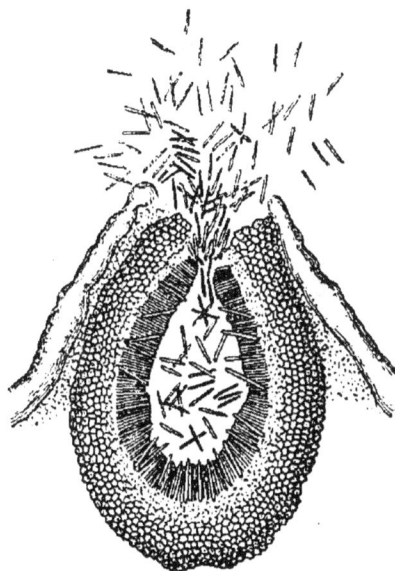

FIG. 2o4
SPERMOGONIE RENFERMANT DES SPERMATIES.

parlé et qui sont en quelque sorte les fruits du black-rot. Ces fruits sont de plusieurs espèces :

1° Les *pycnides* (fig. 2o3). — Ce sont en quelque sorte de petites poches microscopiques plongées dans l'intérieur de la feuille dont elles soulèvent l'épiderme pour laisser échapper à maturité par leurs ouvertures les *semences* ou *spores* qu'elles contiennent. Ces spores sont toutes portées par un petit pédicelle.

Les pycnides sont les fruits les plus nombreux, chacune d'elles renferment plusieurs milliers de spores qui à leur sortie sont transportées par le vent sur les organes de la vigne.

2° Les *spermogonies* et les *sclérotes*, qui apparaissent sur les grains à la fin de juin surtout lorsqu'il fait sec et chaud. Les *spermogonies* (fig. 2o4) ressemblent à des pycnides dans l'intérieur desquelles les spores seraient remplacées par de petits bâtonnets appelés *spermaties* dont le rôle n'est pas connu.

Les *sclérotes* se forment dans les grains de raisins desséchés par la maladie. Ce sont de petits organes massifs qui résistent très bien au froid et permettent au black-rot de passer l'hiver.

A la fin de l'hiver, et surtout au printemps, lorsque la température et l'humidité sont suffisantes, les *sclérotes* se transforment quelquefois en pycnides, mais le plus souvent en *périthèces*.

3° Les *périthèces* (fig. 205) ressemblent aux pycnides. déjà décrites. Ce sont de petites poches à l'intérieur desquelles on trouve une foule de petits sacs ou *asques* contenant chacun huit semences ou *spores*. Les sacs de spores ou asques arrivées à leur maturité dirigent leur extrémité supérieure vers l'orifice du périthèce et projettent à l'extérieur, c'est-à-dire dans l'air, les spores qu'elles renferment.

234. Marche de la maladie. — D'après M. Prunet, « ce sont ces spores qui, apportées par l'air sur les jeunes feuilles de la vigne, produisent les premières invasions de black-rot ou *invasions primaires*. Les taches formées sur les feuilles par les invasions primaires portent des *pycnides* dont les spores produisent les *invasions secondaires*.

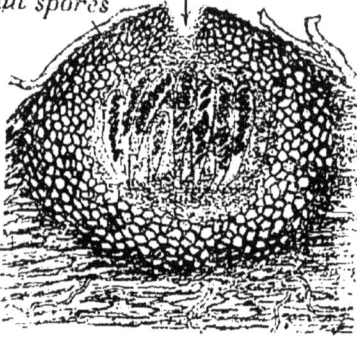

Asques ou sac contenant huit spores — Ouverture

FIG. 205. — Périthèce dans lequel on voit de petits sacs ou « asques » contenant chacun huit « semences » ou spores de black-rot.

« Les invasions primaires, qui sont les premières en date, n'intéressent que le feuillage.

« Les invasions secondaires, qui succèdent aux invasions primaires et sont causées par elles, frappent surtout le fruit.

« En protégeant la vigne contre les invasions primaires on la met à l'abri des invasions secondaires ».

Pour qu'une *invasion primaire* puisse avoir lieu, il faut, d'après M. Prunet. que les *semences* ou *spores* du black-rot parviennent sur les jeunes feuilles et y germent ; il faut aussi deux autres conditions complémentaires : 1° qu'il tombe une pluie *convenable* ; 2° que cette pluie tombe *avant* que les spores parvenues sur le feuillage *aient* perdu leur aptitude à le contaminer. « Toutes ces conditions étant remplies, les spores ou semences qui se trouvent sur les jeunes feuilles germent sous l'influence de l'eau de pluie et poussent leur tube germinatif à l'intérieur des tissus. Lorsque le tube germinatif est entré assez profondément pour être à l'abri des bouillies cupriques, les feuilles sont contaminées. A partir de ce moment, l'existence même du parasite se trouve affranchie des conditions extérieures et il peut parcourir en toute sécurité, au milieu des tissus, sa période de développement non apparent ou *incubation*, période qui se termine à la *manifestation de l'invasion*, c'est-à-dire à l'apparition des taches caractéristiques de la maladie. »

On a remarqué que la maladie procède ordinairement par *poussées* qui sont précisément indiquées par l'apparition des taches avec pustules noires décrites plus haut. Ces poussées sont en nombre variables (jusqu'à huit) et se succèdent à intervalles plus ou moins éloignés (de 15 à 30 jours), correspondant presque toujours à une période pluvieuse : les spores, en effet, en germant sur les jeunes feuilles, donnent naissance à des tubes (mycélium) qui pénètrent à l'intérieur des tissus ; il faut 15 à 20 jours pour que ce mycélium crée les organes fructifères (pycnides) qui apparaissent sur les feuilles sous forme de taches noires.

Influence du climat. — « En France, où il est pour le moment cantonné, le black-rot n'a pas envahi tous les vignobles avec la même rapidité ou la même gravité ; on ne le trouve plus dans l'Hérault, ni dans la région méditerranéenne proprement dite. Dans l'Aveyron, ses dégâts sont à peu près nuls, de même que dans presque toutes les autres régions viticoles, où seulement quelques localités ont encore à compter avec lui. Le Sud-Ouest de la France reste le plus menacé.

Ainsi en vingt ans cette maladie n'a pas envahi tout le vignoble français ; elle est restée localisée sur quelques points généralement peu étendus. Elle n'a donc pas la gravité d'autres maladies, telles que le mildiou, l'oïdium, etc., qui, en quelques années, ont envahi tous les vignobles du monde. A quoi tient cette marche lente et régulière ? Simplement au climat. Il faut au black-rot beaucoup d'humidité. Les spores du champignon qui le produit, ainsi que je l'ai montré, germent lentement dans l'eau de pluie ou de rosée ; elles doivent séjourner dans l'eau 18, 24 et 30 heures pour émettre les filaments germinatifs qui envahiront les tissus herbacés de la plante. Ces conditions de la germination des spores limitent évidemment la maladie aux régions très pluvieuses, et l'on conçoit qu'elle ne soit inquiétante que dans les vignobles du Sud-Ouest de la France (où il pleut fréquemment) et que, dans la région méditerranéenne (où il fait très sec) on n'ait jamais eu à s'en préoccuper » (Ravaz.)

235. Traitements contre le black-rot. — Pour lutter contre le black-rot on emploie les *bouillies cupriques* utilisées dans le traitement du mildiou (voir p. 298) ; mais le nombre des traitements et l'époque de leur emploi sont différents.

Les traitements doivent surtout avoir pour but de prévenir les invasions qui se manifestent sur les jeunes feuilles, ces invasions primaires étant la cause des invasions sur les fruits ou invasions secondaires. *Les traitements sont donc préventifs :*

1° *D'après M. Prunet*, le premier sulfatage sera fait lorsque deux à trois petites feuilles auront quitté le bourgeon. On prendra ensuite comme base, pour échelonner ses traitements, la marche du développement de la vigne, en tenant compte de ce fait d'expérience que lorsque deux nouvelles petites feuilles ont quitté le bourgeon depuis le dernier traitement, la vigne n'est plus en état de défense. Dans la règle, on ne devra pas laisser s'écouler plus de dix jours entre deux traitements successifs, et il faudra absolument réduire cet intervalle à neuf jours et même à huit jours, lorsque le temps sera pluvieux ou la pousse de la vigne active, et il ne faudra, dans aucun cas, dépasser huit jours si ces deux conditions se trouvent réunies. Par contre, lorsque, le temps étant froid, la pousse de la vigne sera arrêtée, cet intervalle pourra s'allonger notablement ; il pourra aussi s'allonger quelque peu lorsque le temps sera au beau fixe ; mais, dans ce dernier cas surtout, une grande prudence s'impose ; il est, en effet, extrêmement important que le sulfatage soit fait avant la pluie. Toutefois, si l'on était surpris par la pluie, il n'en faudrait pas moins continuer à sulfater, chaque fois que la chose serait possible, parce que ce n'est généralement qu'après une journée de pluie que le sulfatage n'assure plus la défense. Le dernier sulfatage sera fait à la fin de la floraison.

2° **D'après M. Cazeaux-Cazalet**, c'est au début de la végétation qu'il convient surtout de traiter, de façon à empêcher les invasions de se produire. Celles-ci ne pouvant avoir lieu que lorsque les organes sont dans un état de réceptivité particulier qui leur permet d'être contaminés, il importe tout d'abord de pouvoir déterminer avec précision cet état de réceptivité.

Les causes qui amènent l'état de réceptivité sont un abaissement de température coïncidant avec un temps pluvieux. C'est donc à ce moment qu'il convient de traiter, car la contamination peut se produire, et elle se produira si la température se relève avec de l'humidité. La contamination ayant eu lieu, l'incubation du black-rot se produit dans les organes de la vigne et, au bout d'un certain temps, les taches apparaissent, ce qui, dans le langage ordinaire, constitue l'invasion proprement dite.

Le traitement devant être exécuté lorsque les ceps sont en état de réceptivité et avant que la contamination ait eu lieu, il est nécessaire de traiter aussitôt qu'un abaissement de température se produit et qu'on prévoit la pluie. Il importe d'ailleurs de ne pas se laisser arrêter par cette dernière et de continuer les traitements jusqu'à ce que la totalité du vignoble ait reçu du cuivre.

Dans l'application des traitements deux difficultés peuvent se présenter ; la première se produit lorsque la période de réceptivité est très courte et que l'on n'a pas le temps de terminer les traitements avant la période de contamination. Cela a lieu lorsqu'à une période d'abaissement de température avec pluie succède brusquement un relèvement de température qui détermine la germination des spores sur les jeunes feuilles avant que celles-ci aient été préservées par le cuivre.

La seconde difficulté, au contraire, se produit lorsque la période de réceptivité est trop longue. Dans ce cas, en effet, il peut se faire que, pendant que la vigne est en état de réceptivité, de nouvelles feuilles apparaissent entre le traitement et la période de contamination. Ces feuilles n'étant pas protégées par le cuivre peuvent être envahies et donner lieu à des taches de black-rot.

Pour éviter la première difficulté, on aura soin de prendre ses précautions pour que le traitement se fasse le plus rapidement possible. On obviera à la possibilité de contamination, pendant les périodes de réceptivité très longues, en traitant à nouveau si de nouvelles feuilles se sont développées entre le traitement et la cessation de l'état de réceptivité.

Un des points les plus importants à considérer est la nécessité de traiter au moment voulu, que le temps soit beau ou mauvais, et surtout lorsqu'il est mauvais. Il faut traiter même par la pluie. Dans le cas cependant où la pluie serait trop intense, on pourrait remplacer les préparations liquides par des poudres cupriques.

Ces traitements, devant être appliqués à des périodes dépendant de circonstances météorologiques qui amènent l'état de réceptivité de la vigne, n'ont leur utilité que pendant le laps de temps qui s'écoule du débourrement à la fin de la floraison.

3° **D'après MM. Viala et Pacottet,** on doit faire les traitements suivants :

1° Traitement lorsque les rameaux ont 8 centimètres.

2° Traitement vingt et un jours après le premier traitement.

3° Traitement trois jours avant la floraison.

4° Traitement cinq jours après la floraison.

5° Traitement trois semaines après le quatrième traitement.

4° **D'après M. Ravaz.** — Pendant la première période de la végétation, l'invasion primaire est liée au temps pluvieux qu'il fait. Mais comme on ne sait pas encore prévoir à jour fixe et même approximativement le temps qu'il fera, on ne peut donner les traitements juste au moment où la germination des semences du black-rot, s'effectuera. *Dans la pratique on traite dès que la vigne a nettement débourré et l'on renouvelle les traitements tous les 8 ou 10 jours.* A ce moment la végétation est encore très lente ; le nombre des feuilles non protégées qui peuvent naître entre deux traitements est forcément très restreint et, par suite, la contamination n'est possible que pendant un temps très court et sur une surface foliacée très réduite.

La deuxième invasion est produite par les spores ou semences des taches de la première invasion ; en enlevant les feuilles tachées au fur et à mesure de l'apparition des taches, on supprime du même coup les germes qu'elles renferment. C'est là un moyen de défense très recommandable, très efficace, malheureusement peu pratique. Il est préférable de préserver les feuilles et organes herbacés contre la pénétration de ces spores en les recouvrant de bouillie cuprique, et pour que les feuilles en état de réceptivité soient préservées, il convient de les traiter à la veille de la deuxième invasion, c'est-à-dire quand les taches des feuilles se montrent.

Malheureusement, entre l'apparition des premières taches et la dissémination des germes qu'elles renferment, il s'écoule un temps très court et qui est insuffisant pour permettre l'exécution des traitements. Il faudrait donc connaître quelque temps à l'avance la date de l'apparition des taches. On le peut, car j'ai montré qu'elles sont toujours précédées d'une bosselure, d'une galle qui est d'autant plus étendue que la tache apparaîtra plus tôt. On peut donc ainsi, à coup sûr, commencer l'application des traitements 2, 3, 4, 5 jours avant la dissémination des spores, ce qui est suffisant dans la pratique. La constatation des bosselures et des taches se fait, bien entendu, sur des vignes témoins — je veux dire non traitées. »

Bouillies à employer. — On peut préparer les bouillies comme nous l'avons indiqué pour le traitement du mildiou (p. 298), mais au lieu d'employer 1 k. 500 de sulfate de cuivre pour le 1ᵉʳ traitement il faut 2 kilogrammes pour 100 litres d'eau (2 p. 100). Il est inutile de mettre plus de 2 kilogrammes.

Il ne faut utiliser que les bouillies fraîchement préparées.

Les bouillies seront d'autant meilleures que l'adhérence est plus grande ; aussi les bouillies au *savon*, à la *colophane*, les *bouillies sucrées*, etc. (voir p. 300) sont-elles très recommandables.

MM. Viala et Pacottet ont reconnu que l'emploi du verdet acétique donnait d'excellents résultats :

Verdet neutre . . . . 1 kg
Acide acétique à 40° . . . . 1/2 litre
Eau. . . . . 100 —

Au début de la végétation il est préférable d'employer l'acide acétique pur et de bon goût ; mais à partir de juin on peut dans une certaine mesure utiliser l'acide acétique de mauvais goût[1].

Opérations accompagnant le traitement à la bouillie. — Les méthodes de traitement indiquées ci-dessus devront être accompagnées des opérations suivantes :

1° Le ramassage (dès l'apparition des taches) des feuilles atteintes par le black-rot pendant la première végétation ainsi que le ramassage à l'automne des grappes attaquées.

2° Le palissage des pampres, l'enlèvement des bourgeons anticipés ou entre-cœurs pour faciliter le traitement des grappes et aussi pour éviter l'apparition des jeunes feuilles (plus facilement atteintes) qui pourraient contaminer les raisins.

Par contre le *rognage* (qui fait développer des ramifications nombreuses) doit être prohibé.

ROT BLANC

236. Le rot blanc est une maladie qui attaque les grappes et les grains de raisins, *elle n'attaque pas les feuilles*. Elle est due à un champignon, le *Coniothyrium diplodiella*; elle se déclare surtout sur les grains blessés par la grêle ou les insectes.

Les grains attaqués présentent tout d'abord des taches livides qui s'agrandissent rapidement et les envahissent entièrement; ils s'amollissent, se rident, se dessèchent et se recouvrent enfin de petites pustules *grises* ou *blanchâtres* (de là le nom de *rot blanc*). Ils peuvent être envahis jusqu'à leur maturité.

Traitement. — Le meilleur remède à employer contre le rot blanc est le *sulfate de cuivre*. On prépare les bouillies au sulfate de cuivre, comme nous l'avons indiqué p. 293, et on pratique des sulfatages surtout après les chutes de grêle. Il est bon également de ramasser et de brûler les grappes atteintes par le rot blanc.

ANTHRACNOSE
(*Manginia Ampelina*)

237. L'anthracnose ou *charbon de la vigne* n'est pas une maladie importée d'Amérique comme le mildiou et l'oïdium ; elle est très anciennement connue en Europe. Elle est due à un champignon parasite, le *Manginia Ampelina*. On distingue trois formes d'anthracnose :

L'anthracnose ponctuée, qui se manifeste sur les organes atteints (surtout les nervures des feuilles et les sarments) par de petits points noirs isolés. Elle ne présente le plus souvent aucun caractère de gravité.

---

1. Il est bon cependant d'être prudent et de faire des essais avec l'acide acétique de mauvais goût.

L'anthracnose déformante, qui fait subir aux feuilles des *déformations* par suite de l'arrêt dans le développement des nervures, le parenchyme de la feuille continuant à s'accroître. Elle n'est généralement pas grave et attaque plus particulièrement les vignes américaines.

L'anthracnose maculée est la forme la plus redoutable. *Elle envahit les organes verts de la vigne surtout au début de leur développement.*

Sur les jeunes sarments (fig. 206, 3) on commence par apercevoir des points noirs qui s'agrandissent et se transforment

FIG. 206. — ANTHRACNOSE MACULÉE.

1. *Feuille attaquée par l'anthracnose ; 2. Grains présentant des chancres d'anthracnose avant la véraison ; 3. Grain de raisin attaqué après la véraison ; 4. Rameau herbacé ayant des chancres d'anthracnose.*

en taches plus ou moins étendues (1 à 3 centimètres) et qui se creusent comme sous les atteintes d'un chancre. Le centre déprimé de ces taches est rose grisâtre et le bord est noirâtre. Les taches peuvent s'agrandir et se creuser, plusieurs d'entre elles peuvent se réunir et rendre les sarments atteints très cassants. L'accroissement de ces sarments cessant, le cep tout entier se rabougrit et meurt.

Sur les grains (fig. 206, 2 et 3) on observe des taches analogues, mais moins déprimées ; le centre de la tache est toujours rose grisâtre (aspect cotonneux) et le bord noirâtre. La peau du raisin, dans les taches, est comme rongée ; les ferments de maladies se développent dans les crevasses produites et décomposent la pulpe.

Sur les feuilles (fig. 206, 1) atteintes on voit de petites taches noirâtres peu étendues ; l'intérieur de ces taches se dessèche, disparaît et il ne reste plus qu'un trou entouré d'une petite *bordure noire*.

Conditions de développement. — L'anthracnose peut attaquer la vigne dès le printemps ; elle se développe cependant plus particulièrement en mai et juin, lorsqu'il fait chaud. Elle a besoin de chaleur et surtout d'*humidité* ; elle est beaucoup plus répandue dans les vignobles en plaines humides ou voisines de nappes d'eau, dans les vallées à sous-sol imperméable où les brouillards sont fréquents.

238. Traitements contre l'anthracnose. — 1° *Traitements préventifs.* — *a)* Il ne faut pas planter de la vigne dans les sols humides non assainis par un drainage.

b) Tailler complètement les vignes atteintes, recueillir soigneusement les sarments et les brûler.

c) Badigeonner les souches pendant l'hiver, pour détruire le mycélium du champignon, avec une *dissolution concentrée de sulfate de fer acide.*

Sulfate de fer . . . . 5o kgs
Acide sulfurique ordinaire. . . . . 1 litre
Eau. . . . . 100 —

On fond les 5o kilogrammes de sulfate de fer dans 5o litres d'eau chaude ; on ajoute peu à peu *avec précaution* l'acide sulfurique et l'on complète le volume à 100 litres avec de l'eau chaude.

Le badigeonnage des souches se fait avec la solution *chaude* après les grandes gelées, quinze à vingt jours avant le débourrement de la vigne. On emploie des pinceaux en soie de porc ou plus simplement des pinceaux rudimentaires faits avec un tampon de chiffon disposé à l'extrémité d'un bâton.

II. *Traitements curatifs.* — Les traitements préventifs permettent seuls de lutter avec efficacité contre la maladie. Néanmoins, pour atténuer le mal dans une certaine mesure, pendant le cours de la végétation, on peut avoir recours à un traitement curatif au *soufre* (soufre en poudre) mélangé avec de la *chaux* pulvérisée :

1er *traitement* lorsque les pousses ont 9 à 10 centimètres (4 parties de soufre et 1 partie de chaux) ;

Les autres traitements de 15 en 15 jours en augmentant la proportion de chaux de 1/5 jusqu'à 3/5.

LE POURRIDIÉ

239. Le *pourridié* est une maladie des racines de la vigne connue vulgairement sous le nom de *blanc des racines, blanquet*, etc., et due à plusieurs champignons, notamment le *Dematophora necatrix* [1] (fig. 207).

Elle se déclare sur les racines, principalement lorsqu'elles poussent dans des sols compacts manquant d'aération et ayant une trop grande humidité.

Les racines attaquées nourrissent mal le cep, celui-ci s'affaiblit, la souche forme tête de saule et donne des pousses grêles ; les feuilles restent petites ; tout le cep en un mot se rabougrit et peut, lorsque la maladie est prononcée, s'arracher facilement à la main. On constate alors que les racines sont pourries, noires, recouvertes de champignons. Si l'on casse les racines, on voit suinter un liquide aqueux ; sous l'écorce devenue noire on aperçoit des filaments blanchâtres qui s'étalent, se ramifient.

Le mycélium du *Dematophora necatrix* émet des filaments très fins qui s'étendent de proche en proche sur les autres racines ; c'est ce qui explique que la propagation de la maladie se fait par *taches* ressemblant à celles que produit le phylloxéra.

FIG. 207.
DEMATOPHORA NECATRIX
(POURRIDIÉ).

240. Traitement. — Il est difficile de lutter contre le pourridié. Quand on constate une tache due au pourridié, on arrache les souches ; les racines sont soigneusement brûlées et l'on désinfecte le sol à raison de 50 grammes de sulfure de carbone par mètre carré. On attend ensuite 5 à 6 ans avant de replanter de la vigne ; on peut en attendant semer des céréales.

Pour éviter le pourridié, il faut assainir le sol par des drainages qui enlèvent l'humidité et facilitent l'aération ; au moment de la plantation, il faut soigneusement enlever les gros débris organiques (racines, fragments de bois), sur lesquels les champignons se développent facilement.

---

1. Quelquefois à l'*Agarius melleus* ou *Armillaria mellea.*

POURRITURE GRISE

421. La *pourriture grise* est une maladie due à un cham-pignon, le *Botrytis cinerea* (fig. 208), qui attaque principalement les raisins sous l'action de l'humidité et d'une température suf-fisante, mais qui peut vivre également sur les feuilles et les rameaux de la vigne [1].

Ce champignon peut attaquer les raisins à deux phases diffé-rentes de leur vie : certains raisins blancs, à peau épaisse, comme par exemple le *Sémillon* et le *Sauvignon* du Bor-delais, sont attaqués au moment de leur maturité : sous l'influence du *Botrytis cinerea*, la peau s'amincit et devient perméable à l'eau que contient le grain ; cette eau, si le temps est *sec*, s'évapore, le grain diminue de volume, se flétrit, le moût devient plus concentré, s'enrichit en quelque sorte en sucre et acquiert un parfum spécial très recher-ché. A cet état le botrytis joue un rôle très utile et cause la *pourriture noble*.

Lorsqu'au contraire le botrytis envahit le raisin avant sa maturité, il l'arrête dans son développe-ment, provoque sa dessiccation prématurée et peut être la source d'un mauvais goût dans le vin. A cet état, il cause (surtout sur les raisins à peau mince) la *pourriture grise* proprement dite dangereuse à la fois pour la *quantité*, qui peut diminuer beau-coup, et la *qualité*, qui peut être très médiocre.

Le grain de raisin attaqué prend d'abord une teinte brune, il devient mou, se dessèche partielle-ment, se flétrit et se recouvre d'une poussière grise caractéristique qui n'est autre chose que l'ensemble des fructifications ou spores de botrytis portés par des filaments dressés. Le raisin diminue de poids, s'appauvrit beaucoup en sucre, surtout si la moisissure verte (*Penicillium crustaceum*) accompagne le botrytis ; il s'ap-pauvrit également en tanin et, la matière colorante de la pellicule disparaissant, on est obligé de vinifier les raisins rouges en blanc [2]. Il est à remarquer que le botrytis cinerea sécrète une

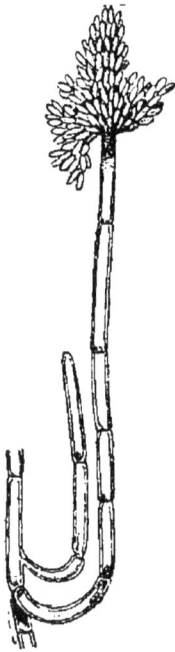

FIG. 208.
BOTRYTIS
CINEREA.

---

1. Ce champignon est très commun ; il attaque aussi les autres fruits, les feuilles et les rameaux d'un grand nombre de plantes.

2. Voir, *Fabrication du vin*, par E. *Chancrin* (Encyclopédie des connais-sances agricoles).

diastase qui est la cause d'une *maladie des vins* appelée *casse* ;

Le champignon de la pourriture, pour se développer, a besoin de chaleur et *surtout d'humidité*. En été les conditions de température sont toujours réalisées, puisque le botrytis, d'après M. Guillon, commence à germer dès 5 ou 10 degrés ; la germination des semences ou spores est très rapide vers 25° et cesse vers 35°. *Un temps sec* arrête le développement du champignon.

D'après M. Guillon, « tout grain blessé sur lequel viennent à tomber quelques spores vivantes de botrytis est fatalement appelé à pourrir au bout d'un temps variable de 36 heures à 3 jours après l'infection, *si l'humidité de l'air est suffisante.*

« Lorsque le botrytis se développe normalement au contact d'un grain sain, il arrive constamment à traverser l'obstacle constitué par la pellicule et à contaminer le grain.

« Dans la pratique, l'infection de proche en proche ne peut se faire que pour les grains en contact ; elle est à peu près impossible en raison de l'agitation de l'air à une certaine distance : c'est pour ces raisons que la pourriture gagne rapidement dans les grappes serrées comme la Folle blanche. Elle s'étend peu sur ceux à grains plus espacés comme le Colombard où, quand elle apparaît, elle est souvent limitée à des grains isolés. »

242. Traitements. — Disons tout de suite que tous les traitements préconisés jusqu'à aujourd'hui n'ont pas donné de résultats absolument satisfaisants. Nous énumérerons les principaux :

L'*humidité* jouant le principal rôle dans le développement de la maladie, on devra assainir le sol, faciliter l'aération des raisins en *relevant bien les pampres*, en adoptant la disposition en treillage assez élevé au-dessus du sol, en espaçant les lignes de plantation.

Les engrais azotés poussent à une grande végétation foliacée, laquelle entretient l'humidité du sol. On corrigera ce défaut en employant, en même temps qu'eux, les engrais phosphatés et les engrais potassiques dont l'influence bienfaisante a été constatée par le Dr Delacroix.

La Cochylis, en attaquant les raisins, est souvent une cause du début de la pourriture ; il faudra donc lutter contre la cochylis par tous les moyens (voir p. 264).

De tous les remèdes employés ce sont encore les sels de cuivre qui ont donné les meilleurs résultats. Les meilleures bouillies sont celles qui contiennent beaucoup de cuivre soluble comme les bouillies sucrées (voir p. 300), les verdets.

Les *poudrages* paraissent donner de meilleurs résultats que les *pulvérisations* parce qu'ils permettent d'envoyer la poudre jusqu'au centre de la grappe toujours difficile à atteindre et qui est en réalité le foyer de l'infection.

M. Guillon recommande comme poudre le mélange suivant : chaux hydraulique 1 kilogramme, ciment 1 kilogramme.

M. Roy-Chevrier emploie le mélange :

Soufre sublimé	50 kgs
Sulfate d'alumine	10 —
Ciment	20 —
Chaux hydraulique	10 —

M. Zacharewicz, professeur départemental de Vaucluse, préconise le traitement suivant :

On prépare la bouillie :

Sulfate de cuivre	1 kg. 500
Poudre de savon	1 kg. 500
Eau	100 litres

On fait un premier traitement à la bouillie lorsque les bourgeons n'ont pas plus de 20 centimètres de longueur.

Entre le premier et le deuxième traitement liquide, on applique de la chaux sulfatée ainsi composée :

Chaux vive en poudre	75 kgs
Sulfostéatite[1] à 20 pour 100 de sulfate de cuivre	25 —

Enfin, après chaque traitement liquide, on répand du soufre sulfaté ainsi composé :

Soufre	70 kgs
Sulfostéatite à 20 pour 100	30 —

Grâce à ces différentes opérations, on arrive à garantir les raisins contre l'oïdium, le mildiou, les rots et le botrytris.

En septembre, il est bon de pratiquer le traitement *le plus essentiel*, vu que c'est à ce moment que la pourriture peut se déclarer avec intensité, et ce traitement consiste à répandre le mélange suivant :

Plâtre cuit blanc	55 kgs
Poudre de savon	5 —
Sulfostéatite à 20 pour 100	40 —

Ce traitement ne peut donner de résultats que si toutes les grappes ont subi son contact, et cela dès la formation du grain jusqu'à la maturité.

FUMAGINE

243. La *fumagine* est une moisissure peu dangereuse qui se développe sur les organes verts de la vigne, grâce aux excréments sucrés des larves de cochenille (voir p. 274).

---

1. La *sulfostéatite cuprique* est composée de 32 kilogrammes de talc et 8 kilogrammes de sulfate de cuivre en poudre.

Cette moisissure répandue sur les feuilles amène leur dessèchement et empêche par conséquent la maturité du raisin. Elle forme un dépôt analogue à un dépôt de suie ou de noir de fumée et enlève ainsi toute valeur aux raisins de table.

La fumagine n'acquiert quelque importance que dans les régions à climat humide et chaud (Bordelais).

Traitement. — Pour se débarrasser de la fumagine, il suffit de détruire les cochenilles (voir destruction de la cochenille, p. 274).

GÉLIVURE

244. D'après M. Pacottet, la **gélivure,** la **gommose bacillaire,** le **mal nero** sont les noms d'une même affection qui serait due au développement de bactéries à l'intérieur des sarments. L'invasion des bactéries se ferait par les plaies de taille; des jeunes sarments elle se transmettrait jusqu'au tronc. La souche atteinte se rabougrit et les jeunes rameaux insuffisamment développés lui donnent un aspect spécial connu sous le nom de **Roncet,** *Court-Noué, Auternage, pousse en ortie.*

D'après des travaux plus récents de MM. Ravaz et Sournac (1907), la maladie paraît plutôt due à l'action modérées des gelées de printemps sur les jeunes bourgeons en voie d'allongement, de sorte que nous devrions classer cette affection dans les maladies non parasitaires. Quoi qu'il en soit, pour enrayer cette maladie on peut appliquer les traitements suivants :

Traitement — D'après M. Pacottet, on doit désinfecte les plaies de taille avec la solution suivante :

Sulfate de cuivre . . . . 30 gr.
Eau . . . . 1 litre

D'après les premiers essais de M. Ravaz (1907), il semble que pour éviter cette maladie, qui se montre exclusivement dans les terrains bas et humides, il suffit de mettre les ceps à l'abri des gelées par un bon buttage, et pour guérir les ceps déjà malades, de supprimer la partie aérienne par le recépage en constituant une nouvelle souche à l'aide des rameaux qui naissent sur la tige souterraine.

TABLE ALPHABÉTIQUE

TABLE DES MATIÈRES

DEUXIÈME PARTIE

LES PRINCIPAUX CÉPAGES (AMPÉLOGRAPHIE)

CHAPITRE IV

Les vignes françaises.

CHAPITRE V

Les vignes américaines.

TROISIÈME PARTIE

PROCÉDÉS DE MULTIPLICATION DE LA VIGNE

CHAPITRE VI

Le semis, le bouturage, le marcottage et le provignage.

CHAPITRE VII

Le greffage, principe du greffage.

CHAPITRE VIII

Le Greffage (suite). — Les porte-greffes.

CHAPITRE IX

Le Greffage (suite). — Les Greffons.

CHAPITRE X

Le Greffage (suite). — Pratique du Greffage.

QUATRIÈME PARTIE

ÉTABLISSEMENT DU VIGNOBLE

CHAPITRE XI

Préparation du sol.

CHAPITRE XII

Plantation.

CHAPITRE XIII

Soutien des Pampres.

CINQUIÈME PARTIE

TAILLE DE LA VIGNE

CHAPITRE XIV

Taille sèche.

HUITIÈME PARTIE

LES ENNEMIS ET LES MALADIES DE LA VIGNE

CHAPITRE XVIII

Parasites animaux.

CHAPITRE XIX

Accidents et maladies non parasitaires.

CHAPITRE XX

Maladies de la vigne.

58974. — Imprimerie LAHURE, 9, rue de Fleurus, à Paris.

www.ingramcontent.com/pod-product-compliance
Lightning Source LLC
Chambersburg PA
CBHW060132200326
41518CB00008B/1009